COURT TRAITÉ D'ÉCONOMIE ET DE POLITIQUE ÉCONOMIQUE

Collection « L'esprit économique »

fondée par Sophie Boutillier et Dimitri Uzunidis en 1996
dirigée par Sophie Boutillier, Blandine Laperche, Dimitri Uzunidis

Si l'apparence des choses se confondait avec leur réalité, toute réflexion, toute Science, toute recherche serait superflue. La collection « L'esprit économique » soulève le débat, textes et images à l'appui, sur la face cachée économique des faits sociaux : rapports de pouvoir, de production et d'échange, innovations organisationnelles, technologiques et financières, espaces globaux et microéconomiques de valorisation et de profit, pensées critiques et novatrices sur le monde en mouvement...
Ces ouvrages s'adressent aux étudiants, aux enseignants, aux chercheurs en sciences économiques, politiques, sociales, juridiques et de gestion, ainsi qu'aux experts d'entreprise et d'administration des institutions.

La collection est divisée en six séries :

Dans la série *Economie et Innovation* sont publiés des ouvrages d'économie industrielle, financière et du travail et de sociologie économique qui mettent l'accent sur les transformations économiques et sociales suite à l'introduction de nouvelles techniques et méthodes de production. L'innovation se confond avec la nouveauté marchande et touche le cœur même des rapports sociaux et de leurs représentations institutionnelles.

La série *Economie formelle* a pour objectif de promouvoir l'analyse des faits économiques contemporains en s'appuyant sur les approches critiques de l'économie telle qu'elle est enseignée et normalisée mondialement. Elle comprend des livres qui s'interrogent sur les choix des acteurs économiques dans une perspective macroéconomique, historique et prospective.

Dans la série *Le Monde en Questions* sont publiés des ouvrages d'économie politique traitant des problèmes internationaux. Les économies nationales, le développement, les espaces élargis, ainsi que l'étude des ressorts fondamentaux de l'économie mondiale sont les sujets de prédilection dans le choix des publications.

La série *Krisis* a été créée pour faciliter la lecture historique des problèmes économiques et sociaux d'aujourd'hui liés aux métamorphoses de l'organisation industrielle et du travail. Elle comprend la réédition d'ouvrages anciens, de compilations de textes autour des mêmes questions et des ouvrages d'histoire de la pensée et des faits économiques.

La série *Clichés* a été créée pour fixer les impressions du monde économique. Les ouvrages contiennent photos et texte pour faire ressortir les caractéristiques d'une situation donnée. Le premier thème directeur est : mémoire et actualité du travail et de l'industrie ; le second : histoire et impacts économiques et sociaux des innovations.

La série *Cours Principaux* comprend des ouvrages simples, fondamentaux et/ou spécialisés qui s'adressent aux étudiants en licence et en master en économie, sociologie, droit, et gestion. Son principe de base est l'application du vieil adage chinois : « le plus long voyage commence par le premier pas ».

Jean-Pierre Mockers

Court traité d'économie et de politique économique

Bonne théorie : bonne politique ;
mauvaise théorie : ...

L'HARMATTAN

5-7, rue de l'École-Polytechnique ; 75005 Paris

www.harmattan.fr
diffusion.harmattan@wanadoo.fr

ISBN : 978-2-343-09165-5
EAN : 9782343091655

A Gérard.
A Mireille.

"Dans les pages qui suivent, j'ai été guidé par le souci de ne pas séparer le travail savant de l'inquiétude citoyenne, d'ouvrir l'horizon des possibles en clarifiant et en ordonnant le champ du pensable."

P. Rosanvallon, La société des égaux, Seuil, 2011

"L'idéologie est un système d'idées qui résiste à l'information"

Stéphane Lupasco

"Quand l'expérience n'a pas le dernier mot (...), alors la raison emploie les moyens de la torture pour soumettre le réel à sa loi. Elle brise les membres, broie les articulations, jette dans les oubliettes et finalement fait avouer au réel la vérité qu'elle lui ordonne de révéler (...). La clôture de la raison en elle-même, l'élimination de tout ce qui ne se plie pas à elle est un véritable délire. Ce délire est la rationalisation au sens psychiatrique du terme, c'est-à-dire la construction logique sur une prémisse absurde ou fantasmatique."

E. Morin, L'aventure de la Méthode, Seuil, 2015, pp. 137-138

"Un autre aspect inquiétant de la rationalisation est la justification de ce qui est (...), tout ce qui triomphe doit être rationnel puisque réel."

E. Morin, L'aventure de la Méthode, Seuil, 2015, p. 139

"L'incontradiction n'est pas marque de vérité"

Pascal

"Le corps d'idées creuses qui revendique le nom de "théorie de l'offre" est une doctrine fanatique".

P. Krugman, Pourquoi les crises reviennent toujours, Seuil, 2012

"La vraie rareté (...) n'est pas celle des ressources ou de la vertu, mais celle de l'entendement"

P. Krugman, Pourquoi les crises reviennent toujours, Seuil, 2012

"La civilisation industrielle continuera à exister quand l'espérance utopique d'un marché autorégulateur ne sera plus qu'un souvenir".

K. Polanyi, la Grande Transformation

"La technique et l'organisation modernes ne peuvent se développer que dans un cadre de stabilité, condition que le marché ne peut satisfaire". J.K. Galbraith

SOMMAIRE

Voir la table des matières détaillée p. 349

Avertissements

1. Cet ouvrage développe fondamentalement l'idée que le Système économique moderne occidental ("capitaliste" dans tous les sens du terme) ne peut fonctionner correctement sans une <u>croissance</u> substantielle capable de rétablir tous les <u>équilibres</u> (à commencer par celui d'un quasi plein emploi). L'auteur n'ignore évidemment pas toutes les condamnations de la croissance, venues par ailleurs d'horizons fort divers. Et il les partage souvent. S'il plaide pour une forte reprise de croissance c'est à l'intérieur d'un horizon de quelques décennies tout au plus, après il sera bien entendu nécessaire d'élaborer la politique économique qui permettra la mise en place d'un ralentissement progressif et planifié de la croissance <u>et</u> le maintien des équilibres retrouvés dans un premier temps à travers elle.

2. Sur le plan formel de la présentation de l'ouvrage, celui-ci est découpé, à l'intérieur de chaque chapitre, en "sections", "paragraphes", "I, II, … etc.", contrairement à une mode qui s'est instaurée depuis quelques décennies : car ces divisions correspondent en fait à des réalités fondamentales pour l'analyse économique, elles formalisent en quelque sorte les divers niveaux du réel, les temps successifs des processus, leurs interactions, la logique des pouvoirs des divers "acteurs" et les enchaînements nécessaires qui s'ensuivent entre types de conjonctures et types de structures et de politiques ; les étapes de l'analyse reflètent les enchaînements des variables qui constituent autant d'"équilibres dynamiques partiels" (cf. les "blocs" d'un modèle économétrique structurel) qui déterminent en fin de compte la dynamique globale du système économique moderne (SEM).

Avant-propos

I. Par "économie", il faut entendre les aspects de la vie sociale qui sont relatifs à la production et à toutes les réalités qui en dérivent, les revenus des divers groupes d'agents économiques et les diverses dépenses (ou non-dépenses, comme l'épargne placée). Et comme toutes ces réalités ont aujourd'hui une dimension monétaire (le troc n'a peut-être même jamais été la base des "échanges"), la monnaie étant de nos jours créée par le crédit bancaire, toute l'économie est "en monnaie", et il y a des prix pour toutes les activités économiques. Ces activités ont pour centre organisationnel l'entreprise privée dans les pays non "communistes", mais même dans ces pays l'Etat exerce des activités productrices importantes et de plus est une "institution organisationnelle" qui fixe les règles du jeu économique (dont les règles de marchés) sans lesquelles il n'y aurait pas d'activité proprement économique au sens moderne (un clan, ou une tribu de chasseurs cueilleurs du paléolithique supérieur n'ont qu'une activité de subsistance biologique et sociale, non "économique" et sans croissance démographique possible dans le périmètre de la tribu). On peut alors parfois définir la science économique comme science de la valeur (économique) avec une définition très précise de ce terme : une valeur est une quantité physique multipliée par un prix (un prix "absolu" c'est-à-dire exprimé dans l'unité monétaire en vigueur dans l'Etat considéré), ce terme de valeur s'appliquant à une production ou à un revenu (je gagne 2000 euros pour 156 heures de travail, un PIB de 2000 milliards d'euros) et bien entendu à toutes les dépenses ou transferts qui peuvent être faits à partir des revenus ou "recettes".

II. Le but du présent ouvrage est de rendre intelligible pour les citoyens intelligents et de bonne volonté (les "nuls" n'existent pas dans le domaine du social historique) les relations entre tous les concepts qu'on vient d'utiliser et comment les "performances" des diverses économies (qui sont, encore, toutes "nationales", "l'économie mondiale" ne correspondant qu'à une addition, à un ensemble non organique) sont très diverses dans le temps et dans l'espace et dans leurs diverses "dimensions" (croissance, stabilité, inflation, inégalités ...). C'est une tâche difficile et d'autant plus qu'il n'existe pas une science économique unifiée, mais (au moins) deux paradigmes ("modèles", théories générales) très opposés :

- Dans les manuels universitaires, domine, pas complètement, mais largement, une théorie qu'on peut appeler "néo-classique" pour simplifier et qui est fondée sur des concepts et des hypothèses a priori tellement éloignés de la réalité qu'on est en droit de la désigner, comme "scientiste-idéologique" ; un étudiant qui connaitrait à fond ce type de manuels[1] ne comprendrait à peu près rien à la réalité macroéconomique des nations dont les médias lui parlent tous les jours : et s'il arrive un jour en position de conseiller ou de déterminer une politique économique, celle-ci aura souvent des effets très négatifs (l'Europe est aujourd'hui dans ce cas…) ;

- Une théorie plus réaliste est heureusement utilisée dans les entreprises ou dans les organismes d'analyse et prévision économique, elle est souvent qualifiée de "keynésienne" (ce qui n'est d'ailleurs pas tout à fait satisfaisant).

C'est en partant cependant, pour ses fondements, de cet ensemble de théories (post-) keynésiennes, mais en les élargissant à un niveau "systémique", et en nous fondant sur l'observation des tendances lourdes des principales économies développées, que nous pourrons expliquer-comprendre le pourquoi d'évolutions complexes et enchevêtrées, des succès (les 30 glorieuses en Europe), beaucoup de semi-succès (aux USA p. ex.) et, surtout, de quasi-catastrophes (Europe depuis 2000 environ et surtout depuis 2007).

[1] Manuels qui, au surplus, comportent en général 7 ou 8 parties, de 16 à 25 chapitres, revenant sur les mêmes problèmes dans des contextes différents

Précision sur les notations dynamiques concernant les taux de variation

Ces taux sont indiqués par des lettres en italique et en gras ; par exemple :

$\boldsymbol{N = Q - PR}$

C'est-à-dire : "taux de variation de l'emploi = taux de variation de la production – taux de variation de la productivité du travail"

Ou encore :

$\boldsymbol{PS = w_R - PR}$

C'est-à-dire : "taux de variation de la part des salaires dans la valeur ajoutée = taux de variation du salaire réel - taux de variation de la productivité du travail."

Cette notation des rapports entre des taux de variation des variables économiques n'est pas tout à fait exacte mathématiquement (il faudrait écrire des rapports d'indices), mais elle est pratique et suffisamment approchée pour l'économie (où les taux de variation sont en général faibles).

Abréviations et sigles utilisés dans le texte de l'ouvrage

Pour alléger le texte, un certain nombre d'abréviations (de concepts ou de formulations quantitatives) ont été utilisées, et on les rappelle sur ces cinq pages pour que le lecteur puisse s'y référer commodément s'il a un doute sur leur signification en cours de lecture.
Et, plutôt que de présenter ces sigles ou acronymes par ordre alphabétique, on a fait l'effort de les présenter logiquement, c'est-à-dire en fonction de l'approche systémique (structurelle-dynamique) qui est la nôtre. Cela forcera le lecteur à parcourir ces quelques pages pour retrouver un sigle, mais celui-ci sera alors resitué dans le système global dont il est un élément.

I. Concepts généraux

1. Systémiques proprement dites (historique-institutionnels-géopolitiques)

. **SK** = système capitaliste (se constitue progressivement depuis le milieu du XVIIIe s. en Europe)
. **SEM** = système économique moderne (depuis 1918 environ)
. **SEM**$_{NR}$ = système économique moderne non régulé (1918 – 1933)
. **SEM**$_{Rk}$ = système économique moderne à régulation keynésienne (1933 – 1973)
. **SEM**$_{kNC}$ = système économique moderne à régulation keynésienne néoclassique (progressivement depuis 1974 et surtout en Europe : keynésienne car il reste encore beaucoup d'institutions keynésiennes, néoclassiques à cause de la politique conjoncturelle de freinage généralisé)

2. Relatifs aux théories économiques

. **NC** = néoclassique (en fait "néo-classique-monétariste-classique", c'est-à-dire la "théorie des manuels")
. **k** = "keynésien" (en fait "postkeynésien", c'est-à-dire la théorie utilisée dans les Instituts d'analyse et prévision publics et privés dans le monde entier)
. **CN** = "Comptabilité nationale", la formalisation (nécessairement keynésienne) des données économiques sur lesquelles travaillent les économistes non académiques dans les Instituts mentionnés ci-dessus. Tous les concepts suivants sont issus de la CN (et aucun

concept NC de la théorie des manuels n'est opérationnel, c'est-à-dire chiffrable)

3. Relatifs aux réalités économiques de base

. production **Q**, revenus **Y**, dépenses ou "demande" **D** ;
. calculés en multipliant des prix **p** par des quantités **q**, ce qui donne des valeurs ;
. la valeur fondamentale est la "valeur ajoutée" **VA**, c'est-à-dire la production nette (ce qui est "disponible" pour consommer et investir) ; la valeur ajoutée d'une nation est son "produit national" ou "intérieur", le PI (compté en "brut" : le **PIB**, c'est-à-dire dépenses de remplacement du capital usé ou obsolète non déduites : cf. II, 2) ;
. les prix **p** sont des prix absolus, c'est-à-dire exprimés en monnaie **M** ; la moyenne des prix des biens et services produits est le "niveau général des prix" (**NGP**), dont l'évolution **P**, est appelée couramment "inflation" ;
. il existe aussi des prix "purs", qu'on appelle le plus souvent des "taux", car ils sont exprimés en quelque sorte "par rapport à eux-mêmes" ; tels sont le "taux d'intérêt" **i**, qui est le coût annuel de 100 unités monétaires empruntées, et le "taux de change" **TC** qui est le prix en monnaie nationale d'une unité monétaire étrangère donnée (ou inversement, suivant le type de cotation).

II. Concepts économiques détaillés relatifs au déroulement de l'activité économique (l'essentiel du contenu des "comptes de la nation", sauf les "stocks", par lesquels il faut pourtant commencer)

1. Les stocks **ST** sont les "sources", c'est-à-dire les éléments de base permanents à partir desquels seulement l'activité économique peut se dérouler, ils sont comptabilisés à un moment donné, comme le résultat de flux annuels d'accumulation :

a) stocks réels

- le stock de capital productif **K** est la valeur à un moment donné de la somme de tous les flux d'investissement **I** passés ; les comptables nationaux font des calculs complexes pour déterminer la valeur de K aux prix actuels (il faut réévaluer de la variation des prix les investissements passés et les "dévaluer" de leur perte d'efficacité productive pour cause d'ancienneté –

péremption) ; **IK** est l'"intensité capitalistique", c'est-à-dire le capital <u>par tête</u> ;

- le stock de "travail" (L, de l'anglais "labor") est mal nommé car il ne s'agit pas du travail (qui est un flux d'heures), mais, ici, de la population apte à, et désireuse de, travailler, c'est-à-dire en gros de la population d'âge actif **POP_{AA}**, définie de manière "politico-administrative" (p. ex. les 18-65 ans moins les "inaptes") ; le "stock de chômeurs" (**U**, de l'anglais "unemployment") est la différence entre POP_{AA} et **N** le nombre de personnes employées (lesquelles peuvent l'être à temps plus ou moins complet et de manière plus ou moins satisfaisante, d'où des sous-catégories de "chômeurs" dans les diverses statistiques nationales) ; par convention, la POPAA comprend les chômeurs parce qu'ils sont en principe désireux de travailler ;
- "les stocks" **ST**, au sens courant du terme, sont les biens (les services ne se stockent pas) en cours de production ou de vente, détenus par les entreprises ; leur montant (valeur) n'est pas connu (en tous cas pas publié), mais leur <u>variation</u> **ΔST** influence beaucoup la conjoncture, la valeur du PIB (abstraction faite de l'équilibre extérieur) se définissant comme égale à la Demande finale (C + I) <u>plus</u> la "demande pour stocks" : une variation de stocks peut donc faire varier le PIB, en plus ou moins, au-delà des variations de la consommation et de l'investissement (on a pu parler p. ex. de "récessions de stocks") ; les ΔSt sont connues, mais la CN ne différencie pas les ΔSt volontaires et les "invendus" (ΔSt involontaires dues à de mauvaises prévisions des entreprises ou à des variations imprévisibles du marché).

b) stocks "nominaux" (financiers et monétaires) :

- le stock nominal le plus important est la monnaie **M** qui, comme tous les stocks, voit son montant à un moment donné déterminé par la somme de toutes les créations de monnaie (bancaire, depuis 1914-1918) moins les remboursements des agents économiques aux banques ; ce stock est toujours positif car le système bancaire renouvelle les "crédits monétaires" au fur et à mesure qu'ils sont "remboursés" ; on a pris la (mauvaise) habitude de distinguer entre diverses catégories de "monnaie" (M_1, M_2, M_3, etc.), mais, au-delà de M_1, c'est de l'épargne liquide, la seule vraie monnaie est M_1 car c'est seulement avec elle (billets, cartes, chèques, virements, etc.) qu'on peut réaliser des transactions (paiements) ;

- les stocks financiers correspondent, eux, à une accumulation de dettes / créances, c'est-à-dire à de l'épargne **S** (de l'anglais "saving") : les "agents à capacité nette de financement" ont ainsi accumulé des "avoirs", ou "actifs", ou "réserves", les "agents à besoin net de financement" (entreprises et Etats) ont accumulé une "dette" ("DP", dette publique pour l'Etat), "endettement des ménages" pour les agents privés ; entre nations, on parlera de "dette extérieure" et de "réserves publiques en or et devises" ; le bilan des dettes et créances est rarement calculé, en tous cas pas par la comptabilité nationale.

2. Les flux, comptabilisés par définition du 1er janvier au 31 décembre de chaque année, sont tous issus de l'activité annuelle de production d'une nation (ou groupe de nations), le PIB (ou PIN = "revenu national" si l'on défalque du PIB l'épargne nécessaire pour maintenir la capacité de production existante en début d'année, les "amortissements" **AMT**, qui financeront les "investissements de remplacement" I_R).
Mais l'essentiel des flux comptabilisés consiste en paiements des revenus et dépenses ("emplois") de ces revenus.

a) flux de paiement des revenus (Y) :
   - le salaire moyen par tête **w**, de l'anglais "wages", donne la masse salariale W si on le multiplie par le nombre $\mathbf{N_w}$ de salariés (N en simplifiant) ;
   - la masse des profits **Π** se subdivise en "profits capitalistes" Πk (des sociétés) et "revenus mixtes" (des entrepreneurs individuels) Π_{EI} ; dans la pratique, les sociétés calculent un EBIT ("Earnings before Interest and Taxes") ou EBITDA (… Depreciation and Amortization) ;
   - la masse des intérêts peut être désignée par **INT**, ce n'est que pour les entreprises et les ménages qu'ils constituent un revenu (pour les banques, c'est du chiffre d'affaires CA) ;
   - la masse des retraites, trop souvent comptabilisée avec les salaires, devrait être distinguée car il s'agit de revenus spécifiques ; on pourrait les désigner par le symbole $\mathbf{Y_R}$ (revenu des retraités ou "retirement payments").

b) flux de dépenses à partir des revenus ("emplois" des revenus)
   - les deux emplois majeurs sont la consommation **C** et l'épargne **S** ;
   - l'épargne peut être elle-même "dépensée" en investissements **I** ou bien en placements financiers (épargne financière $\mathbf{S_F}$) : $S = I + S_F$: il est ennuyeux que le même mot "épargne" désigne le flux annuel d'épargne et le stock d'épargne cumulé, souvent désigné comme "fortune" ou "actifs" ou "avoirs"… ;

les impôts (payés par les agents privés à l'Etat) sont souvent désignés par **T** ; les dépenses publiques, elles, pourraient l'être par **Dep pub** pour faire la différence avec la **DP** (Dette publique).

3. Concepts relatifs à des rapports particuliers entre stocks et flux :
   - si on met en rapport la valeur ajoutée avec la valeur des "facteurs de production" qui ont permis la production, on calcule une productivité **PR** :
     - o productivité du travail ($\mathbf{PR_L}$) si on divise la valeur ajoutée par le nombre de personnes qui y ont contribué (au niveau national, cela donne "PIB par tête") ; la PRL peut aussi être calculée, de manière encore plus précise, par rapport à une heure de travail $\mathbf{PR_H}$;
     - o productivité du capital $\mathbf{PR_K}$; c'est le rapport valeur ajoutée / valeur du stock de capital, plus souvent appelée "efficacité du capital", symbolisée de diverses façons dans la théorie économique (nous l'appellerons **v**, son inverse 1/v étant parfois nommé "coefficient de capital" ou "capital output ratio" (COR) en anglais ; avec "ICOR" si on veut désigner la <u>variation</u> de ce rapport ("increamental capital output ratio"), c'est-à-dire calculer $\Delta VA / \Delta K$; **v** apparait au niveau macro à peu près stable sur le long terme (du moins en temps de croissance non freinée, c'est une sorte de "constante systémique qui vaut environ ½ ; d'où $1/\mathbf{v} = 2$: il faut 2 dollars de K pour produire 1 unité de VA).
     - o les "productivités marginales" correspondantes ($\Delta VA / \Delta N$ et $\Delta VA / \Delta K$) sont les variations de la production permise par la variation d'une unité du facteur travail N et du facteur capital K ; la théorie néoclassique suppose à tort que la productivité marginale du capital est décroissante, ce qui est faux.

- la "vitesse de circulation" de la monnaie V est le rapport entre le flux de produit annuel, le PIB, et le stock moyen de monnaie M1 ; plus l'"efficacité" de M est grande, plus fort est le risque inflationniste ; V évolue beaucoup dans la conjoncture et dans le long terme.

III. Concepts relatifs aux logiques de comportement-décisions des agents économiques.

En effet, en amont des résultats économiques (PIB, C, I, ΔS...) il y a évidemment, dans la réalité, des prévisions et des décisions qui sont constamment opérées, tout au moins c'est ce que constate la théorie réaliste utilisée par les "économistes appliqués", ceux des Instituts mentionnés au début (les économistes théoriciens des Manuels, eux, imaginent que les "variables économiques" se combinent toutes seules dans un monde constitué d' "agents" indifférenciés par leur rôle et leur pouvoir, d'où leur recours aux "mathématiques rationnelles" des dérivées partielles et de la maximisation, cf. l'Introduction et la Synthèse de l'ouvrage). Ces logiques consistent en prévisions et en décisions.

- Les prévisions sont constituées par des projections dans l'avenir des tendances passées ;
- et de prise en compte des dernières informations exogènes (à ces tendances), provenant de l'Extérieur ou d'éléments nationaux, de type politique et sociaux p. ex.

On aboutit ainsi à des valeurs prévues pour toutes les variables pertinentes, qu'on symbolise par une * disposée après la variable prévue ("***P****" est p. ex. l'inflation prévue).

Les décisions (qui résultent de ces prévisions) sont en général symbolisées ainsi :

- la consommation **C** résulte de l'application au revenu **Y** pour chaque catégorie d'agent, et suivant son revenu, d'une "propension moyenne à consommer" **PMC**, p. ex. 0,8 ; on peut aussi utiliser la **pmc**, propension marginale à la consommation supplémentaire sur la variation du revenu (pmc = ΔC/ΔY) ;
- pour l'investissement on raisonne seulement sur le taux d'investissement moyen **TXI**, égal à I/Y ;
- **EX** et **IM** sont les exportations et importations et on calcule parfois les propensions moyennes ou marginales à importer par rapport au PIB ou à sa variation ;

- dans l'ordre financier, on calcule également des propensions moyennes ou marginales à l'endettement (des ménages, en général), mais il n'y a pas de symboles reconnus ; on pourrait proposer Δ dettes/ΔY.

IV. Quelques sigles relatifs au monde de la finance

PER	=	price earnings ratio (rapport entre la valeur des actions en bourse et les dividendes versés)
EBIT	=	earning before interest and taxes (conception anglo-saxonne assez bizarre des profits)
ABS	=	assets backed securities = créances garanties par des actifs (parfois illusoires)
CDO	=	credit default obligation = titres censés garantir un défaut de remboursement
CDS	=	échange de ces mêmes titres entre opérateurs financiers (swaps)

V. Sigles relatifs aux indicateurs macroéconomiques fondamentaux d'une nation (ou groupe de nations)

. **PIB** ("taux de croissance") ou **PIB - POP** ("taux de croissance par tête")
. **P** ("taux d'inflation")
. $U_{\%}$ (taux de chômage)
. EX – M / PIB (taux de déficit ou d'excédent commercial avec l'Extérieur)
. $\mathbf{PR_L}$ (taux de variation de la productivité du travail), indicateur fondamental
. PS (part des salaires dans le PIB)
. divers indicateurs d'inégalité des revenus et leur sens de variation
. divers indicateurs d'endettement ; DP% pourrait être le sigle du rapport entre la Dette publique et le PIB ; ΔDP/PIB est le "critère de Maastricht", ΔDP étant le déficit budgétaire d'une année

Introduction

Il s'agit de savoir ce que l'on vise (§ 1 : l'intelligibilité du système), avec quelle ampleur et le plan d'exposition qu'on choisit (§ 2), et quel "langage" (type de formalisation) sera utilisé (§ 3).

§ 1 Visée générale : intelligibilité du système économique moderne ("développé" ou "capitaliste" ou "occidental")

Le brouillard règne sur les déterminants des résultats économiques (emploi, croissance), il est donc primordial de fournir aux citoyens pourvus d'un esprit critique (mais ne disposant que de connaissances fragmentaires ou, pire, de théories scientifiques irréalistes), une vue de l'économie à la fois globale et profonde, mais "maîtrisable", c'est-à-dire utilisable pour répondre aux questions "pourquoi ?" que ne peut manquer de se poser le citoyen intelligent qui, en Europe par exemple, assiste effaré à l'enlisement progressif du continent qui a créé la modernité du monde, citoyen que ses dirigeants tentent même de culpabiliser en l'accusant de refuser des "réformes" ou des "efforts", ou encore de manquer de "confiance".

Quel raccourci d'emblée, dira-t-on : de la théorie économique pure (annoncée) à l'actualité la plus immédiate, et même à la politique ! Eh bien, justement, si la théorie économique inspire une politique catastrophique, c'est qu'elle n'est pas bonne, c'est que, tout simplement, elle n'est pas scientifique. C'est par là qu'il faut commencer, comprendre que les citoyens (européens surtout) sont victimes de l'application obstinée d'une théorie fausse, proprement "lissenkiste"[2], disons scientiste-scolastique, une théorie qui projette sur la réalité du système économique moderne (les économies occidentales développées, depuis 1918 environ) un ensemble de conceptions a priori, pour la plupart imaginaires en ce sens qu'elles n'ont que des rapports lointains (et parfois inverses!) avec le fonctionnement-évolution effectif de ce système, des théories qui utilisent des concepts et des relations non seulement contraires à la raison logique, mais, encore pire, qui ne peuvent être quantifiés par aucun service statistique existant, ou même apparaissent comme contraires à toutes les évolutions observées régulièrement dans l'histoire économique. Et voici, tout de suite pour être concret, quelques-unes des énormités logiques et/ou factuelles contenues dans la "Théorie des manuels académiques", techniquement "théorie néoclassique" :

---

[2] Du nom, Lissenko, de ce biologiste soviétique des années 1930 qui, croyant à la manipulation des semences par l'humidité et le froid, a provoqué des catastrophes dans l'agriculture russe

- Il existe quelque chose qui s'appelle "productivité marginale d'un facteur de production" (le travail, p. ex.) : or, dans la réalité, cette chose, l'une des bases profondes de la théorie néo-classique (NC), ne peut être concrètement calculée et l'on ne possède aucune donnée statistique sur elle ;
- Il existe quelque chose qui s'appelle "productivité globale des facteurs"[3] (PGF) ou encore "coût du travail" : or les deux choses comportent des contradictions logiques où les mesures qu'on en fait n'ont pas le sens qu'on veut leur donner ;
- Pour que les salaires augmentent, il faut que l'emploi diminue ;
- Le chômage est toujours "volontaire" ;
- Les prévisions des agents sont toujours "exactes parce que rationnelles" ;
- La création de monnaie est toujours inflationniste ; Etc. etc.

D'autres exemples de l'irréalisme absolu de la théorie NC apparaîtront en temps voulu : mais derrière tous ces postulats, ces a priori sans aucun fondement observationnel, il en existe un qui est le "postulat des postulats", c'est-à-dire le fondement du scientisme de la théorie NC, c'est l'hypothèse que l'économie est toujours en "équilibre" car l'activité économique s'exerce sur des "marchés", c'est-à-dire par l'intermédiaire de relations inverses prix/quantités, plus précisément grâce à l'existence de "courbes d'offre" (des détenteurs de liens à vendre) et de "courbes de demande" (des utilisateurs de ces biens et services) ; et comme les premières courbes sont "croissantes" (les détenteurs de biens en "offrent" d'autant plus que le prix de vente est plus rémunérateur) et les secondes décroissantes (les demandeurs sont prêts à acheter d'autant plus que le prix de marché est plus bas), ces courbes se croisent forcément et donc un "équilibre de marché" s'établit qui égalise offre et demande pour un prix qui satisfait les deux parties :

Qd (P) = Qs (P) (s pour "supply", offre)
(-) (+)

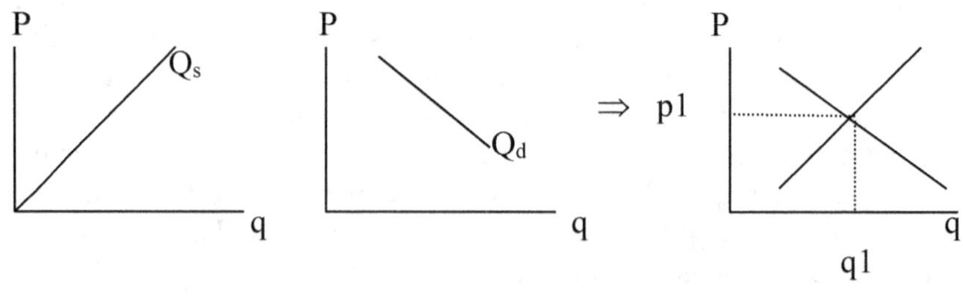

---

[3] La PGF est censée mesurer une "moyenne pondérée" de l'évolution des productivités du travail et du capital, mesure absurde puisque la productivité du capital, par ailleurs stable, est le seul déterminant de la productivité du travail à un moment donné ; et de sa croissance via l'accroissement incessant du capital par tête.

Et il est entendu que ce type de mécanisme s'applique non seulement au "marché des biens", mais également au "marché du travail" (du volume d'heures travaillées précisément) et aux "marchés financiers" (épargnes) et de la "monnaie" (du crédit bancaire).

A remarquer déjà une grosse faille logique dans le postulat de l'existence de ces divers "marchés" : seul le premier concerne des biens et services produits, les 3 autres concernent des réalités économiques, mais qui ne sont pas "produites" en ce sens qu'elles n'ont pas de coût de production calculable (sauf, pour le travail, à adopter la théorie marxiste-classique du salaire de subsistance des "prolétaires"...).

Mais l'erreur fondamentale qui consiste à fonder le mécanisme principal de fonctionnement de l'économie sur le mécanisme du marché est que ce mécanisme ne fonctionne qu'au niveau micro-économique des entreprises et de leurs clients, c'est-à-dire au niveau des marchés.

Car, point aveugle de la théorie NC, ce mécanisme de marché, ces courbes de demande ("notionnelles", car il n'existe aucune donnée statistique), ne fonctionnent, n'existent, que parce que les "demandeurs" disposent d'un pouvoir d'achat, c'est-à-dire d'un revenu : et la théorie NC, qui ne dispose ni d'une théorie de la monnaie ni d'une théorie de la productivité (moyenne, effective), du travail, ne dispose donc pas d'une théorie de la détermination des revenus, et donc du revenu national, en niveau (à un moment donné) et en taux de variation ' "croissance", "fluctuation"). C'est cette impuissance fondamentale de la théorie NC à rendre compte de ce qui se passe au niveau global que Keynes a combattue en établissant en 1936 les bases d'une analyse macroéconomique réaliste (qui a tout simplement permis de fonder... la comptabilité nationale utilisée aujourd'hui par tous les "Instituts d'analyse et de prévision" du monde entier). Et les études économiques elles-mêmes sont devenues ensuite, progressivement, dynamiques après la mort de Keynes en alliant les compréhensions de la :

- croissance de la demande, inspirée de Keynes (via la croissance des revenus réels et le maintien à un haut niveau de la propension moyenne à consommer, ainsi que du dynamisme des dépenses publiques...) permise évidemment par la croissance de la masse monétaire réelle sans laquelle les revenus ne peuvent croître ;
- et de la croissance de la capacité de production (de l'"offre"), via la croissance du stock de capital productif aux rendements constants (théorie de Harrod et de Domar, constituée de 1939 à 1948 environ).

C'est cette prise en compte des niveaux de la réalité économique (cf. ce qui s'est produit en physique : des "corps" aux atomes et aux quarks – et en biologie – des "organes" aux cellules et aux gènes –) dont la théorie NC semble incapable par nature : très précisément elle semble incapable de comprendre que les lois qui règnent à un niveau donné d'un système complexe ne sont pas les mêmes que celles qui règnent à un niveau différent (alors qu'en économie deux niveaux seulement existent, contre trois ou quatre, peut-être plus, en biologie et surtout en physique) ; sans compter que le fonctionnement réel des marchés, au niveau micro (et "méso"…) n'a sans doute pas grand-chose à voir avec ce qu'on trouve dans les "manuels de microéconomie", toujours à base de "productivité marginale", de "concurrence pure et parfaite", et d'"optimisation intertemporelle", de "courbes d'indifférence", etc.

Pourquoi les lois économiques (c'est-à-dire en première approximation les types de relations nécessaires entre les variables économiques) ne sont-elles pas les mêmes aux deux niveaux, micro et macro ?

Il y a d'abord une raison, non de principe, mais substantielle, qui est massive : il existe au niveau macro un "agent" qui n'existe pas au niveau micro : l'Etat (au sens large) qui, par sa masse et par son pouvoir d'organisation-coercition, exerce sur l'ensemble des relations économiques nationales un pouvoir asymétrique d'influence : négliger cette réalité, comme le fait la théorie NC, ou n'y voir que des effets "perturbateurs de l'équilibre", est enfantin et prive d'emblée la "théorie des manuels académiques" de toute pertinence, même si elle tente d'intégrer, dans sa problématique imaginaire, les "recettes et dépenses publiques" (mais de manière partielle et comptable, sans en comprendre les retombées macrodynamiques et avec sa problématique de "contrainte budgétaire", d'"endettement insoutenable", de "poids des dépenses publiques", etc.). D'un autre côté, ne voir dans l'Etat que "l'Etat de la classe dominante" (minoritaire) n'est pas totalement faux, mais n'enlève pas la spécificité de l'action de l'Etat.

Mais la raison essentielle des différences entre les lois qui règnent aux deux niveaux de l'économie est une différence de principe : au niveau macroéconomique ("national", en fait), le mécanisme fondamental d'ajustement entre les "variables" (niveau du PIB, niveau général des prix d'"inflation", équilibre extérieur, répartition du produit entre les grandes masses de revenus, évolutions de l'emploi et du taux de chômage, etc.) n'est pas le mécanisme "égalitaire" du marché (des chefs d'entreprise qui trouvent en face d'eux des consommateurs "souverains") : dans le système "capitaliste" (dans les 2 sens du terme : financier-juridique, et puis technique), les "metteurs en œuvre" du capital (détenteurs de grandes fortunes, "hommes d'affaires", chefs d'entreprises, banquiers) détiennent "par construction" (par construction et entretien du système capitaliste…) un pouvoir social (socio-éco- politique si l'on veut) dont ne disposent pas les 95% restants de la population (salariés et retraités, et même les très petits "indépendants") ; ce pouvoir social est parfaitement identifiable, il consiste dans les pouvoirs de fixation :

- des prix de vente moyens (par rapport au coût de production moyen) ;
- du niveau de production (et des variations de stocks volontaires) donc du niveau d'emploi et de salaires (et de durée de travail effective), donc de la productivité instantanée
- de l'évolution de la productivité (par les investissements / innovation / réorganisation) ;
- d'exercer une forte influence sur les modèles de consommation et de loisirs de l'ensemble de la société.

*

* *

A noter que l'analyse présentée ici n'a rien de "marxiste" au sens où il s'agirait d'un jugement négatif sur la pérennité du système, au contraire : si l'ensemble de ces décisions issues du pouvoir social des capitalistes (et de l'Etat) exprime une cohérence avec les structures fondamentales du système, qui ont pour finalités efficacité et croissance, les "performances" globales du système seront optima, c'est-à-dire qu'on observera une croissance régulière avec quasi plein-emploi et équilibres financiers et extérieurs maintenus, avec un "taux naturel d'inflation" de l'ordre de 2 ou 3% et (éléments non pas "externes" à l'économie comme la myope théorie NC le suppose implicitement – puisqu'elle est incapable de les intégrer, mais qui sont parties intégrantes du système social dont l'économie n'est qu'un aspect) des équilibres sociopolitiques assurant, justement, la pérennité des sociétés ayant adopté le système économique moderne.

En revanche, l'utilisation quantifiée (cf. le § 2) de la notion de pouvoir dans l'analyse économique introduit dans la formalisation utilisée l'élément fondamental qui manque désespérément à l'analyse quantifiée de type mathématique traditionnel : la causalité. Car autant, dans les sciences physiques, la causalité a été évacuée à juste titre au profit de relations fonctionnelles, autant dans les sciences du social historique, il faut toujours s'efforcer de répondre à des "pourquoi ?", qui sont autant des questions de citoyens désirant participer au gouvernement de leur pays que des questions épistémologiques portant sur l'intelligibilité du fonctionnement-évolution d'un système macro social où est enchâssé le système économique ; en effet, les "agents économiques" sont d'abord des "agents humains" doués de raison et de "programmes" (besoins, aspirations, idéaux…) : il leur faut donc savoir "comment ça marche" et, plus précisément, jusqu'à quel point leur volonté, leurs efforts et leur connaissance véritable du système où ils vivent leur permet de modifier, en attendant de changer le système lui-même, tout au moins d'améliorer ses performances, par exemple en matière de stabilité, de moindre inégalité, de croissance, de plein-emploi, etc. Car la théorie NC de l'"équilibre des marchés" semble bien leur suggérer qu'il n'y a rien à faire, "qu'il n'y a pas d'alternative" (TINA... There is No Alternative, Mrs Thatcher, 1970), bref qu'il faut se résigner à un état des choses qui ne satisfait vraiment, disons que les 10% les plus favorisés ; et la résignation ne semble pas être le propre, aujourd'hui, des "agents" qui vivent dans les sociétés occidentales ("développées"), d'autant plus qu'ils sont doués de mémoire et se souviennent donc qu'il n'y a pas si longtemps ce même système capitaliste avait fait d'énormes progrès par rapport à la pauvreté du XIXe s. et aux crises du premier XXe s. et ils se demandent : pourquoi ce qui a été possible hier deviendrait hors d'atteinte aujourd'hui (le plein-emploi, la protection sociale...), alors que nous sommes plus nombreux, en meilleure santé, plus riches, plus savants ?! Avec l'idée derrière la tête que la machine hyper complexe qu'est le système social occidental début du XXIe s. est pilotée ici ou là (en Europe par exemple depuis la fin du XXe s.) par des personnes perverses (qui veulent accaparer pouvoir et richesses et méprisent la masse du peuple) ou, plus simplement, par des personnes incompétentes utilisant une fausse science.

*

* *

Pourquoi, justement, peut-on se demander à bon droit, une majorité d'économistes universitaires s'obstinent-ils à "améliorer" dans leurs manuels la théorie NC dont on vient de montrer qu'elle est à la science ce que les contes de fées sont à l'histoire ? Et pourquoi des "responsables" politiques persévèrent-ils dans des politiques inefficaces, voire contre-productives (en Europe, et dans nombre de pays en développement) ?

Hiérarchisons les réponses.

Il y a à la base ("psychologie"...) la crainte d'apparaître s'être trompé : on préfère persévérer manifestement dans l'erreur que se "déjuger".

Il y a ensuite l'incompétence, simplement :

- les hommes politiques ne connaissent pas, ou mal, les théories économiques alternatives (qui ont été souvent caricaturées dans les présentations dominantes, par exemple le soi-disant échec du keynésianisme à maintenir le plein-emploi et la croissance sans inflation dans les années 60 et 70 au XXe s).
- les économistes universitaires souffrent souvent de la même déficience, mais, surtout, ils sont de plus en plus composés de personnes ayant fait des études dites "scientifiques" (mathématiques, surtout), mais n'ayant pas les talents suffisants pour bien réussir dans ces domaines : ils se rabattent alors sur l'économie, qu'ils croient pouvoir formaliser sous forme mathématique (alors qu'il existe, on le verra dans toute la suite,

d'autres langages formalisés que les mathématiques traditionnelles), y imposant des relations quantitatives dérivées d'"équations" et de "fonctions" préexistantes en mathématiques, parvenant à briller ainsi aux yeux des économistes non mathématiciens et, surtout, aux yeux du public incompétent, dont font malheureusement partie gouvernants et banquiers (dont ceux de la Banque de Suède, qui a créé un soi-disant "prix Nobel d'économie"...) ; en France spécialement, polytechniciens et énarques ont aggravé les choses (prototypes : J. Attali !) en diffusant des "essais" qu'ils présentaient comme scientifiques alors qu'ils ne contenaient que leur idéologie.

Voir la définition des doctrines selon Edgard Morin sur le tableau en page suivante, il est évident que la logique profonde de la démarche néoclassique "orthodoxe", celle qui remplit la théorie des Manuels universitaire, appartient à la catégorie des "doctrines", c'est-à-dire de l'idéologie.

SYSTEMES D'IDEES	
DOCTRINES	THEORIES
Autoréférence	Auto-exo-référence
Fermeture doctrinaire (faible éco-dépendance)	Ouverture sur l'extérieur (forte éco-dépendance)
Noyau dur insensible à l'expérience	Noyau dur résistant à l'expérience
Primat de la cohérence interne (rationalisation)	Primat de l'accord logique/empirique (rationalité)
Rigidité des liaisons entre concepts	Nécessité logique des relations entre concepts
Autorégénération à partir des fondements propres	Auto-exo-régénération
Immunologie très forte (n'accepte que ce qui confirme)	Immunologie (ne rejette que ce qui est hors pertinence)
Refus de toute critique	Acceptation des critiques sous conditions
Anathème	Vigueur polémique
Dogmatisme	Flexibilité
Idéalisme	Empirisme
Orthodoxie (vérité absolue et unique)	Autodoxie (se conduit en fonction de ses principes)
Autotranscendance	Autocentrisme
Autosacralisation	
Autodéification	

E. Morin, La Méthode, tome IV

Nous voici à l'essentiel, l'idéologie, donc, avec ses deux faces :

- une face "sincère" : on croit au libéralisme, très bien, mais on croit aussi qu'il faut alors être "anti keynésien", ce qui est une double bêtise : Keynes était un grand libéral (et sa théorie a remis le capitalisme sur les rails après 1929-1945 !) et, d'autre part, l'Etat fait consubstantiellement partie du "Système de l'économie de marché" : comme on le détaillera plus loin (cf. 1ère partie, chap. II), il n'y a pas, aujourd'hui, de marché (efficace) sans l'Etat…
- mais il y a une face plus sombre de la prééminence sur la pratique scientifique (l'observation des faits) de partis-pris idéologiques : certains intérêts privés croient qu'ils doivent à tout prix refouler l'Etat, sa fiscalité, ses règlements, et ils n'hésitent pas à corrompre l'opinion (en finissant par croire à leur propre propagande !) : par la presse, mais également en rémunérant, directement ou indirectement (les procédés ne manquent pas), des économistes connus qui se font alors les propagandistes de certains intérêts particuliers (c'est une activité de lobby) ou, plus grave encore, d'une conception générale de la politique économique selon laquelle celle-ci doit systématiquement favoriser les profits et les dividendes, freiner les salaires, diminuer les prestations sociales, sélectionner durement le crédit bancaire, bref "réformer" l'ensemble de l'action publique dans le sens de la "rigueur" ; le tout avec les résultats qu'on a vus à l'évidence, surtout en Europe, depuis 2008 maintenant.

*

* *

Si certains lecteurs peuvent être légitimement surpris d'un certain ton "pamphlétaire" que revêt cette introduction à un ouvrage de théorie économique, c'est qu'une bonne théorie ne peut être que scientifique ("observationnelle", "expérimentale" avec les grandes "expériences de politique économique" menées "in vivo" dans certaines régions et sur des périodes précises) et non pas "idéologique-obscurantiste[4]", elle doit donc reposer sur des fondements méthodologiques sérieux, avant tout "critiques" : l'esprit critique (et d'abord à l'égard de soi-même) est l'âme de l'Occident et des Lumières (voir les "Critiques" de Kant, par ailleurs chantre du libéralisme, cf. ses "Prolégomènes") et donc le fondement de toute démarche scientifique.

---

[4] La théorie NC a été élaborée vers 1870 par des "économistes en chambre" qui ne disposaient de pratiquement aucune donnée économique, et de plus à propos d'un système économique très différent de celui des XXe et XXI" s. (cf. chap. I)

Quant au nécessaire caractère "expérimental" d'une théorie scientifique, il ne résulte pas seulement de sa "falsifiabilité" (peut-on "l'expérimenter" ?), mais surtout de la question de savoir si, l'expérimentation ayant été faite, la réponse a été concluante : eh bien, oui, ici la réponse a été concluante : **dans tous les pays et toutes les périodes où la politique de régulation et de soutien de la demande a reculé, au profit d'une politique de dérégulation massive, de freinage des salaires et de restriction monétaire et/ou budgétaire, la croissance a fortement ralenti, les investissements productifs nets se sont effondrés, le chômage ou le sous-emploi ont bondi (à la seule exception de pays comme l'Allemagne ou le Japon où la régression démographique a freiné le chômage) ; et seules des politiques keynésiennes de taux d'intérêt quasi nul, de création monétaire intense et d'énormes déficits budgétaires ont enrayé la crise, sans pouvoir éviter cependant une montée sensible des inégalités, une instabilité sociale et politique grandissante et un déséquilibre des finances publiques sans solutions dans ce cadre (et présenté comme la cause de la crise alors qu'il n'en est que l'effet !).**

§ 2 Mise en forme de l'exposé

Comment "mettre en forme" la visée à la fois critique et constructive de notre "Court Traité" ?

La mise en forme d'un discours sur l'économie est à la fois une question d'"ampleur" et de choix d'un plan d'exposition qui, tous deux, doivent être cohérents avec la visée générale décrite dans le § 1.

I. Pour ce qui est de l'ampleur, le terme choisi de "Court Traité", assez inhabituel, signifie qu'on va tenter de concilier deux exigences en apparence éloignées, le principe d'exhaustivité et la nécessité qu'un ouvrage pédagogique soit maîtrisable ; une encyclopédie, un dictionnaire, ne sont pas des ouvrages scientifiques, ils ne font que rassembler des matériaux destinés à satisfaire la curiosité, au mieux à expliciter, détailler, remplir une case dans un tableau général qui, lui, exprimera des lois de composition et d'interrelations (comme le Tableau de Mendeleïev justement).

Le principe d'exhaustivité ne correspond pas du tout à l'idée d'un "catalogue", qui doit être complet ou plutôt, il y a bien une exigence de complétude, mais celle-ci porte non pas sur l'énumération complète de tous les éléments du système, ou de toutes les relations existantes ou possibles entre les éléments retenus, mais sur :

a) la mise en lumière des "agents" principaux des systèmes ("unités actives" F. Perroux) et de ses dimensions essentielles :

- les agents : il faut par exemple, évidemment, définir avec précision la nature, le programme et les décisions qui émanent de l'entreprise, cellule de base de l'économie capitaliste, mais il n'est pas nécessaire d'en détailler les diverses formes institutionnelles, nationales ou par secteurs et branches : seule la logique générale (par exemple se maintenir sur un marché donné en faisant un minimum – et si possible un maximum – de profit par rapport au capital engagé, et cela par des stratégies dont on peut facilement résumer les types principaux) doit être exposée, peut-être en rappelant l'influence de la taille ;

- dimensions : la complexe économie capitaliste se compose de "pôles" de nature différente, mais dont l'agencement fait système ; aucun de ces pôles ne peut être ignoré :
  - ✓ une "base productive", "technologique", que la théorie des manuels académiques traite de manière totalement irréaliste : il est nécessaire d'enfin définir le "travail", le "capital", la "productivité" par leur nature objective, mesurable, et non par des concepts a priori imaginés au XIXe s. par des idéologues ou des esprits abstraits (au XVIIIe s., A. Smith, esprit observateur, avait mieux compris ces réalités que les "marginalistes" (néoclassiques) de la fin du XIXe s. qui, de plus, voulaient faire entrer de force leurs "facteurs de production" dans le moule préétabli de formules mathématiques enfantines) ;
  - ✓ une base institutionnelle dont la principale (en dehors de l'Etat) est la monnaie et le crédit bancaire, largement absents (ou traités de manière extravagante, comme par exemple le taux d'intérêt !) des conceptions de base de la théorie néo-classique ;
  - ✓ un "esprit" du système, totalement ignoré, lui, par la théorie NC et qui, en fait, donne à l'économie capitaliste sa dimension dynamique fondamentale, qui résulte en permanence d'un "pari sur l'avenir" et de la volonté de croître… et qui met en même temps le système en perpétuel porte-à-faux ;

b) identifier les divers "paliers d'équilibres dynamiques" qui, dans le cours du fonctionnement-évolution du système, provoquent des enchaînements macroéconomiques qui influencent profondément les performances globales de chaque nation ou groupement de nations (ces "paliers" étant des domaines où interagissent des flux stratégiques pour la dynamique économique globale), tels que les domaines de l'évolution du niveau général des prix, des déséquilibres dans les échanges extérieurs, la répartition des revenus (qui peut aller dans le sens d'un freinage de la croissance), des déséquilibres financiers (des "bulles"), bref des déséquilibres partiels, mais qui peuvent nuire gravement aux performances moyennes du système : les mécanismes de ces "dérapages" – peut-être endogènes au système ? – devront, eux, être analysés à fond, ils ne sont pas des détails, ils sont au cœur du problème, qui finalement, peut s'énoncer ainsi : le système capitaliste est-il dynamiquement stable spontanément, réalise-t-il, grâce à ses structures profondes intrinsèques (privées, puisque l'institution étatique, elle, est bien antérieure aux modernes structures du capitalisme), une sorte d'"optimum dynamique" (concept à définir soigneusement), ou bien, justement, la vieille institution étatique, totalement rénovée, est-elle nécessaire à la réalisation de cet optimum : voilà des questions qui, elles, ne sont pas des détails et doivent être traitées à fond : elles sont "systémiques", on est là, vraiment, au cœur de l'économique.

Attention cependant : sur le plan théorique le plus fondamental, ces remarques ne signifient pas que, si les concepts classiques d'"équilibre" (de "marché", de "choix intertemporels"...) sont à coup sûr inopérants, ridicules épistémologiquement même, il ne s'ensuit pas que le concept opposé, le "déséquilibre", soit plus adapté forcément : il faudra regarder plus en profondeur (dans les structures et dans les enchaînements temporels) pour trouver un concept plus explicatif et plus général qu'équilibre/déséquilibre, cette opposition simpliste exprimant, là encore, un mode de raisonnement un peu primaire.

*
* *

Au total la dénomination de "Petit Traité" signifie : tout l'essentiel, mis en lumière (→ "Traité"), et tout l'accessoire, le détail, énoncé seulement de manière schématique ("Petit").

II. Un plan "systémique"

Le <u>plan</u> d'un ouvrage scientifique d'ensemble doit être autre chose qu'un problème de "forme". <u>Il est un problème de fond en ce sens qu'il doit exprimer le "fond du problème".</u> Et en économie, science sociale même si elle doit être absolument formalisée (cf. le point III), le fond du problème est le suivant : quel paradigme (théorie fondamentale) rend-il <u>intelligible la logique profonde de fonctionnement-évolution du système économique</u>

considéré (en l'occurrence le système "moderne" des économies "développées", tel qu'il existe, en gros, depuis la fin de la 1ère guerre mondiale) ? Et s'il apparaît que ce système ne produit pas un optimum dynamique spontané, quel type de politique économique volontaire ce paradigme doit-il inspirer pour promouvoir des performances économiques cohérentes à la fois avec les structures profondes du système (son "programme") et avec les objectifs démocratiquement définis par les citoyens des nations considérées ?

Poser le problème ainsi en termes "systémiques" est extrêmement fécond car si "l'on ne peut comprendre le tout sans comprendre les parties, on ne peut non plus comprendre les parties sans connaître le tout" (Pascal, Pensées) : tout "système humain" (social historique), avec les trois éléments identifiés dans le point I (base matérielle "technique", base "institutionnaliste", "organisationnelle", base "psycho-idéologique") peut donc être appréhendé de la manière suivante :

1. D'abord dans ses "structures" : il est nécessairement composé d'"éléments", qui, en l'occurrence sont évidemment des groupes socio-économiques exerçant des fonctions spécifiques, dotées de statuts différents et donc de pouvoir et d'objectifs différents ; ces "groupes", à appréhender donc de manière à la fois technique, institutionnelle et pragmatique (on retiendra : les entreprises, le système bancaire et la "sphère financière", l'Etat, les salariés, les "consommateurs et épargnants"), prennent en permanence des décisions dont la confluence détermine les "flux", "stocks" et "indicateurs" qui définissent le domaine économique (prix, production, dépenses… qu'on peut compter en niveaux, en taux structurels, ou en taux de variation…) ; et les termes qu'on vient d'analyser correspondent à autant de concepts à partir du moment où on les définit de manière précise, les uns par rapport aux autres (souvent de manière "emboîtée", en tous cas relationnelle) et, surtout comme déterminant à eux tous le "fonctionnement d'ensemble" du système, le processus productif, qui est le socle matériel de toute société (mais socle toujours en interaction profonde avec les "superstructures" que sont les croyances, les idéologies et la "psychologie collective" d'une société globale, l'économiste devant considérer ces structures-là qui, parfois, deviennent des infrastructures.., comme des données).
   On a donc là, logiquement, matière à une 1ère PARTIE décrivant les éléments de base de l'activité économique (moderne) au moyen des concepts et des méthodes les plus adaptés à l'intelligibilité de l'activité économique (chap. I), avec une analyse (schématique, mais complète) des logiques de décisions des "agents" identifiés (chap. II).

2. Il résulte évidemment, de l'ensemble des décisions prises par les divers groupes d'agents à l'intérieur des structures technico-organisationnelles qu'ils animent, un mouvement économique global (dont l'essentiel se fait encore dans la sphère institutionnelle nationale) qui constitue donc l'objet d'une IIe PARTIE. Et ce mouvement peut être appréhendé lui-même en deux temps : d'abord au niveau de "paliers" particuliers du système, c'est-à-dire de domaines où convergent ou se déterminent certains flux qui sont vitaux pour l'équilibre dynamique du système, comme par exemple la répartition des revenus (centrale à la fois par ses résultats – plus ou moins d'inégalités... - et par les décisions "stratégiques" qui en résultent – plus ou moins d'investissement ou de consommation...), ou encore le phénomène de l'évolution du niveau général des prix, NGP, (plus ou moins d'inflation...), ou ceux des "équilibres financiers", intérieurs ou extérieurs, etc. ; les possibles dysfonctionnements à chacun de ces paliers feront l'objet du 1er chapitre de la IIe partie. Le second chapitre sera évidemment consacré aux "performances globales" des diverses économies nationales les plus importantes, l'idée directrice consistant à constater l'incapacité spontanée du système économique "développé" à atteindre un "optimum dynamique" au sens socioéconomique large, et donc à la nécessité de concevoir une politique volontariste capable de produire cet optimum tout en respectant la nécessaire autonomie systémique des agents décentralisés, l'enjeu étant de trouver le bon dosage entre le "privé" et le "public".

Au total, notre plan est donc à la fois simple et heuristique. On peut le présenter schématiquement ainsi :

1ère partie : les structures du Système		2ème partie : fonctionnement et évolution du Système
Chap. I : agents et activités économiques, schéma général d'une économie nationale moderne. Concepts et relations de base. Chap. II : les logiques de décision des divers groupes socio-économico-institutionnels d'agents économiques (entreprises, système bancaire et financier, Etat, salariés, "ménages").	⇒	Chap. III : les "équilibres dynamiques partiels" : aspects particuliers mais cruciaux car "emboîtés" et déterminants des relations d'équilibre/déséquilibre entre flux/stocks/indicateurs : répartition des revenus, équilibres financiers internes, niveau général des prix, équilibres extérieurs et taux de change, emploi/démographie. Chap. IV : la dynamique globale : - Pas d'"optimum dynamique" spontané (des "fluctuations" et du "sous-emploi" des facteurs) - Nécessité d'"institutions de croissance optimale"

Conclusion générale sur les faits et les théories

Cette présentation de l'Economie est l'expression d'un <u>modèle théorique</u> susceptible d'une formalisation quantitative précise :

- La 1ère Partie, après avoir identifié les "variables" du système et tracé le "graphe" des flux (dont les variations de stocks...) qui y circulent (chap. I) peut aboutir à des "équations de comportement" de groupes d'agents homogènes envers ces flux (investissements, consommation/épargne, crédit/financement, etc.) établis non a priori comme dans la théorie NC mais en fonction de l'observation des données et de tests statistiques (économétrie), "équations" qui constituent des "maquettes" de l'économie nationale (ou internationale) et constituant des outils d'explication (du passé) et de prévision (chap. II).

- La IIe partie analyse les résultats des enchaînements dans le temps de toutes ces décisions, en se focalisant d'abord sur des aspects particuliers mais "stratégiques" des performances macroéconomiques des nations, par exemple la répartition des revenus, la stabilité des prix, les équilibres financiers, etc., tous domaines reliés entre eux et, probablement, emboîtés de manière "hiérarchique", idée directrice qu'il faudra approfondir (chap. III) ; et dans le chap. IV, on tentera de se hausser au niveau de la compréhension globale de la dynamique du système économique moderne en analysant les causes profondes de l'instabilité dynamique fondamentale de ce système (section I) et en postulant qu'un "optimum dynamique" (stabilité de la croissance – à définir -, quasi plein-emploi et équilibres financiers et extérieurs réalisés…) ne peut être obtenu spontanément et ne peut l'être que par des "règles macrosociales" démocratiquement et scientifiquement choisies (section II).

*

* *

On a sans cesse, dans ce qui précède, utilisé le mot de "système" et même parlé d'"approche systémique" sans définir vraiment ces concepts. Il s'agissait en effet d'amener progressivement le lecteur à ressentir intuitivement la puissance de cette approche avant de la définir de manière dogmatique ; on peut maintenant rassembler les éléments déjà implicitement utilisés pour fournir une vue d'ensemble de la "théorie-méthode des systèmes".

Il s'agit d'une approche épistémologique visant à définir le chemin ("méthode", en grec) qui conduit à une connaissance assurée de la réalité.

Depuis le XVIIe siècle, c'est la méthode analytique qui avait fourni les plus grands résultats scientifiques ("diviser les problèmes en autant de parcelles qu'il se pourra..." selon Descartes) ; mais vers le milieu du XXe s., les biologistes, en particulier (L. Von Bertalanffy, peut être considéré comme étant à l'origine de la "Théorie du Système Général", en 1956), se sont aperçus que, pour comprendre le fonctionnement des êtres vivants, il fallait en prendre une vue globale ("macroscopique", cf. J. de Rosnay), en particulier analyser les interactions, et surtout les rétroactions (feed-back) entre les différents organes, cellules, fluides et leurs fonctions) ; et qu'au-delà du fonctionnement, il y avait l'évolution biologique (de l'embryologie au vieillissement…) ; et, interviennent alors historiens, sociologues et (quelques) économistes, l'évolution socio-historique ; ce processus de réflexion, en France, a culminé avec l'œuvre monumentale d'E. Morin (La Méthode, en 5 tomes étalés de 1976 à 1990) qui préfère, lui, parler de théorie de la "complexité"(après la synthèse magistrale de F. Braudel en histoire dans les années 1950-60).

L'approche systémique est sous-jacente à toutes les pratiques intellectuelles réalistes (depuis la science la plus en pointe, avec par exemple la recherche d'une "théorie du tout" en cosmologie, jusqu'aux méthodes d'ingénierie permettant la construction de structures hypercomplexes), elle est malheureusement absente de la théorie économique des manuels, extrêmement compliquée mais pas complexe (en ce qu'elle repose sur la conception simpliste d'un "marché" créant toujours un "équilibre", que nous avons déjà analysée comme non valide scientifiquement au niveau macro). Les éléments épistémologiques de la méthode systémique peuvent aujourd'hui être présentés ainsi :

- on doit toujours avoir une vue globale ("holistique") de tout aspect, même restreint, de la nature physique ou de la nature sociale ("socio-historique), lesquels sont des "systèmes complexes" ; en économie, par exemple, il est non scientifique, parce que contraire à l'exigence de complétude, de considérer les salaires comme seulement un coût, à l'autre bout du circuit ils sont également des revenus ;
- on doit toujours avoir une approche en termes de niveaux : la réalité complexe est toujours "feuilletée", et les lois qui valent à un niveau ne valent pas forcément à d'autres niveaux ; pour l'économie, on a déjà montré que les lois du marché ne valent pas au niveau macroéconomique, où il n'existe pas de "courbes d'offre et de demande globales" (c'est-à-dire des quantités fonctions du prix) mais des enchaînements… décisions de production → paiements de revenus → dépenses… sur fond général d'inégalité structurelle due à la différence d'impact des décisions plus ou moins "puissantes" des divers groupes d'"agents" ;
- on doit, justement, avoir toujours une approche en termes de "pouvoirs", un système complexe étant toujours la résultante de forces nombreuses, inégales entre elles et se combinant différemment dans diverses temporalités et à différents niveaux ; en économie, un point crucial est de savoir comment se combinent, par exemple le pouvoir "structurel" des entreprises (sur le partage de la valeur ajoutée) et le pouvoir "conjoncturel" de l'Etat, Centre organisateur largement maître des variables stratégiques que sont la monnaie et le budget ;
- il faut nécessairement avoir une approche dynamique ("processus") de tout système complexe, le "changement" étant la loi générale de l'univers, avec une vitesse très lente (du point de vue des hommes) pour les univers physique et anthropologique mais beaucoup plus rapide pour l'univers social-historique : dégager des lois d'évolution (selon les différents "termes") est pour l'économiste la tâche première, avec comme idée directrice que ces évolutions sont évidemment fonctions des structures du système, structures éventuellement changeantes elles-mêmes ;
- et une approche dynamique doit nécessairement envisager le phénomène de rétroaction :
    - les biologistes ont insisté sur les feed-back négatifs, qui corrigent des écarts par rapport à une norme (débouchant sur l'idée d'homéostasie), phénomènes de "régulation" bien captés par ceux des économistes qui (en particulier en France à partir des années 1970) refusaient le paradigme de l'équilibre" ; ces feed-back négatifs impliquent nécessairement l'existence d'un Centre régulateur du Système ;
    - en effet, il existe aussi, spécialement en économie, des feed-back

positifs, c'est-à-dire d'amplification, qui ont une importance énorme en matière de "bulles", d'anticipations exagérées (à la baisse ou à la hausse) et, donc, de "fluctuations" ou de "bifurcations" : ces déséquilibres n'ont jamais pu être annihilés que, historiquement, par l'action consciente de l'Etat, seul Centre régulateur observable dans le domaine social ;

- les deux feed-back engendrent une suite ininterrompue de déséquilibres et de rééquilibration (ces dernières sous l'égide de l'Etat dans les structures keynésiennes) ; au concept d'équilibre néoclassique, il faut donc substituer le concept d'"équilibration", plus général et plus juste.

Pour l'économiste, comprendre l'interaction entre processus déstabilisateurs (feed-back positifs, amplifications) et processus stabilisateurs (feed-back négatifs correcteurs) est une tâche essentielle, totalement négligée par la théorie néo-classique des manuels (à l'exception d'un esprit complètement original parmi les universitaires néo-classiques, John Hicks, avec ses concepts de "planchers/plafonds" partiellement keynésiens, dans les années 1950-60), il s'agira essentiellement de savoir si les feed-back correcteurs de déviations, spontanés ou institutionnels, sont susceptibles de stabiliser dynamiquement l'économie.

*
* *

Une chose est sûre : le langage (formalisation) de la théorie économique doit être de quelque manière un "langage systémique", c'est-à-dire capable d'exprimer les logiques de comportement de ces "unités actives" que sont des agents économiques aux pouvoirs différents, le tout sur fond d'institutions "étatiques" provoquant en général une évolution cohérente (bornée dans l'amplitude des fluctuations) et parfois déséquilibrante.

§ 3 Langage de la théorie économique

Longtemps énoncée en termes "littéraires" (même si on trouve chez A. Smith, D. Ricardo et K. Marx quelques exemples de raisonnements quantitatifs) la théorie économique a eu progressivement, depuis L. Walras, V. Pareto, J.B Clark, Edgeworth, Cobb et Douglas, etc., recours à la formalisation mathématique au fur et à mesure qu'elle adoptait les concepts d'<u>équilibre</u> (sur des "marchés concurrentiels"), <u>d'optimum</u>, de <u>courbes d'indifférence</u>, de <u>productivité marginale décroissante</u>, tous concepts qui sont très intimement liés aux concepts mathématiques de <u>dérivées</u>, <u>d'extremum</u>, de <u>points fixes</u>, etc. comme on va le voir : on a l'impression qu'incapables de forger une formalisation propre à l'économie, et par ailleurs de comprendre la logique profonde de l'évolution économique, les économistes des années 1870-1935 (par ailleurs désireux de s'écarter le plus possible des analyses marxistes), se sont progressivement raccrochés à la bouée de sauvetage mathématique ; marginalisant par ailleurs la seule avancée sérieuse dans la macro dynamique, à savoir les recherches sur les fluctuations économiques commencées avec Cl. Juglar vers 1860 et poursuivies par A. Aftalion, L. Dupriez, R.G. Hawtrey, le NBER de 1920 à 1940, puis par les Suédois (Lundberg, Wicksell par exemple) et portées à un grand point de perfection par J. Akerman dans les années 1950 : avec les mathématiques, l'idéologie de l'équilibre et de l'optimum avait trouvé l'arme absolue, éclipsant l'analyse des enchaînements historiques concrets. C'est de cette véritable illusion scientiste qu'il faut se détacher en adoptant une formalisation "systémique".

I. La nature des "variables" du système économique et les relations qui les unissent (déjà l'idée d'unicité) "font système" justement ! C'est d'abord la nécessité de "produire leur vie" qui a obligé les sociétés humaines à inventer ces entités que sont les "lieux de production" (les entreprises aujourd'hui), les facteurs de production, les marchés, les prix, la monnaie etc. ; toute la richesse sociale, et la logique économique, sont avant tout dans les relations entre ces "fonctions" et les "agents" qui les exercent sous l'empire de la nécessité économique, que les verbes produire / répartir / consommer / épargner / investir etc. ("fonctions" aussi vieilles que le monde humain) expriment clairement et en profondeur, et on ne voit pas quels autres vocables pourraient les remplacer : cela revient à dire que ces mots du langage naturel sont déjà, quand on veut réfléchir à l'économie, des sortes de concepts qui expriment :

- des "activités" (du travail, de l'effort) ;
- de l'"organisation" (des prévisions, des institutions, même rudimentaires) ;
- des "techniques" (des connaissances, des "outils") ;
- et, coiffant tout cela, un Pouvoir (même si ce n'est que celui d'un chef de tribu), de manière à ce que règne un "ordre" : dans l'espace pour que celui-ci soit occupé de la manière la plus "productive", mais aussi un ordre dans le temps qui, au-delà de la base (succession obligée des travaux, prévoyance-provision) aille jusqu'à imaginer des "investissements" pour la production future et même de la recherche technique pour améliorer les outils disponibles.

Ces réflexions ont pour but de nous rappeler l'extrême richesse (socio-historique-psychologique-culturelle) des "relations" qui existent entre les "grandeurs économiques" et donc de nous rendre très exigeants sur la nature du langage de la théorie économique ("formalisation") qui ne doit pas oublier la richesse de contenu de ces "grandeurs" et des "agents" qui les produisent, avec en arrière-plan tout le contexte historique, fait d'institutions et de croyances, bref de culture.

II. Si on veut donc bien reconnaître la complexité et les dimensions des relations économiques, il apparaît que le langage mathématique, pour sublime qu'il soit dans son domaine (les nombres, les formes topologiques), ne peut rien apporter à la connaissance économique, il est à la fois trop fort et trop faible aussi, on comprendra pourquoi en leur comparant une formalisation plus adaptée.

1. Le langage mathématique est essentiellement trop fort en ce qu'il impose aux relations économiques sa logique profonde, celle des relations entre des "nombres purs" (sans aucun lien avec l'activité humaine) : gigantesque et génial Sudoku entre toutes les formes imaginables de relations ("fonctions") numériques, exprimées par des identités dont on tire les valeurs incluses (les "inconnues"), résolvant ainsi des "équations" pour en trouver la (ou les) "solutions", les mathématiques, assurément "honneur de l'esprit humain", ont trouvé leur champ de prédilection dans la physique car tout ce que l'on peut connaître de celle-ci consiste en grandeurs (forces, vitesse, accélérateurs, masses, etc.) le grand Maxwell a bien exprimé la logique réductionniste des "sciences exactes" : "leur but est de réduire les problèmes de la nature à la détermination de quantités, par des opérations sur des nombres" (souligné par nous) ; et, encore, ce ne sont pas les mathématiques en tant que telles qui ont inventé les concepts qui désignent les grandeurs physiques dont on vient de citer quelques-unes, ces concepts sont nés de réflexions "langagières" puisqu'ils sont tous des vocables du langage humain "naturel" même les plus "techniques" (tenseurs, renormalisation, super symétrie, cordes, quarks…) .

   En économie, il n'y a pas d'"inconnues" (toutes les données sont sur la table), pas de "fonctions" (au sens mathématique de relations invariables entre des nombres), pas de "solution de l'équation", etc. Plus précisément, les conditions formelles des expressions mathématiques ne peuvent être respectées si l'on tente d'écrire des "équations économiques", ou bien elles n'y ont aucun sens :

- Si, par exemple, un ensemble de données économiques suggère d'écrire une équation de récurrence linéaire (à coefficients constants) du type :

$$x_{t+n} + a_{n-1}x_{t+n-1} \ldots + a_0x_t = 0 \qquad \text{(d'ordre n)}$$

si on connait les conditions initiales x_0, x_t, etc. on peut alors <u>déduire</u> la suite, "solution" de l'équation : autrement dit, à chaque ensemble de conditions initiales correspond en mathématiques <u>une suite unique</u>, ce qui, en économie, est impossible car l'influence des conditions initiales s'efface très vite : la logique des décisions économiques peut rester la même mais des facteurs externes (environnement international, politiques étatiques) interviennent et la pondération des divers paramètres intervenant se modifient sans cesse car les structures et les objectifs des divers groupes d'agents se modifient (donc la "fonction" est modifiée par l'évolution même des variables du modèle). Et il faudrait encore, pour qu'il y ait "stabilité globale" du processus défini ("convergence vers la cible") par l'équation choisie, que le "polynôme caractéristique" (de l'"équation homogène" associée à cette fonction) réponde à des conditions précises (par exemple que le dernier coefficient du produit des racines du polynôme présente une valeur absolue strictement inférieure à 1) ;

- Si on choisit de représenter les données économiques par une <u>équation différentielle</u> du type :

$$x'_{(t)} = f(x_t), \text{ qui se réduit à } \dot{x}_{(t)} = f(x)$$

(où $\dot{x}$ est une dérivée de fonction par rapport au temps)

on oublie alors que l'inconnue est elle-même une fonction (et non un nombre !) et qu'il se pose alors beaucoup de questions mathématiques qui n'ont guère de correspondances dans la réalité économique :

- o cette équation a-t-elle une solution ? unique ?
- o autrement dit, est-elle dérivable ? à dérivée continue ?
- o est-elle suffisamment "régulière" (bornée par exemple) ?

En fait, en général, il n'est pas possible d'expliciter la forme de x = f(x) et on se borne à des études locales de la fonction, près de l'"équilibre", introduisant ainsi en économie ce concept, sans doute le plus central… et le plus pernicieux de la théorie néoclassique, puisque statistiquement et conceptuellement il est impossible de repérer des situations d'équilibre en économie (quand on s'intéresse par exemple à l'"équilibre du commerce extérieur" c'est en général parce qu'il est en déséquilibre). Heureusement la théorie systémique nous a appris que ce qui est intéressant, ce sont les <u>processus</u> (fluctuations autour d'une tendance elle-même instable) et donc la recherche des causes de la tendance et de son instabilité, qui implique la recherche de "bornes", comme on dit en mathématiques ;

- En dehors de l'utilisation d'équations, la théorie de type NC est, aussi, conduite à étudier des "phénomènes" qui existent tout à fait en mathématiques mais pas vraiment (pas sous une forme contraignante, "exacte") en économie, phénomène que cette théorie idéologique tient beaucoup à importer en économie puisqu'ils tournent autour de l'idée d'"équilibre optimum", et il n'y a rien de plus important aux yeux des auteurs néo-classiques que de montrer que tout va pour le mieux dans le monde néo-classique :

    - "point fixe" → "équilibre". Soit la fonction :

      $$X_{t+1} = F(X_t)$$

      si à un moment donné on a :

      $$X_e = F(X_e) \qquad \text{(e signifie l'équilibre)}$$

      cela signifie que la valeur X restera indéfiniment stable, le système représenté par la fonction a trouvé son équilibre, on dit que X est un "point fixe" de la fonction (et si celle-ci est bornée, convexe et continue, on est assuré qu'elle a au moins un point fixe..) ; et cela se produit nécessairement parce que dans de telles fonctions il y a forcément une partie croissante et une partie décroissante (la fonction associée à f(X) = est g(x) = f(x)-x, donc il y a forcément un x pour lequel g s'annule (g(x) = 0).
      Les situations économiques réelles où de telles relations peuvent être observées sont bien entendu inexistantes, puisque la vie économique est un processus irrégulier, et les modèles mathématiques dynamiques qui pourraient être plus proches de cette réalité exigent des conditions de points fixes (on parle alors de "points selles") encore plus restrictives (car les solutions ne "convergent" que pour des conditions initiales très particulières, les "trajectoires" doivent se trouver dans l'axe de la "selle"…) ;

    - "extremum" d'une fonction → idée d'optimum économique ("sous contrainte"). Le "point de retournement" de la valeur de la variable d'une fonction mathématique qui comporte une partie croissante puis une partie décroissante (cf. ci-dessus) a donné l'idée aux théoriciens néo-classiques que ces "extrema" pouvaient exprimer des phénomènes économiques de minimisation (des coûts par exemple) ou de maximisation (des profits, de l'"utilité") et ils en ont fait un usage immodéré (agrémenté de "lagrangiens", associés aux contraintes subies par "les variables de la fonction") alors que ces extrema n'existent pas vraiment dans l'activité économique réelle :

- quand on a dit que chacun cherche à maximiser sa "fonction d'utilité" et qu'on y parvient en ayant une structure de sa consommation où le rapport des utilités marginales des différents biens achetés est égal au rapport des prix de ces biens :

$$U_{max} = U1/U2 + p_1/p_2$$

cela n'est sans doute pas faux mais n'exprime (d'une manière non mesurable) qu'une tendance vague de la rationalité humaine, malheureusement contrecarrée par la difficulté qu'a chaque consommateur à apprécier la vraie utilité, surtout dans le temps, pour les biens durables – de ce qu'il achète, sans parler des effets négatifs à terme que certaines consommations courantes peuvent avoir sur sa santé et son équilibre mental – et donc social.

- et, surtout, quand on impose aux "fonctions de coût" (ou de productivité) d'avoir a priori les formes requises pour exhiber des extrema – et donc produire des "équilibres profitables" (par exemple payer un salaire égal à une "productivité marginale" de laquelle on exige en plus qu'elle soit décroissante quand la production et l'emploi augmentent !), tout cela relève bien de l'utilisation ad hoc (idéologique) d'un formalisme mathématique existant mais sans rapport avec la réalité économique, où les coûts sont stables ou décroissants, et le salaire fixé de manière à laisser aux entreprises le % habituel de profit dans la valeur ajoutée, etc. (cf. 1ère partie, chap. II, entreprises).

*

* *

On vient de montrer pourquoi la formalisation mathématique, totalement axée sur des relations quantitatives "pures", c'est-à-dire sans considération des supports sociaux de ces relations (les "agents" économiques concrets, avec leurs objectifs et leurs pouvoirs spécifiques), étant <u>trop forte</u>, impose en quelque sorte aux interactions socio-économiques une "surdétermination" venant du monde des nombres et ignorant les véritables déterminations "socio-historico-économiques", dont cet ouvrage tout entier cherche justement à établir quelques "lois".

2. Mais les mathématiques ont aussi leurs <u>faiblesses</u> dans leur application même à l'économie, qu'on va se borner ici à mentionner car la logique systémique de notre propre démarche consiste à proposer ce que le formalisme mathématique ne peut pas, lui,

proposer (ce sont tous les développements ultérieurs de notre analyse qui le montreront) :

- la causalité, d'abord, qui est évidemment absente des équations et fonctions mathématiques, "réversibles" par définition. Si l'on écrit :

$$PIB = C + I + \Delta ST + X - M$$

on a une sorte d'équation ("comptable" disent les économistes, c'est-à-dire une définition, en fait) mais, formellement, il n'y a pas de causalité. Mais l'économiste (sauf s'il est "ultra néo-classique" !) sait qu'en fait on a affaire à un système causal qu'il faudrait présenter ainsi :

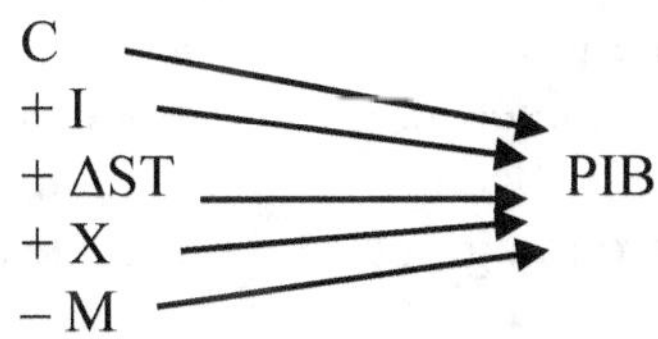

(et compléter par l'action sur chacune des grandeurs, du "reste du monde" et de la "politique économique". Et c'est ainsi que tous les "économistes appliqués" (analystes, prévisionnistes…) recherchent toujours les causes des enchaînements, c'est-à-dire remontent des résultats statistiques aux décisions qui les ont produits, à la logique de ces décisions (même si elles sont "illogiques" !), et aux interactions dynamiques complexes (entre objectif, contraintes, pouvoirs, décisions, résultats partiels ou temporaires et résultats "finaux") qui se sont entremêlées sur la période analysée, après avoir décrit la "situation en début de période" pour planter le décor.
Méthodologiquement, en effet, on oublie toujours que les "chiffres" entre lesquels les économistes mathématiciens cherchent à établir des relations formelles ne sont que les résultats du fonctionnement d'un système social hyper complexe, et mouvant, et que les relations "mécaniques" entre ces résultats ne suffisent pas à nous faire parvenir à une compréhension-explication profonde, permettant des prévisions (à court terme) et des scénarios (prévisions conditionnées à tel ou tel événement ou évolution endogène). On parle de compréhension parce que les "agents économiques" sont des êtres humains et d'explication parce que des "mécanismes" sont en jeu entre des variables économiques (monnaie, revenus…) et des variables physiques (emploi, "volumes" de production…) ;

- le temps, ensuite, c'est-à-dire la dynamique, n'est pas le domaine privilégié des mathématiques (on ne parle pas, en économie, de la "dynamique astronomique" des corps en mouvement – encore qu'à partir de 3 corps les mathématiques déraillent cf. Poincaré). La dynamique du social-historique, dont l'économie fait partie au grand dam des théoriciens NC, n'est pas "circulaire", elle exprime au contraire un temps irréversible, des "tendances" (long terme) et des "fluctuations" (court/moyen terme) qui n'ont pas leur pendant en physique et qui ne peuvent donc être exprimées par aucune équation du type de celles de Planck, d'Einstein, de Schrödinger ou de Feynman… Certes on peut (équations de récurrence) insérer des variables décalées dans les termes d'une équation mais en mathématiques ces variables décalées n'ont pas le sens d'une mémoire, ou d'anticipation socio-économique, elles ne jouent qu'un rôle mécanique dans le seul domaine des nombres purs ; quand, en économétrie, on insérera des variables décalées dans une équation, on réfléchira longuement, puis on testera sur les données chronologiques effectives, le sens et la validité de ces variables.

III. Le corpus principal des mathématiques ne peut donc, en tant que tel, constituer le langage de l'économie, comme il constitue celui de la physique (mais plus, déjà, celui de la chimie et encore moins celui de la biologie, sciences qui utilisent d'autres concepts et d'autres formalisations, même si ceux-ci sont parfaitement quantifiables). Seule une branche très particulière des mathématiques, la statistique mathématique, présente une utilité fondamentale pour l'économiste :

- la statistique descriptive lui fournit les indispensables concepts de moyenne, de médiane, d'écart-type, d'indices, etc., et la possibilité de décomposer la variation d'une série chronologique entre "tendance" (long terme) et "fluctuation" (court/moyen terme) ;
- la statistique mathématique proprement dite lui fournit les instruments et les tests qui permettent de mesurer la contribution de différents éléments d'une série globale à celle-ci, l'économiste peut ainsi tester sur des données concrètes, fournies par les "Instituts statistiques" privés ou publics, de la pertinence des diverses applications théoriques possibles, en comparant les séries réelles aux séries reconstituées d'après les explications théoriques retenues dont voici un exemple :

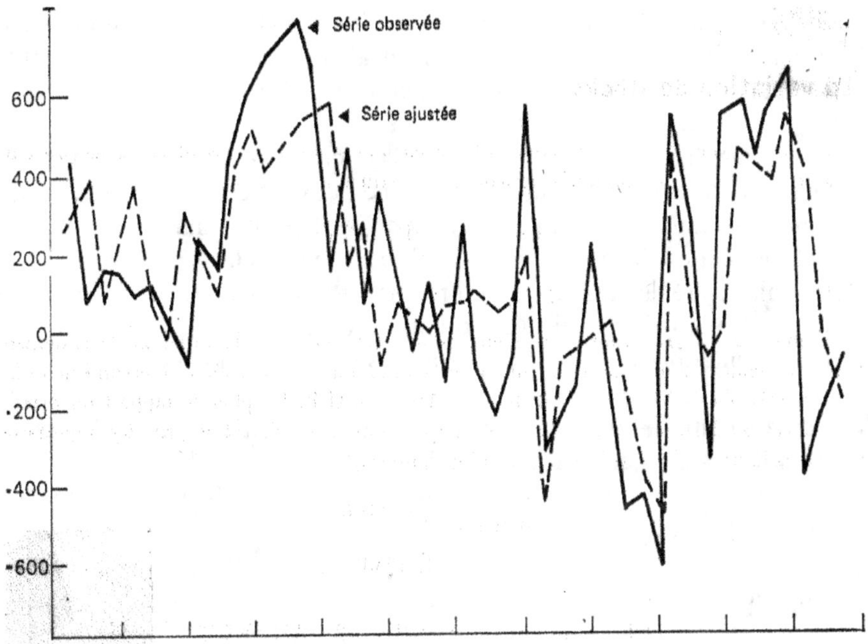

(la qualité de la théorie sera mesurée par des tests statistiques très techniques, le DW, le R^2, etc. (le R^2 est par exemple le "coefficient de corrélation multiple" entre les variables explicatives retenues et la variable expliquée, il doit être aussi proche de 1 que possible ; en dessous de 0,8, l'explication est approximative, en dessous de 0,6 elle ne sert pas à grand-chose).

On reviendra dans la synthèse sur l'importance des méthodes statistiques.

Bien entendu, les économistes NC, qui ne font en général que de la "théorie pure", ne se hasardent pas à tester statistiquement leurs "modèles", ne serait-ce que parce que les concepts qu'ils utilisent (presque tous à base de grandeurs "marginales" entretenant entre elles des élasticités inférieures à 1) ne correspondent pas à des quantités pratiquement mesurables et ne sont donc pas disponibles dans les statistiques ("productivités marginales" du travail et capital, "pente" des courbes d'offre et de demandes, etc. etc.). Quand par hasard ils s'y risquent, c'est au prix de contorsions et travestissement des statistiques, comme par exemple, dans les soi-disant "modèles d'équilibre général calculables" des années 1980, qui consistaient en un placage ("calibrage") des données statistiques d'une année sur le modèle de base NC (agents représentatifs à comportements maximisateurs) en faisant l'hypothèse que les résultats réels résultaient de ce modèle qu'on utilisait ensuite pour faire diverses projections des effets de telle ou telle politique économique (par exemple, d'un "plan de stabilisation" du FMI ...).

Les économistes NC peuvent aussi construire des concepts reposant sur de vraies contrevérités théoriques (coût salarial nominal, productivité globale des facteurs ...) et les "tester" ensuite quand ça les arrange.

En fait, les données statistiques sont l'ennemi principal des économistes NC "mathématiciens", car leurs concepts ne peuvent être mesurés et surtout parce que les résultats statistiques élémentaires les plus massifs, ceux de la comptabilité nationale, contredisent la plupart de leurs hypothèses :

- les salaires réels augmentent en même temps que les effectifs (sauf aux USA depuis 1972 et cela a abouti aux subprimes ...) ;
- l'augmentation du stock de capital se fait à rendement constant (à conjoncture comparable) ;
- l'augmentation de la masse monétaire n'est pas forcément inflationniste, ni celle des salaires ;
- le commerce international ne profite pas (et surtout pas également) à tout le monde ;
- les politiques d'"équilibre" et les inégalités, endommagent la croissance, etc., etc.

Les "économistes réalistes", eux ("keynésiens" si on veut, mais l'appellation ne convient pas bien, on le verra) sont les amis des statistiques car leurs théories les expliquent, et les données statistiques "vérifient" leurs modèles ; en effet, rappelons-le, les instituts d'analyse et de prévision, et les ministères économiques de tous les gouvernements sont animés par des économistes praticiens chargés d'expliquer, de prévoir et d'analyser les effets probables de telle ou telle mesure économique et financière. Et ces économistes, quand ils font leurs analyses et prévisions chiffrées recourent à une formalisation précise et quantifiée, qui n'est pas la formalisation mathématique même s'il y a, à la lecture des "équations économiques" des ressemblances formelles.

IV. Le "langage économétrique" comme formalisation propre de l'activité économique (pour la recherche appliquée et les prévisions chiffrées ; pour l'énoncé de la théorie systémique, le langage naturel, la comptabilité nationale et l'arithmétique suffiront)

Quand on dispose d'une bonne méthode de recherche (la théorie des systèmes), de l'observation que le "langage naturel" fournit déjà les concepts de base de l'économie (cf. le point I) et enfin qu'on adopte les principes de base de l'analyse de l'enchaînement des flux ("keynésienne", en effet, dans son principe) et qu'on accepte d'utiliser les résultats, universels, de la comptabilité nationale (à base keynésienne, il n'y en a pas d'autre ...), on est conduit à construire des "modèles économétriques" (de prévision, généralement, mais qui peuvent aussi expliquer des évolutions passées). Et ces modèles ont des différences fondamentales avec toutes les formalisations "mathématiques" qui illustrent toujours dans les manuels, la théorie néoclassique, telle que :

- "la fonction de production" : $Y = (K^{\alpha}, L^{1-\alpha})$
- ou l'équation de "commodity market clearing" (R. Barro) : C^d (w/p, R,... = Y^s (w/p,...)
- etc., etc.

1. Ces différences sont que, même si les modèles économétriques se présentent formellement comme des "systèmes d'équations", ils sont en réalité bien au-delà des mathématiques (et en deçà) :

   a. D'abord ce sont des <u>modèles complets</u> de l'économie, et non pas quelques équations dispersées ne prenant en compte que quelques variables ; en particulier ils incluent tous les aspects monétaires et financiers, ils ne laissent rien en dehors, ils ne sont jamais partiels, il y a "bouclage" ;

   b. Ensuite ils sont par nature <u>dynamiques</u>, donnant des résultats de période en période (des trimestres, car l'année est trop longue, les décisions des agents économiques sont révisées en général tous les 3 mois, périodes par exemple de "publication des résultats trimestriels des entreprises cotées en bourse") ; et ces périodes (rien à voir avec la "courte période" et la "longue période" de la théorie NC des prix, définies par la fixité ou non des facteurs de production) sont reliées les unes aux autres par des "effets mémoire" – des objectifs atteints ou pas, par exemple – et des prévisions, qui déclenchent "aujourd'hui" des résultats qu'on constatera "demain" : en fait <u>le temps est continu</u>, c'est tous les jours que des décisions sont prises et que des "résultats" se produisent, c'est l'infimité de notre esprit et l'enregistrement des données – qui nous oblige à raisonner de manière discontinue ("discrète", dit-on dans la théorie statistique) ;

   c. Ensuite encore, ces modèles ne cherchent à mettre en évidence aucun "équilibre", ni aucun "déséquilibre", d'ailleurs, ils se bornent à retracer des enchaînements "perpétuels" qui sont toujours du type :

      ... résultats en t-1 → prévisions/décisions en t → résultat en t+1...

      Ce sont les économistes qui expliqueront, peut-être, qu'il y a eu, à tel moment, tel "déséquilibre" et ce qu'il en est résulté pour la suite et, plus tard, proposeront éventuellement une "théorie générale" de la dynamique économique où tel ou tel déséquilibre engendre en général tel ou tel remaniement de la logique de comportement des agents, etc. etc., à l'infini : les "équations économétriques" n'impliquant la recherche d'aucune "solution" ou "racine", il n'y a pas de résultat général (mathématique) à attendre, seulement des prévisions, des scénarios possibles et, toujours, des "enseignements" (qu'on ne pourra jamais formuler qu'en langage "littéraire", celui qui utilise la "faculté de juger" propre à l'esprit humain, c'est-à-dire à la raison critique).

Il n'y a donc pas à chercher à savoir si ces modèles "convergent", au sens mathématique, puisque par nature ils ne tendent vers aucun "point fixe" et que le "poids" (coefficient numérique qui relie les grandeurs économiques les unes aux autres) de chaque variable dans les enchaînements n'a aucune raison d'être constant – pas plus que la pertinence d'une variable donnée n'est assurée ; tout est question d'observation des éléments et relations dans une totalité en perpétuelle évolution, où il n'y a ni "constante" ni même "élasticités" stables. Seule la logique générale qu'on a exprimée ci-dessus est constante, elle n'est pas d'essence mathématique mais justement "systémique" tenant à la logique profonde du système dominant depuis une centaine d'années ("capitaliste" ou "industriel" ou "développé", tous ces qualificatifs sont à peu près équivalents, "occidental" serait déjà, aujourd'hui, moins pertinent...), logique profonde qu'on peut se hasarder à résumer ainsi :

- pour les "entreprises" ("le privé") : faire des profits "satisfaisants" (pas "maximum") sur fond de concurrence plus ou moins intense et de perpétuels "paris sur l'avenir" (investissements, innovation...) ;
- pour les salariés-consommateurs : "coller" du plus près possible à la trajectoire de croissance de l'économie globale (objectif par exemple largement raté par les salariés des USA depuis 1970-80) ;
- pour l'Etat : assurer une conjoncture régulière et croissante (objectif largement raté par les gouvernements européens depuis le début du XXIe s.).

2. Quel est donc le contenu de ce "langage économétrique" qui s'oppose radicalement au langage mathématique, malgré de grandes ressemblances formelles (des "équations"...) ? On l'a déjà largement laissé entendre : un ensemble complet (même si composé de "blocs" particuliers : investissement / commerce extérieur / finances...) de relations de comportement, déterminant les principales "variables" de l'économie, par une écriture ressemblant à celle des équations mathématiques parce qu'elle cherche à expliciter par des "coefficients d'élasticité" les rapports entre une décision portant, par

exemple, sur la consommation ("C") et les facteurs la déterminant (par exemple "Y", le revenu) ; si on écrit (pour ensuite faire les calculs correspondants bien sûr, grâce aux techniques statistiques de l'"estimation") :

$C_i = aY_i$ (une constante b peut être ajoutée mais il faudra expliciter son sens économique)

Cela revient à faire l'hypothèse que la consommation du bien j va évoluer dans le même sens que le revenu de l'agent i, et que cette relation causale (mesurée en tant que "propension" – statique – ou "élasticité" – dynamique –) est assez stable en moyenne pour faire une prévision utile).

Faisant cela, on n'a absolument pas recours à une "équation linéaire du 1er degré" mais à la formulation "opératoire" d'une théorie économique réaliste qui nous dit que la consommation C_i du groupe socio-économique i est une certaine fraction (qui peut parfois être supérieure à 1 s'il s'agit d'agents très pauvres) du revenu Y de ce groupe ; et qui, bien sûr, nous incite à rechercher les causes de la variation éventuelle de "a".

Et ce n'est pas un hasard si cette écriture est "keynésienne" parce que Keynes, plus que l'inventeur du (fumeux) "multiplicateur" ou de la "théorie de la demande", est avant tout l'inventeur de la notion de "propension", qui est en fait le socle d'une théorie économique réaliste en ce qu'il présente les résultats d'une économie globale comme l'interaction de logiques de comportement stables (à la valeur près des coefficients) des principaux groupes d'agents qui ont des fonctions propres et bien déterminées dans l'économie.

Et nous avons pris conscience aujourd'hui qu'un "système" d'équations linéaires dont chacune est très simple peut aboutir à une évolution globale très complexe, voire "chaotique", et c'est là que l'économétrie intervient pour intégrer dans les systèmes d'équations les relations ad hoc qui le stabiliseront (planchers / plafonds…), relations qui devront bien entendu refléter des décisions ou des mécanismes institutionnels du monde réel ; une telle "maquette" réaliste de l'économie reflètera donc l'évolution courante d'une économie nationale particulière, les "coefficients" des variables retenues pour expliquer chaque comportement et/ou relation reflétant la logique (objectifs, pouvoirs, contraintes…) de cette économie sur la période considérée et ils doivent être réestimés et réinjectés au fur et à mesure que logiques de comportement, institutions et environnement se modifient.

Donnons deux exemples, empruntés à divers modèles

économétriques, en usage aujourd'hui dans les services nationaux ou institutions d'analyse et de prévision, de la logique des relations existant entre les variables économiques via les décisions des agents :

1er ex. : variations des importations :

$$\Delta m_t = -0{,}00064 - 0{,}51\ C_{t-1} + 0{,}94\ \Delta\ due + 1{,}2\ \Delta d_t + 0{,}85\ \Delta d_{t-1}$$

où :

m = log des importations au temps t
Ct-1 = log de la consommation en t-1
Due = log du taux d'utilisation des équipements en t
Δd_t = accélération de la demande en t
Δd_{t-1} = accélération de la demande en t-1

Comme dans toute "écriture économétrique" les relations semblent en apparence être celles qui existent entre de simples quantités mais, en fait, ici par exemple, elles expriment les comportements des réactions des importateurs et des consommateurs d'un pays donné, sur une période donnée (par exemple en France à la fin du XXe s.), à l'évolution de leur consommation passée, de la demande présente et passée, des tensions sur le degré d'utilisation des équipements, tous les coefficients – 0,51 ; 0,94 – etc., sont des élasticités, ou, en termes keynésiens, des propensions marginales (pas "marginalistes", la décroissance des utilités ou des productivités n'a rien à faire ici !).

2e ex. : les investissements nets en capital fixe dans l'industrie : on trouve, par exemple, des équations du type :

$$\text{Log FNCF} = a_1 \log \text{FNCF}_{t-1} + a_2\, \Delta\text{TXUTI} + a_3 \log \text{TXMARGE}_{t-n} + a_4\, \text{CREDISP}_{t-n} + a_5 \log \Delta\text{INV} - a6 \log \text{PCF} + b$$

où :

(log) FNCF	= (taux de variation de la) formation nette de capital fixe (≡ investissement brut moins "amortissements")
ΔTXUT	= variation du taux d'utilisation du capital fixe
TXMARGE	= taux de profit
CREDISP	= facilité d'obtenir des crédits pour investissement
ΔINV	= aides (publiques) à l'investissement
PCF	= prix du capital fixe acheté
b	= la constante exprime une tendance existante (rôle d'une certaine inertie)

Ici, la logique de comportement des agents en cause (les industriels) est beaucoup plus apparente, on voit bien que les économètres modélisateurs ont pour but d'expliciter cette logique de façon à ce que, quantifiée sur une période donnée et pour un pays donné, on puisse retracer une évolution passée et prévoir une évolution future. Dans les périodes à peu près "régulières" les résultats sont assez bons (sur le passé les économètres obtiennent souvent des coefficients de corrélation multiple R^2 de l'ordre de 0,9).

3. Remarque : selon notre optique – la recherche de la bonne formalisation pour l'économie – nous venons d'insister essentiellement sur la capacité du langage économétrique à formuler les relations entre variables économiques par des "équations" exprimant des logiques de comportement (décision sous contrainte d'objectifs, de capacité d'action, de limitation institutionnelle ou financière...). Il faut maintenant dire, pour les lecteurs qui voudraient regarder de plus près la structure et l'utilisation des modèles économétriques aujourd'hui, disons depuis 2000, que la logique structurelle "keynésienne" est presque toujours "augmentée" d'une énorme "cuisine" statistico-mathématique due à la créativité des statisticiens économistes :

- Certains incorporent, heureusement à titre "décoratif", des concepts néo-classiques en termes d'optimisation ; par exemple, pour le comportement des fixations des prix par les entreprises, on mentionnera que "le programme des producteurs a consisté à choisir son prix de vente, la quantité vendue et les quantités de facteurs de façon à maximiser son profit en tenant compte des possibilités techniques et de la courbe de demande" :

$$\text{Max } P_iY_i - WL - C_kK$$

sous contrainte que $Y_i = F_i(K_i, L_i)$ et $Y_i = Y_i^d(P_i)$

"La résolution de ce programme d'optimisation conduisant à un équilibre symétrique où chaque producteur choisit un taux de marge décroissant avec le taux de substituabilité des biens... Ces formulations tendant à aboutir à une "équation de fixation des prix à long terme" :

$$P = \alpha\,(w\text{-}e) + (1\text{-}\,\alpha)\,ck$$

etc., etc.

Cette logomachie statistico-mathématico-néo-classique n'empêche pas que les équations du modèle seront ensuite d'une forme keynésienne tout à fait classique, par exemple, la consommation des ménages sera exprimée ainsi (en simplifiant) :

$$\Delta c = b - a_1 \Delta c_{-n} + a_2 \Delta RDB_{-n} - a_3 r$$

où la variation de la consommation sera considérée, et calculée-prévue, comme étant égale à une tendance b avec un effet négatif des variations précédentes de la consommation, puis un effet positif des variations passées du revenu disponible brut réel (déflaté), puis un effet négatif de l'évolution du taux d'intérêt.
Des "techniques de "<u>correction d'erreur</u>" peuvent également être surajoutées aux modèles, qui consistent à imposer aux variables calculées d'obéir à des "forces de rappel" supposées par l'existence de forces de long terme. D'autres techniques économétriques échappent totalement à la logique structurelle-systémique des modèles "keynésiens", recourant à des techniques statistiques "pures" qui consistent à faire dépendre la valeur actuelle d'une variable de toute la "chronologie" passée de cette variable et de certaines autres supposées lui être corrélées (ou "cointégrées", dans des visions plus récentes et plus sophistiquées, où les relations sont supposées devoir être découvertes non plus entre la valeur absolue des variables mais entre leurs différences, leurs écarts, leurs taux de variation). Il s'agit des modèles de type V.A.R. (vectoriels autorégressifs), par exemple A.R.M.A (Auto Regressive Moving Average) ; de tels "modèles" ne doivent pas être rejetés, parce qu'ils ont des vertus exploratrices qui peuvent aider l'économiste à "débrouiller" le maquis des innombrables séries chronologiques qui sont à sa disposition ; mais ces techniques n'ont en elles-mêmes aucune vertu explicative, à l'inverse des modèles structurels, et ils "déraillent" très vite pour ce qui est de la précision (cf., là encore, la synthèse).

4. Il existe aussi une "formalisation informatique", qu'il faut mentionner ici, dont il est trop tôt pour apprécier la portée mais dont l'originalité et les <u>simulations</u> qu'il permet sont très impressionnantes : il s'agit des A.C.E. ("Agent based Computational Economics") :
   - un certain nombre de "groupes" d'agents économiques sont définis (salariés, entreprises, banques), dotés chacun de logiques de comportement précises au moyen d'équations inscrites dans le programme de l'ordinateur ;
   - et le déclenchement du programme, sur n périodes, fournit (au bout de quelques périodes initiales de mise en place) des séries chronologiques qui miment de façon frappante des séries réelles,

pour la consommation et le PIB par exemple).

Ainsi des travaux de P. Seppecher en France depuis 2005-2010. L'intérêt de cette formalisation est qu'elle est, d'après ses constructeurs, largement indépendante de la formalisation mathématique, reposant sur la capacité "logique-numérique" propre de l'informatique à "décider" des enchaînements chronologiques, du moins lorsque le programme inséré dans l'ordinateur est cohérent avec les logiques de comportement réelles des agents économiques concrets et les "mécanismes" observables (par exemple une hausse trop faible des salaires freine la croissance).

Conclusions sur le type de formalisation adapté au domaine économique

Le seul "langage" vraiment adapté est sans contexte le "langage naturel économétrique", si on peut employer une telle expression, bizarre a priori : mais on vient de montrer que cette définition d'une formalisation réaliste en économie a bien un contenu précis et opérationnel.

Mais ce contenu est, justement, "seulement " opérationnel, c'est-à-dire que les modèles de type économétrique (et plus généralement "sociométrique" : il y en a d'appliqués à l'histoire économique, par exemple pour ce qui est de l'esclavage) doivent par définition aboutir à des calculs (valeur des coefficients de comportement pour le passé, prévisions chiffrées pour le futur). Il restera donc toujours un domaine économique pour le langage "littéraire", car c'est lui seulement qui permet :

- de décrire, avec du sens, les évolutions passées des économies et périodes historiques qui nous intéressent, en suivant pas à pas les enchainements temporels et les interdépendances dynamiques entre les 15 ou 20 "variables" significatives du fonctionnement-évolution du domaine économique (et des domaines intimement liés comme celui du politique, du social, du mental...) ;
- d'en tirer des "lois", c'est-à-dire des énoncés généraux en langage naturel repérant des régularités, des causalités, des "emboitages" d'instances et de niveaux, bref en essayant d'arriver à l'intelligibilité des "mécanismes" particuliers, de leurs relations entre eux et de leur impact sur l'évolution globale du système, intelligibilité dont on peut avoir l'intuition qu'elle devra être décrite comme une "dialectique" entre des pouvoirs distincts et, peut-être, d'une dialectique entre l'ensemble de ces affrontements de pouvoirs (sociaux), d'un côté, et de l'autre avec des contraintes plus fortes tenant à ce que l'économie, légitimement identifiée comme un domaine spécifique du social-historique, n'est peut-être pas le domaine dominant, face en particulier aux idéologies

(qui semblent avoir une vie propre) et aux passions humaines (qui dépassent sans doute de loin la "rationalité économique").

Dès lors la "formalisation économétrique" que nous venons de définir (et qui existe donc depuis les années 1950 !) doit être mise à sa place exacte :

- place unique pour ce qui est des prévisions économiques, et des scénarios (quels effets avait telle mesure fiscale ? par exemple). Dans ce domaine, celui du calcul, même si les résultats ne seront jamais "exacts", les modèles économétriques structurels-systémiques sont irremplaçables (par exemple, actuellement, le modèle "Mésange" de l'INSEE sert à ce genre d'analyses pour l'économie française, ainsi que plusieurs autres, plus ou moins spécialisés), et aucun autre langage directement inspiré des mathématiques et de la théorie néoclassique n'est utilisable à l'extérieur de la scolastique universitaire autiste ;
- en revanche, une énumération infinie de modèles avec leurs équations serait fastidieuse (d'autant plus que chaque modèle a ses symboles propres !) et, surtout, ne répondrait pas au but d'intelligibilité conceptuelle que nous nous sommes fixé ici.

Les exposés qui constituent cet ouvrage seront donc principalement rédigés en langage naturel, mais un langage naturel dont le cahier des charges présentera des exigences draconiennes : il devra être conceptuel / quantitatif / causal :

- conceptuel : non seulement les termes employés devront être définis avec précision, à l'inverse du flou littéraire de beaucoup d'"essais" de prétendus économistes mais vrais politiciens et propagandistes (J. Attali, N. Baverez, les journalistes de télévision économique, etc.) mais il doit s'agir de concepts "forts" susceptibles déjà de définir :

  - des formes d'évolution économique, telles que : "tendance" (long terme), "fluctuations" (court/moyen terme) et éventuellement "fluctuation des tendances" (très long terme) ; et également : "hystérèse", "bifurcations"...;

  - des types de périodes, caractérisées par leur longueur et leur contenu (la "longue période" d'un système économique, la "moyenne période" du temps d'application d'un régime de politique économique donné, en passant par des stades caractérisés par des niveaux structurels donnés – par exemple le degré de salarisation, ou de financiarisation de l'économie) ;

- des "mécanismes" susceptibles :
  - soit d'"encadrer" les évolutions temporelles : par exemple "planchers/plafonds" ;
  - soit d'expliquer des "persistances" (résilience) ou au contraire le passage de <u>seuils</u> ("effondrement", passage à un autre régime ou système...).

- quantitatif : il n'y a pas d'"économie sans chiffres" (ce que d'ailleurs les économistes néo-classiques oublient au profit des "quantités abstraites" des mathématiques...), et il faut s'efforcer de raisonner sur des chiffres justes, mais ce qui est en cause ici, c'est la <u>nature des relations</u> entre les quantités économiques, car l'"exactitude", ici, est inutile et inatteignable ; le raisonnement "littéraire-quantitatif" doit ici viser :
  - des <u>ordres de grandeur</u> : peu importe que la croissance soit de 0,3 ou 0,4% (ça fait pourtant une différence de 33%), ce qui compte c'est de comprendre qu'entre des croissances de 0,5%, 1,5% ou 3% il existe de vraies <u>différences de nature</u> pour les performances en termes d'emploi, de productivité, de compétitivité, etc. ; et donc le théoricien doit fournir au décideur politique et au citoyen la possibilité de comprendre ces enjeux, capitaux à court terme et plus encore à long terme ;
  - des outils pour apprécier <u>le sens et la régularité</u> d'une évolution : calculer une évolution <u>moyenne</u> (dans le temps et surtout par rapport aux structures sociales) ne suffit pas : qu'importe si le "revenu des ménages" a augmenté "en moyenne" de 1,5% par an depuis 10 ans si cette augmentation a été chaotique et, surtout, n'a profité qu'aux 10% de ménages les plus riches ? Le langage "systémique-quantitatif" doit donc <u>exprimer clairement les tendances lourdes</u> de l'évolution économique et sur des périodes extrêmement précises et significatives d'un point de vue structurel/conjoncturel ; ce que des données standardisées (quinquennales ou décennales par exemple) masquent souvent ; et d'autant plus que les conjonctures des diverses économies sont souvent décalées ;
  - des <u>comparaisons chiffrées honnêtes et complètes</u> : un petit pays comme la Suède peut par exemple "réussir" des réformes ultralibérales (accompagnées de dévaluation !) qu'une grande économie ne pourra jamais réaliser, etc. ;
  - la détermination de <u>points d'inflexion</u>, ou de <u>rupture</u> : elle est essentielle si on veut accéder à une compréhension en profondeur de l'évolution économique en la reliant à ses causes : changement de politique économique, changements dans les structures productrices et/ou institutionnelles nationales ou internationales ;
  - en enfin et c'est très important, le "langage conceptuel quantitatif" est susceptible d'être parfois le support d'une "formalisation

arithmétique forte" exprimant des "lois" économiques tout à fait fondamentales ayant trait à la nature profonde de la dynamique économique dans le Système capitaliste ou bien aux déterminants directs du partage de la valeur ajoutée :

- "écriture" de la nature profonde de la dynamique économique (aspect "offre", c'est-à-dire croissance de la capacité de production) :

$$G = s/c \qquad (A)$$

  avec g = taux de croissance de la production, s = taux d'épargne/investissement nets, c = coefficient de capital (cf. lexique des sigles et concepts)

- "écriture" des déterminants de l'évolution de la structure de la répartition des revenus (PS = part des salaires) :

$$\boldsymbol{PS} = w_R - \boldsymbol{PR_L} \qquad (B)$$

Les équations (A) et (B) seront expliquées en détail dans la suite de l'ouvrage – (A) à propos des investissements des entreprises dans le chap. II et (B) à propos de la répartition des revenus dans le chap. III –, elles sont écrites ici pour montrer que le langage systémique fort peut, à propos de "mécanismes" économiques fondamentaux, aboutir à des formalisations "chiffrées" très simples, arithmétiques, pour exprimer des rapports exacts entre des valeurs économiques quantifiées : mais celles-ci ne sont que l'aboutissement d'observations et de conceptualisations, elles n'en sont pas des points de départ a priori situés à l'extérieur de la sphère économique.

- causal : l'analyse d'un "mécanisme" reste souvent à un niveau descriptif ("il y a eu la crise des subprimes, et alors les banques ont restreint le crédit…"), il faut toujours essayer de parvenir aux "explications ultimes" qui, comme on l'a déjà laissé entendre, se trouvent au niveau "systémique", c'est-à-dire que ces explications doivent être fournies en termes de pouvoir et de programme ; et dans ce travail il faudra souvent, en creusant encore, atteindre à une "réalité (économique) augmentée" en introduisant dans la théorie économique des facteurs "extraéconomiques" mais qui influenceront profondément les principales décisions économiques :

  - pour l'Etat il y a des éléments historico-politico-idéologiques par exemple pour l'Allemagne la crainte hystérique de l'"inflation" ;
  - les salariés ont des syndicats tiraillés entre collaboration et opposition de classes ;

- les patrons, au-delà souvent de la rationalité économique pure, sont animés par exemple du désir très fort de "rester maître à bord" (petites et moyennes entreprises) ou par des logiques de puissance et d'ego démesuré (dirigeants de grands groupes).

*
* *

Tel sera donc le "langage naturel supérieur" (sous-entendu "systémique d'inspiration économétrique") qui sera utilisé dans les développements qui vont suivre et dont on espère qu'il <u>convaincra</u> le lecteur de la véracité des "lois" qui seront mises en lumière : convaincre, car en économie on ne "démontre" pas, on montre, on met en lumière des régularités (chaque fois que… si… alors…), on ramène une évolution à des mouvements et des facteurs plus profonds, au lecteur d'être actif, <u>intelligent</u> ("lire à l'intérieur"), de "comprendre" (au sens étymologique fort de : mettre ensemble des choses – non superficielles – qui vont ensemble) ; et que celui qui a besoin de "démonstrations" fasse des mathématiques…

Bien que toutes les variables économiques soient évidemment interdépendantes, les économistes ont la manie de vouloir "rechercher l'influence d'<u>une</u> variable sur <u>une</u> autre", par exemple l'effet de la quantité de monnaie sur le niveau général des prix ; cela est donc absurde, en revanche, si tous les comportements sont, eux aussi, tous interdépendants, il en est malgré tout de plus <u>puissants</u> que d'autres, à commencer par le plus puissant de tous, la politique économique de l'Etat ; et aussi l'ensemble des décisions des chefs d'entreprise qui déterminent la répartition des revenus (cf. Chap. III et IV) ; on entre alors, ici, dans l'analyse causale, systémique, parce que cette analyse s'énonce en termes de pouvoirs.

Un rappel : le plan de l'ouvrage exprime en lui-même, déjà, la logique systémique, c'est déjà un "modèle scientifique", on observe les structures du Système économique moderne puis on analyse le fonctionnement-évolution du Système.

*
* *

<u>Rappel sur la présentation de l'ouvrage</u> : si les divisions y seront clairement marquées, non seulement en "parties" et "chapitres", mais encore en "§", "I, II…", "A, B…" et autres divisions encore plus fines "1, 2, …", "a, b,…", etc. (bien que ce ne soit plus, semble-t-il, la mode dans la présentation typographique des ouvrages imprimés depuis une trentaine d'années), c'est que ces divisions et sous-divisions de l'exposé, outre qu'elles participent de son intelligibilité pour le lecteur, reflètent les déterminants de chaque variable et les rapports, chronologiques et

systémiques, entre les diverses variables ; ces rapports constituent en quelque sorte les "blocs" des modèles économétriques structurels. La logique d'un exposé scientifique ne doit pas correspondre à un catalogue, mais mettre en lumière les relations internes entre les phénomènes sous l'emprise de la logique générale du Système, faite de pouvoirs imbriqués, mais néanmoins hiérarchisés.

Dernière indication importante pour le lecteur :

L'ouvrage ci-après n'a aucune ambition d'être, de quelque façon que ce soit, une "histoire de la pensée économique" ; les explications présentées le sont en fonction d'une grille d'analyse théorique et non des "auteurs". Ceux-ci ne sont mentionnés que comme des points de repère.

1re PARTIE

LES STRUCTURES DU SYSTEME ÉCONOMIQUE MODERNE (SEM)

Chaque système économique a ses lois propres de fonctionnement et d'évolution (par exemple le système agricole d'autrefois ou le système soviétique d'économie planifiée avaient des lois différentes).

Par "système économique moderne" on a déjà laissé comprendre qu'on désignait les structures productives qui se sont mises en place après 1918 dans les pays occidentaux, inchangées depuis dans leurs fondements profonds (malgré une multitude de modifications superficielles dans les biens de consommation et les biens de production), c'est-à-dire dans :

- leur base productive matérielle : la technique "industrielle", qui consiste en l'utilisation de "machines-équipements-procédés" capables de médiatiser de manière puissante les forces de la nature (énergie dans les machines, forces de calcul, transformations, régulation dans la chimie et l'informatique) pour les mettre au service de la production ; c'est en ce premier sens que le système économique moderne (SEM) est "capitaliste" : la production n'a plus lieu à mains nues (ou avec des outils simples), elle est effectuée par l'intermédiaire de "machines" et de "procédés" qui permettent de multiplier l'énergie humaine et les processus naturels dans des proportions énormes ; et ce "capital" (technique) peut être mesuré en valeur : puisqu'il coûte quelque chose il peut être estimé comme la valeur résiduelle, à un moment donné, de toute l'accumulation passée des efforts productifs, mesurée en pourcentage de la production annuelle, consacrée à la production de "biens d'équipement" durables ; car le caractère essentiel du capital productif est d'être durable, même s'il va peu à peu s'user ou devenir obsolète (mais il est économiquement "éternel" car on peut le réparer et, surtout, le remplacer...). Cette base productive matérielle, le "capital industriel" (c'est-à-dire produit par l'"industrie", le savoir-faire de l'homme, qui s'oppose au capital-Nature, "brut", gratuit, mais peu productif), n'a pas vu sa logique profonde modifiée depuis l'apparition de l'industrie aux XVIIIème-XIXème siècles, il s'agit toujours d'incorporer dans des machines et procédés artificiels (non simplement empruntés à la nature brute) des capacités toujours plus grandes pour tirer de la nature ses énergies et autres forces ; et une preuve quantitative de ce que cette technique industrielle n'a pas changé dans son essence depuis, disons, deux siècles, est que le rapport entre la valeur du capital (son coût, en fait) et la valeur de la production qu'il autorise, le rapport K/Y, semble à peu près stable, autour de 2 ou 3 : il faut 2 ou 3 dollars (par exemple) de capital pour produire 1 dollar de produit (cf. chapitre II, les entreprises) ; en revanche, le rapport K/N (capital par travailleur) croît indéfiniment, phénomène fondamental ;

- leur base productive "organisationnelle", sous le triple aspect de l'institution entreprise-salariés, de l'institution "banque-monnaie" et de l'institution "secteur public-secteur privé" :
  . le SEM est avant tout un "système salarial" ou encore, terme équivalent, un "système d'entreprises privées" : l'essentiel de la production se fait dans des entreprises privées, et ces entreprises paient aux travailleurs qu'elles embauchent des salaires c'est-à-dire une rémunération forfaitaire, proportionnelle en gros au nombre d'heures travaillées alors qu'elles-mêmes, les entreprises, sont juridiquement distinctes de leurs salariés et, donc, conservent pour elles-mêmes (c'est-à-dire, pour leurs propriétaires et dirigeants évidemment) la différence entre le total de la production (nette des coûts intermédiaires) et la masse salariale, différence qui est le profit ; dans le SEM, aujourd'hui, en gros, 90% des "agents économiques" sont des salariés ou des retraités et ils reçoivent 60% du PIB. Mais l'essentiel du "système salarial d'entreprises privées" qu'est le SEM réside dans le fait qu'en dynamique, pour qu'une croissance stable puisse se manifester, il faut que les relations entre les entreprises et les salariés obéissent à des règles précises, en gros que les salariés reçoivent chaque année une masse salariale suffisante pour pouvoir acheter les biens de consommation (et les logements) produits à leur intention par les entreprises ; quand cette règle n'est pas respectée, de grands déséquilibres peuvent survenir (cf. IIe partie) ;
  . le SEM est ensuite un système économique "en monnaie de banque" ; il a mis bien du temps à devenir cela, le système économique ancien ("agricole") a sans doute stagné pendant des siècles justement parce qu'il n'existait que de la monnaie métallique non susceptible, comme la monnaie de banque, d'être produite à un coût quasi nul, et donc, d'être parfaitement "élastique" à la demande de monnaie qui pouvait provenir de producteurs et de marchands désirant étendre leurs activités ; la monnaie de banque a dû triompher de biens d'obstacles institutionnels et mentaux avant de devenir quasiment universelle après 1914-1918 ; et, depuis, une bonne part des différences entre les performances des diverses économies nationales est due à la façon plus ou moins intelligente

avec laquelle les institutions et la politique monétaires sont construites et menées, la nature de la monnaie et du crédit bancaire n'ayant pas encore été bien comprise par beaucoup de "responsables" (y compris les banquiers). Un siècle, c'est bien court pour assimiler une "invention" aussi considérable que celle de la monnaie de banque...

. le SEM est enfin un "système mixte public/privé", non pas quantitativement (80% du PIB est "fabriqué" dans des entreprises privées, on l'a dit), mais qualitativement : le SEM est d'une telle complexité, et produit un tel volume de richesse pour son milliard d'habitants (le SEM n'existe en tant que tel que dans les pays "développés") qu'il a été très tôt menacé de dislocation (on est passé très près entre 1929 et 1950...) pour son incoordination et son manque d'équilibre dynamique : voué par ses structures matérielles les plus profondes à la croissance, ses bases "microéconomiques" (entreprises et salariés) ne parvenaient pas à guérir soit une forte irrégularité de la croissance (les crises), soit la stagnation, soit des déséquilibres insupportables dans les prix, l'emploi, les finances, les échanges extérieurs : progressivement et avec des à-coups, à partir de 1931-1936 l'Etat s'est mis à jouer un rôle de "centre organisateur", plus précisément de stabilisateur de croissance : de grandes crises de production ne peuvent plus se produire ; mais des intérêts particuliers et des forces obscurantistes ont un peu gâché les résultats à partir des années 1980, selon des modalités différentes en Europe et aux USA. En 2016 la question principale demeure donc la question structurelle fondamentale du SEM : le "dosage" public/privé va-t-il se rapprocher de l'optimum ou s'en éloigner ? Avec des enjeux économiques cruciaux (croissance, chômage, inégalités...), mais aussi des enjeux sociopolitiques touchant aux bases anthropologiques des sociétés occidentales ;

- leur base productive "mentale-idéologique" : c'est ce qu'on a parfois appelé l'"esprit du système" (W. Sombart), mais qui ne se réduit pas au "but du profit" qui est pourtant, en effet, le pendant psychosocial du "capitalisme" au sens matériel-technique : le "mental" des acteurs actuels de l'activité économique en "Occident" (un Occident qui va peut-être jusqu'au Japon, mais peut-être pas jusqu'en Chine et sûrement pas jusqu'en Inde...) est bien connu dans ses grandes lignes : individualisme, compétition, jouissance matérielle, rationalisation seraient les moteurs psychologiques des "occidentaux" ; et, suivant les nations et les périodes, il y aurait plus ou moins d'"optimisme", de "confiance", de "discipline", de "contestation". Toutes ces notations psychologiques sont justes et doivent être intégrées dans les analyses appliquées à telle ou telle nation ou région, sur telle ou telle période. Mais l'"esprit" le plus fondamental du SEM se résume sans doute dans l'innovation, ce comportement technico-social-psychologique qui pousse les acteurs du système, consommateurs d'un côté, producteurs de l'autre, à toujours rechercher le changement, la nouveauté, l'amélioration ; tout cela demandant bien entendu des moyens de financement importants et des modifications constantes dans les structures productives ; avec une part plus importante du secteur financier pour recueillir et attribuer les moyens nécessaires. Mais ce qui est important, c'est que, en gros à partir de 2008, cet esprit d'innovation se heurte à une conjoncture globale de quasi- stagnation (en Europe) ou d'évolution plus heurtée (USA) et il faut se demander si de cette opposition va surgir une redynamisation du système ou, au contraire, un déclin progressif de l'esprit général d'innovation, les innovations ("de détail") se concentrant dans des petits secteurs non moteurs globalement (les jeux vidéo, par exemple, qui poussent plutôt au repliement des individus qu'à l'esprit d'entreprise).

On décrira les structures du SEM à la fois de manière analytique (en identifiant bien ses divers éléments) et de manière synthétique (en comprenant que ces divers éléments ne sont que les rouages d'un système cohérent...jusqu'à ?) en prenant d'abord une vue d'ensemble de l'activité économique moderne (chapitre I) et ensuite en schématisant la logique des comportements des divers groupes d'agents économiques significatifs (chapitre II).

CHAPITRE I

Les éléments de l'activité économique (production de valeur)

"Production de valeur", ces termes résument bien la nature de l'activité qu'on appelle économique : je fais pousser des tomates dans mon jardin pour ma famille, c'est mon passe-temps ; j'ai un hectare de tomates vendues sur le marché, je suis producteur agricole.

La première tâche de l'économiste est donc de conceptualiser, et avec des notions mesurables, les "cellules" et activités de base de l'acte économique (section I) ; "modéliser" dans un schéma général les interactions entre ces cellules et les flux de production qui en sortent sera la seconde étape (section II).

SECTION I

Cellules et activités de base de l'économie
(valeur ajoutée, entreprise, flux, stock, productivité, etc.)

L'entreprise est aujourd'hui la cellule productive de base de l'économie moderne, très différente (même quand elle est de petite taille) des cellules productives du système économique ancien (agricole) au-delà du niveau technique infiniment supérieur (le moindre artisan dispose aujourd'hui d'un véhicule, d'un téléphone portable sophistiqué et d'"outils nombreux et puissants, souvent d'un ordinateur…) : l'"entreprise" produit pour le marché, alors que les paysans-artisans du système ancien produisaient essentiellement pour eux-mêmes et vivaient surtout d'autoconsommation ; et, bien entendu, l'essentiel du PIB est aujourd'hui produit dans des entreprises avec salariés (pratiquant ainsi la division du travail déjà source en elle-même d'une productivité supérieure, cf. Adam Smith, 1776...) et font des profits d'autant plus élevés que leur taille est plus grande.

On va d'abord expliquer la nature fondamentale de l'entreprise comme créatrice de valeur ajoutée (§ I), avant de considérer sa place dans le circuit productif (§ 2) et de définir les "facteurs de production" qu'elle utilise (§ 3).

§ 1. L'entreprise produit de la "valeur ajoutée"

I. Bien entendu l'entreprise produit des biens et/ou des services bien définis par leurs caractéristiques physiques. Mais, on l'a déjà dit, la théorie économique ne considère que les "valeurs" produites : produire des biens et des services peu rentables, ou dont le coût excéderait le prix de vente, n'est pas produire au sens économique. L'entreprise doit donc d'abord produire des biens qui "trouvent preneur" sur un marché et dont le prix de vente excède le coût de production pour rémunérer normalement son "dirigeant opérationnel" ; autrement dit, la somme des "dépenses productives" des entreprises (produits intermédiaires et coûts de toutes sortes, y compris impôts, salaires, amortissement du capital technique utilisé) doit être inférieure aux recettes tirées de la vente des produits sur le marché ("chiffre d'affaires"), de manière à dégager un profit qui permette à l'entrepreneur de se payer à lui-même par prélèvement sur les recettes à la fois un revenu net qui le satisfasse et une épargne qui lui permette au moins de remplacer le capital technique usé ou obsolète et, si possible, d'accroître le "volume productif" de ce capital pour développer l'entreprise s'il le souhaite, ou accumuler de l'épargne autrement placée sinon.
Ces considérations peuvent être exprimées en quelques "écritures" simples, qui aboutissent ou partent de la fondamentale notion de valeur ajoutée (= production nette exprimée en valeur) :

CA (chiffre d'aff.)	-	CT (coûts totaux hors salaires)	=	VA >> 0 (valeur ajoutée)
VA	-	W (masse salariale)	=	TT >> 0 (profits)

(le signe >> signifie : "doit être supérieur à")

A noter que si les salaires font ainsi partie de la valeur ajoutée, l'existence de l'entreprise sera rapidement compromise si les profits sont nuls ou négatifs durablement. Sauf s'il s'agit :

- de l’"entreprise-Etat" (qui fournit des services publics gratuits) et n'a pas à sa tête un "entrepreneur" qui exige profits et dividendes ;
- des "entreprises publiques", qui peuvent être gérées de la même manière ou, plus encore, être "déficitaires" si l'Etat décide de subventionner tel type d'activité pour favoriser innovation et recherche, ou simplement des coûts bas qui profitent à l'ensemble de l'économie.

Sur ces points, voir les développements consacrés à l'Etat dans le chapitre II.

Dans le cas de l'entreprise privée à but lucratif, base du SEM, les "équations" ci-dessus expriment un type de rationalité qui a toujours existé, la rationalité économique, mais qui, avant le SEM, était souvent non dite, non quantifiée. L'émergence progressive de l'entreprise capitaliste (en germe en Europe dès les XIe et XIIIe siècles) a donné lieu à des nationalisations de plus en plus poussées, comme le développement progressif :

- de la comptabilité privée qui distingue juridiquement l'entreprise de l'entrepreneur et dont la logique fondamentale est justement la compréhension de plus en plus précise des processus économiques en termes de valeurs c'est-à-dire, finalement de ressources et d'efforts, compréhension qui conduit inévitablement à des "économies" et à des progrès de productivité (même si ce dernier terme n'apparait guère avant le XXe siècle) ;
- et des "mathématiques financières", indispensables dès que le crédit bancaire se développe, et débouchant, toujours au XXe siècle, sur la notion de taux d'actualisation, avec les calculs sur la rentabilité espérée des grands projets capitalistes.

II. Les analyses précédentes impliquent en règle générale un marché préexistant à l'entreprise (même si, une fois le processus capitaliste enclenché, chaque entreprise, surtout si elle embauche des salariés, contribue au jour le jour à la création et au développement de ce marché). Et, là, on tombe sur l'erreur fondamentale de la "théorie des manuels académiques" (néo-classique, Cf. Introduction) qui repose tout entière sur l'existence du marché sans jamais comprendre que, derrière, "au-dessus", du marché il y a des revenus que leurs titulaires sont prêts ou non à dépenser ; les auteurs néo-classiques perdent un temps infini à discuter de l'"utilité", des préférences et "courbes d'indifférence" des consommateurs et autres acheteurs, mais ils considèrent toujours comme "donnés" le pouvoir d'achat et le nombre (personne ayant un emploi !) des "participants au marché", faisant l'hypothèse :

- que tous les individus voulant travailler trouvent un emploi au "taux de salaire du marché" ;
- qu'à tout salarié est payé un "juste salaire" égal à sa "productivité marginale"

Ces hypothèses sont des postulats, contraires depuis bientôt deux siècles à l'observation la plus élémentaire, et ce n'est qu'au niveau microéconomique d'une entreprise, justement, que l'entrepreneur peut avoir l'illusion que le pouvoir d'achat des agents économiques est illimité, en tous cas sans rapport avec son propre comportement productif, en particulier **1** le volume d'emploi qu'il engendre directement (son personnel propre) et indirectement (ses achats intermédiaires et investissements) et **2** le niveau des salaires qu'il paie.

§ 2. Place éminente, mais non souveraine de l'entreprise dans le processus productif

I. Il faut commencer par l'entreprise dans l'analyse du processus productif pour montrer qu'en effet le SEM possède bien une base ("microéconomique") d'entreprises privées. Mais là doit s'arrêter la ressemblance avec la théorie néoclassique (NC) des manuels : car une collection d'entreprises privées, même "efficientes" et désireuses de commercer entre elles et de vendre leurs produits sur "les marchés", n'auraient aucune chance de créer une économie moderne viable si, en fait, elles ne faisaient pas partie d'un "système économique" comprenant, au moins, les deux autres "cellules" suivantes :

- des banques (créatrices de monnaie), elles-mêmes organisées en système, avec une "banque centrale" régulatrice ;
- un Etat, produisant les services et infrastructures publics et garantissant des règles du jeu favorables à l'activité économique courante et, surtout, au développement de celle-ci, à commencer justement par le "service de création monétaire", le "service public de respect des règles du marché et de la concurrence", le "service public de protection des épargnants", etc.

II. On voit combien l'optique (observationnelle – "expérimentale") systémique permet d'enrichir et d'approfondir l'idée (juste) que le SEM est "à base d'entreprises privées à but lucratif".

Surtout quand on comprend que l'optique systémique incite alors, dès le départ, à envisager l'activité économique comme "un jeu" à plusieurs <u>partenaires</u>, et non à plusieurs "joueurs" (aux intérêts opposés) : même si le terme de "solidarité organique" apparaît aujourd'hui vieillot, le terme d'"organisation" est toujours le plus moderne qui soit parce qu'il implique l'idée d'un "programme", efficient, bien entendu, plus précisément d'un programme qui ne peut être efficient ("optimisateur") que s'il ne repose pas seulement sur un mécanisme (le marché), mais sur l'idée que, en dynamique surtout, la compréhension de la <u>complexité</u> des actions / réactions économiques et sociopolitiques pourrait permettre la réalisation d'un optimum (dynamique, par conséquent), par l'intermédiaire de la <u>collaboration</u> des acteurs en présence.

Car l'optique systémique montre justement que les 4 ou 5 "agents économiques" automatiquement impliqués dans le processus productif (les entreprises de production, leurs salariés (à la fois consommateurs et épargnants), les entreprises bancaires et l'Etat) disposent chacun d'un pouvoir économique, c'est à dire sont à même de prendre des décisions ayant toutes des impacts spécifiques sur l'activité économique ; et si le pouvoir des salariés est bien moindre que celui des autres catégories d'agents, leur masse (90% au moins de la population avec les retraités) et leur rôle (essentiellement la consommation) leur donnent une influence permanente et profonde sur la conjoncture à long terme.

III. Il faudra donc tenter d'élucider les interactions entre ces différents pouvoirs, peut-être comprendre par exemple que le pouvoir économique éminent des entreprises ("seules les entreprises créent de l'emploi") est certainement très fort (par exemple si elles restreignent investissement et emploi), mais que ce pouvoir :

- est l'un parmi d'autres ;
- et qu'il n'est pas un pouvoir "pur", qui serait la liberté de faire n'importe quoi, mais un pouvoir qui obéit en fait à des motivations "systémiques", c'est-à-dire qui est "encadré", à un moment donné et surtout dans la durée, par les interactions totales du système ; par exemple, pour les entreprises, s'attribuer pendant quelques années une part croissante du PIB n'aboutit-il pas à dérégler la dynamique systémique "normale", finalement au détriment des entreprises, dans un temps ultérieur ?

Cette idée de régulation systémique globale (prééminente : c'est le système qui a finalement le dernier mot…) est une idée directrice qui nous accompagnera dans toute l'analyse présentée ici et on peut se demander si, contrairement à la vision de Coase (Theory of the firm, 1937, où on voit l'entreprise comme "hors marché", cellule hiérarchique – technique cohérente), ce n'est pas le système global qui est le plus "hiérarchique" (l'entreprise étant parfois mal organisée, et en lutte à des luttes de pouvoir), en ce sens qu'on ne peut déroger longtemps à ses lois les plus profondes sans perturber durablement son équilibre et son dynamisme (les deux étant indissociables) ; ces "lois profondes" pouvant être repérées dès le niveau de l'entreprise, par exemple la "loi de la valeur ajoutée" (si on produit des produits systématiquement inutiles – produits financiers, publicité, substances toxiques…, y a-t-il encore production ?), ou bien ce qu'on pourrait appeler la "loi de la répartition rationnelle de la VA" (puisque qu'au niveau systémique les salariés de l'entreprise sont ses clients, les profits ne doivent pas empiéter sur les salaires). - Dans un corps vivant, les cellules ne peuvent se comporter à l'encontre des lois de l'homéostasie et du développement de ce corps : **autant il est juste de dire que l'entreprise est la cellule de base de l'économie, autant il faut comprendre que la société qui a donné naissance à un système économique particulier exige que ce système continue à lui procurer les "prestations" qui sont la contrepartie des contraintes du système (discipline, inégalités,…)** : bien-être matériel et développement régulier (et, en particulier : jamais la perspective d'une régression !).

Il existe un domaine particulier, celui du temps, où l'entreprise à une place éminente dans le processus productif : en effet, l'entreprise est le lieu fondamental où se réalise l'investissement (productif), l'investissement étant par excellence la décision qui crée la dynamique économique, c'est-à-dire le lien entre le passé, le présent et le futur : l'entreprise n'est donc pas seulement le lien de la "combinaison des facteurs de production".

§ 3. L'entreprise, lieu d'accumulation du capital autant que lieu de "combinaison des facteurs"

On peut toujours dire que l'entreprise est le lieu de la "combinaison des facteurs de production", à savoir le "travail" et le "capital". Mais c'est une façon d'exprimer l'organisation du processus productif par l'entrepreneur qui est extrêmement pauvre et en grande partie inexacte, c'est malheureusement de cette manière que la Théorie des manuels académiques, la théorie néo-classique (NC) présente l'activité la plus fondamentale de l'entreprise (et donc de tout le système) : la production de valeur ajoutée.

I. La Théorie NC est la suivante :

- Il existe deux "facteurs de production", le capital (K) et le travail (L, de l'anglais labour) ;
- Ces deux facteurs sont dotés, chacun, d'une productivité spécifique ;
- Cette productivité est appréciée à la marge, c'est-à-dire quand on fait varier la production à la hausse : la "productivité marginale" est la production apportée par la dernière "unité" du "facteur" mis en œuvre ;
- La productivité marginale de chacun des facteurs est décroissante au fur et à mesure que la production s'accroit.

Tous ces postulats sont faux. Ils ne correspondent à aucune réalité, ni logique ni mesurable. Toutes les "mesures" qui ont été tentées, depuis le milieu du XXe siècle, ont abouti à la constatation que les deux "facteurs" supposés n'expliquaient guère le quart de (la croissance de) la production. Néanmoins les belles formules NC sont toujours à l'honneur dans les manuels.

$Q = K^{\alpha} L^{1-\alpha}$

où Q = le PIB (ou la VA en général) ;

α = la productivité marginale du capital

$1-\alpha$ = la productivité marginale du travail

Q, K et L étant exprimés en milliards d'unités monétaires constantes (déflatées), c'est à dire en "volume", car les "estimations" ont toujours lieu avec les séries chronologiques longues. La formule ci-dessus, dynamisée, donne :

$$\mathbf{Q = \alpha\, K + 1\text{-}\ \alpha\, L}$$

Dans tous ces calculs il est imposé que la somme des "productivités marginales" des deux "facteurs" soit égale à l'unité, de manière à ce que :
- les "rendements d'échelle" soient constants (la production Q doit augmenter au même rythme que la somme des "quantités" de facteurs) ;
- donc la somme des "rémunérations des facteurs" (profits et salaires) épuise le produit Q.

Cette dernière hypothèse constitue un glissement vers la théorie de la répartition : la "productivité marginale" de chaque facteur "mesure" sa part en % dans le produit Q ; mais comme, dans la réalité, il n'existe aucun moyen de mesurer la "productivité marginale" d'un facteur, la théorie NC décrète, par une véritable escroquerie intellectuelle, que, puisqu'elle est forcément vraie, ce sont les parts constatées dans la réalité des profits et des salaires dans le PIB (on ne se hasarde jamais à faire ces calculs au niveau de l'entreprise, pourtant postulés en "microéconomie") qui mesurent les productivités marginales : par exemple, si la part des profits est de 40% du PIB cela signifie que la productivité marginale du K est de 0,4 et celle du L de 0,6 !
Reprenons en détail les hypothèses NC fantaisistes, de manière à parvenir à une théorie plus cohérente.

II. Les conceptions NC sont enfantines, et non consistantes (ce sont des fables au sens précis du terme, cf. B. Guerrien, op. cit.), habillées de mathématiques ; elles doivent être remplacées par une vue plus réaliste :

a) l'idée de productivité marginale décroissante, sans doute vraie pour les terres agricoles (mais sans portée au niveau macro dans le SEM), est empruntée à des images puériles de l'activité productive : si on ajoute sans cesse des machines et des "travailleurs" sur un "chantier" ou dans une "usine" donnés la productivité marginale sera bien décroissante, mais ce procédé n'est pratiqué dans aucune activité économique réelle, il y a évidemment une taille optimum pour tout bien technique de production, et nul (sans doute même pas Pharaon construisant la pyramide) n'a jamais songé (sauf peut-être périodes de guerre ou de catastrophe où seul compte le résultat final) à dépasser le seuil des rendements décroissants en termes de quantités physiques de facteurs.

b) Mais surtout la théorie NC semble ignorer qu'en économie ce sont les valeurs, et non les quantités physiques, qui comptent et, pour le "facteur capital", cette remarque est fondamentale : les quantités physiques en tant que telles n'ont pas de sens en économie, on l'a déjà dit (l'économie soviétique en a fait la cruelle expérience et, de nos jours encore, nos statistiques de "logements construits" et de "ventes d'automobiles" n'ont pas un sens précis), et pourtant la théorie NC de la production (ou de la croissance, ce qui est la même chose) raisonne dès le départ en termes purement physiques de "combinaisons de quantités de facteurs substituables", imaginant qu'on puisse produire la même quantité de produits avec plus ou moins de "capital" et moins ou plus de "travail" ; par exemple le produit A pourrait être techniquement produit dans la même quantité avec la "combinaison de facteurs" A1(x_1, y_1) ou A2(x_2, y_2), la décision étant prise en fonction des "prix relatifs" des facteurs x et y ; cette idée de la "substituabilité" des facteurs est évidemment absurde (au-delà d'une certaine circularité du raisonnement, puisque le prix relatif des facteurs est lui-même, d'après la théorie du marché, fonction des quantités relatives offertes ...). Dans la réalité, à un moment donné, l'état de la technique impose une "combinaison" précise des deux "facteurs de production" si l'entreprise veut être concurrentielle ;

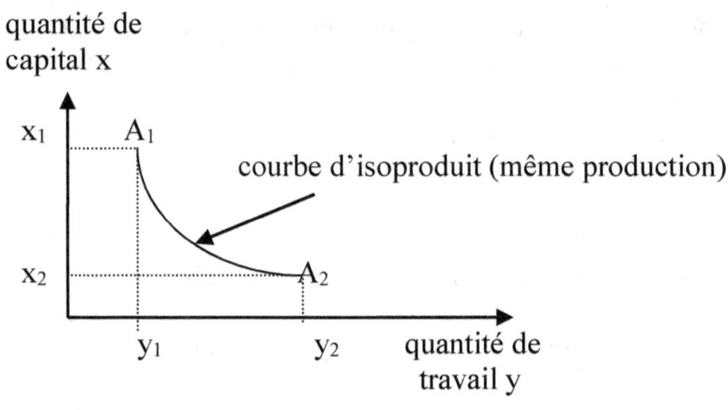

c) Mais, surtout, il ne s'agit pas d'une "combinaison" de facteurs : historiquement, techniquement, conceptuellement, ce qui se passe c'est que le progrès technique, incessant depuis deux siècles, est incorporé dans les investissements réalisés chaque année par l'ensemble des entreprises (nouvelles infrastructures, nouvelles "machines", nouveaux procédés, nouvelles connaissances et "skills", etc.), que ce capital nouveau a un coût, toujours croissant (en général), et que, donc, chaque travailleur dispose en moyenne, chaque année, non pas de "plus de machines", mais d'une capacité productive plus importante qu'on peut noter K/N, l'"intensité capitaliste" ; il s'agit donc d'une accumulation (à sens unique, toujours plus de "capital par tête") : il y a bien, en un certain sens, "substitution" du capital au travail, pour un niveau de production donné, mais, comme il y a croissance du produit dans la réalité, le capital ne "remplace" pas le travail, il s'accumule sur la "tête" du travailleur : concrètement, chaque année en moyenne, chaque travailleur est potentiellement capable de produire plus avec le même nombre d'heures de travail, on dit que sa productivité s'accroit, celle-ci étant mesurée par le rapport Q/N (production par tête) ou Q/H (production par heure de travail) ;

d) et ce processus se fait à rendements constants du capital, contrairement au postulat NC des rendements décroissants ; on a :

$$Q/K = cst$$

alors que Q/N augmente en fonction de K/N, il faudrait dire grâce à l'accumulation du capital par tête K/N ; et ces deux augmentations sont parallèles, toutes les données statistiques montrent qu'il y a une quasi-égalité entre les deux taux de croissance ; appelons Q/N de son nom, la productivité PR, et retenons le nom d'"intensités capitalistiques" IK pour le rapport K/N, on a :

$$\boldsymbol{PR = IK}$$

Il n'y a donc pas de productivité marginale décroissante, c'est une affabulation NC, la réalité technico-économique est plus généreuse que ce que suppose a priori la théorie des manuels académiques, l'"élasticité de la croissance au capital" n'est pas égale à 0,4 (selon le dogme NC elle serait égale à la part des profits dans la valeur ajoutée, 40% en moyenne en effet) elle est très proche de 1, peut-être même légèrement supérieure, en tous cas dans les pays développés ou ayant maitrisé leur croissance démographique (ce qui inclut la Chine …), car sinon la surpopulation peut engendrer en effets des coûts (sociaux – politiques – sanitaires …) croissants.
Mais alors, si la "productivité marginale" du K est égale à 1, tout le bénéfice de l'accumulation du capital envers la croissance doit-il revenir au capital si, en quelque sorte, celui-ci est le seul "facteur de croissance" ? En aucune manière, mais, pour comprendre les rapports entre la répartition des revenus entre les deux "facteurs", en statique et en dynamique, il faut justement revenir sur cette notion même de "facteur de production", et comprendre les rapports entre production du produit et répartition du produit.

e) "facteur de production" et répartition des "revenus des facteurs" : c'est le domaine où la théorie NC est le plus loin de la réalité technico-économique de la production ; son idéologie sous-jacente (toujours restreindre le rôle, et la part, des salaires…) la pousse à commettre deux erreurs, évidemment reliées : raisonner sur deux facteurs mis sur le même plan (travail et capital), assimiler les (prétendues) relations techniques entre ces deux facteurs à des relations de répartition du produit entre eux :

- une analyse objective montre que les deux "facteurs" retenus par la théorie NC ne sont pas sur le même plan ; certes il faut du "travail" et du "capital" pour produire, chacun est indispensable ; mais le capital est un stock (matériel et immatériel), c'est-à-dire un ensemble de "machines", de "procédés" et de connaissances qui demeure constant, par-delà des dizaines et des centaines de "cycles" de production, avant de s'user et/ou de devenir obsolète ; alors que le travail est un flux (d'efforts intelligents) qui, lui, est totalement incorporé dans la production annuelle, un flux dont il ne reste rien une fois le produit consommé : en ce sens le travail, comme le concept utilisé par les physiciens l'indique bien, est un simple flux d'énergie (certes une énergie intelligente chez l'homme, on l'a dit), qui elle-même dépend seulement des "calories" ingérées, et dont les limites (efforts et intelligence) sont les mêmes depuis des dizaines de millénaires : du point de vue de la dynamique économique (de la croissance), le seul facteur intéressant est donc le capital puisqu'il est le seul à s'accumuler sur chaque "tête" de travailleur, procédés matériels et connaissances techniques ; mais on ne peut évidemment soutenir que toute la valeur ajoutée produite doit revenir au "capital", parce que le capital en tant que tel n'est pas un acteur humain ; sont en revanche des acteurs humains les propriétaires du capital, mais toutes les analyses ci-dessus montrent bien qu'il n'y a pas de relations techniques entre les "facteurs" qui contribuent à la création de la VA et la part du produit qu'ils cherchent à s'attribuer ;

- le "partage de la VA" est donc un processus social, dépendant des rapports de force de même nature ("socio-économico-politico-idéologico-institutionnels…), il n'a pas lieu entre des "facteurs" (techniques), mais entre des groupes d'"agents" dont on peut dire, aussi loin qu'on remonte dans le temps historique, qu'il s'agit d'un côté de "propriétaires" et de l'autre de "non-propriétaires" des moyens de production, du capital productif ; et que la situation des propriétaires, sans doute constituée "au départ" par des coups de force, s'est peu à peu institutionnalisée (la force disparaissant derrière les règles de droit et, au besoin, l'exercice de la "puissance publique"), mais qu'en fin de compte leur légitimité repose sur l'usage rationnel et non excessif du capital dont ils disposent : tout comportement irrationnel et/ ou excessif des chefs d'entreprises peut être sanctionné, non pas tant de manière pénale ou même civile, mais :

- au niveau microéconomique par l'échec et même la faillite ;
- au niveau macroéconomique par le "grippage" du système si le "pilotage" de celui-ci (les propriétaires du capital influencent bien entendu la puissance publique) l'entraine loin de son "sentier de croissance équilibrée" programmé dans les structures du SEM.

On reconnaît l'idée directrice de nos analyses, que des considérations en apparence étrangères, plus techniques, confirment et continuent à nous encourager à explorer, de manière à pouvoir construire une intelligibilité toujours supérieure du processus historique où nous sommes engagés.

*

* *

Les étapes ultérieures de l'analyse du partage de la VA se situeront dans le chapitre II (à propos des comportements de financement et d'investissement des entreprises), puis dans la deuxième partie (l'arithmétique de la répartition des revenus, dans le chapitre III, et les conditions d'une dynamique équilibrée dans le chapitre IV et dans la conclusion générale).

Retenons de cette première approche (analytique) des éléments (des "pièces") de l'activité économique que :

- l'entreprise privée à but lucratif peut être considérée comme la cellule de base de l'activité économique moderne (production de VA), mais qu'il existe d'autres catégories d'entreprises et, malgré sa place éminente dans le processus productif, l'entreprise privée est prise dans un réseau complexe d'interactions avec les autres agents du système, et soumise en conséquence à des contraintes systémiques qui l'oblige à "jouer le jeu du système" sous peine d'obtenir de mauvais résultats (niveau micro) et même de perturber le sentier d'évolution normal du système si (aussi par influence sur les pouvoirs publics) elle déséquilibre certaines structures profondes du système (touchant par exemple à la logique de l'accumulation capitaliste) ;
- certaines grandeurs économiques sont fondamentales qu'elles soient exprimées en résultats comme

  * la productivité du travail PRL = Q/N ou (Q/H)
  * la productivité du capital PRK = Q/K

ou exprimées comme cause d'un autre résultat, par exemple l'"intensité capitaliste" IK définie comme K/N c'est-à-dire valeur du capital productif par tête de personne active.
Ces grandeurs, qui sont des rapports, sont parmi les plus fondamentales de l'analyse économique appliquée et doivent être bien assimilées.

On est maintenant armé pour prendre une vue d'ensemble du processus productif tout entier ("national", pour le moment, c'est le seul niveau d'analyse accessible aujourd'hui, l'"économie mondiale" ne faisant pas système, c'est-à-dire n'obéissant pas à la contrainte d'un "Centre" ...) ; il s'agit d'un premier degré de "modélisation", descriptif (sans "flèches causales" ...), mais c'est un premier pas vers la compréhension du Système, le pas de l'observation scientifique, que la théorie des manuels académiques est incapable de faire parce qu'il implique d'aller au-delà du "marché".

SECTION II

Modèle général de l'activité économique : le circuit dynamique

Comme tous les concepts précédemment analysés, la notion de "circuit" n'appartient pas à une "école" théorique particulière : il est la base de la comptabilité nationale, c'est-à-dire de la seule méthode existante de quantification des flux économiques observables dans les économies industrielles ; les "économistes" qui n'utilisent pas la C.N. et le circuit ne s'intéressent simplement pas à l'économie réelle, mais à des économies imaginaires.

Avec le concept de circuit, on considère que l'économie est un système social organisé autour de "groupes" socio-économiques (les entrepreneurs, les salariés, l'Etat) ayant des fonctions précises et dotées de logiques de comportement spécifiques ("propensions" ou "décisions", peu importe le vocabulaire) : ces logiques sont les mêmes, qu'on se situe au niveau de chaque agent (micro économique) ou au niveau global (macro-économique), à l'exception notable de l'Etat, qui est un agent d'emblée macro-économique[5] : un groupe socio-économique se définit justement par le fait que l'ensemble des individus qui le composent possèdent les mêmes logiques de décision : il n'y a pas de "no bridge" et les "fondements micro-

[5] A cause de sa taille l'Etat est d'abord une entreprise géante (cf. chap. II), mais surtout parce que les décisions publiques ont une répercussion directe au niveau de l'économie tout entière.

économiques de la macro-économie" (cf. Sect. III) sont simplement fournis par l'observation (il peut exister des comportements individuels déviants mais les sciences sociales, qui sont "statistiques", ne s'y intéressent pas par définition, elles raisonnent sur des moyennes).

Parler de circuit signifie qu'on ne s'intéresse pas aux stocks (le capital p. ex.) mais seulement aux flux (production, revenus, dépenses) : mais certains flux (les investissements) aboutissent à des variations de stocks (du capital, en l'occurrence), d'où le fait que l'optique ("annuelle") du circuit est d'emblée une optique dynamique, postulant évidemment une analyse de période en période.

Et le circuit est dynamique évidemment parce que les décisions de tous les agents en t tiennent compte des résultats de t_{-1} et produisent leurs effets en t_{+1} ("t" est concrètement assimilable au trimestre).

§ 1 – Schéma général

- la VA est produite dans ces organisations technico-institutionnelles qu'on appelle les entreprises (dont l'Etat fait partie), qui distribuent en même temps des revenus (à leurs salariés si elles en ont et en tous les cas, statistiquement en tous cas, à leur(s) dirigeant(s) et/ou propriétaires);
- ces **titulaires de revenus** (salariés, dirigeants, propriétaires) les dépensent alors (en tout ou partie, c'est là un point important), en achats de biens et services de consommation et de biens et services d'investissement ;
- bien entendu, distribution des revenus et leur dépense, dans la réalité, s'opèrent en même temps, tous les jours ouvrables pour les chefs d'entreprises (au fil des ventes), une fois par mois en général pour les salariés.

1. <u>Le schéma de base du circuit</u> est donc le suivant :

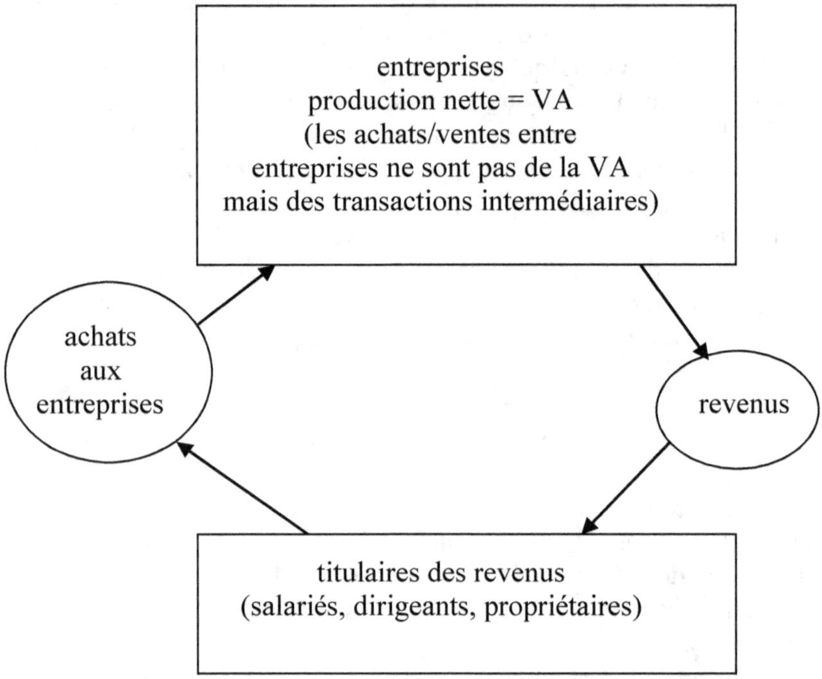

(les "entreprises" sont considérées ici comme des "institutions", des organisations productives, distinctes des personnes physiques qui les dirigent, les possèdent et/ou y travaillent).

A noter que, dans ce schéma, les "patrons" apparaissent comme "entreprises" du point de vue de la production puis comme "titulaires de revenus" en tant que personnes physiques ou dirigeants de personnes morales, les sociétés).
L'essentiel de la CN retrace ces flux de paiement (de revenus et de dépenses), qui sont des flux de monnaie.

2. Il faut donc introduire immédiatement dans le circuit les institutions bancaires, c'est-à-dire des entreprises à statut particulier qui ont reçu le pouvoir (total depuis 1914 environ) de créer de la monnaie pour que les entreprises puissent payer des revenus. Le schéma devient :

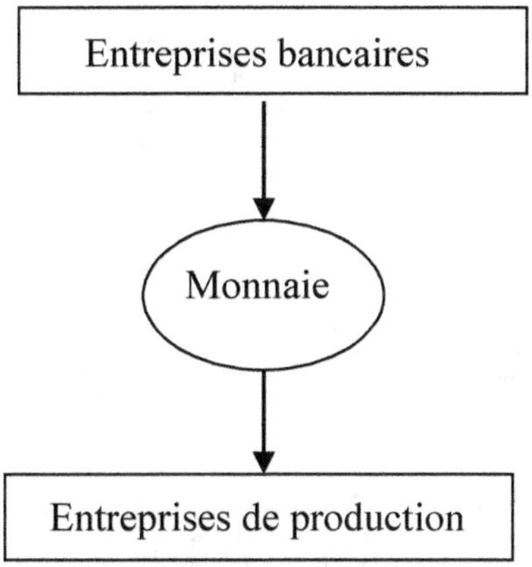

La monnaie est, aujourd'hui encore, créée sous la forme juridique archaïque de "crédit" (à court terme). En fait les banques assurent en quelque sorte le "service public d'approvisionnement de l'économie en monnaie", celle-ci n'appartient à personne en particulier mais à la Société en général, organisée sous la forme monétaire bancaire (avec les anciennes monnaies métalliques, or et argent, la logique de l'approvisionnement de l'économie ou monnaie était évidemment différente).

3. Si on suit maintenant de plus près le circuit des flux monétaires, on voit que, parmi les titulaires de revenus, certains dépensent moins que ce qu'ils reçoivent, ils épargnent et d'autres dépensent plus (ils **empruntent**) : ces flux d'épargne et d'emprunts transitent par des institutions spéciales qu'on appelle **institutions financières**, il s'agit soit de sortes de banques (y compris les banques créant de la monnaie ! ce qui crée beaucoup de confusion ...) soit de "marchés" où les prêteurs reçoivent des "titres ", c'est-à-dire des reconnaissances de dette, des emprunteurs. Le schéma devient :

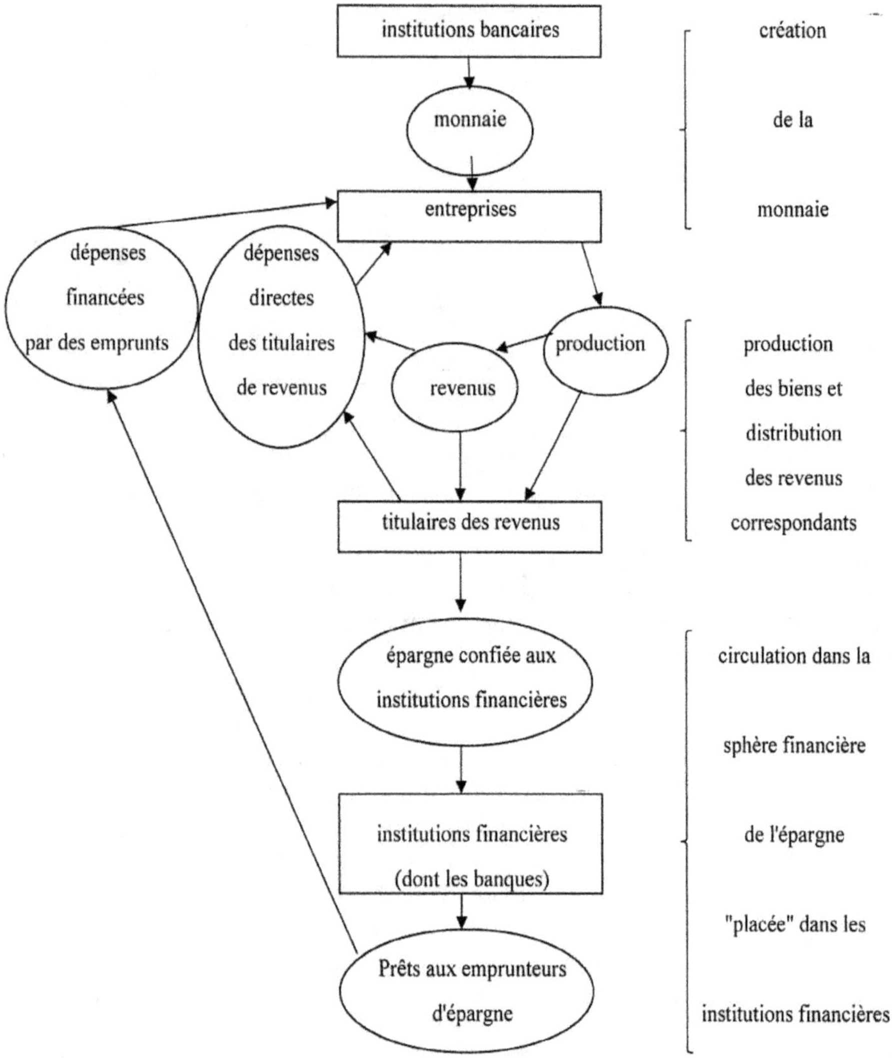

NB : on distingue ici soigneusement le circuit fournissant de la monnaie à l'économie (les moyens de paiement) et celui faisant "circuler" la partie des revenus non directement dépensée par leurs titulaires ("épargne financière").

Le circuit apparaît déjà comme plus complexe, il existe à l'évidence des risques de **non-bouclage** (déséquilibres) ; et ceux-ci grandissent si l'on introduit une "entreprise" particulière par sa taille, l'Etat.

4. L'Etat doit être introduit spécifiquement dans le schéma du circuit en raison des modalités spécifiques de financement de ses activités : la "fiscalité" : en effet, les services assurés par l'Etat sont à 90 % gratuits mais, comme ils sont coûteux, l'Etat les finance par des "**prélèvements obligatoires**" sur l'ensemble des activités économiques (revenus et transactions), c'est-à-dire de manière "forfaitaire" (chaque individu reçoit en général de l'Etat plus, ou moins, de services et de prestations, qu'il ne lui en paye) ; ce caractère forfaitaire fait que, la quasi-totalité du temps, les dépenses de l'Etat sont plus fortes ou plus faibles que ses revenus fiscaux, d'où excédents (rares, mais Etats-Unis 1998-2000, par exemple) ou déficits ; et vu le poids de l'Etat et le caractère souvent persistant du déséquilibre (dans les 2 sens) des Finances publiques, il est important d'identifier le montant des flux monétaires qui transitent par l'Etat. Le schéma devient :

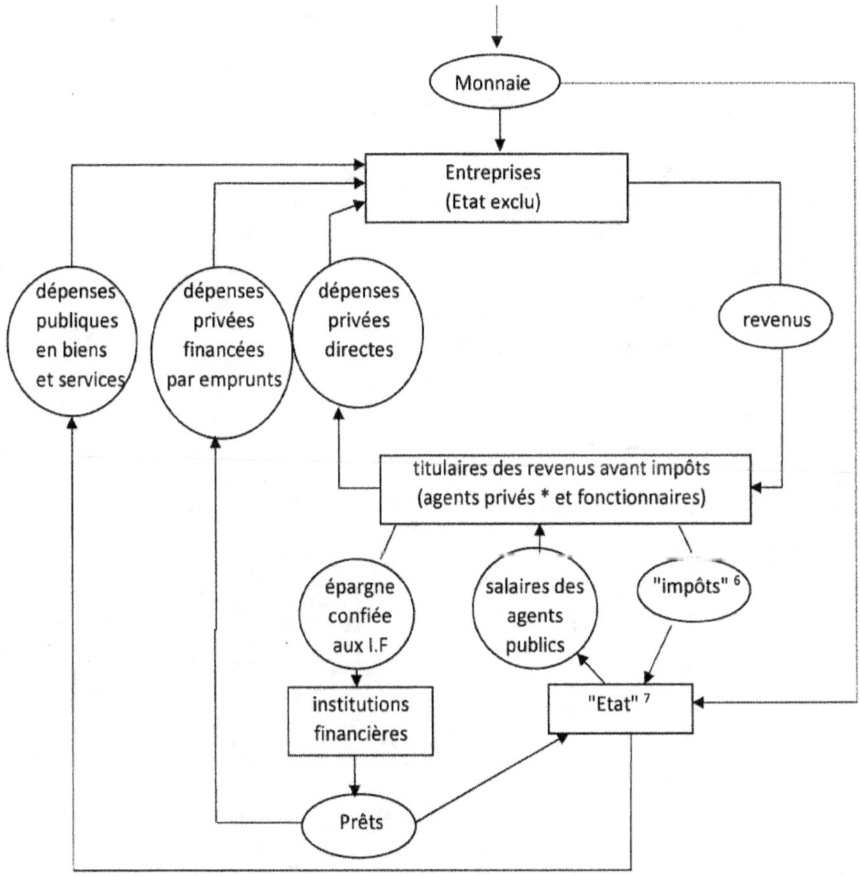

* y compris les propriétaires des entreprises, personnes physiques ou morales

[6] *Par "impôts", il faut entendre toutes les catégories de prélèvements publics.*
[7] *Par "Etat", il faut entendre toutes les catégories d'institutions publiques.*

(dans le schéma précédent, les flèches en pointillé entre "Etat" et "monnaie" et "prêts" signifient que l'Etat est souvent emprunteur et prêteur, le solde de ces flux revêtant une grande importance conjoncturelle (cf. le § 2), surtout si l'Etat reçoit des "prêts" du système bancaire, en fait de la monnaie).

5. Un dernier "sous-circuit", de grande importance, doit être ajouté au schéma dans la mesure où, dans chaque pays industriel, en moyenne 20% des revenus distribués par les entreprises (ou redistribués par l'Etat) sont dépensés en biens et services **étrangers** cependant que la demande adressée aux entreprises provient dans la même proportion (à peu près : c'est là le problème...) de l'étranger. Le schéma devient, en y ajoutant le flux d'épargne vers ou de l'étranger :

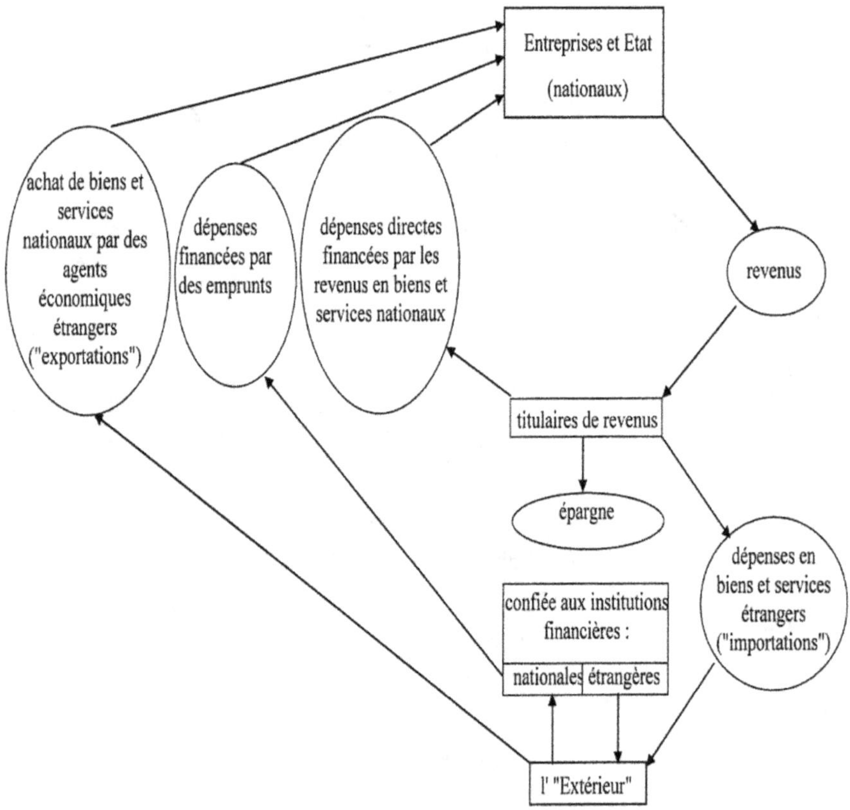

On comprend que, suivant que la "balance" entre les flux monétaires nationaux allant vers l'étranger et les flux monétaires étrangers venant dans la Nation est nulle, positive et négative, le niveau de la Demande dans un pays donné en sera diversement influencé, et donc le PIB : p. ex. si les exportations (+ les entrées de capitaux étrangers) sont supérieures aux importations (+ les sorties de capitaux nationaux), alors la "Demande totale" (égale au PIB) sera supérieure à la "Demande intérieure".

6. Le schéma général de l'ensemble des flux de paiement entre les diverses catégories d'agents économiques se présente donc ainsi (en notant bien, donc, que les "paiements" sont de trois ordres : la distribution des revenus puis deux types d'"emplois" de ce revenu : flux d'achats de biens et services, flux "financiers" de placement d'épargne ou d'emprunt), en simplifiant légèrement pour ne pas alourdir :

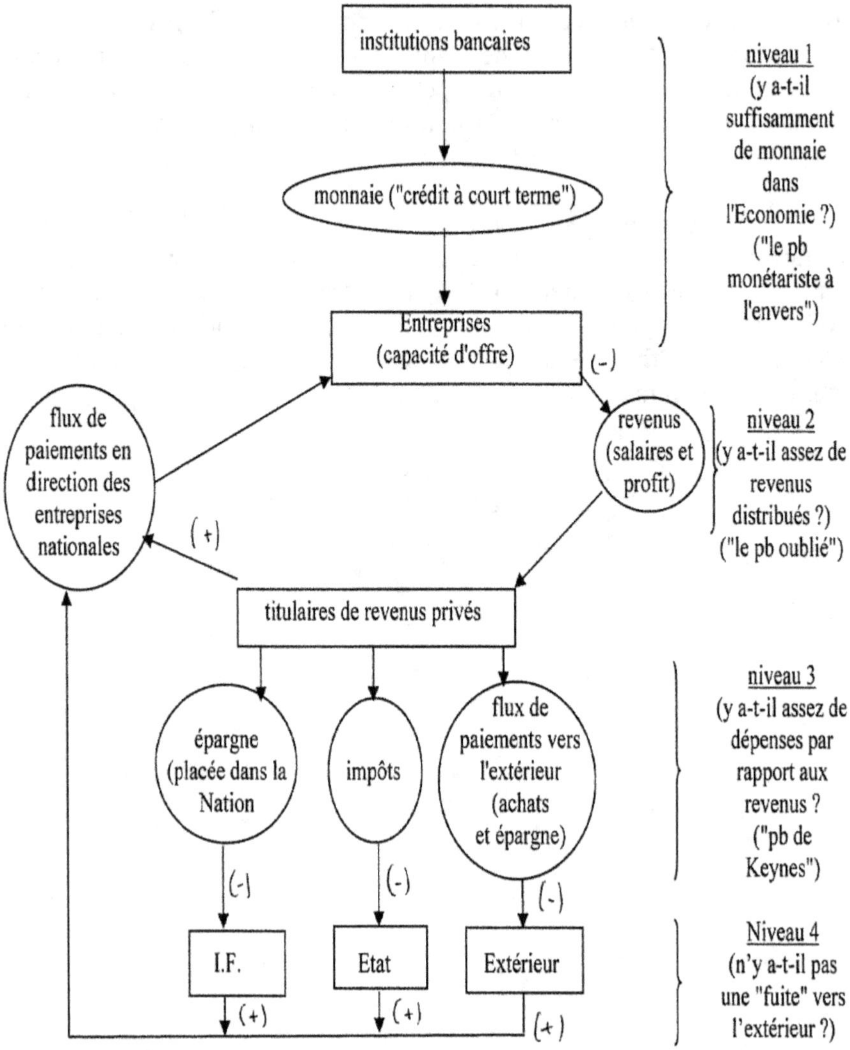

Les 4 "niveaux" indiqués vont être explicités un peu plus bas, leur distinction permettra d'élucider les principes d'une réponse à la question qui, maintenant, se pose évidemment à l'observateur : ce circuit est-il "équilibré" (se boucle-t-il ?) et plus précisément, comment se comporte-t-il en dynamique ? Pour le niveau 2, 3 et 4 les signes (+) ou (-) désignent l'effet sur le flux de paiement en direction des entreprises nationales des dépenses de tous ordres ("déboursements") des 4 "agents" encadrés.

§ 2 – "Bouclage" et dynamique du circuit

Il fallait bien commencer par présenter l'aspect "fonctionnement" du circuit, c'est-à-dire établir la nature et le rôle des divers groupes d'agents économiques et les types de paiements qu'ils effectuent. Et, encore une fois, cette analyse n'appartient à aucun type de doctrine particulier, c'est de **l'économie positive** (ceux qui ignorent ce schéma se placent simplement **en dehors** de la réflexion économique scientifique). Or c'est à partir de ce schéma et d'aucun autre que **toutes** les questions économiques fondamentales peuvent être posées et, même, résolues dans leur principe, en particulier **la question qui résume toutes les autres**, celle de la conjoncture à court terme (fluctuations économiques) et à long terme ("croissance") de l'économie, autrement dit de sa dynamique globale (ce qui comprend évidemment les problèmes du chômage, de l'inflation, la politique économique dont le rôle essentiel semble bien devoir être, à la lumière de l'analyse du circuit, d'évaluer la croissance potentielle (correctement calculée, pas "à la néo-classique") et de lui faire correspondre une demande effective équivalente.

En effet, contrairement à ce que pourrait faire penser sa dénomination, le paradigme (modèle général) du "circuit" est fondamentalement dynamique et explicatif, tout simplement

- parce qu'il est une application à la réalité sociohistorique de la théorie générale des systèmes, qui constitue le principe fondamental de la recherche scientifique contemporaine, en particulier dans les sciences sociales (cf. l'Introduction, § 2),
- et que la prise en compte du flux d'investissement (= Δ K) nous place d'emblée dans une optique dynamique.

La logique générale du Circuit procure un premier enseignement, conforme à ce que suggère d'emblée l'observation, à savoir que le moteur de l'activité économique est la dépense monétaire, qui revêt elle-même 3 aspects : la création de monnaie, les paiements de revenus, la dépense de ces revenus. Et c'est pour ignorer ces mécanismes, ou en avoir une vue imaginaire (les Néo-classiques), ou pour ne pas en comprendre bien l'unité, la profondeur et l'intégralité (Keynes[8] et les Néo-keynésiens), qu'il n'existe pas beaucoup d'économistes susceptibles de fournir une vue générale et réaliste du fonctionnement d'ensemble, c'est-à-dire de l'évolution des économies industrielles.

Les 3 aspects du circuit mentionnés ci-dessus correspondent aux 4 "niveaux" indiqués sur le schéma : il s'agit là précisément des portions du circuit où une discontinuité peut se produire à l'occasion de l'enchaînement

---

[8] qui ignore l'Extérieur

d'un flux monétaire à un autre, par une non-adéquation quantitative entre un flux "amont" et un flux "aval", non-adéquation résultant d'une mauvaise prévision, d'une logique de décision sous-optimale ou d'un fait exogène.

Toute la puissance de la théorie générale de Keynes de 1936 a tenu à ce que, face à l'irréalisme fondamental de la théorie classique, qui est une théorie où l'"offre" (la production et le profit) a le rôle moteur elle a dégagé au contraire le rôle moteur de la demande : chaque fois que les politiques économiques en ont tenu compte il y a eu "miracle économique" (axé sur l'exportation dans le Japon des années 1950-1990 ; Trente Glorieuses dans l'Europe des années 1945-74), axé sur des politiques expansionnistes en matière publique, des salaires et de la monnaie, grande reprise américaine 1982-2005 et encore en 2013-2015 grâce à des politiques budgétaires - monétaires accommodantes.

Mais la Théorie générale de Keynes de 1936, outre qu'elle contenait encore nombre de "scories" néo-classiques, n'avait analysé que l'une des discontinuités possibles du seul niveau 3 : le fait que l'épargne pouvait provoquer une fuite empêchant le retour intégral aux entreprises des flux monétaires lancés par elles dans le circuit à l'occasion de la production... C'était sans doute une faiblesse importante du capitalisme libéral qu'avait ainsi décelée Keynes, et la "réparation" de cette fuite par la mise en œuvre de dépenses publiques croissant pendant des décennies après 1936-1945 a suffi longtemps, parfois d'ailleurs avec des excès inflationnistes, pour maintenir plein-emploi et croissance forte ; mais quand, pour un certain nombre de raisons idéologiques (un anti-étatisme primaire à la Friedman[6] une véritable hystérie anti-inflationniste, etc.) et systémiques (une société individualiste décentralisée riche ne supporte pas de voir les "prélèvements" approcher les 50 % du PIB...), la croissance des dépenses publiques fut stoppée, et avec elle l'"accommodation monétaire"[7] , la croissance se ralentit (des 2/3 en Europe après 1974-90) et, du coup, les autres fuites possibles entraînèrent les économies industrielles, surtout en Europe (les USA réagirent dès 1982-83), dans un cercle vicieux de croissance faible et irrégulière pour cause de non-compensation de "désajustements" en certains points sensibles du circuit (que cette faiblesse grave de la croissance se produisit pendant une période où toutes les forces de l'offre étaient extrêmement favorables : population, santé ; connaissances, progrès techniques inouïs, profondes réformes de structures, part des profits en augmentation, n'en est que plus remarquable, c'est-à-dire significatif de la prédominance de la demande : c'est elle qui a été défaillante et rien d'autre).

---

[6] par ailleurs grand analyste de la chose monétaire ...

[7] Intérieure, mais aussi extérieure : refus, en Europe, des dévaluations culminant dans cette "économie rêvée" qu'a cru pouvoir constituer la Zone Euro

Reprenons systématiquement ces points sensibles :

- partons du point soulevé par Keynes puisqu'il est le plus connu : il s'agit du passage du revenu à la dépense ("niveau 3")
- "en remontant" (niveau 2), on trouve un problème connu mais mal explicité et apprécié : le passage de la production aux revenus (salariaux dans un premier temps mais finalement profits aussi) ;
- enfin, "tout en haut", c'est-à-dire "au début" réside le problème du bon niveau d'approvisionnement de l'économie en monnaie, c'est le passage des besoins en monnaie à la fourniture de monnaie.

1. Désajustements possibles au niveau du passage du revenu à la dépense :

a) le "problème de Keynes" est celui d'un excès d'épargne en général ; mais il n'y a excès d'épargne que par rapport à une insuffisance d'investissements ; et la dépense publique peut toujours combler cet écart... à condition qu'elle soit financée par l'emprunt à un taux d'intérêt très bas (accroissement des inégalités de revenus sinon) : telles sont les variables que l'analyse économique appliquée devrait surveiller et la politique économique utiliser le cas échéant, si, vraiment, à long terme, l'épargne devait augmenter plus vite que le revenu, la solution ultime pour stabiliser la croissance (à quelque taux que ce soit) serait la dépense publique financée par création monétaire pour compenser la thésaurisation ;

b) un excédent budgétaire de l'Etat (massif et durable) est chose rare mais il équivaut à une destruction de monnaie et est donc susceptible de freiner rapidement la croissance (cf. le cas des USA 1998-2000), peut-être Allemagne 2015) ;

c) le schéma du circuit montre également qu'un déficit extérieur a les mêmes conséquences, une fuite par rapport au flux des paiements engendrés par les entreprises ; la solution est ici plus difficile si une dévaluation n'est pas justifiée (niveaux relatifs des prix corrects au taux de change en vigueur, donc déficit provoqué par un ralentissement économique dans le reste du monde) : des restrictions quantitatives sont alors seules envisageables (car l'apparition et un gonflement infini de la dette extérieure sont dangereux ; la croissance en serait un peu réduite dans le reste du monde mais cela inciterait les gouvernements étrangers à prendre des mesures de relance intérieure) ; le même remède doit être appliqué en cas de mise en concurrence absurde des pays à haut niveau de vie par des pays où les travailleurs sont sous-payés.

2. La possibilité d'un désajustement au niveau de l'enchaînement entre le flux de production (PIB) et le flux des revenus ("2e niveau") est l'un des enseignements majeurs des aspects dynamiques du circuit économique : si pour un flux de production nationale valorisé par exemple à 100 milliards d'unités monétaires (ne varietur, c'est-à-dire en tenant déjà compte de la baisse éventuelle de certains prix), seulement 97 milliards sont distribués au total sous forme de revenus, il y a un risque de récession, et même une certitude au bout de quelques années (déficits publics et accroissement de la propension à consommer, ne pourront compenser toujours) ; cette situation peut trouver son origine dans des compressions salariales exagérées par rapport aux efforts de productivité ; c'est-à-dire qu'elle peut se manifester sous la forme d'une insuffisance de l'augmentation à la fois de l'emploi et des salaires (l'Europe se caractérise par la faiblesse du premier, les USA par celle des seconds ; affaire de différences institutionnelles et mentales...). Une "règle d'or" doit exister ici, pourtant, on tentera de la dégager plus tard (cf. IIe Partie, chap. III Section sur la répartition et chap. IV, Section II, § 1).

3. Mais la plus grande "révélation" du paradigme du circuit, ainsi qu'il est exposé ici, est que l'ensemble de la dynamique du circuit est "coiffé" "en amont" par l'approvisionnement en monnaie ("niveau 1"), c'est-à-dire par les logiques qui relient système bancaire et système productif ; et ici deux désajustements majeurs conduisant à un manque de création monétaire sont toujours possibles (un excès, inflationniste, de création monétaire n'est plus envisageable depuis l'adoption progressive, à partir des années 1940, 1950 ou 1960, selon les pays, de règles budgétaires et bancaires de plus en plus strictes);

- il y a principalement, bien entendu, des politiques prolongées de rigueur monétaire de la part des Pouvoirs publics (Etat + Banque centrale), qui utilisent tout ou partie des instruments suivants (et avec plus ou moins de "férocité") : des taux courts élevés, le refus de recourir au financement monétaire des déficits publics, le refus de recourir à des dévaluations ;

- mais s'y ajoute parfois la prudence exagérée des banques elles-mêmes craignant l'insolvabilité future de débiteurs (sensibles aux coups de frein conjoncturels) et "plombées" par des créances douteuses (crédit crunch) ;

- pour les mêmes raisons d'incertitudes, les entreprises elles-mêmes manifestent, dans une conjoncture maussade, un excès de prudence dans leurs prévisions et leurs demandes de crédit, même pour des projets parfaitement sains (inversement, dans une période d'euphorie - la Net Economy… - des excès opposés ont pu avoir lieu...).

On voit combien une bonne connaissance de la dynamique du circuit économique permet de focaliser l'analyse sur les points où des discontinuités, des ruptures, peuvent apparaître dans la transmission dans le temps de l'intensité des flux économiques, les logiques de décision et leur impact pouvant facilement être pris en compte par une analyse causale soigneuse.

Une vue d'ensemble de la dynamique globale effective des nations appartenant au SEM sera peu à peu mise en place dans la IIe Partie puis dans la Conclusion générale ("synthèse")

*

* *

Dans la modélisation de l'activité économique qu'on vient de présenter, on a utilisé deux catégories de concepts : les "agents économiques" et les "flux", les flèches symbolisant les flux de monnaie se déplaçant d'un agent à l'autre. Ce schéma, qui est utilisé dans tous les modèles économétriques d'analyse et de prévisions (même si les économètres se croient parfois obligés d'y adjoindre quelque gadget NC ou de statistique mathématique), demande maintenant à être explicité, c'est-à-dire convient d'exposer quelles sont les logiques qui déterminent les décisions de production, de distribution des revenus et de dépenses des diverses catégories d'"agents".

CHAPITRE II

Les logiques de décision des agents économiques

Nous savons déjà que tous les acteurs de l'activité économique peuvent être regroupés en 5 catégories : les entreprises, les banques, l'Etat, les "salariés en tant que salariés", et toutes les personnes physiques en tant que "consommateurs" et "épargnants", ces derniers étant le plus souvent appelés "ménages".

Avant d'analyser leurs logiques de comportement, des questions préalables doivent être résolues.

1) Quel est le <u>statut</u> de ces "agents" ? des groupes "socio-économiques", comme on a dit longtemps ? des "catégories fonctionnelles" (produire, revendiquer, prêter, consommer) ? des "individus qui font des choix" ? des "capitalistes" et des "travailleurs" ? des "apporteurs" de capital ou de travail venant "échanger" leur "facteur de production" sur le marché ?

Eh bien tout cela à la fois car, en gros, toutes ces dénominations se réfèrent à des clivages, entre des citoyens juridiquement égaux, fondés <u>à la fois</u> sur :

- des éléments institutionnels : propriété ou pas d'un capital (ou volonté ou pas de l'emprunter)
- des éléments psychosociaux : désir ou pas d'entreprendre, d'"entrer dans les affaires" ;
- des éléments économiques – techniques : des capacités techniques et de gestion ou pas

Ces clivages se regroupent souvent, ils se combinent, et définissent déjà ceux qui sont chefs d'entreprise (les "indépendants" ...) et ceux qui sont plutôt des "exécutants" (même si certains chefs d'entreprise le sont devenus par hasard ou par "hérédité" et même si certains salariés aspirent à devenir "indépendants") et si certains deviennent cadres (très) supérieurs ("exécutive"). Ce qui est important c'est que, une fois dans son <u>rôle</u>, l'individu est entièrement pris par la logique technique-économique-institutionnelle-psychologique de ce rôle qui le contraint à personnifier toutes ces dimensions à la fois ; tout en redevenant consommateur-épargnant dans son rôle de "ménage" ("dans le privé") ; quant aux individus qui vont personnifier l'Etat (les dirigeants politiques du plus haut niveau), ils ont souvent choisi cette voie par goût du pouvoir spécifiquement politique et c'est peut-être là l'une des sources profondes de certains dysfonctionnements économiques majeurs des économies occidentales actuelles, à savoir le manque de compétence en macroéconomie des dirigeants politiques (surtout en Europe). On peut conclure sur ce problème du statut des "agents économiques" retenus dans notre analyse qu'il est "systémique" en ce sens que le système impose un rôle "fonctionnel" aux chefs d'entreprises, aux salariés, etc. (mais sans aller jusqu'à considérer que les salariés sont de purs consommateurs et que les chefs d'entreprise ne consomment pas !).

2) Y a-t-il un ordre dans lequel il est préférable d'étudier nos "agents" ? Oui, car il existe dans tout système social une hiérarchie de pouvoir et les acteurs qui ont le moins de pouvoir doivent tenir compte, dans leur propre logique de décision, des pouvoirs éventuellement supérieurs d'autres groupes.

Il apparait donc raisonnable d'étudier les logiques de décision dans l'ordre suivant :

- d'abord celles des décideurs politiques : aujourd'hui le poids de l'Etat (et de toutes ses "dépendances", y compris la Banque Centrale et les systèmes sociaux obligatoires) et, surtout, des types de politiques macroéconomiques qu'il décide est tel que tous les autres agents économiques sont contraints par l'existence de l'Etat et les conséquences des politiques menées : que l'Etat s'affiche "business friendly" ou pas, les chefs d'entreprise auront des comportements très différents, par exemple envers cette variable clé qu'est l'investissement, suivant que l'Etat est capable ou non de créer ou pas une "conjoncture globale de croissance" ;
- les banques privées, détenant en dernier ressort (au-delà des coups de frein ou d'accélération en provenance de l'Etat et de la Banque Centrale) la capacité d'accorder plus ou moins de crédits de toutes sortes, viennent en second dans la hiérarchie des agents économiques ; peu étudié systémiquement, leur pouvoir est une question ouverte ;
- les chefs d'entreprise, tant encensés ou vilipendés disposent donc peut-être de moins de capacités d'initiative qu'on leur en accorde généralement ;
- les "ménages", personnes privées en tant que consommateurs et épargnants, ont un rôle évidemment limité, qui consiste à dépenser (consommation de toutes sortes + achats de logements) une fraction plus ou moins importante des revenus perçus (salaires et profits), ce qui inclut la propension plus ou moins grande à recourir au crédit à la consommation (lui-même dispensé plus ou moins libéralement par les institutions financières) ; mais ce rôle peut, dans certaines conjonctures,

devenir déterminant dans le court-moyen terme, par exemple en fragilisant une phase d'expansion par excès d'endettement ou au contraire en retardant une reprise par désir de se désendetter ;

- bons derniers arrivent donc les salariés en tant que salariés ; ils n'ont à leur disposition que des moyens de pression, morale ou physique et, globalement, le syndicalisme, aspect le plus étudié, ne semble pas très significatif dans l'obtention des hausses de salaire réel, qui est pourtant l'une des variables clés de la dynamique économique.

La hiérarchie qu'on vient d'établir peut surprendre, mais elle est en effet fondée sur l'un des concepts clés de la théorie des systèmes, qui est notre guide méthodologique, le concept de Centre : tout système (social-historique) a un "centre directeur" (quant aux systèmes physiques on sait qu'ils dérivent tous d'une impulsion première) : c'est l'idée d'impulsion qui est là sous-jacente, par Centre il faut entendre en fait un "centre d'impulsion", c'est la partie du système qui, en fin de compte, est capable d'initiative, capable d'échapper aux tendances issues du passé quand ces tendances s'avèrent négatives : le Centre est à la fois l'élément du système qui contraint tous les autres à obéir aux règles qu'il a lui-même imposées, mais c'est aussi le seul élément qui, à un moment crucial, peut prendre conscience que les règles du jeu doivent être changées.

3) Avec quel degré de détail les comportements des agents économiques et des Structures productives qu'ils animent doivent-ils être étudiés ici ? Nous n'avons aucune prétention à l'exhaustivité mais une forte prétention à l'essentiel. Ce qu'on veut montrer, rappelons-le, ce sont les structures profondes (au-delà des aspects institutionnels, importants dans la finance, par exemple), les déterminants, la logique profonde du fonctionnement du système économique, de ses équilibres et déséquilibres, bref de sa plus ou moins grande réussite, au niveau des nations qui composent ce système, en matière d'"optimum dynamique" (qu'on définira, rappelons-le, dans le chapitre IV). On s'efforcera donc, à propos de chaque agent, de ne retenir que les comportements essentiels (par exemple pour l'État la politique macroéconomique, pour les entreprises les décisions d'investissements, de prix, de salaires…) et de décrire ceux-ci de manière objective (sans s'inquiéter de controverses théoriques oiseuses) et schématique (sans tomber dans des détails secondaires ou des distinguos infinis).

Et, toujours, on tentera de relier chaque analyse partielle à l'évolution d'ensemble. Mais on fera en revanche attention de mettre en lumière les évolutions typiques de certaines économies, avec l'idée directrice qu'il est possible de repérer, dans l'histoire économique depuis le début du XXe siècle et, surtout, depuis la fin de la Deuxième Guerre mondiale, des formes typiques de dynamiques économiques permettant d'élucider certains rapports entre les diverses théories économiques toujours en scène au début du XXIe siècle et les réussites ou échecs qu'elles ont provoqués.

SECTION I

Les comportements économiques de l'Etat

Il faudrait dire du "secteur Etat" puisqu'il faut bien entendu englober dans l'agent étatique les administrations régionales et de la sécurité sociale obligatoire et, surtout, la Banque centrale.

Certes la Banque Centrale est de nos jours, dans les pays occidentaux, le plus souvent "indépendante", mais dans ses statuts figurent des obligations fixées par la Puissance publique et, si davantage la BC pratique une politique qui ne convient pas à l'Exécutif, il n'y a là qu'un exemple, extrême il est vrai, de la faible rationalité des Etats ayant créé ces BC, indépendantes jusqu'à pouvoir devenir irresponsables (cf. p. ex. la hausse des taux d'intervention de la BCE au printemps 2008, à un moment où la récession avait déjà commencé) ; et le degré de rationalité de la politique économique est, on l'a déjà dit, l'un des fils directeurs de l'application de la théorie systémique à l'analyse macrodynamique : un système est "piloté" par son centre et de la qualité de ce pilotage dépendent les performances du Système économique, les agents économiques privés ne peuvent que s'insérer du mieux possible dans l'"enveloppe d'efficience" que leur octroie la Puissance publique : les chefs d'entreprise les plus compétents et dynamiques n'auront globalement que des résultats fort médiocres si la politique économique a des effets globaux de freinage (et, inversement, des chefs d'entreprise "archaïques" produisent des résultats remarquables si les moteurs effectifs de la croissance sont durablement alimentés par l'Etat, comme dans l'Europe des années 1946-1973).

On a compris qu'une théorie générale de la dynamique économique n'a pas à s'encombrer d'une analyse détaillée des "dépenses et des recettes budgétaires" (sauf à désigner, éventuellement, des effets négatifs majeurs en termes de dépenses et de prélèvements), mais à tenter de prendre une mesure globale de l'effet positif ou négatif du "comportement étatique global" sur le degré de réalisation de l'optimum dynamique (cf. chap. IV) des diverses économies nationales.

Pour atteindre cet objectif, il faut élaborer une typologie générale des décisions de l'Etat intéressant l'économie : c'est dans la IIème Partie qu'on pourra apprécier l'impact des politiques publiques sur la dynamique globale du système.

Il faut dire d'abord que les clichés véhiculés par tous les médias et beaucoup d'hommes politiques donnent de la nature de l'Etat et de son action économique une idée totalement fausse (dépenses publiques qui "pèsent" sur l'activité économique "prélèvements" qui dépassent 50 % du PIB, charges sociales qui obèrent les coûts de production, etc.).

Pour dire en quelques mots l'essentiel, précisons donc tout de suite, à l'encontre de l'hystérie antiétatique, qui domine l'idéologie politique et économique depuis quelques années, que :

- les "dépenses publiques" représentent environ 20 % du PIB et non pas 50 % ! le reste (30 %) étant composé de "transferts" correspondant en gros à des assurances obligatoires (contre la maladie, la vieillesse, le chômage et risques sociaux), assurances de toute manière nécessaires dans une société prévoyante, c'est-à-dire rationnelle ; et qui compensent donc à due concurrence les 30% du PIB "prélevé", lequel n'atteint son niveau que parce qu'il y a "prélèvement-redistribution" ;
- la "production publique" proprement dite (au sens de valeur ajoutée par l'Etat, c'est-à-dire le travail des fonctionnaires…) n'atteint guère que 10 % du PIB (les 10% restants correspondent à des "achats de biens et services intermédiaires", comme dans toute entreprise) ;
- qu'en revanche l'activité de régulation - stabilisation de l'Etat, qui a en soi un coût quasi nul, entraîne des effets bénéfiques immenses qu'on peut peut-être évaluer depuis 50 ans à la moitié du PIB actuel dans les pays industriels (cela revient à dire que, tout au moins dans les périodes où cette activité vise à maximiser la croissance, la croissance a été 2 fois plus forte ; ce calcul étant fondé sur la comparaison entre la croissance en période d'abstention de l'Etat - le XIXe s. et la première moitié du XXe, ou encore les années 1975-2015 - et la croissance en période d'intervention positive - 1945 à 1974 en Europe, depuis 1982 aux USA).

Ce jugement est donc globalement favorable à l'action de l'Etat, mais il n'enlève rien à toutes les critiques légitimes qu'on peut faire :

- de l'utilisation d'une partie des dépenses publiques et des transferts sociaux ;
- des modes de perception des recettes publiques (impôts et "cotisation").

D'énormes réformes restent à faire en ces domaines, qui rendraient le "mal nécessaire" des dépenses publiques et de leur financement plus léger et plus justifié. Mais il ne faut pas "jeter le bébé avec l'eau du bain". Et même l'ultra libérale Mme Thatcher n'a d'ailleurs pas réussi à diminuer le "poids" des dépenses publiques en Grande-Bretagne.

Cela étant posé, la grille de lecture des de l'Etat est la suivante :

- l'Etat est d'une part une grande entreprise de services ("Services publics"), et donc il y a une production et des coûts de production (à peu près 20 % du PIB encore une fois) ;

- l'Etat est d'autre part le centre coordinateur de l'activité nationale, établissant d'indispensables" règles du jeu".

§ 1 - L'Etat – entreprise

L'Etat produit des services qu'il est le seul par définition à pouvoir produire et qui doivent être offerts à tous, donc être "gratuits". Comme ces services ont un coût, ils doivent être financés de manière "forfaitaire" par le prélèvement d'"impôts". Et, contrairement à ce qu'on croit, coût des services publics (les "dépenses de l'Etat") et recettes publiques sont en général tout à fait équilibrés si on utilise une comptabilité économique rationnelle (il suffit de comprendre qu'une partie importante des dépenses publiques sont des dépenses d'investissement, en particulier immatérielles comme les dépenses d'éducation et de recherche).

I. Les dépenses publiques

Elles correspondent au coût des services publics (dépenses courantes de fonctionnement plus dépenses en capital c'est-à-dire des investissements). Le seul point important, ici, est de savoir quels sont les services qui doivent obligatoirement être rendus par l'Etat : si pour la défense nationale, la police, la justice, etc., il n'y a guère de doute, en revanche il est clair que les services d'enseignement, de santé ou de télévision n'ont pas automatiquement à être "publics" : l'Etat devrait ici se borner à imposer des normes et à concurrencer le secteur privé pour tenir celui-ci en haleine ... Seuls les critères combinés de la qualité des services rendus et de leur coût devraient déterminer la frontière public / privé.

A noter que dans les "dépenses publiques", une petite partie d'entre elles ne correspond pas à des coûts de fonctionnement des services mais, déjà, à des "transferts", c'est-à-dire à des versements directs d'argent pour obtenir certains effets jugés favorables :

- transferts économiques : subvention à tel ou tel type de secteur ou d'entreprises ou d'activités (recherche, par exemple) ; il s'agit d'interventions structurelles dont l'utilité doit être toujours analysée ;
- transferts sociaux : il s'agit surtout de l'"aide sociale" (allocations versées par les départements en France, aux plus démunis, victimes des "aléas de la vie" ...).

II. Les recettes fiscales

Elles sont "forfaitaires" en ce sens qu'elles ne sont pas nécessairement égales, pour chaque contribuable, aux services (et transferts...) que l'Etat lui procure : il y a là un premier point aveugle de l'activité de l'Etat, dont le principe est sain (les services publics doivent profiter à tous sans considération de revenu et donc d'imposition) mais dont les détails peuvent être discutables (subventions à l'Opéra pour qui ne va jamais à l'Opéra ...).

Elles sont en principe "progressives", c'est-à-dire que les impôts sont plus que proportionnels aux revenus ; mais cela ne vaut que pour les impôts directs sur les ménages (10 % environ des impôts) et, de plus, les contribuables riches disposent de nombreux moyens, légaux et illégaux, d'échapper à la progressivité de l'impôt. En France, on considère que ce sont les classes moyennes aisées qui supportent l'essentiel des impôts (surtout directs). Le système de la "déclaration d'impôt", psychologiquement pénible, ne subsiste plus guère qu'en France (retenues à la source dans les autres pays). De plus, le coût de perception des impôts est plus élevé en France, en pourcentage des recettes, que dans les pays comparables (près de 2 %).

*

* *

Au total, il est impossible de dire si les impôts diminuent l'inégalité des agents économiques, car <u>on ne sait pas ce que seraient les revenus en l'absence d'impôts</u> : les catégories de citoyens les plus imposées à l'impôt sur le revenu se contenteraient probablement de revenus un peu moindres si elles n'étaient pas imposées, ce qui veut dire qu'elles sont capables de <u>répercuter</u> l'impôt (qu'elles payent en apparence) sur des catégories sociales moins puissantes, à savoir les moyens et petits salariés ; ce processus de répercussion de l'impôt, on peut penser que, au niveau macroéconomique, il est totalement efficace au détriment des salariés et retraités (et peut-être des très petites entreprises).

L'enseignement de ceci est que, si l'Etat désire faire une politique de diminution des inégalités, ce n'est pas par la fiscalité (en "redistribuant") qu'il devrait le faire, mais en intervenant au niveau de la distribution "primaire" des revenus, par exemple par une politique de longue durée d'augmentation des bas salaires.

III. L'équilibre budgétaire

Dans les pays industriels, en moyenne, il y a "déficit des finances publiques": mais ce calcul relève d'une conception administrative, très particulière, de la "comptabilité publique", qui amalgame les dépenses d'investissement de l'Etat aux dépenses courantes de fonctionnement : si l'on comptait comme cela pour les entreprises privées, elles seraient également en "déficit" dans leur ensemble (car leurs "dépenses" totales, en y mettant leurs investissements, sont toujours supérieures, en général, à leurs recettes totales, la différence étant financée par des emprunts). Or, l'Etat est une grande entreprise de services publics, il faut donc lui appliquer les règles rationnelles de la comptabilité privée et, dès lors, on s'aperçoit que les recettes de l'Etat sont en général un peu supérieures à ses dépenses de fonctionnement : et il est parfaitement sain, économiquement, que ses dépenses d'investissement soient financées par des emprunts. Depuis la fin du XXe S. cependant, même le budget courant de la plupart des Etats a été mis en déficit sous le double effet des cadeaux fiscaux aux hauts revenus et du ralentissement de la croissance dû aux politiques ultralibérales (cf. IIe Partie).

Certes, cela provoque la croissance de la "dette publique" mais la "dette privée" des entreprises croît aussi, régulièrement, et cela est normal puisque la contrepartie de ces dettes (qui sont des dettes à long terme) existe : il s'agit du capital productif accumulé, qui permet de produire chaque année un plus grand volume de services (et de biens dans le cas des entreprises privées). Si les imprécations politiciennes et idéologiques contre le déficit budgétaire et la dette publique étaient fondées économiquement, il y a belle lurette que tous les pays occidentaux se seraient effondrés ! Et dans la conjoncture du début du XXIe siècle (faible croissance et faible inflation), si pour des raisons idéologiques on voulait supprimer en 10 ans, mettons, la dette publique, il faudrait abaisser les dépenses publiques et augmenter les impôts dans des proportions telles que cela provoquerait un très fort ralentissement économique (c'est le cas en Europe depuis 2009 sous l'influence des politiques d'austérité).

L'existence d'une dette publique importante (équivalente à 50 ou 100 % du PIB, voire 120 % comme en Belgique, en Italie ou au Japon) pose le problème de sa "soutenabilité" : mais la réponse des faits est qu'une telle dette est parfaitement soutenable : d'abord l'Etat ... c'est les citoyens, être endetté envers soi-même ne peut être bien grave[8]; quant au paiement des intérêts de la dette publique, il a évidemment l'inconvénient de "favoriser les riches", qui prêtent à l'Etat... mais, justement, on évite ainsi des impôts supplémentaires, qui pèseraient nécessairement sur les moins riches (dans l'état actuel des rapports de force politiques et sociaux) ; la solution résiderait dans la baisse des taux d'intérêt, que la banque centrale peut provoquer si elle le veut, et dans le remplacement des emprunts auprès des particuliers (riches) par des emprunts auprès de la BC, qui ne pèseraient sur personne

[8] Si l'endettement est envers l'Extérieur, il devient vite insoutenable lorsque son service absorbe une part significative (plus de 20% ?) des exportations ; il doit alors être annulé et la nation faillie doit repartir sur de nouvelles bases saines sous contrôle international.

(cf. Chap. III). Cependant, depuis le début de la "Grande Récession" en 2008, le problème du déficit et de la dette publics a pris une autre dimension, par son ampleur mais aussi parce qu'il provient avant tout de l'entrée des nations occidentales (surtout en Europe) dans un régime de croissance faible, voire de quasi-déflation ; cette dimension est systémique en ce sens que de tels déficits et dettes mettent en péril, par les efforts antisystémiques d'"assainissement budgétaire" qu'ils induisent, le programme fondamental du SEM, à savoir une croissance régulière en quasi plein emploi. Une synthèse sur ces points sera tentée dans la IIème Partie et la Synthèse.

On passe ainsi de considérations purement financières à des considérations d'équilibre dynamique macroéconomique, ce qui est normal vu la taille et la nature de l'Etat, et alors on peut replacer les phénomènes du déficit budgétaire et de la dette publique dans leur vrai contexte, celui de la croissance économique : les déséquilibres budgétaires apparaissent toujours dans des périodes de faible croissance ou de récession et disparaissent quand la croissance est forte, la ralentissant alors par cela même (cf. les USA encore une fois) : si l'on veut vraiment faire disparaître la dette publique, il faut accélérer nettement la croissance et un peu l'inflation ; là encore on développera ces points fondamentaux plus loin comme indiqué, mais on peut déjà écrire quelques relations intéressantes sur les déficits et la dette publics.

Arithmétiquement, la Dette publique obéit aux relations suivantes :

- le déficit en t est la différence entre l'ensemble des recettes définitives de l'Etat et l'ensemble de ses dépenses (de ses "sorties" faut-il dire, car des prêts accordés par l'Etat sont des sorties de fonds).

  $DFB = T_+ - T_-$ (avec T_+ = "rentrées" de fonds dans le Trésor public

  et T_- = "sorties" de fonds du Trésor public)

- en pourcentage du PIB, on a :

  DFB% = DFB / PIB

- et ce pourcentage est en même temps la variation, en points de pourcentage, de la Dette publique rapportée au PIB (DP / PIB) :
  - si cette dernière est p. ex. équivalente à 95% en t-1
  - un déficit budgétaire de 5% du PIB en t amène la Dette% à 100% en t :

    Δ DP / PIB = DFB%

- il s'ensuit que, pour faire diminuer le pourcentage que représente la Dette par rapport au PIB, il faudrait chaque année dégager un excédent budgétaire égal, toujours par rapport au PIB, du nombre de points de diminution désiré, p. ex. il faut un excédent budgétaire de 2% du PIB pour ramener la Dette de, p. ex., 100% à 98% du PIB, à PIB nominal constant, soit 50 ans pour effacer la Dette dans ces conditions…

Au-delà de l'arithmétique de la Dette publique se posent des problèmes fondamentaux d'équilibres financiers et monétaires et de dynamique économique :

- la réduction de la Dette par des excédents budgétaires (eux-mêmes très difficiles à obtenir) équivaut économiquement, toutes choses égales d'ailleurs, à une destruction de monnaie ($T_+ > T_-$) ; et il n'est pas sûr que les détenteurs d'épargne ainsi "remboursés" (ou moins sollicités) trouvent à prêter à d'autres agents économiques que l'Etat ;
- une telle contraction des flux monétaires entraîne, toujours toutes choses égales d'ailleurs, une contraction économique d'un montant égal multiplié par la valeur de la vitesse de circulation de la monnaie V (cf. Section II et III).

Ces phénomènes ne pourront être pleinement compris que dans une analyse dynamique globale (chap. IV et Synthèse).

§ 2 - L'Etat centre coordinateur

Aucun système ne peut se passer de "Centre" (ou "cerveau"), c'est-à-dire de régulation : et, au niveau micro-social, la coordination ne peut jamais être suffisante parce que les agents individuels ne peuvent être rationnels (quand ils le sont ...) qu'à leur niveau ; par exemple les patrons auront toujours tendance à accorder des salaires bas (et les salariés à tenter d'obtenir, éventuellement, des salaires trop élevés) ; de même, la prévoyance (épargner pour le risque de maladie ou pour sa vieillesse) n'est pas une vertu majeure des hommes et n'est pas toujours à la portée des bas revenus ; ou encore, les grandes entreprises auront toujours tendance à exploiter les plus petites (cf. le sort des "sous-traitants" en France par exemple).

Telles sont les raisons principales pour lesquelles, au XXe s., l'Etat est "intervenu" de plus en plus profondément dans l'activité économique, processus qui , tout inhibé de politique qu'il est naturellement (la "politique", ce sont les problèmes de la "polis", qui signifie Cité en grec ...), n'est pas encore compris pleinement par beaucoup d'esprits mais dont la nécessité est évidente (par exemple, l'effondrement économique de la Russie après 1989 - 90 a eu pour raison principale l'effondrement de l'Etat, la crise grecque d'après 2008 par l'absence, en fait, d'un véritable "pilote dans le système".

L'Etat a donc pour tâche principale d'établir des règles du jeu qui permettent à l'économie, et donc à la société, de fonctionner et de croître "à l'optima" (rien à voir avec l’"optimum" néo-classique, statique, microéconomique et surtout, imaginaire et fondé sur le seul "marché").

On peut distinguer des règles du jeu de deux types.

I. Les règles du jeu structurelles

Elles concernent ce qu'on peut appeler le jeu "des marchés" puis le jeu "social".

A) Contrairement à une approche naïve (néo-classique) du marché, celui-ci n'a rien de spontané et obéit toujours à des règles macrosociales instituées. Le problème est de trouver les bonnes règles et, au XXe s., de grands progrès ont été faits, bien que beaucoup de réglementations imparfaites et même contre-productives subsistent. Cinq types de "règles de marché" peuvent être distingués :

a) il y a d'abord les relations entre entreprises, qui concernent essentiellement la concurrence : dès 1900, aux USA, des lois tendant à la maintenir et à l'accroître ont été promulguées (législation anti-trust et anti-pratiques de monopole) ; l'Europe est encore très en retard ou, au contraire, est-elle allée trop loin en empêchant des fusions d'entreprises utiles ?

b) il y a ensuite les relations entre l'entreprise et ses salariés :

- règles qui codifient les aspects techniques (protections diverses, cadences...) et humains (aujourd'hui, règles contre les "harcèlements" par exemple, mais, surtout, légitimité des syndicats) ;
- règles salariales, surtout relatives :
  - aux modalités des négociations salariales (collectives !) ;
  - aux salaires minimums : il s'agit là d'un aspect essentiel des "relations de travail", mais il s'agit surtout d'une variable fondamentale dans l'équilibre dynamique du système (cf. la IIe Partie, où l'on retrouve sans cesse le salaire dans les relations qu'il entretient avec toutes les autres variables) : <u>de l'existence ou non d'un salaire minimum et des modalités de sa fixation dépend largement le dynamisme à long terme de l'économie</u>.

c) viennent après les relations entre les divers secteurs de l'économie, par exemple, le secteur agricole. Disons d'emblée que c'est là l'échec majeur de l'intervention structurelle ("sectorielle", ici) de l'Etat dans l'économie : pour des raisons soi-disant sociales, mais en fait politiciennes, certains secteurs (ou types d'entreprises, comme les artisans et petits commerçants) ont été "soutenus" au-delà du raisonnable avec pour résultats des effets contraires aux buts recherchés ; par exemple, toutes les agricultures des pays industriels montrent aujourd'hui :

- des revenus par tête toujours inférieurs à la moyenne nationale ;
- des surproductions chroniques, avec des coûts de stockage lourds ;

- des charges budgétaires lourdes (qui sont en train de poser un problème politique majeur à l'Union européenne) ;
- un surendettement du monde paysan consécutif à des investissements exagérés ;
- sans parler des problèmes actuels de l'"empoisonnement" généralisé des produits alimentaires, ou encore de l'épuisement des ressources en eau dans certaines régions.

(les points 1, 2 et 3 "font système" : les agriculteurs, en moyenne[9], ont toujours des revenus inférieurs à la moyenne nationale - d'où ils ne paient pas d'impôts... - à cause de la surproduction, qui provoque des prix très bas, la surproduction provenant elle-même d'investissements exagérés et d'un nombre d'agriculteurs toujours trop élevé grâce aux "aides" de toutes sortes). Le soutien à des "secteurs d'avenir" procure aussi, parfois, beaucoup de gaspillages...

d) viennent encore les relations avec les économies étrangères ; deux types de règles du jeu existent ici :

- les règles concernant les relations "commerciales" (échanges de biens et services) ; c'est la question du plus ou moins grand degré de liberté accordé aux échanges internationaux : on s'accorde aujourd'hui à penser qu'entre pays de niveau économique équivalent le maximum de liberté présente le maximum d'avantages (jeu de la concurrence, qui suscite innovations et progrès de productivité) ; cela n'est toutefois vrai que si les divers pays ne pratiquent pas un "protectionnisme non tarifaire" (obstacles techniques aux échanges) ou, pire, une sous-évaluation systématique de la monnaie ;
- les règles concernant les relations "monétaires et financières" ; là, le problème se dédouble encore :
    - quel "système de change" adopter ? La valeur de chaque monnaie par rapport à l'ensemble des monnaies (par rapport au dollar, en fait), ce qui est la définition du change, doit-elle varier librement ("changes fluctuants") ou doit-elle être fixée officiellement ("changes fixes") ?

      En fait le vrai choix est entre système à variations brutales (les changes ne sont jamais fixés !) et système à variations progressives (journalières) : or le change est un prix et, dans un système non intégralement planifié, tout prix fluctue toujours par rapport à tous les autres, sous l'influence des variations de l'offre et de la demande : les relations entre les valeurs des monnaies des divers pays sont le seul domaine de la macroéconomie qui dépendent de relations de marché, simplement parce que, les uns

[9] En France, les gros agriculteurs de la FNSA et du CNJA profitent seuls des aides à l'agriculture.

vis-à-vis des autres, les divers pays, dotés d'une monnaie spécifique, se comportent comme des entreprises géantes ("l'entreprise France", dit-on parfois, par exemple) et sont donc soumis à concurrence du point de vue des coûts, des prix, des qualités...
Le système des changes fluctuants est donc, aujourd'hui, généralisé (entre les grands pays, en tous cas : car à chaque grande devise sont liées de manière fixe un assez grand nombre de monnaies de petits pays). Subsistent des problèmes de fluctuations irrationnelles entre les grandes monnaies (aggravés par la mise en place de l'Euro), provoquées par les comportements de spéculateurs qui achètent, et donc font monter le prix, des monnaies dont ils pensent qu'elles "doivent" s'apprécier... Un des enjeux de la stabilité dynamique de l'économie mondiale au XXIe s., réside dans la capacité qu'auront les gouvernements de réglementer le marché des changes pour en éliminer les opérations spéculatives (c'est-à-dire destinées à faire des "gains de casino", qui n'apportent rien aux richesses produites).

- si on crée une "monnaie unique", comment "organiser" les divergences entre taux nationaux d'inflation et politique budgétaires nationales ? C'est tout le problème de l'Euro, système inédit où sont bloquées les parités monétaires entre des nations pourtant fort différentes (cf. là encore la IIe Partie).

e) Il y a enfin les relations entre le système bancaire, seul créateur de monnaie aujourd'hui (cf. chap. II, Sect. II), et les entreprises (dont l'Etat...). Il s'agit là de règles et d'institutions d'une extrême importance puisque c'est de leur fonctionnement que doit résulter le volume nécessaire de création monétaire qui est la base organisationnelle profonde de tout système économique moderne : avant d'être "industriel", celui-ci est en effet monétaire...

On a déjà étudié (cf. ci-dessus) la nature et les modalités des relations banques / entreprises qui assurent la "fourniture" d'un certain volume de monnaie supplémentaire, chaque année, aux diverses économies nationales. D'une manière générale les institutions se sont heureusement adaptées à l'essentiel : en gros, la "demande de monnaie" présentée par les entreprises est satisfaite par le système bancaire. Mais en gros, seulement :

- il y a des cas où l'organisation bancaire n'est pas assez contrôlée et permet à telle ou telle banque de prendre des risques irrationnels (affaires du Crédit Lyonnais en France, du LTCF aux USA…) ;

- il y a des périodes entières, et ceci est beaucoup plus grave, où, sous l'impulsion du Gouvernement et/ou de la Banque Centrale (taux d'intérêt élevés, refus d'un financement monétaire du déficit budgétaire, garanties demandées exagérées...), la création monétaire est trop faible, amenant la croissance effective au-dessous du potentiel et le chômage bien au-dessus des 2-3% possibles : ceci est un problème de règles du jeu conjoncturel (cf. ci-dessous), mais une telle politique de freinage monétaire ne serait pas possible s'il existait des règles automatiques de création monétaire garantissant qu'il est créé suffisamment de monnaie pour que le potentiel de croissance (choisie démocratiquement) soit réalisé et le plein-emploi avec lui, et pas trop pour éviter que l'inflation ne dépasse son "taux naturel" de l'ordre de 2-3% ; de telles règles automatiques pourraient être fondées, par exemple, sur les besoins supplémentaires de monnaie des entreprises qui embauchent (en fonction de leurs besoins avérés de main-d'œuvre) et augmentent les salaires réels (en fonction des progrès avérés de leur productivité) : on passerait ainsi du "crédit" consenti plus ou moins intuitu personae à un système objectif de "droits de tirage"...

B) Règles du jeu social. Les problèmes qualifiés de "sociaux" ont deux aspects, reliés entre eux d'ailleurs : le premier concerne les problèmes d'assurance - prévoyance, le second le problème général des inégalités sociales. Ce dernier est tellement multiforme qu'il n'a jamais été abordé vraiment en tant que tel mais par des biais : progressivité de l'impôt (on a vu ce qu'il fallait penser de ses résultats) ou salaire minimum (SMIG, SMIC, qui n'ont jamais fait que diminuer l'inégalité à l'intérieur des revenus salariaux), et dont l'usage se perd par ailleurs pour des raisons idéologiques - néo-classiques. Les seules institutions qui aient fait reculer radicalement l'inégalité sociale fondamentale dans des domaines précis sont les institutions relatives à l'enseignement et celles relatives à la "Sécurité Sociale" largo sensu.
Laissons de côté l'enseignement (public) dont la gratuité relative a énormément accru l'"égalité des chances", en tout cas pour les fonctions moyennes (pour les postes supérieurs, les relations personnelles et l'"enseignement" donné à l'intérieur de la famille sont plus importantes) ; il relève d'ailleurs des "dépenses publiques" - en fait c'est un investissement (intellectuel : formation de capital humain) - et il n'a pas à être pratiqué comme monopole d'Etat.

La Sécurité Sociale, dont les "prestations" (et donc les "cotisations" des assujettis) représentent en Europe près de 30 % du PIB, est donc l'institution qui est la pièce maîtresse de l'intervention de l'Etat dans le jeu social. Et cette place énorme (le "budget social" est supérieur au budget de l'Etat) a été acquise récemment, avant 1939 les transferts sociaux n'atteignaient pas (sauf en Allemagne) 5 % du PIB. C'est entre 1940 et 1950 que les systèmes actuels ont été institués, et n'ont cessé de croître depuis (lentement) : volontairement jusque vers 1980 à 90, puis comme un effet pervers du régime de croissance faible qui semble s'être installé depuis 2007 ; aux USA, il y a eu volonté politique depuis 2012 ("Obamacare"), aux effets incertains.

Les divers "régimes" de Sécurité Sociale correspondent tous à une optique de redistribution (transferts) :

- "revenus sans travail correspondant", pour ce qui est des versements reçus ;
- "prélèvements obligatoires", pour ce qui est des moyens de financement du système, sans correspondance directe avec les versements reçus.

Ces deux traits font ressembler la Sécurité Sociale aux finances publiques (dépenses publiques et impôts, cf. la Section I), d'où l'addition des deux types de prélèvements ("total des prélèvements obligatoires") et de dépenses ("total des dépenses publiques et de Sécurité Sociale") et le fameux pourcentage : "l'Etat absorbe plus de la moitié des ressources de la Nation" !

On a déjà vu que les "dépenses publiques" représentaient essentiellement le coût des services publics indispensables à quelques fractions près (cf. Section I, § 1), en gros 20 % du PIB : l'Etat n'absorbe rien, il rend des services au public.

Il faut dire maintenant que les 30 % du PIB absorbés par les "transferts sociaux" sont de la redistribution entre agents privés, et que ces "transferts" ont de "public" leur caractère obligatoire mais qu'il s'agit d'assurances.

L'assurance est le luxe suprême des sociétés riches, cela consiste, pour chaque individu, à se priver d'une fraction de son revenu annuel pour "mettre de côté au cas où ". Seuls les riches pouvaient autrefois prendre ces précautions, à partir des années 1940 - 1950, la totalité des gouvernements des pays industriels ont pensé que la richesse globale produite chaque année permettait d'assujettir l'ensemble des citoyens au principe de précaution sociale (les USA sont allés moins loin que l'Europe dans l'obligation d'assurance, là-bas il y a plus d'assurances privées et moins de Sécurité Sociale publique, mais le principe est le même ; et malheur aux Américains pauvres et imprévoyants...). Donc chaque "régime" correspond à un "risque" spécifique (sauf qu'au niveau macrosocial tous les "risques" sont certains de se réaliser...) :

- risque maladie - invalidité - décès → "assurance maladie" ;
- "risque" familial → "allocations familiales" (le risque était ici, en 1935-45, celui de la dépopulation...) ;
- "risque" vieillesse → système étendu des retraites publiques et de S.S ;
- risque accident du travail → assurances contre les accidents du travail ;
- risque chômage → "assurance chômage".

Bien entendu, des "assurances complémentaires" peuvent être souscrites, en sus des assurances obligatoires auprès de mutuelles ou de Compagnies d'Assurances privées, mais cette possibilité constitue un risque d'abandon progressif du système obligatoire, et donc de la garantie de "stabilité dynamique" que constitue un système général d'assurances obligatoires.

On voit que parler de "poids" pour les "cotisations" correspondantes (les Assurances privées parlent de "primes "...) est ridicule (depuis 1945 la croissance en Europe a été supérieure à la croissance aux USA). Car, bien entendu, comme dans les systèmes d'assurances privées, ce sont les assurés eux-mêmes qui financent le coût de leurs assurances : celui qui paie (les entreprises pour les 2/3 environ) n'est pas forcément celui qui supporte, c'est le même principe que la répercussion des impôts apparemment payés par certains contribuables ; simplement, ici, au lieu de répercuter sur les prix de vente en les augmentant, on répercute sur le salaire payé aux salariés en les diminuant : l'exemple suivant vaut pour la France :

	1938	1948
Salaire réel total (en pouvoir d'achat)	100	100
Salaire "indirect" (prestations sociales)	5	25
Salaire direct	95	75

Le "poids des charges sociales" est donc une fiction :

- les chefs d'entreprises ne comprennent pas que si on supprimait leurs charges ils devraient payer leurs salariés plus cher pour qu'ils puissent s'assurer dans le privé ;
- les entrepreneurs français semblent ignorer que, toutes charges comprises, les salaires français sont dans la moyenne européenne, et plus bas que le salaire total aux USA.

Les seuls problèmes économiques réels concernent les points suivants :

- les coûts administratifs de la S.S. publique ne sont-ils pas trop élevés ?
- le coût du régime de l'assurance maladie n'est-il pas disproportionné à ses résultats ?
- les familles riches doivent-elles continuer à recevoir des allocations familiales ?

Et il existe un problème général, fort grave : les "allocations" en général (surtout celles du type RMI, allocation-logement, etc., qui ressortent de l'aide sociale plus que de l'assurance) n'habituent-elles pas une fraction croissante de la population à penser qu'il y a droit au revenu sans obligation de travail ? À long terme ce serait intenable... Le problème se pose même pour les allocations-chômage (ne vaudrait-il pas mieux les supprimer, ou les réduire à une faible durée, en supprimant les causes macroéconomiques du chômage !?) et, tout récemment, pour les diverses "primes à l'emploi" qui "récompensent" les chômeurs qui auront accepté un travail mal payé (jusqu'à 1,4 fois le SMIC) : car ces allocations vont bien entendu inciter les chefs d'entreprises à ne pas augmenter les bas salaires (de même que l'allocation - logement a permis aux propriétaires d'augmenter les loyers...).

On voit que logique politique-administrative et logique économique sont deux choses bien distinctes, et qu'il appartient toujours à l'analyse économique de déterminer les effets profonds, à terme, des mesures institutionnelles.

Sinon, au-delà d'un certain degré de contradiction entre des règles institutionnelles imposées et la logique profonde du système économique, ce sont les performances conjoncturelles du système, c'est-à-dire le taux moyen de croissance à long terme, qui pourraient être affectées.

Car les règles du "jeu structurel" peuvent évidemment être utilisées pour agir sur le "jeu conjoncturel", c'est-à-dire sur la régularité et le rythme de la croissance et donc le niveau de l'emploi et les autres équilibres économiques.

II. Les règles du jeu conjoncturelles

La masse même des circuits de dépense contrôlés par les institutions étatiques (Banques centrales exclues, ici) est déjà un gage de la stabilité dynamique du système et, après 1945, on n'observe plus de "crises", c'est-à-dire de baisses importantes du PIB pendant plusieurs années (sauf pour quelques petits pays de la Zone Euro soumis à des "politiques de rigueur" délibérées après 2008).

Et cela malgré le caractère spontanément irrégulier de la croissance du secteur privé, en particulier dans ses aspects financiers. C'est que l'agent Etat s'était, au-delà de sa masse stabilisatrice, doté de "mécanismes", moitié institutionnels moitié comportementaux, qui accentuaient cette stabilité.

Le renoncement progressif à ces mécanismes depuis la fin du XXe s. et même, depuis les années 2010-2014, le début d'un freinage délibéré de la croissance (jamais reconnu officiellement) pose la question de savoir si le Centre ne se livre pas à une trahison de son rôle systémique, utilisant désormais tous les moyens dont il dispose pour installer un régime de croissance (très) faible. Une vue d'ensemble de cette question sera examinée dans la IIe Partie, recensons pour le moment les moyens qu'à l'Etat d'agir sur la conjoncture. Les moyens sont les suivants :

A) Des "stabilisateurs automatiques", d'abord : les systèmes fiscaux (les recettes publiques) et les systèmes budgétaires (les dépenses) sont conçus de telle sorte que :

- dans les phases de conjoncture ascendante, les rentrées fiscales tendent à progresser plus vite que les dépenses (progressivité de l'impôt, développement accéléré des dépenses en biens de luxe, plus taxés, moindre fraude fiscale...) et l'inverse se produit dans les phases de stagnation ou de baisse du PIB ; et ces phénomènes sont d'autant plus sensibles que l'impôt sur le revenu est perçu à la source et compte pour une part plus importante dans les recettes fiscales ;
- le déficit public tend donc à s'établir (ou à se creuser) dans les périodes de basse conjoncture, ce qui oblige l'Etat à emprunter plus, ce qui accroît la vitesse de circulation de tous les types d'épargne financière ; cette mobilisation de l'épargne (légère monétisation) fait que, dans une telle période de basse conjoncture, la dépense publique stabilise l'ensemble de la dépense nationale.

Ce mécanisme n'est cependant favorable que dans un régime normal de croissance économique soutenue à moyen/long terme, c'est-à-dire un régime où les contradictions économiques sont faibles et de courte durée ; lorsqu'au contraire on assiste à un affaiblissement durable du taux moyen de la croissance économique (ce qui semble se produire en Europe depuis les années 1975-2007), certes les stabilisateurs continuent à jouer leur rôle chaque année mais ils sont beaucoup plus faibles que les "forces de stagnation" qui peu à peu se développent (chute du taux de croissance de la productivité, chute de l'épargne nette, chute de la confiance...) ; et d'autant plus que la Dette publique se gonfle alors, d'une manière qui paraît irrésistible et conduit à la question : la Dette pourra-t-elle être remboursée un jour ? Question qui n'a pas de sens dans un régime de croissance, où la Dette est faible (moins de l'équivalent de 50% du PIB), son service peu coûteux et où elle peut être renouvelé sans attirer l'attention, mais question qui commence à troubler les esprits quand on atteint ou dépasse les 100% d'équivalent PIB (ou quand le service de la Dette dépasse les 10 ou 15% des rentrées fiscales). Là encore, un jugement plus assuré ne pourra être porté que lorsqu'on sera parvenu à une vue globale de la situation des pays appartenant au SEM en 2015 (cf. IIe Partie).

B) Des actions stabilisatrices délibérées peuvent ensuite contribuer à stabiliser la conjoncture du SEM : plus de dépenses et d'incitations publiques dans les années de basse conjoncture, et stabilisation (sinon diminution) de la pression fiscale de l'autre côté ; en Europe, p. ex., des faveurs fiscales aux investissements (via des amortissements fiscaux plus généreux) étaient souvent accordées, pour une durée limitée, dans les périodes de basses eaux. Et, bien entendu, des politiques monétaires "accommodantes" (baisse des taux) étaient mises en œuvre par la BC.

Mais depuis les années 2011-2012, l'"équation de réaction" de l'Etat a radicalement changé, surtout en Europe : si la politique monétaire tend toujours à devenir accommodante, et même au-delà !, les politiques budgétaires et fiscales semblent désormais se fixer pour objectif principal la stabilisation de la Dette et donc la suppression des déficits annuels. Et cela par des moyens purement comptables (diminuer les dépenses et augmenter les recettes).

Avec en Europe (de la zone euro surtout, mais pas seulement) l'obsession que le déficit public, au moins, se limite à 3% du PIB... L'histoire de ce chiffre mythique (car on entre là, vraiment, dans le domaine des mythes) est la suivante :

- le but était d'empêcher que le taux de croissance de la Dette dépasse celui du PIB (en valeur nominale, puisque la Dette est nécessairement évaluée ainsi), de manière à ce que le pourcentage que la Dette représente par rapport au PIB reste stable ;
- or, à la date à laquelle la règle des 3% a été élaborée, le taux de croissance nominal du PIB était de l'ordre de 5% : si le déficit (qui s'ajoute donc à la Dette) était de 3% du PIB, alors qu'à l'époque, en France et en Allemagne p. ex., la Dette représentait environ 60% du PIB cela équivalait à 5% de la Dette, laquelle pouvait donc augmenter de 5%, c'est-à-dire au même rythme que le PIB (3% de 100 = 5% de 60...);
- vers 2016, alors que la Dette représente environ 100% du PIB (et souvent plus) dans beaucoup d'Etats européens, et que la croissance du PIB nominal avoisine 1 ou 2% au mieux, il est évident que la règle des 3% devrait tendre vers celle du 0% de déficit si la seule logique financière comptable devait l'emporter.

Conclusion sur l'agent économique – Etat

Pour juger du rôle économique de l'Etat dans l'économie, la théorie économique doit avant tout se débarrasser d'approches purement juridiques-institutionnelles-comptables-idéologiques qui, toutes se conjuguent pour affirmer le "poids insupportable" des dépenses publiques sur l'économie.
Car cette vision est radicalement fausse (aucun cheval ne peut courir avec un cavalier qui dépasserait son propre poids, ce qui serait le cas avec "plus de 50% de dépenses publiques dans le PIB").

Autant les dépenses publiques inutiles devraient être impitoyablement traquées (comme d'ailleurs dans n'importe quelle entreprise privée, où il en existe aussi), autant il faut avoir en tête :

- les chiffres suivants :
  - 80% du PIB au moins est produit dans des entreprises privées ;
  - une grosse partie des dépenses d'éducation, de recherches et de santé correspondent économiquement à des investissements ;
  - 60% au moins des "dépenses publiques" correspondent à des dépenses de transfert (l'Etat ne fait pas de profit) allant soit aux entreprises (subventions directes ou indirectes) soit aux agents privés ;
  - quand les dépenses de santé ne sont plus suffisamment couvertes de manière publique, elles le sont de manière privée et à un coût plus élevé (8% du PIB en France, 10% aux USA) ;

- les mécanismes suivants :
  - les entreprises, au niveau macroéconomique, répercutent (en pratiquant des prix plus élevés et/ou des salaires plus bas) les impôts qu'elles "payent" ;
  - la structure des dépenses et des recettes de l'Etat est plus importante que leur montant absolu, chaque fois que des agents peu efficients sont favorisés, il en résulte en effet une perte d'efficience pour l'ensemble de l'économie nationale ;
  - les équilibres financiers publics (niveaux des déficits et de la Dette, modes de financement de celle-ci) doivent toujours être vus d'un point de vue macroéconomique et non pas du point de vue d'un individu :
    - des "dépenses" supérieures aux "recettes" peuvent simplement signifier des dépenses d'investissement importantes ;
    - l'ensemble des dettes n'est jamais remboursé, et c'est normal puisqu'il a pour contrepartie l'existence d'un capital productif (matériel et immatériel) ; il n'y a donc pas de "report de la Dette sur les générations futures" ;
    - lorsque, dans certaines circonstances, des montants très élevés de dette publique ne correspondent pas à du capital productif, alors cette dette doit être réputée non remboursable et l'Etat lui-même et ses partenaires économiques doivent réformer leurs institutions (qui ont permis l'accumulation de dettes) et leurs comportements (d'inefficience productive) ; mais en aucun cas une logique comptable "microéconomique" ne peut se substituer à la logique économique fondamentale, celle de la production (en sous-emploi, toute "austérité" aggrave la situation) ;
- globalement, une dépense publique importante par rapport au PIB
  - signifie qu'on a affaire à un pays riche, "développé", où les citoyens sont assurés contre les aléas de la vie et de l'économie ;

- o est une garantie contre des fluctuations économiques importantes pouvant conduire à des crises comme à celle de 1929 (aux USA, en cette période, les dépenses publiques étaient, justement, inférieures à 15% du PIB).

Ces considérations prendront leur pleine importance et en même temps seront pleinement justifiées lorsqu'on atteindra un niveau global de compréhension du fonctionnement et de l'évolution macroéconomique dans la IIe Partie et la Conclusion générale. Mais retenons déjà que le rôle fondamental de l'agent Etat est celui d'un régulateur (positif ou négatif) :

- par sa masse elle-même (immense "entreprise" fournissant des services publics),
- par son équilibre/déséquilibre financier, activant ou freinant les flux de dépenses dans le circuit ;
- par les règles du jeu qu'il édicte même si c'est en partie sous la pression d'autres agents, c'est lui qui les valide et les fait respecter.

Le point aveugle de la "théorie des manuels académiques" est son incompréhension totale de la nature et du rôle de l'Etat.

SECTION II

Les banques

Les banques ne sont pas des entreprises comme les autres.

Certes elles "produisent des services" (elles assurent la gestion de tous les paiements – activité d'ailleurs non rémunérée –, elles consentent des "prêts" et interviennent dans des "opérations financières" - activité qui leur assure l'essentiel de leur rémunération).

§ 1 – Les banques modernes à l'origine de l'organisation monétaire de l'économie

Mais, en fait "les" banques constituent un système en ce sens que, aujourd'hui tout au moins (disons depuis 1914 -1918 avec la disparition de l'or comme moyen de paiement entre les agents privés), elles assurent le "service public de la production de monnaie" dans les économies modernes ; plus précisément l'"organisation de l'économie en monnaie moderne" ; car la monnaie (moderne, la monnaie de banque, par opposition aux monnaies d'or et d'argent d'autrefois) n'est pas un bien qu'on produit (la monnaie n'a aucune valeur en elle-même, aucune utilité comme produit de consommation), ce n'est pas une "chose", c'est un mode moderne d'organisation de l'économie bien plus efficace que celui où l'extraction de l'or et de l'argent coûtait cher et, surtout, limitait le volume de monnaie aux caprices de la nature et aux découvertes de mines : ce n'est pas un hasard si l'activité économique a soudain accéléré à partir du milieu du XVIIIe siècle, époque qui correspond au début de l'expansion de la monnaie de banque, devenue donc unique monnaie au début au XXe siècle (1914 en Europe).

Car l'"élasticité de production" de la monnaie de banque par rapport à la demande est égale à 1 : une fois l'infrastructure et les institutions bancaires en place, le coût marginal de la création monétaire tend vers zéro, la masse monétaire en circulation peut se proportionner parfaitement aux besoins de l'économie, c'est à dire aux volumes physiques multipliés par les prix en vigueur, c'est à dire à la valeur du PIB : la "création monétaire" consiste :

1) pour le système bancaire à attribuer aux autres agents économiques un "compte créditeur" et la possibilité d'effectuer des paiements avec les "crédits" au moyen de diverses techniques (billets, chèques, virements, carte…) ;
2) pour les agents économiques non bancaires à accepter de se voir payer leurs revenus sous forme de billets de banque ou, le plus souvent, sous forme de "virement" sur leur compte-chèques, et d'utiliser ces instruments de paiement pour régler leurs propres dépenses (y compris leurs "dépenses" en placements financiers et en investissements). Les "checkable accounts" sont la base du système bancaire, un compte d'"épargne" ne donne pas lieu à la remise d'un chéquier.

Et l'on a là une première singularité des entreprises – banques, c'est qu'à l'origine ce sont des entreprises privées mais qui assurent une sorte de service public, directement au niveau macroéconomique (car la monnaie de banque ne peut exister que si elle est acceptée par tous et mise en circulation par des banques interconnectées et établies partout …) ; ce qui explique que dès le départ (aux XVIIIe et XIXe siècles), des sortes de "Banques centrales" sont apparues, privées à l'origine, pour assurer la cohérence et l'expansion du système ; système dont les règles échappaient tellement au bon sens ordinaire qu'on peut dire qu'au début du XXIe siècle beaucoup d'esprits n'en maitrisent pas tout à fait la logique. Mais qui a fait en tous cas que les banques ont été presque dès l'origine soumises à des règles étatiques quant au volume de l'émission de monnaie et au prix du crédit (le taux d'intérêt bancaire) ; quand ces règles étaient trop prudentes, elles ont freiné la croissance économique par rapport au potentiel (U.K. et France au XIXe siècle par exemple) ; mais toujours ces règles étaient trop vagues, trop éloignées, par excès ou insuffisance, des vrais besoins d'une croissance économique avec faible inflation, et c'est ce qui explique en grande partie pourquoi la croissance des économies modernes a été si irrégulière, avec un vrai effondrement dans les années 1929 – 1933 ; et de même pour la période 1945 – 2015, où les règles raisonnables du début de la période ont été abandonnées après 1980, avec au début trop de laxisme et à la fin (en Europe du moins) trop de rigidité.

On voit qu'on ne peut parler des banques qu'en les situant d'emblée, comme l'Etat, au niveau macroéconomique, simplement parce que l'activité microéconomique du crédit bancaire est à l'origine du circuit macroéconomique moderne (cf. chapitre I, section II).

Telle est donc la première particularité, fondamentale, des "entreprises bancaires", cette tension profonde entre leur nature d'entreprise, qui autorise a priori leur statut privé, et leur rôle de "service public de création monétaire" qui nécessite des règles du jeu édictées par les Pouvoirs publics et, éventuellement, la "nationalisation" de toutes les banques, comme cela a pu fonctionner parfaitement dans certains pays européens après la IIe guerre mondiale (sans parler de quelques "nationalisations de crise" dans les années 2008- 2009, au plus fort de la grande récession). Si depuis le début du XXIe s., la création monétaire des banques est passée au second plan (au profit des "dérives" sur devises et sur taux d'intérêt) c'est une aberration due au fléchissement de la croissance nominale, et entretenant celle-ci (cf. Champ. IV).

§ 2 Crédit et monnaie (créée, c'est-à-dire monnaie moderne)

Mais une deuxième singularité est intimement liée à la première : quel est l'objet même du "crédit bancaire" ? Nous avons jusqu'ici laissé planer volontairement l'ambigüité en parlant à la fois de "crédit" et de "création de monnaie", qu'en est-il ?

Pendant des siècles les ancêtres des banques modernes (mais qui s'appelaient déjà des banques …) faisaient bien des prêts mais ce qu'elles prêtaient :

- c'était des épargnes (accumulées sous forme de métaux précieux et ainsi soustraites un temps assez long à la circulation monétaire, avec un effet déflationniste non mesuré mais certain …), et en aucune manière de la monnaie créée : les ancêtres des banques modernes étaient, au sens propre, des "caisses d'épargne", des "intermédiaires financiers" au sens pur ; et elles ne prêtaient pas un liard de plus que ce qu'elles avaient d'"encaisses", et plutôt moins ;
- et était destiné plus à des investissements somptuaires ou à des dépenses militaires qu'à des entreprises commerciales ; ce n'est que peu à peu que les banques anciennes (à partir des XVe et XVIe siècles) ont commencé à financer des entreprises commerciales.

Ce n'est qu'au XVIIe siècle que quelques banques vont, très timidement, commencer à créer (un peu) de monnaie en prêtant, sous forme de "billets" acceptés en paiement dans le circuit restreint du grand commerce international, des sommes qui dépassaient leur encaisse métallique. Avec bien des vicissitudes, ce processus se développa lentement en Europe occidentale, puis aux Etats-Unis, en se "démocratisant" aux entreprises de plus petite taille. Avec cette limitation que l'émission des "billets de banque" fut peu à peu réservée par les grands États à des "Banques nationales" (d'Angleterre, de France, etc., privées par ailleurs !), les banques commerciales accordant, elles, des crédits sous forme de "découverts", d'"avances", d'"escomptes" consistant en "inscriptions" au crédit des comptes de leurs clients, crédits qui circulaient (pour effectuer des paiements de marchandises ou de revenus) par des "virements" ou "mandats", aujourd'hui, en plus, par des chèques ou par cartes de crédit ; à partir de 1860-1970 cette "monnaie scripturale" prit de plus en plus d'ampleur, au fur et à mesure que les agents économiques ouvraient des comptes dans les banques et prenaient l'habitude de restreindre les paiements en numéraire.

Cette monnaie privée des banques, émise potentiellement sans limites (autres que des faillites par imprudences, avec effets dominos …) fut peu à peu, donc, contrôlée systématiquement, jusqu'en 1914, par le double système :

- du "privilège d'émission" (de billets de banque) concédé à une "Banque centrale" (privée au départ, nationalisée après 1945 puis rendue "indépendante" dans les années 1980 dans les pays occidentaux, à l'instar du Federal Reserve System des USA dont l'indépendance aurait été proclamée dès ses débuts en 19 ?) ;
- du ratio encaisse-or de cette BC / volume de billets émis, ratio qui limitait l'émission de billets, donc les crédits de "réescompte" aux banques commerciales (quand celles-ci avaient besoin de billets de banque pour satisfaire aux demandes du public), donc l'octroi de crédits aux entreprises puisque les banques étaient elles-mêmes rationnées en billets par les BC, qui les leur faisaient en quelque sorte payer plus cher en augmentant leur taux de "réescompte" (qui atteignait des valeurs élevées en périodes de restriction, faisant donc chuter le profit des banques commerciales) ;
- il n'y a plus, aujourd'hui, de ratio minimum entre l'encaisse-or des BC et le volume des refinancements qu'elles accordent aux banques commerciales, mais le même "rationnement" est toujours à l'œuvre via les hausses unilatérales des taux de refinancement décidées par les BC quand elles veulent freiner la création monétaire pour "refroidir" l'économie et, en fin de compte, freiner l'inflation ; la manœuvre inverse, empêcher une déflation, n'a même pas été tentée dans les années 1930 et s'avère plein d'incertitudes depuis 2015 (cf. la IIe partie).

§ 3 Les ressources d'épargne des banques

Mais les banques modernes ne prêtent-elles, aujourd'hui, que de la monnaie créée par elles ? non, elles disposent aussi, comme autrefois, de ressources d'épargne (dépôts à terme, livrets, bons, comptes, encaisses inactives ...), ce qui fait qu'elles sont toujours des sortes de "caisses d'épargne" pour une partie de leurs "ressources", et cela en concurrence avec les "vrais" intermédiaires financiers, à savoir ceux qui ne sont pas autorisés à créer de la monnaie mais peuvent simplement reprêter l'épargne déposée chez eux.

On voit que cette dualité de "ressources" des banques nous amène à un véritable problème de fond, démêler les rapports entre monnaie (M) et l'épargne (S de l'anglais saving) et aux conséquences possibles d'une confusion entre M et S sur la bonne quantité de M requise dans l'économie.

1) l'épargne dépend des comportements d'épargne des agents économiques, c'est l'abstention de consommer une partie du revenu perçu qui "fabrique" l'épargne, laquelle fait ainsi partie du circuit des flux monétaires existants (revenu => dépense et non dépense), alors que la monnaie, elle, doit être véritablement créée ex nihilo et, surtout, constitue la "matière première" des flux de paiement et à ce titre, rappelons-le, peut être d'un volume très inférieur à la totalité des flux de revenu annuel d'une nation – le PIB –, simplement parce que la monnaie est un "stock" de moyens de paiements qui tourne plusieurs fois dans l'année ; l'épargne accumulée peut être aussi, à un moment donné, évaluée comme un stock, mais c'est un stock de vraie richesse (le capital, sous son double aspect financier-juridique et réel-technique), qui ne "tourne" pas parce qu'il n'est pas utilisable pour faire des paiements : l'ordre de la monnaie et des paiements est fondamentalement distinct de l'ordre du capital et de l'épargne accumulée : il faut bien distinguer le flux d'épargne (annuel par définition) et le stock d'épargne (compté à un instant donné et accumulé sur une durée donnée), de même qu'on distingue le stock de monnaie existant à un moment donné et la variation du stock, ΔM, sur l'année par exemple ; le seul point commun conceptuel est qu'un "stock" est toujours alimenté par un "flux" ; il y a aussi un petit point commun factuel : une (très petite) partie de l'épargne est détenue en monnaie, c'est-à-dire en moyens de paiement immédiatement utilisables (ce sont les encaisses inactives déjà mentionnées) – Il est donc facile de distinguer :
   - l'"ordre de la monnaie", moyen institutionnel de régler des transactions ; ici, monnaie s'oppose à troc ;
   - et l'"ordre de l'épargne", l'un des deux "emplois" possibles (comme dit la comptabilité nationale) du revenu, l'autre étant bien entendu la consommation : ici, épargne s'oppose à consommation. Il n'est donc

pas vrai que la monnaie est un "instrument de réserve de la valeur", comme on le lit souvent dans les manuels : la monnaie est au contraire destinée à être dépensée rapidement (dans le mois si on a un revenu mensuel, dans la journée si on reçoit un salaire journalier…), conserver de la monnaie au-delà de ses "besoins courants" est irrationnel :

- au niveau micro : on peut se la faire voler, elle ne rapporte rien, elle peut se dévaluer en période d'inflation ou de baisse du taux de change ;
- au niveau macro : elle est soustraite au circuit (c'est de la thésaurisation) et peut produire une crise de sous-consommation si cette fuite n'est pas compensée par une injection de monnaie.

La monnaie est donc seulement un instrument de paiement (et évidemment de "mesure des valeurs" puisqu'elle n'existe que dans des économies où il y a des prix absolus, énoncés justement en "unités monétaires").

2) La confusion possible entre monnaie et épargne peut être également nuisible, dans les économies modernes aux structures bancaires sophistiquées, où l'on trouve beaucoup d'"épargnes liquides" dans les banques et intermédiaires financiers : la BC, dirigée par des personnes incompétentes, peut craindre qu'une accumulation d'épargne liquide soit "inflationniste", alors qu'il s'agit pourtant bien d'épargne (peu importe la forme juridique, toute épargne financière est toujours, pour un individu mais non au niveau macro, "liquidable", c'est-à-dire transformable en monnaie), et pousser le banquier central a une politique injustifiée de restriction monétaire, qui peut freiner durablement l'économie.

§ 4 Les besoins de monnaie des entreprises
(financer le cycle d'exploitation)

Le rôle des banques modernes est donc de créer de la monnaie pour faire des paiements. Mais quels paiements ? Et quelle quantité de monnaie pour ces paiements ? Cela ne peut se comprendre qu'en analysant les besoins de monnaie des entreprises (au sens moderne), lesquelles ne peuvent vraiment apparaître que lorsqu'apparaît, justement, un "service public de création monétaire".

Le principe est le suivant : les entreprises ont besoin de financer leurs dépenses productives pendant le temps nécessaire à la production et à la vente de leurs produits, ce qu'on peut appeler le "cycle d'exploitation".
Produire (et vendre) prend du temps : l'entreprise moderne doit payer "tout de suite" ses salariés (et les produits intermédiaires nécessaires à la

production), alors que le processus productif et de commercialisation prend en moyenne plusieurs mois : c'est là l'origine de la logique économique de la création monétaire dans le SEM, il faudrait dire plus précisément : dans le "SEES", système économique à base d'entreprises et de salariés.

Mais le temps en question est court, quelques mois en moyenne, on l'a dit : le crédit bancaire créateur de monnaie est fondamentalement lié au court terme, c'est du "crédit à court terme" (CT) car il peut être remboursé à la fin du cycle d'exploitation-commercialisation : et à ce moment-là, la monnaie prêtée disparaît ! en "refluant" dans les banques ...

Mais, évidemment, l'activité économique est, au niveau macroéconomique, continue : chaque jour des entreprises "cessent leur activité" mais chaque jour d'autres entreprises apparaissent et/ou développent leur activité : sitôt qu'un crédit d'exploitation est "remboursé", il est immédiatement rouvert, sans cela la monnaie créée disparaîtrait de l'économie, qui s'effondrerait.

On a là une logique qui met particulièrement bien en lumière la différence entre l'aspect micro des phénomènes économiques et leur aspect macro :

- une entreprise individuelle doit "rembourser sa banque en permanence", en ce sens qu'elle doit obtenir des recettes toujours supérieures à ses dépenses (la différence représentant les profits), les deux étant "domiciliées" dans ladite banque ; c'est la preuve que l'entreprise est bien gérée, rentable, ce qui est évidemment le cas au niveau macroéconomique (en moyenne) ; mais l'entreprise ne doit pas "rembourser vraiment" sa banque car elle ne pourrait le faire qu'en prélevant sur ses profits, ce qui signifierait baisse du niveau de vie de l'entrepreneur et/ou baisse de ses investissements autofinancés : et dans ces cas on aurait une contraction du volume des flux monétaires dans le circuit macroéconomique, l'entreprise doit donc continuer à utiliser le "service public du crédit à court terme", mode d'organisation le plus rationnel d'une économie efficiente et dynamique, puisque la création monétaire moderne est peu coûteuse alors que l'affectation d'une partie des revenus de l'entrepreneur au remboursement du crédit à CT pèserait potentiellement sur l'investissement. Ainsi, au niveau microéconomique, le système bancaire exerce sur les entreprises une sorte de "contrôle d'efficience économique", sans jamais exiger, sauf défaillance de l'entreprise, le remboursement effectif du crédit à court terme consenti ;
- Il résulte évidemment de cette observation qu'au niveau macrosocial les "dettes" des entreprises envers le système bancaire n'ont qu'une existence virtuelle, les banques ne sont pas "propriétaires" de la monnaie qu'elles "prêtent", elles n'ont aucun droit à en demander le remboursement, et d'ailleurs elles ne le font pas, se contentent au fond de sanctionner les entreprises "défaillantes" ; défaillantes n'étant d'ailleurs pas forcément synonyme de "mal gérées" car une entreprise

donnée peut devenir défaillante par la faute d'autres entreprises, mal gérées ou malhonnêtes (ce qui pose par ailleurs tous les problèmes liés au crédit interentreprises - les délais de paiement - d'une part, et au système des sanctions, d'autre part, qu'encourent les chefs d'entreprises "légers" ou quasiment escrocs, qui devraient être sanctionnés avec plus de fermeté car ils perturbent profondément le jeu normal des relations interentreprises, qui repose en fin de compte sur une sorte de "confiance systémique" (fiducia...).

On voit combien une analyse systémique permet d'aller au plus profond des relations économiques, d'en déceler la vraie nature et donc de proposer, éventuellement, des réformes.

§ 5 Les prêts bancaires non créateurs de monnaie.

On a envisagé, jusqu'ici, les banques sous l'angle de leur activité essentielle de création et de gestion de la monnaie, par l'intermédiaire de crédits à court terme consentis aux entreprises (dont l'État, que nous savons être une grande entreprise productrice d'environ 20 % du PIB par les "services publics" qu'il assure). Mais on a déjà dit que les banques recevaient aussi, sous diverses formes, de l'épargne, des "placements" faits par toutes les catégories d'agents économiques non bancaires et dont le caractère essentiel est, au niveau macroéconomique, d'être en moyenne, stables, non destinés à être dépensés, destinés au contraire à constituer "un capital financier", lui-même source de revenus.

Avec ces "ressources stables" les banques peuvent alors, comme tout intermédiaire financier non bancaire (IFNB), jouer le rôle de "caisses d'épargne", c'est-à-dire :

- faire du crédit "à long terme" (c'est-à-dire, à la différence du crédit à CT créateur de monnaie, un crédit qui ne correspond pas à une exigence de remboursement quasi immédiate, qui ne sera en fait remboursé que sur plusieurs années, voire décennies ...) ;
- ce crédit à long terme finançant alors non pas un cycle d'exploitation (court par définition, comme on l'a vu) mais un "cycle d'investissement", pour employer un terme peu usité, c'est-à-dire une opération nécessairement à long terme puisqu'elle consiste en l'installation et l'utilisation sur la longue durée (cinq ans au moins, souvent 10 ans, 30 ans suivant les équipements, plus encore pour les infrastructures ...) d'un capital productif dont le coût, comprenant les intérêts et remboursements des prêts, sera amorti tout au long de la période d'utilisation par prélèvement sur les recettes supplémentaires apportées par cet investissement.

On voit que crédit à court terme et crédit à long terme correspondent à deux logiques économiques totalement différentes et la confusion des deux types d'opérations au sein de l'institution-banque est grave de déséquilibres potentiels :

- soit la banque crée de la monnaie pour financer des prêts à long terme et il y a là une cause d'inflation car, au moment où ce pouvoir d'achat est créé, il n'existe pas encore une capacité de production supplémentaire correspondante ;
- soit, inversement, la banque ne crée pas de monnaie pour une fraction des crédits à court terme demandés par les entreprises, finançant cette fraction par des ressources d'épargne inemployée en investissements, perpétuant ainsi un excès d'épargne par rapport aux investissements, cela étant dû à une répartition des revenus défavorable aux agents à forte propension à consommer, situation potentiellement déflationniste.

  En effet, la banque possède une "unité de caisse", une trésorerie unique, ce qui fait qu'elle ignore, au fond, quelle fraction de ses prêts (CT et LT confondus) aboutit à une création de monnaie : il n'est pas sûr que les gestionnaires de la banque distinguent clairement entre les deux types de "ressources" dont elle dispose :

  - des ressources d'épargne apportées par de vrais "déposants – épargnants" (ne serait-ce que par des titulaires de comptes - chèque laissant gonfler leurs "disponibilités" au-delà de leurs besoins courants de dépenses – disons l'équivalent de plus de 2 - 3 mois de dépenses) ;
  - les ressources potentielles provenant des refinancements de la BC, quels que soient leurs noms (escompte, avances, droits de tirage, swaps, mises en pension d'effets, etc.).

    En période de faibles demandes de crédit de la part des entreprises, il est probable que la création monétaire est insuffisante, les banques cherchent avant tout à se désendetter elles-mêmes (des autres banques, sur le marché interbancaire, et de la BC, même si celle-ci est très accommodante) et surévaluent les risques liés à toute opération de crédit (surtout aux PME) ; une situation de ce genre a régné probablement en Europe en 2013-2015 ("crédit crunch").

§ 6 Adéquation entre besoins et création de monnaie

Au-delà du problème de l'adéquation entre durée des crédits et durée des ressources (les prêts "longs" devraient être financés uniquement par des ressources d'épargne, et toutes les ressources d'épargne devraient être consacrées aux investissements), il se pose une question fondamentale : puisque le financement, à court terme, du cycle de production des entreprises peut - et doit - être assuré par de la création monétaire, potentiellement illimitée, comment les banques peuvent-elles savoir, pour chaque entreprise, quel montant maximum d'"encours de crédit" on peut raisonnablement lui accorder (raisonnablement signifie, encore une fois, que sur une période moyenne, trimestre ou année, les recettes de l'entreprise équilibrent les sorties, comprenant le prélèvement des profits) ?

Les très petites entreprises (artisanales, le plus souvent) ne tiennent pas une comptabilité rigoureuse et ne recourent guère aux crédits de trésorerie des banques. Pour les autres entreprises, c'est donc la comptabilité de l'entreprise, fournie à la banque, qui permet à celle-ci de savoir si l'activité de l'entreprise est saine, et donc si elle est éligible à l'octroi de liquidités.

Historiquement, disons à partir du début du XIXe siècle dans les pays qui s'industrialisaient, le jugement de la banque quant à la légitimité d'octroi de crédit à court terme à une entreprise était relativement simple car il passait essentiellement par l'escompte d'effets de commerce, c'est-à-dire l'achat aux entreprises de titres de créance à court terme (billets à ordre et lettres de change), relatifs à des ventes en cours de la part de l'entreprise : sauf escroqueries manifestes, on était sûr que les liquidités ainsi apportées à l'entreprise étaient égales à des opérations concomitantes de production et de vente et que la banque "rentrerait dans ses fonds" dans les mois suivant l'octroi du crédit.

Mais peu à peu, l'apport de liquidités aux entreprises prit des formes juridiquement moins lourdes et plus automatiques, la banque se contentant d'observer globalement le parallélisme entre les crédits de trésorerie accordés et les rentrées de fonds dont bénéficiait l'entreprise ; des conventions banque/entreprises prirent donc de plus en plus la forme d'"autorisation de découvert", de "lignes de crédit", systèmes plus souples et moins coûteux ; mais systèmes en même temps plus opaques et plus sensibles à des aléas, par exemple ceux provoqués par les variations de crédit interentreprises (une entreprise un peu en difficulté - ventes en baisse par exemple - pouvant demander à ses propres fournisseurs des délais de paiement supplémentaires de manière à minimiser ses sorties de fonds).

Disons qu'au début du XXIe siècle il n'a pas encore été mis en œuvre les modalités idéales qui permettraient de s'assurer de l'adéquation parfaite entre les besoins de liquidité justifiés et les besoins satisfaits : au niveau micro il y a des entreprises qui ont accès trop facilement aux liquidités (souvent les grosses entreprises) et d'autres qui peinent à les obtenir alors qu'elles en auraient besoin pour développer sainement leur activité (les PME).

Trois pistes sont à suivre pour améliorer cette adéquation :

- rendre plus visible et peu à peu réduire les crédits interentreprises, où les "gros" oppriment trop les "petits" ;

- donner plus d'importance au critère de la masse salariale versée par les entreprises pour juger de leurs besoins de liquidités (ce qui favoriserait l'embauche et éliminerait peu à peu les trop bas salaires) ;
- codifier ces règles (c'est-à-dire les uniformiser et les publier) de manière à éviter des distorsions (favoritisme ou au contraire méfiance exagérée envers certaines catégories d'entreprises) et les rendre peu à peu obligatoires.

Avec pour perspective de créer une distinction tranchée entre :
- le "service public de la création monétaire", c'est-à-dire le financement à C.T. du cycle d'exploitation des entreprises ;
- et le "service public de prêt d'épargne", c'est-à-dire le financement à L.T. des investissements productifs.

Le premier processus prend, pour des raisons historiques, les formes juridiques de "prêts / emprunts", donc de "créances / dettes", mais il n'en a pas la réalité macroéconomique (rappelons-le : la monnaie qu'elles créent n'appartient pas aux banques, l'"encours national de crédits à CT aux entreprises" ne doit jamais être "remboursé" sous peine de disparition de la monnaie ...).

Le second processus, lui, correspond à une véritable activité de prêts / emprunts (d'épargne qui, elle, à la différence de la monnaie, est une véritable richesse – c'est du capital accumulé –), lesquels doivent être <u>dénoués</u> (remboursés vraiment) car ils correspondent à des opérations économiques individualisées dont il faut, à chaque coup, vérifier la rationalité, sinon il y aurait un énorme gaspillage d'épargne, c'est-à-dire de moyens de production matériels en fin de compte.

Alors que la monnaie, elle, est nécessaire pour qu'en général, tout agent économique puisse en disposer à titre de revenu et que les entreprises puissent en user dès le début de leur cycle productif.

§ 7 De la "saine logique bancaire" à la "financiarisation" des banques

Des principes d'"une saine logique bancaire" à la <u>financiarisation</u> des activités bancaires. Dans les analyses qui précèdent on a, par touches successives, défini le cœur du rôle moderne de l'activité bancaire proprement dite, créer ce qu'il faut de monnaie pour que les paiements constituant les revenus et émanant d'eux (le circuit ...) puissent se poursuivre de manière régulière et, si possible, se développer de période en période (la croissance ...).

Puis on a noté que, dans la pratique, à partir surtout des années 80 du XXe siècle, les banques avaient peu à peu développé une activité <u>financière</u> proprement dite, c'est à dire collectant de l'épargne et effectuant alors des opérations de "prêts véritables", c'est-à-dire de prêts qui doivent être remboursés et qui ne le sont pas forcément s'ils sont faits dans des conditions douteuses : et là les banques courent un véritable risque (de faillite ...) si elles ont commis des "imprudences" ...

Alors que dans les opérations de crédit à court terme il y a par définition un parallélisme entre crédits octroyés et remboursements (même si ceux-ci ne sont jamais effectifs au niveau macro, avec des "encours" de créances/dettes toujours plus élevés – mais on a vu que ce ne sont pas de vraies créances et de vraies dettes ...) ; le risque de crédit est, pour les prêts financiers, un vrai risque, mettant en jeu la vie même de la banque si le taux d'insolvabilité augmente soudain ; et, toujours à cause de la durée plus longue du prêt, s'ajoutent évidemment le risque de taux (la banque perdra de l'argent si, depuis le prêt, les taux d'intérêt en moyenne ont monté, d'où la tentation d'imposer à l'emprunteur des taux variables mais c'est alors un autre risque qui surgit, au détriment de l'emprunteur, cf. la crise des subprimes aux USA à partir de 2007 ...) et le risque d'illiquidité (si les conditions bancaires, la politique monétaire et la situation économique s'aggravent).

Or, justement, depuis le début des années 1980, un certain nombre de modifications structurelles se sont produites dans le système économique qui caractérise les pays développés ; et ces transformations ont toutes concouru à modifier les logiques de comportement des banques dans le sens d'une plus grande prise de risque, avec des conséquences très négatives sur la dynamique globale de ces économies ; les transformations structurelles du SEM, qui n'atteignent pas sa nature profonde, ont impacté les banques de la manière suivante :

- un degré très rapidement croissant des richesses produites (et des inégalités elles-mêmes croissantes) a entraîné une accélération de l'accumulation d'épargne financière, disponible pour des placements de plus en plus "diversifiés", c'est-à-dire de plus en plus risqués ; et une prolifération des "Fonds de placement" en tous genres ;
- la libéralisation financière, impulsée par une idéologie libérale, a fait peu à peu sauter toutes les règles qui avaient éliminé les crises financières depuis le milieu des années 1930, en particulier la séparation obligée entre banque commerciale et banque d'"affaires", ainsi que le contrôle des mouvements des capitaux internationaux, d'où les débuts de la "finance mondialisée", aidée par ailleurs par les nouvelles techniques informatiques permettant des mouvements financiers plus rapides et moins coûteux ;
- sur le plan psychologique, une sorte d'"idéologie de la finance" s'est développée, faite de croyances diverses (qu'elle produisait vraiment de la richesse, que les risques pourraient être éliminés par des techniques financières mathématisées ...), soutenue par une avidité (greed) sans borne (elle-même dérivant du démantèlement

d'impératifs moraux et de la nouvelle foi dans les vertus d'une concurrence sans limites) et par la diminution de la pression fiscale sur les revenus capitalistes (qui levait les obstacles à l'obtention des profits et des "bonus" les plus extravagants).
Une sorte de fièvre s'est alors emparée des dirigeants des grandes banques (avec les rémunérations faramineuses, donc, qui s'ensuivaient), dont la logique générale a consisté à faire entrer le maximum d'agents économiques non financiers (entreprises, salariés, retraités) dans la sphère financière des "opérations capitalistes pures" (rémunération élevée, plus-values sans création directe de valeur ajoutée véritable), le tout en acceptant des prises de risques beaucoup plus élevées mais que l'on croyait pouvoir maîtriser par des garanties fondées sur des "instruments financiers" sophistiqués : ces "inventions financières" (au-delà de celles qui avaient simplement pour but d'éviter les impôts !) ont concerné à la fois les activités auprès de la clientèle et les "opérations pour compte propre" des banques. D'une certaine manière, cette tendance à financiarisation croissante des activités bancaires pourrait être résumée par l'importance décroissante du "front office" (activités de comptoir traditionnelles : gestion de la monnaie et prêts habituels aux particuliers et aux entreprises) au profit du "back-office" (nouvelles activités d'emprunts / placements et activités de "trading" c'est-à-dire achats / ventes de titres, d'"options" en tous genres et de "prise de position" sur monnaies étrangères).

- le point commun à toutes ces opérations financières nouvelles est que, pour des profits bancaires accrus (dus à des volumes plus élevés d'opérations et à une rentabilité en moyenne plus forte), les risques s'accroissent énormément, non pas en permanence mais à des moments particuliers où l'ensemble des opérateurs prend soudain conscience que les défauts de remboursement deviennent massifs : la "confiance" disparait alors et on s'aperçoit que les produits financiers notés AAA par les agences spécialisées deviennent illiquides. Ces nouvelles opérations financières consistèrent :
  - du côté de la collecte de ressources : à promettre des rémunérations trop élevées, à emprunter à l'étranger en oubliant le risque de change et, surtout, à "titriser" des prêts antérieurs de manière à les sortir du bilan et à se procurer de l'argent frais par la revente de ces titres (les banques vendent des Asset Backed Secunties, ABS, c'est à dire obligations gagées sur des créances, par exemple hypothécaires, transférant ainsi à des collecteurs d'épargne – compagnies d'assurance, "Fonds" de toutes sortes – le risque de non-remboursement) ; on parle le plus souvent des CDO (collateralized debt obligations), "structurées" en plusieurs tranches de risques et donc vendues à des prix différents, d'autant plus bas que le risque est grand ;

- du côté de l'emploi des ressources on a assisté à la multiplication des prêts plus risqués les uns que les autres :
  - * prêts immobiliers à des personnes à faible revenu (et au surplus prêts à taux variables !), aux USA les fameuses "subprimes" ;
  - * autres prêts à la consommation sans trop de discernement, aux USA les prêts aux étudiants par exemple ;
  - * prêts à taux élevés à des entreprises en difficulté ;
  - * prêts à des pays étrangers à l'économie et aux finances mal gérées (la Grèce, mais aussi un certain nombre de pays sud-américains dès les années 1980 ...) ;

- et pour, soi-disant, contrer cette montée des risques, des instruments financiers ad hoc ont été créés, censés apporter des garanties aux banques prêteuses. Tels sont les ABS, déjà mentionnés à propos de l'obtention d'argent frais par les banques, mais il faut surtout citer ici les CDO (Credit Default Obligation), titres émis par les banques auprès des "preneurs de risques" qui reçoivent une rémunération pour cette prise de risque, ces titres pouvant être cédés par échange (CDS) entre établissements financiers pensant être mieux à même que d'autres ces risques de défaut de crédit et acceptent donc de les "échanger" (swaps) à des prix intéressants. En cas de crise généralisée (2007 – 2008), ces garanties sont peu efficaces et la liquidité globale du système financier, où la confiance disparaît ne peut plus être assurée que par des <u>interventions publiques</u> mêlant États (qui parfois nationalisent provisoirement les banques défaillantes), Banques centrales (qui rachètent les créances des banques non remboursées, ou honorent les dettes de celles-ci venant à échéance), structures financières ad hoc, soit de "défaisance" (les crédits irrécouvrables y sont concentrés pour attendre des jours meilleurs), soit d'apports de liquidités aux banques en difficulté (en Europe, depuis 2010, diverses structures – des "Fonds" – ont ainsi été créées) ;
- et le risque global du système financier – bancaire (il faut accoler maintenant ces deux termes puisque les banques ont outrepassé leur mission première de fournisseurs de monnaie à l'économie réelle ...) est encore accru du fait qu'elles se livrent à des "activités pour compte propre", qui sont en fait des activités de "spéculation", c'est-à-dire sur des prévisions transformées en <u>paris</u> ; ces paris portent aujourd'hui sur une grande quantité de variables financières et revêtent la plupart du temps la forme d'"options" (on convient d'un prix, ou d'un "niveau", de la variable en question et on achète, on n'achète pas, à l'échéance dite, empochant ou perdant la différence entre valeur prévue et valeur constatée de la variable le jour dit) ; ces options portent en général sur :

- les taux d'intérêt (les plus fréquents) ;
- des cours de bourse, bourses des valeurs ou bourses des matières premières ;
- les valeurs des monnaies étrangères (taux de change).

Toutes les "positions" prises sur ces produits dérivés sont hors bilan, les montants nominaux mentionnés dans les contrats n'apparaissent qu'à titre "notionnel".

Les marchés de ces titres sont parfois publics (il existe des chambres de compensation) mais le plus souvent ce sont des marchés de gré à gré passés directement entre les intervenants.

*

* *

On voit que l'analyse du "comportement des banques" nous a menés vers les horizons d'une "finance généralisée", globalisée également (internationalisée) mais surtout "non conventionnelle" dont l'existence est, probablement ("si tout va bien" ...), source de dynamisme mais dont la succession de crises financières de plus en plus graves depuis les années 1985 – 90 montre bien qu'elle fait désormais peser sur le SEM un risque systémique permanent d'instabilité, et donc de freinage de la croissance à long terme, risque majeur pour un Système bâti pour la croissance.

Et l'analyse de la nature profonde de ce risque nous ramène à notre approche systémique fondamentale : les acteurs intervenant dans la sphère financière dérégulée d'aujourd'hui sont par définition des acteurs du niveau micro, c'est-à-dire qu'ils sont englués dans la logique maximisatrice de ce niveau, et de ce secteur, et le pouvoir qu'ils exercent directement (parce que le financement de l'Economie est crucial) et indirectement (par les moyens de pression qu'ils ont sur l'opinion et sur les pouvoirs publics) est potentiellement capable de perturber profondément l'équilibre dynamique global (il engendre, en particulier, systématiquement, des bulles et de l'"euphorie", puis des paniques et des krachs).

Le problème est donc de savoir si le Centre (l'État) sera capable d'"organiser" le système financier de manière à ce qu'il ne perturbe pas le système global, dans son équilibre et dans son dynamisme. Jusqu'ici le Centre s'est révélé incapable de maitriser durablement ce "sous-système dissident", se bornant à le "sauver" lors de crises qu'il a lui-même engendrées et dont il ne pouvait se sortir seul, à son niveau.

Les pronostics, en 2016, ne sont pas encourageants, les pouvoirs publics semblent se focaliser sur une solution (d'évitement des risques de défauts en tous genres) qui n'en est pas une : des exigences en "capital propre" de plus en plus élevées ; or cette idée est purement comptable, elle ne correspond pas à la logique économique :

- l'activité de création monétaire ne nécessite pas de "capitalisation" (les infrastructures bancaires ont un coût infime par rapport à l'encours des crédits portés par les banques), mais seulement une évaluation du pourcentage des défauts, et éventuellement le "concours" de la BC en cas de "sinistre" important et imprévisible ;
- l'activité de prêt d'épargne ("finance" proprement dite) ne doit pas interférer avec la création monétaire, elle doit être restreinte à des opérations économiques (qui comprennent des opérations de simple couverture de risques) et obéir à des règles prudentielles fondées sur une évaluation scientifique des projets et les données scientifiques concernant les défauts. Des "capitaux propres" plus élevés en % des engagements à court terme des banques ne garantiraient rien car ils ne seraient par définition pas liquides (ils sont eux-mêmes placés) dans une situation de crise financière aiguë ;
- les activités de "couverture-prises de risque" devraient être organisées au niveau global sous une supervision centrale.

De ce point de vue de la garantie de la liquidité bancaire il y a une autre solution, beaucoup plus simple et efficace, c'est la garantie de la BC de "prêter en dernier ressort" aux banques "défaillantes" les liquidités nécessaires ; et pour éviter l'objection de l'"aléa moral" (laxisme des banques si elles sont sûres d'être sauvées – mais c'est déjà le cas, à l'exception de Lehman-Brothers en 2008 …), on peut instituer :

- des règles et contrôles plus sévères, en particulier vis-à-vis des opérations de financement qui échappent au circuit bancaire officiel ("shadow banking"[10]) ;
- et l'obligation de verser à la BC des "réserves" dans lesquelles les banques pourront puiser à condition de prouver qu'elles n'ont pas commis de fautes, ce qui constituerait un "fonds de garantie" acceptable pour l'ensemble des banques.

Au-delà il n'y a plus qu'un "Service national du Financement de l'Economie", distinguant absolument crédit "à court terme" créant de la

[10] Engagements hors bilan de certaines banques ou opérations de financement (immobilier p. ex.) faites par des organismes financiers non bancaires, c'est-à-dire ne recevant pas de dépôts, comme les hedge funds, les fonds de private equity, des trusts, des opérateurs de "repurchase agreements" qui prêtent sur nantissement de titres, bref des organismes financiers qui mettent en rapport directement (gros) épargnants et (gros) emprunteurs ; à la mi 2015, ces opérations représenteraient plus de 60 000 milliards de dollars, répartis entre USA, Chine, Europe. Il s'agit la plupart du temps de financements à court terme qui s'évanouissent quand l'incertitude apparaît (D. Trullo, Fed).

monnaie et crédit à long terme finançant des investissements (et financé par de l'épargne), et mettant à part les opérations de couverture, strictement limitées et transparentes, le tout avec des règles scientifiquement établies (comme c'est par exemple déjà le cas pour le crédit à l'achat des logements, strictement réglementé et garanti, en Europe du moins).

*

* *

Reste une question importante pour la régularité de la conjoncture macroéconomique : comment éviter que les comportements moutonniers des banques (vagues de pessimisme ou d'optimisme exagérées) n'amplifient les irrégularités de la conjoncture de la sphère "réelle", impulsées par l'État (qui n'est pas stabilisateur s'il s'inspire de la théorie des manuels académiques...) ou par les entreprises qui, elles aussi, prennent leurs décisions au niveau microéconomique sans pouvoir évaluer les effets que ces décisions auront (par les investissements et embauches bien sûr, mais également par leurs décisions salariales) sur le niveau de la dépense nationale ? Solution : une politique de croissance régulière non "monétariste" (cf. Chap. IV).

SECTION III

Les entreprises

On sait que par "entreprise" il faut entendre le lieu (pas seulement géographique) d'organisation de la production. Et, pour les entreprises privées à but lucratif, leurs "chefs" (C.E.) retiennent en pleine propriété l'excédent des recettes ("chiffre d'affaires") sur les dépenses ; si on raisonne en termes de valeur ajoutée (VA), c'est-à-dire en éliminant tout ce que l'entreprise achète aux autres entreprises (y compris à l'entreprise-Etat), les dépenses de production des entreprises consistent uniquement en salaires (hors dépenses financières) et on peut écrire, aux niveaux micro et macroéconomique :

$$\Pi = VA - W$$

avec Π = profits (bruts)
et W = masse salariale totale

Les profits ne sont pas "payés" comme le sont les salaires, ils sont un résidu prélevé au fil des "rentrées". Ce qui implique, pour que ces recettes puissent se produire, que les entreprises se soient fait "prêter" par le système bancaire une quantité de monnaie supérieure à celle dont elles ont besoin pour payer les seuls salaires, on avait déjà évoqué ce point à propos des banques. Mais le "surgissement des profits" dans l'économie implique d'abord, logiquement, que les entreprises vendent ce qu'elles produisent à un prix supérieur au prix de revient, ce que la théorie NC des manuels ignore totalement ("en concurrence pure et parfaite le profit est égal à zéro" !) : il va donc falloir commencer par cela, c'est-à-dire expliquer comment les entreprises dans leur ensemble détiennent ce "pouvoir de fixation des prix" (§ 1). Mais les "entreprises" sont d'une extrême diversité (§ 2) et la théorie macroéconomique n'implique pas qu'on ignore la structuration des agents économiques, au contraire, la structure du système importe beaucoup, sinon on décrit des comportements moyens qui ne sont qu'une résultante, alors que les "effets de composition", c'est-à-dire les particularités et les modifications de la structure d'un ensemble ont évidemment des effets significatifs sur les résultats globaux d'un système puisque chaque composant a un comportement propre. Au-delà des effets de structure, il existe cependant, puisque toutes les entreprises privées à but lucratif obéissent à la même logique fondamentale, des logiques de comportement semblables pour les deux grands types de décisions que toute entreprise doit prendre :

- "décisions de production courante", qui consistent à répondre aux variations constatées et prévues de la demande par des "décisions conjointes" de "prix-production (et stockage)-emploi-salaire" (§ 3) ;
- "décisions de production future", qui concernent les investissements (et tout ce qui leur est relié : innovation, RD, réorganisations, etc.) qu'on analysera dans un § 4.

Il a été longtemps été préconisé par les théoriciens du "management" que ces décisions soient formellement insérées dans une "planification stratégique", depuis le début du XXIe s ils sont de plus en plus en faveur de "réactivité" et de "créativité".

§ 1 Le pouvoir de fixation du niveau général des prix (NGP) par les chefs d'entreprises (C.E.)

C'est le point par lequel la théorie économique réaliste (systémique) se différencie le plus des fables racontées par la théorie microéconomique NC des manuels. Bien entendu, cela ne consiste pas à dire que tout chef d'entreprise (C.E.) peut fixer ses prix de vente comme il l'entend : pour chaque type de bien ou service, sur un espace géographique donné (d'un quartier urbain au monde entier), à un moment donné, il existe bien un prix de marché que toute entreprise doit respecter sous peine de faillite prochaine. Et c'est même là la tâche première de tout "entrepreneur", qui se dédouble ainsi, sur le marché choisi :

- pour chaque gamme de bien ou service offert, il faut assurer à peu près le même niveau de prestations techniques que les concurrents en qualité, délais, garanties, etc. ;
- et il faut ensuite, et surtout ! maîtriser ses coûts de manière à réaliser, par rapport au prix du marché, une marge équivalente ;
- tout cela au-delà de tous les efforts de "différenciation" que, par la publicité et les innovations, vraies ou fausses, chaque entreprise individuelle tente de déployer.

La question est donc : comment se fait-il, quand une entreprise respecte les deux conditions ci-dessus, qu'elle est assurée de vivre normalement, c'est-à-dire de réaliser le profit moyen "en vigueur" sur le marché ? Autrement dit, comment se fait-il qu'une entreprise "normalement rationnelle" techniquement et économiquement bénéficie d'un prix de marché qui lui assure une rémunération également "normale" ?

Il n'y a à cette question aucune réponse en termes de "marché", paradoxalement, c'est-à-dire aucune réponse au niveau microéconomique. Il n'y a qu'une réponse, au niveau du Système économique tout entier, qui est une réponse en termes de pouvoir : globalement, la classe des chefs d'entreprise impose à tout instant aux autres groupes d'agents économiques un niveau général des prix (NGP) qui leur assure la part de la VA nationale (le PIB) qu'ils désirent :

1. La modalité de l'exercice de ce pouvoir est très simple : depuis l'installation progressive des pratiques capitalistes de l'économie de marché, les producteurs (comme avant eux les marchands) calculent leur prix de vente en appliquant un "taux de marge" (TM), c'est-à-dire un coefficient multiplicateur, à leur "prix de revient" (y compris les impôts directs)

$$P = TM \times \text{coûts totaux}$$

Aujourd'hui, dans le SEM (et si on raisonne en économie fermée pour simplifier), au niveau macroéconomique, le coût de production est constitué seulement par la masse salariale W (= wN, c'est-à-dire le salaire moyen par tête w multiplié par le nombre N_w de salariés, N pour simplifier encore) ; on peut écrire :

$$P = TM \times W$$

"P" n'est donc pas un prix individuel (p), c'est bien le "niveau général des prix" mentionné ci-dessus c'est-à-dire, en fait, le "prix du PIB" que, dans l'arithmétique de la comptabilité nationale, on égale à 1 (pour une année donnée) pour en tirer les relations remarquables suivantes, qu'on peut alors exprimer dans la plus fondamentale "proportion" de la macroéconomie, à savoir la "part des salaires dans le PIB" (PS = W/P) en prenant P = 1 et W en pourcentage de P.

- On a : TM = P/W = 1/W/P ;

  P. ex. Si W = 0,66 on a : TM 1/0,66 = 1,52

  Avec 66 milliards (mettons) de masse salariale, les chefs d'entreprises établissent un "prix" (une valeur) du PIB de 100 en appliquant un taux de marge de 1,52 à leur coût.
- et les profits Π = 1 – PS = 0,34 du PIB, c'est-à-dire 34 milliards

On a remarqué dès les années 1950 (S. Weintraub, qui est à l'origine de ces formalisations) que le taux de marge TM était assez stable dans le SEM, de l'ordre de 1,65, avec donc une part des salaires de l'ordre de 60% du PIB, ce qui donne bien un PIB de "1" (= 100%) :

$$0,60 \times 1,65 \approx 1$$

La part des salaires dans le PIB est donc égale à l'inverse du taux de marge :

$$PS = 1/TM \qquad (\text{ici} : \approx 60\%)$$

Et la part des profits $\Pi/P = 1 - 1/TM$ (ici : ≈ 40%)

2. Le choix d'un taux de marge[11] n'est pas arbitraire, il exprime la volonté des C.E. de s'attribuer une part déterminée de la VA :
   - historiquement et économiquement, cette part a été calculée de façon à réaliser deux objectifs :
     - obtenir un "niveau de vie" qui soit un multiple minimum du niveau de vie moyen des salariés ;
     - plus une fraction donnée de la VA permettant de financer des investissements (désir d'autofinancement, pour "l'indépendance" des petites entreprises) ;
   - une fois le système capitaliste "installé" (vers la fin du XIXe s.), le TM "en vigueur ", déterminant donc la part des profits dans le PIB, semble avoir tendu à sa stabilisation, au travers de réactions de feed-back qu'on tentera d'élucider dans la IIème Partie.

Ce qui est sûr, c'est qu'on a affaire là à une structure fondamentale du SEM, à la fois "chahuté" en période de crise économique (où la contrainte du prix de marché devient absolue) mais possiblement aussi capable de

[11] au sens vrai du terme, c'est-à-dire d'un chiffre > 1. Car depuis les années 1990, on a pris l'habitude de désigner par "taux de marge" le % des profits dans le PIB, ce qui est absurde (le TM est forcément un multiplicateur) et fautif (le TM exprime un comportement alors que le % de profits dans la VA est un résultat)

perturber le régime de croissance du Système si les C.E. parviennent à imposer une hausse "systémiquement injustifiée" de leur part dans le PIB (ou simplement un maintien injustifié de leur part habituelle si d'autres paramètres macroéconomiques ont changé).

Ainsi, donc, si aucune entreprise individuelle n'a la maîtrise absolue de ses prix (même pas un monopole) l'ensemble des entreprises bénéficie d'un prix de marché qui permet à tout C.E. capable et rationnel de s'assurer des profits "normaux" même si de nombreux éléments évidents entraînent une dispersion importante autour de cette moyenne.

Et pourtant que l'hétérogénéité des entreprises est grande !

§ 2 La diversité des entreprises

L'hétérogénéité des entreprises est un aspect fondamental des "structures productives" d'une nation. Des critères nombreux permettent d'établir plusieurs typologies des entreprises, à commencer par ceux du secteur et de la taille ; et aussi des styles de gestion ; et plus récemment est apparu celui de leur âge : les "startups" sont par définition des entreprises jeunes… ; et les différences d'implantation géographique, pour un grand pays, importent également. Ce n'est évidemment pas notre objectif que de décrire tout cela, et on va se contenter de partir du critère de la taille, à la fois parce qu'il compte dans les "atouts" d'une économie globale (cf. l'insistance des analystes sur les grandes PME de l'industrie allemande) mais surtout parce que c'est un critère synthétique, recoupant d'autres dimensions :

- la dimension sectorielle : c'est surtout dans l'industrie qu'il y a de grandes entreprises, et dans l'agriculture et les services que dominent les "artisans" ;
- la dimension "style de gestion" : les entreprises restent petites ou deviennent grandes en fonction des ambitions de leurs créateurs (ou héritiers), des modes de financement auxquels elles prétendent ou pas, de leur qualité de gestion (plus ou moins innovatrices, plus ou moins aventureuse p. ex.).

On va tenter de résumer ces distinctions et ces recoupements dans le tableau suivant :

Caractéristiques / Types d'entreprises	Nombre moyen de personnes y travaillant	"Organigramme"	Objectif principal	Mode de gestion des personnels	Mode de financement	« Résultats » recherchés et obtenus
Type 1 : "artisanal-familial" (franchisé/non franchisé) + "autoentrepreneur"	1 à 5	Un "indépendant" propriétaire-travailleur; 2 ou 3 salariés au max., des "aides familiaux" (s/type spécial : les "professions libérales...")	"vivre" (de "subsister" à "bien vivre")	Relations de proximité	Personnel, peu ou pas de relations avec une banque	Rentabilité du capital non calculée et très variable
Type 1 bis : "multi-artisanal" (idem, mais p. ex. plusieurs boutiques ou bars ou restaurants)	Variable (5 à 25 ?)	Des "revenus mixtes" (capital + travail)	Amasser un petit capital par des placements immobiliers ou financiers	Relations plus axées sur l'aspect "technique"	Emprunts occasionnels pour "extensions"	Début d'un calcul
Type 2 : "petite PME" (par vocation : pas d'ambition de grandir beaucoup)	6 à 49	- l'entrepreneur-propriétaire ne fait plus que "diriger" (clients, fournisseurs, banque) - parfois un directeur technique, un comptable, un "commercial"			- relations suivies avec une banque - déficit chronique de financement	Maximiser la masse des profits
Type 3 : "PME avec ambition"	50 à ...	Des "cadres" plus nombreux apparaissent	- le souci de rentabilité apparaît - "se développer" par l'innovation	Plus poussés vers les aspects administratifs-gestionnaires (du personnel, en particulier)	Recours croissant au système bancaire et au marché des capitaux ("capital-risque" pour les "startups")	Maximiser la croissance, réussi en général, sauf si trop de prise de risques
Type 4 : "grande entreprise"	+ de 500	Apparaissent des cadres très spécialisés - juristes - stratégistes - financiers et un grand nombre de "directeurs"	- Idem + "part de marché"	Recherche de l'excellence	- tous modes - trop souvent exploitation des sous-traitants et fournisseurs	Maximiser la rentabilité et les dividendes versés mais résultats très variables selon la qualité des dirigeants
Type 5 : "multinationale"	De 5 000 à ...	+ de cadres encore : - "relations publiques" - "relations politiques" - "services sociaux", "intelligence éc.", "protections" en tous genres	"Etre ou rester le premier ou parmi les premiers"	Recherche de la suprématie : pressions sur les salariés	Idem + rachats d'actions	- objectifs de domination - priorité aux actionnaires + "bonus" - grandes réussites et grands échecs

Il est clair que, pour une économie nationale, ce sont les entreprises du "type 3" qui sont les meilleurs vecteurs d'une croissance (potentielle) forte et régulière. Mais la typologie qu'on vient d'illustrer est en fait le reflet de forces politiques et sociales profondes et complexes : c'est sans doute une illusion de croire qu'on peut créer de toutes pièces de "grandes PME innovantes" ou un "management efficace"[12] : l'environnement macrosocial est sans doute plus important :

- une politique macroéconomique qui fournit une "enveloppe de croissance" (par la demande) substantielle ;
- un bon enseignement technique et un développement de l'apprentissage ;
- un système sociopolitique honnête qui laisse voir les relations entre les "récompenses" et les efforts et le mérite.

Ces points seront repris dans le Chap. IV et dans la Conclusion générale.

*

* *

Dans le tableau précédent, des points importants sont à souligner :

1. Les grandes entreprises, qui sont souvent ce qu'on appelle dans un certain jargon des "industries de réseaux", jouissent de privilèges pas toujours mérités et cela au détriment des PME :
    - elles se permettent des délais de paiement trop longs, qui parfois mettent en difficulté leurs fournisseurs ;
    - elles tendent souvent à comprimer exagérément les marges de ces mêmes fournisseurs ou sous-traitants ;
    - elles ont tendance à pratiquer des stratégies d'expansion hasardeuses par leurs modalités (corruption, non-observation des lois étrangères…) ou leur localisation (pays économiquement ou politiquement instables).

2. Ces mêmes grandes entreprises pratiquent des modes de gestion du personnel trop inspirées de "modèles" a priori qui ne parviennent pas à accroître la productivité, car ils ont eux-mêmes des effets contre-productifs (absentéisme, stress), en particulier quand on utilise des injonctions à double-bind ("soyez autonomes !") ou quand on place les normes trop haut.

---

[12] De graves critiques, par ailleurs, se font jour depuis les années 2000-2010, sur les grandes écoles de management, accusées de mettre l'accent sur des types de gestion trop impersonnelles et "formatées". cf. p. ex. F. Dupuy, La faillite de la pensée managériale, Seuil, 2015.

On n'a pas introduit dans le tableau les causes des défaillances d'entreprises, dont le coût est un frein à l'efficacité globale ; il est intéressant de dresser une liste succincte des dysfonctionnements qui sont, en fait, surdéterminés par des facteurs macro sociaux sur lesquels une action du Centre est toujours possible :

- défaillances dues à la défaillance d'autres entreprises (clientes) : ici, c'est le crédit interentreprises qui est en cause, des entreprises ne payent pas les fournitures livrées à crédit : le remède est dans une réforme drastique des relations interentreprises, avec l'obligation de paiement comptant, qui suppose elle-même la systématisation du recours au crédit bancaire à court terme sous forme de droits de tirage calculés en fonction de l'activité prouvée de la firme ; le risque est ainsi transféré au système bancaire tout entier qui, lui, est susceptible d'y faire face puisque créateur de monnaie (cf. la Sect. II) ;
- les autres défaillances sont dues à des décisions perverses des chefs d'entreprises (prodigalité, mauvaise gestion, manque d'efforts de compétitivité-innovation, mauvaises capacités de prévision technologique, prises de risques exagérées par excès d'investissement ou diversification-extension hasardeuse, etc.) et, là aussi, certains garde-fous institutionnels pourraient être (plus) mis en œuvre :
  - une véritable formation des C.E. au niveau des candidats entrepreneurs, puis une formation permanente ;
  - des instances de "contrôle stratégique" au niveau des grandes entreprises, dont l'aval serait obligatoire dans le cas où la décision envisagée risquerait, en cas d'échec, de mettre en péril l'avenir de l'entreprise (surtout dans le cas des grandes entreprises à "patron tout puissant et omniscient", cf. le cas Areva en France, 2012-2015, sans parler du rachat d'Alstom par General Electric en 2014).

*

* *

Du côté de la rentabilité des divers types d'entreprises, la diversité est également la règle. Les chiffres ne sont connus, et n'ont d'ailleurs de sens, que pour les entreprises à partir du "type 3" (et surtout 4 et 5) : ils s'étagent de résultats négatifs (pendant plusieurs années) à des résultats positifs allant de 1% à 15 ou 20% (rentabilité économique ou financière), sans qu'on puisse établir de conclusions autres que très générales ; trois facteurs peuvent être mis en lumière cependant :

- la "qualité globale" de la gestion, la "combinaison gagnante" comprenant:
  1- un contrôle très serré des coûts et des rémunérations des cadres
  2- la capacité à saisir des opportunités

- le positionnement sur les "secteurs porteurs" est évidemment très discriminant, les plus hautes rentabilités étant obtenues dans les "nouvelles technologies" et dans le "luxe".

*
* *

Au-delà de la grande diversité des entreprises, il existe deux types de "décisions fondamentales" que toute entreprise doit assumer, qui sont cruciales pour ses propres résultats et qui, au niveau macroéconomique, déterminent le rythme de l'activité et des "indicateurs" aussi importants que le niveau général des prix, l'emploi et les revenus distribués. Il s'agit des décisions concernant la capacité de production, dans le court terme d'une part (décisions de production courante), dans le plus long terme d'autre part (décisions sur les capacités de production futures).

§ 3 Les décisions de gestion courante

L'idée néo-classique qu'une entreprise n'a pas à se préoccuper des débouchés, et qu'il lui suffit de pousser sa production jusqu'au point où son coût marginal est égal au prix du marché est une idée qui ne correspond à rien dans la réalité macroéconomique. Nous savons, grâce au modèle du circuit que la production est en rapport étroit avec les dépenses de tous les agents économiques et que ces dépenses sont elles-mêmes dans la dépendance étroite (aux "fuites" près) des revenus des agents. Le caractère "circulaire" de cette analyse (qui ou quoi "commande" vraiment ?) ne pourra être pleinement expliqué que dans une analyse globale (cf. la IIe Partie). Pour le moment, on peut quand même, après avoir affirmé (au vu de l'observation la plus simple) que les entreprises règlent leur production sur la demande, analyser de plus près la "décision de production" des entreprises en expliquant, pas à pas, la logique de cette décision et ses implications. Cela revient à considérer la demande comme donnée à un certain moment du temps (le "présent", c'est-à-dire en fait le passé immédiat, c'est-à-dire encore l'information qu'on a sur lui). On isole en quelque sorte la séquence :

... ventes en t → décision de production pour t + 1 →...

Remarquons d'abord que la décision de production est la plupart du temps plutôt une décision de capacité : en effet, beaucoup d'industries produisent "à la commande" (cf. les "carnets de commandes" observés par les statisticiens...) ou bien il s'agit d'entreprises du secteur des services où l'acte de "production" est consubstantiel à la demande (le coiffeur ne peut coiffer que si un client entre...) ; et la capacité, qui implique de la main-d'œuvre et du capital technique, change plus lentement que la production elle-même. Autrement dit, la production en t dépend de la demande en t (sauf quand le délai de production est long, comme dans la construction ou les biens de production lourds), donc des revenus en t - 1, tout cela ne dépendant guère de la décision de capacité en t elle-même : c'est donc le "futur" (t + l) que la présente décision de capacité détermine en fait ; et ce sont ces enchaînements passé → présent → futur → ... qui constituent la substance de la décision de production – capacité (DPC).

Mais avant d'en voir la logique et les implications, une remarque préalable : on raisonne ici de manière concrète, c'est-à-dire qu'on parle souvent de "l'" entreprise : mais il s'agit toujours de l'entreprise moyenne, on reste au niveau macroéconomique, il s'agit de l'"entreprise en général", autrement dit, on n'est pas dans un cours de "management" où l'on chercherait à proposer à telle entreprise particulière de croître spécialement vite en réalisant telle ou telle innovation qui lui permettrait d'accroître sa "part de marché" : cette logique-là est très importante en microéconomie appliquée (management ou "gestion des entreprises") mais elle n'a aucun sens en macroéconomie, où la progression particulière d'une entreprise donnée ne peut faire progresser le secteur tout entier puisque la progression de celui-ci est limitée strictement par celle de la demande, c'est-à-dire des revenus, à moins qu'une innovation importante ne favorise spécialement ce secteur, mais ce sera alors au détriment relatif de l'ensemble des autres secteurs ; pour qu'une innovation - côté de l'offre - accélère la demande (le niveau des revenus, étant donné en t - 1), il faudrait qu'elle entraîne à la baisse la propension à épargner globale, ou qu'elle provoque une augmentation des encours de crédit bancaire :

- du fait des entreprises, qui obtiendraient de quoi financer des investissements, et des effectifs accrus ;
- du fait des consommateurs, qui obtiendraient des crédits à la consommation accrus pour acheter les biens nouveaux.

*

* *

Les décisions de gestion courante sont des décisions <u>conjointes</u> portant à la fois

- sur le niveau de production / capacité (capacité courante, c'est-à-dire à équipement de base constant) ;
- donc sur le niveau des effectifs nécessaires ;
- donc sur d'éventuels ajustements des salaires.

Mais toutes ces décisions sont bien entendu dominées par les <u>prévisions</u> portant sur le futur économique proche de l'entreprise, les chefs d'entreprise devant en permanence anticiper les modifications éventuelles de la conjoncture.

I. La prévision économique : elle est le "chaînon" essentiel dans la décision qui, peut-être, va conduire à accroître, ou à diminuer, la capacité et/ou la production ; c'est par son intermédiaire qu'une économie passe de l'état t - 1 à l'état t puis à l'état t + 1, etc. (les économistes parlent, aujourd'hui, plutôt d'"anticipations", en anglais : expectations). Comment prévoient les chefs d'entreprises ? Ils utilisent deux éléments :

- d'abord l'"extrapolation ", qui consiste à prévoir que la tendance passée - présente va se poursuivre, généralement en attribuant une pondération plus forte, dans leur calcul, à la tendance récente ;
- le second élément est l'"anticipation rationnelle", ainsi nommée d'après un avatar sans lendemains de la théorie néo-classique (vers 1975-90) mais dont l'intérêt est de montrer qu'au-delà de l'extrapolation d'une tendance passée ("anticipations adaptatives") les agents économiques prennent en compte toute l'information présente disponible, par exemple une inflexion récente de la conjoncture mondiale (économique mais aussi, éventuellement, extra-économique...) ou une modification qui vient d'intervenir dans la politique du Gouvernement : de tels "chocs" entraînent sur l'ensemble des chefs d'entreprise des modifications de prévisions dans des proportions à peu près stables ;
- la pondération, dans le mécanisme global de la prévision, entre éléments "extrapolatifs" et éléments "rationnels" dépend de l'intensité des chocs : s'ils sont forts, la tendance passée sera largement oubliée.

II. Décision de production / stockage

La modification (ou pas) de la production est en fait une décision qui concerne la politique de stockage (elle concerne donc surtout l'agriculture et l'industrie, dans les services on ne peut guère stocker que quelques produits intermédiaires). Mais, entre les ventes, la production et les stocks on a une relation telle que la décision de stocker plus ou moins est en même temps une décision de **produire** plus ou moins ; en effet, on a :
ventes = production + variation de stocks, avec trois cas possibles :
ventes = production → Δ stocks = 0 (1)
ventes < production → Δ stocks > 0 (2)
ventes > production → Δ stocks < 0 (3)

Le cas n° 1 est celui où les stocks sont constants, c'est une situation assez rare (tout bouge toujours en économie...).

Le cas n° 2 est celui où les entreprises :

1- anticipent une poursuite de la croissance, elles désirent, ou en tous cas acceptent, de produire plus qu'elles ne vendent, car elles pensent que la demande va augmenter et que les stocks supplémentaires seront bientôt

vendus (ou en tous cas qu'ils représenteront toujours le même pourcentage de ventes en expansion) ;
2- se sont laissées surprendre par une baisse de la demande, ou ont trop de produits ; ici le + Δ st = des "invendus"

Le cas n° 3 est ambigu, c'est celui où les entreprises :
1- anticipent une baisse de la demande, elles satisfont la demande actuelle en puisant dans leurs stocks, c'est-à-dire qu'elles réduisent déjà leur production : la prévision d'un futur moins favorable a des conséquences négatives dès aujourd'hui (anticipation autoréalisatrice) ;
2- ou bien se sont laissé surprendre par une hausse de la demande, ou n'ont pas produit assez.

On voit que la politique des stocks est un élément important d'instabilité conjoncturelle. Heureusement, depuis les années 1980, la diminution de la part de l'industrie dans le PIB, et une politique délibérée de "zéro stock" (production à "flux tendus") a diminué ce facteur d'instabilité, sans le supprimer cependant (les stocks représentent à peu près 1 % du PIB...). Si le coût du stockage est bas (taux d'intérêt bas), les entreprises stockeront plus.

III. La variation des effectifs doit intervenir au-delà, si la variation des ventes (à la baisse ou à la hausse) ne peut plus être "épongée" par une variation des stocks et de la production à effectifs constants, la durée du travail ayant été portée (p.ex.) à son maximum, solution la plus appropriée en cas de hausse jugée temporaire de l'activité. Il y a une relative symétrie entre les décisions à prendre et à exécuter et donc elles interviennent toujours avec un certain retard :
- augmenter les effectifs : il existe des risques ultérieurs de rigidité (sureffectifs) quand la durée de la croissance prévue est jugée incertaine et que les licenciements sont difficiles, d'où la vogue des CDD et de l'intérim ; il peut y avoir aussi des difficultés de recrutement, soit qu'il y ait très peu de chômeurs en moyenne, soit très peu de personnes qualifiées dans certaines spécialités ; mais, avec l'importance du travail au noir et des aides aux chômeurs, la demande de travail des entreprises[13] se heurte aussi à une certaine inélasticité de l'offre de travail de la main-d'œuvre ; ce qui est en cause ici, à vrai dire, ce sont aussi des conditions de travail jugées peu attractives et, surtout, des niveaux de salaire direct

[13] En théorie économique le travail est vu comme une marchandise et ce sont donc les entreprises qui "demandent du travail" (= offrent des emplois) ; les demandeurs d'emploi sont donc vus comme des "offreurs de travail".

jugés trop faibles : il y a là un cercle vicieux de sous-emploi dont nous verrons les aspects globaux plus tard (cf. chapitre V et VI) ;

- baisser les effectifs : ne pas remplacer les partants est le plus facile mais prend du temps et peut aboutir à une sorte de perte de savoir-faire de l'entreprise ; licencier a des effets immédiats mais c'est une décision difficile et coûteuse, surtout pour les PME ; dans les grandes entreprises "charrettes" et "plans sociaux" ont été parfois (années 80 et 93 - 96) aidés financièrement par l'Etat (retraites anticipées) mais permettent une reprise rapide des profits, les grandes entreprises pouvant désormais se procurer à meilleur compte, auprès de fournisseurs, tout ou partie des biens et services qui étaient antérieurement produits "en interne" (politique d'"externalisation").

A. Formaliser la variation des effectifs en fonction de l'activité prévue oblige donc toujours à introduire un coefficient de retard (non proportionnalité) entre variations désirées (N * *) et variations effectives (N *) des effectifs :

- la variation désirée peut-être écrite comme la différence entre la variation de production prévue (*) et la variation prévue de la productivité (PR *) :

$$N ** = Q * - PR * \qquad \text{(en taux de variation)}$$

- et la variation effective, sur une période donnée, sera une fraction de cette variation désirée :

$$N = \lambda N ** \quad \text{avec } \lambda < 1 \qquad \text{(en taux de variation)}$$

Le problème de ces retards est que, lors des débuts de phases de reprise (ou de récession) le volume de la main-d'œuvre reste durablement trop élevé, et donc la productivité trop basse (ou trop forte) par rapport aux besoins : toute irrégularité de la croissance équivaut à une efficacité moyenne plus faible du système économique.

Cette formulation est évidemment très schématique, beaucoup d'entreprises vivant longtemps en sous- ou sureffectif, jouant par exemple sur les délais de livraison (en les augmentant en cas de sous-effectifs, et inversement) ; ces retards d'ajustement, au niveau macroéconomique, atténuent, au début d'une modification de la conjoncture, les mouvements cycliques de l'emploi (plus en Europe qu'aux USA) mais peuvent ensuite accentuer ou prolonger le mouvement conjoncturel si celui-ci dure.

B. Au-delà du niveau d'activité prévu, y a-t-il d'autres facteurs de la logique du niveau d'emploi ?

1. Une question beaucoup discutée (surtout en Europe suite au développement du chômage de masse durable depuis les années 1980) est celle de savoir si la protection dont jouissent les salariés contre les licenciements (et, plus généralement, toute la réglementation du travail) est un obstacle à l'embauche de salariés supplémentaires (plus le cas particulier où le franchissement de certains "seuils" d'effectifs entraîne des obligations supplémentaires pour les entreprises). La réponse est double !

- Fondamentalement non, car le besoin de main-d'œuvre des entreprises dépend exclusivement des prévisions à court terme sur les niveaux d'activité et de productivité moyenne des salariés disponibles ; p. ex. dans un pays comme la France le chômage a été multiplié par 10 entre le début des années 1970 et 2016, alors que la libéralisation du marché du travail a sans cesse été accentuée (suppression de l'autorisation administrative de licenciement, introduction de la rupture conventionnelle du contrat de travail, contrat à durée déterminée, temps partiel, intérim, stage…) ;
- A la marge, oui, la levée de certaines contraintes (sur les "seuils", sur le travail le dimanche) pourrait très légèrement accroître les embauches, mais non durablement si la politique macroéconomique reste globalement restrictive (cf. IIe Partie, chap. IV) ; les projets de modification du Code du Travail en France en 2016 seront intéressants à suivre.

2. Mais la question la plus massive est : y a-t-il un "marché global du travail" en ce sens que des baisses de salaires pousseraient les chefs d'entreprises à accroître leurs effectifs ? Cette question implique des enjeux idéologiques et politiques et des enjeux de théorie économique fondamentaux, elle est en particulier au cœur des rapports entre réalités microéconomiques et réalités macroéconomiques :

- au niveau microéconomique il est clair que chaque chef d'entreprise a dans son esprit une sorte de "courbe de demande de travail décroissante", c'est-à-dire qu'en raisonnant seulement sur ces deux variables (embauches/prix du travail) il pense sincèrement que si les salaires étaient plus bas, il accroitrait ses effectifs parce qu'il serait plus "compétitif", donc qu'il pourrait baisser ses coûts, donc accroître ses ventes ;
- ce que le chef d'entreprise ne sait pas, c'est que si l'ensemble des salaires baissait, ses débouchés baisseraient au même rythme (via la baisse du pouvoir d'achat des salariés), avec des effets récessionnistes ; au mieux, le niveau d'activité serait maintenu si les prix baissaient au

même rythme que les salaires, mais avec le risque d'un engrenage déflationniste (comme en 1930-1935, et comme dans les pays de l'Europe du sud sur la période 2008-2014) ;
- certes les entreprises exportatrices bénéficieraient d'une telle baisse des salaires mais pour une durée limitée (généralisation d'une telle concurrence salariale, mécanismes de rééquilibrage comme la hausse des taux de change, mesures de rétorsion).

La baisse des salaires pour accroître l'emploi est une illusion microéconomique, elle engendre des effets de contraction économique qui ne peuvent jamais être rattrapés. Il faut comprendre que (sauf circonstances particulières comme une "explosion salariale" d'origine politique) le niveau des salaires réels atteint à un moment donné est toujours justifié en moyenne par l'évolution passée des variables que les chefs d'entreprises prennent en compte pour décider du niveau des salaires.

IV. Les décisions salariales. Dernière pièce des "décisions conjointes de gestion courante", les décisions salariales sont évidemment inséparables des décisions concernant la production et l'emploi.

Globalement, depuis la fin de la IIe Guerre mondiale, dans tous les pays du Système économique moderne (Am. du Nord, Japon, Europe), les salaires nominaux ont été en augmentation constante, de même que le niveau de l'emploi.

Pour les salaires réels, il faut remarquer la très importante différence entre USA et Japon d'un côté et l'Europe de l'autre côté :
- aux USA (depuis 1972 environ) et au Japon (depuis les années 1990) les salaires réels ont presque cessé de progresser ;
- en Europe, ils ont continué de progresser jusque vers 2007-2008, puis de nouveau un peu après 2010.

Ce n'est évidemment pas au niveau des entreprises que ces phénomènes macro ont pu prendre leur source, mais au niveau de changements fondamentaux de la politique macroéconomique des gouvernements.
Le seul paramètre qui semble jouer est celui de la taille des entreprises, les grandes entreprises continuent à accorder (quelques) augmentations de salaires pour éviter tout mouvement de contestation en leur sein.

Ces quelques observations nous amènent à analyser, du point de vue de l'entreprise, les paramètres de leurs décisions salariales.

La logique générale est la suivante :

$$\mathbf{W_{nom} = PR + NGP}$$

Ce qui signifie que les chefs d'entreprises, par ailleurs toujours sous la pression des salariés (cf. Sect. V ci-après), accordent des hausses de salaires qui sont égales à la somme de l'accroissement de la productivité et de la hausse des prix ("inflation") ; ce n'est là qu'une tendance moyenne de long terme, qui souffre des exceptions :

- la situation conjoncturelle est importante, en haute conjoncture (croissance forte, chômage à la baisse, inflation supérieure à la moyenne) les salaires accélèreront, et inversement, **et non pas à cause de "tensions" plus ou moins fortes sur le "marché" du travail mais à cause des variations différentielles de la productivité et de la demande suivant les phases de conjoncture** ;
- la politique macroéconomique aussi, puisqu'elle détermine largement la conjoncture, mais aussi des changements de mentalité : p. ex. de nouvelles conceptions de l'"égalité" et du "mérite" ont beaucoup joué aux USA à la fin du XXe s. pour encourager de grands écarts de revenus au détriment des salariés, en Europe le slogan de la maîtrise des coûts et de la nécessaire "compétitivité" ont contribué à freiner fortement les hausses de salaires (que les entreprises cherchent de plus en plus à individualiser) depuis le début du XXIe s., et partout la plus grande fraction de la VA réservée aux actionnaires, dans les grandes entreprises, a évidemment restreint la part des salariés.

*

* *

On touche là (salaires nominaux, salaires réels, productivité, niveau général des prix) à des variables fondamentales de la dynamique économique que les chefs d'entreprises ne maîtrisent que très partiellement, y compris s'il existe un "dialogue avec les partenaires sociaux", et ce n'est qu'au niveau d'une analyse macro dynamique globale, dans la IIe Partie, qu'on pourra mettre en lumière des "mécanismes", c'est-à-dire des enchaînements, des régularités, des conséquences structurelles-conjoncturelles.

En particulier il est clair que l'existence ou pas (et le niveau) d'un salaire minimum (fixé par les Pouvoirs publics) est une forte contrainte sur les chefs d'entreprises de petite taille et que les variations d'un "SMIC" se répercutent sur l'ensemble de la masse salariale.

Mais encore une fois, les "boucles" prix/salaires/productivité ne pourront vraiment être analysées, dans leur enchaînement et leurs conséquences qu'au niveau de la dynamique globale du système économique, en liaison avec tous les facteurs mentionnés mais en cherchant alors à repérer des causalités à partir de phénomènes jugés en dernier ressort déterminants.

Dans cette future analyse globale, les décisions des entreprises portant sur leurs investissements joueront un rôle crucial.

§ 4 Les décisions d'investissement / développement

Au-delà des "types 1, 2 et 3" du tableau du § 2, qui sont en quelque sorte des "entreprises à taille limitée par vocation", de nombreuses entreprises cherchent à grandir ou sont amenées à le faire quand la qualité de leur gestion et le choix de leur "créneau" amènent la demande à exercer une forte pression sur leur capacité de production actuelle.

Au niveau microéconomique, cela se traduit souvent d'une manière qui n'apporte pas de conséquences macroéconomiques intéressantes, c'est le cas

- d'"extensions simples" (achat de locaux supplémentaires, augmentation limitée des effectifs...) ;
- ou même de la "croissance externe" par rachat d'entreprises plus petites existantes ; là, il peut y avoir certains effets macro, par exemple une restriction du degré de concurrence mais, comme dans le cas précédent, il n'y a pas vraiment un effet positif sur le développement global de l'économie.

Le véritable développement implique en effet un accroissement des capacités de production globales, qui passe nécessairement par un accroissement du stock de capital productif global, c'est-à-dire par des investissements nets (I_N), qui par définition, s'ajoutent au stock existant, au-delà des investissements de remplacement et des grosses réparations (I_R). Et cet accroissement du stock de capital fixe productif permet à la fois, le plus souvent, l'accroissement de productivité (PR) des personnels déjà employés et l'accroissement des effectifs (N), ce partage des effets de l'I_N entre productivité et emploi ne pouvant être élucidé que par une analyse globale (IIe partie).

On se concentrera ici sur les motifs de la décision d'investissement net, c'est-à-dire de toutes les dépenses qui vont accroître la capacité de production durable de l'entreprise :

- il s'agit de dépenses qui peuvent porter sur des biens matériels (bâtiments, équipements, "machines") mais aussi sur des techniques, des procédés, des connaissances, de la "formation" ;
- à condition, donc que l'effet de ces dépenses soit durable : la dépense est faite "une fois toutes", ce qui exclut les salaires payés à des salariés complémentaires (qu'il faudra verser périodiquement) : les dépenses en capital productif correspondent à des capacités de production supplémentaires durables.

Cet investissement net vient donc en sus des dépenses d'investissement "de remplacement" (cf. la notion comptable "d'amortissement") qui consiste à maintenir simplement la capacité existante par de grosses réparations, ou l'achat d'équipements, etc. neufs. Il est vrai que, souvent, l'achat d'équipements nouveaux pour des "raisons de remplacement" aboutit à accroître la capacité de production (ou à diminuer les coûts) : aussi bien, la notion d'investissement net n'est-elle pas comptable, ni matérielle : c'est le chef d'entreprise (ou la comptabilité nationale, au niveau macroéconomique) qui peut seul faire le partage entre la partie "nette" et la partie "remplacement" d'une dépense d'investissement donnée.

Au-delà de ces difficultés pratiques d'évaluation, deux questions principales se posent quant à la logique de la décision d'investissement, en précisant bien que chaque année toutes les entreprises ne font pas des investissements au sens où on l'entend dans la théorie économique : seule une (petite) fraction des entreprises prend cette décision. On distinguera la logique générale de la décision avant d'envisager des "paramètres" particuliers.

I- Logique générale de la décision d'investissement : si on prévoit une croissance de la demande, les entreprises ne peuvent plus se contenter d'embaucher pour remettre en service la partie inutilisée, ou peu utilisée, des équipements existants (locaux, matériels divers ...) : quand le taux d'utilisation des équipements existants approche les 90 %, les entreprises se mettent à investir, c'est-à-dire à acheter des biens de production (le capital, au sens technique), ou du moins à en louer (leasing). Le calcul est simple : les entreprises savent que, pour produire un certain volume de valeur ajoutée supplémentaire ΔQ, il leur faut un certain volume de capital supplémentaire ΔK, c'est ce qu'on appelle donc l'investissement ($I = \Delta K$) : il s'agit ici d'un accroissement net du stock de capital productif, d'où le symbole Δ.
Pour calculer l'investissement net dont elles ont besoin, les entreprises appliquent donc, en principe, une formule simple :

$$I ** = \Delta Q * / \sigma$$

σ étant l'"efficacité du capital", inverse du coefficient de capital K/Q (techniquement, il faut un capital productif de 10 millions pour produire 5 millions de VA).

Cette formule indique par exemple que, si l'entreprise prévoit que sa production va devoir augmenter de 5 millions d'euros pour répondre à la demande, il lui faut réaliser un investissement de 10 millions en équipements (cas moyen où $\sigma = 0,5$).

Dans la réalité, la relation est loin d'être aussi rigide et stable (il y a flexibilité), il existe aussi des "retards" ($I = \lambda I **$), mais la forme générale de la relation reste valable : en moyenne macroéconomique, quand le taux d'utilisation des capacités dépasse 86-87 %, les investissements accélèrent. Et comme σ est à peu près constant dans un secteur donné (rendements constants du capital, contrairement à l'hypothèse néo-classique) on a la relation générale de long terme :

$$\mathbf{g = Q = K} \qquad (g = \text{"growth"})$$

Si on prend le Δ K (= I_N) en % de Q, c'est-à-dire I_N/Q (= taux d'investissement net = taux d'épargne net) et qu'on appelle s_N ce rapport, on voit que le taux de croissance du PIB est seulement le résultat du taux d'investissement net et de l'efficacité du capital :

$$g = s_N \, \sigma$$

(par exemple un taux d'investissement net de 10% combiné à une efficacité du capital de 0,5 permet un taux de croissance de 5%).

En permutant les termes ($s = g^* / \sigma$), on voit que les entreprises qui prévoient un taux de croissance de leur production de 5% par exemple (g^* = 5%) sont obligées de réaliser un volume d'investissement net égal à 10 % de leur valeur ajoutée (s = 5% / 0,5 = 10%).

Cette formulation des facteurs de la croissance économique (qui date des années 1939-48 et a été imaginée par les économistes Harrod et Domar) a ceci de remarquable qu'elle ne prend pas en compte le "facteur travail", non pas que celui-ci soit considéré comme inutile mais parce que, si par hasard du travail (de la main d'œuvre) supplémentaire n'est pas disponible (plein emploi et/ou population stagnante), la croissance peut quand même se produire, une partie des travailleurs bénéficiant d'équipements plus nombreux et/ou d'une plus grande efficacité : c'est la valeur du capital par tête ("intensité capitalistique" K / N) qui augmente alors seule, accroissant fortement la productivité du travail ; le plus souvent, bien entendu, l'investissement provoque à la fois l'augmentation de la productivité et des effectifs (pour des développements sur ces points, cf. les chap. III et IV).

II- En décrivant ainsi les principes de la décision d'investissement des entreprises, on s'en est tenu à l'essentiel de ce qui, dans la réalité, explique en moyenne, cette décision : certaines théories prennent en compte, en plus, <u>d'autres facteurs</u>, comme le "coût du capital", c'est-à-dire le taux d'intérêt (prix des fonds qu'il faut emprunter pour acheter des biens d'équipement) ; Keynes, en particulier, faisait grand cas de cet élément. On sait aujourd'hui qu'il n'a pratiquement aucune importance : soit les entreprises disposent d'épargne propre (autofinancement) soit elles empruntent mais répercutent alors dans leurs prix (cf. la théorie du taux de marge...) le coût des emprunts. Si les variations du taux d'intérêt (c'est-à-dire de la politique monétaire des banques centrales) peuvent avoir une grande importance sur l'investissement, et donc sur la conjoncture, c'est au travers des <u>prévisions</u> sur l'évolution à venir de la demande : une hausse du taux peut en effet inciter les entreprises à penser que la B C veut "refroidir" l'économie c'est-à-dire, à la limite, provoquer une récession. Le niveau des profits, souvent cité comme autre élément de la décision d'investissement (puisque les investissements sont autofinancés, entre 50 % et 100 % de leur montant suivant les pays et les périodes...), n'a pas non plus, dans la réalité macroéconomique, une très grande importance en soi ; normalement, profits élevés et investissements élevés vont en effet de pair à long terme mais, dans le moyen terme (le temps des fluctuations conjoncturelles) et même dans d'assez longues périodes particulières (par exemple celles où les salariés et donc la consommation ont été assez déprimés, ainsi en France de 1975 à 1988, puis de 1992 à 1997...), on peut très bien avoir des profits importants et pas beaucoup d'investissements nets ; et, inversement, après une période de profits médiocres, si les anticipations économiques redeviennent très favorables (politiques de relance ou bonne conjoncture internationale), alors les investissements redémarreront : ce qui compte est vraiment les prévisions sur l'évolution de la demande à venir (parfois d'ailleurs fondée sur un optimisme technologique exagéré, comme on l'a vu pour le "Net économie"...).

III- Les décisions d'investissement net des entreprises pèsent lourd dans la détermination de la conjoncture. Alors que les décisions d'investissement de remplacement sont assez routinières (elles comptent pour environ 10% du PIB dans les pays occidentaux, de manière assez stable), les investissements nets sont beaucoup plus instables ; la relation d'investissement est souvent appelée "accélérateur" :

- à court terme une baisse de moitié (p. ex.) d'un taux de croissance prévu cependant toujours positif (p. ex. de 2% à 1%) fera chuter en valeur absolue le volume prévu des investissements (de 4% du PIB à 2% avec $\sigma = 0,5$) ;
- dans le long terme, une longue période de croissance faible, comme en Europe de 2008 à 2016 p. ex., entretient durablement un taux d'investissement net déprimé (2% du PIB), peu propice à l'emploi, à l'innovation et à la "confiance", avec risque d'enchaînements "vicieux" à long terme.

*
* *

On le voit : la nature des décisions que seuls les chefs d'entreprise peuvent prendre (production, prix, revenus, emploi...) leur assure un pouvoir économique fondamental. Mais a priori (c'est-à-dire avant une analyse dynamique globale), ce pouvoir apparait se concentrer surtout dans le domaine du partage de la VA entre profits et salaires (via les pouvoirs de fixation des prix, des salaires et du niveau de l'emploi) : c'est un pouvoir structurel, alors que le pouvoir conjoncturel des entreprises (sur le niveau de production) apparaît bien mince, puisque, ici, les décisions des entreprises sont totalement dépendantes de facteurs sur lesquels elles n'ont aucun pouvoir d'initiative, à savoir essentiellement la politique macroéconomique de l'Etat, maîtresse de la monnaie, de la fiscalité et du budget, et des autres grandes "règles du jeu" qui commandent les relations économiques internes (fixation des salaires p. ex.) et externes (système des changes, protection aux frontières...).

Cette distinction entre pouvoir structurel et pouvoir conjoncturel doit être retenue, elle pourra servir à comprendre les lois qui gouvernent les performances globales des nations.

Qu'en est-il des pouvoirs des deux "groupes d'agents économiques" qu'il nous reste à examiner ?

SECTION IV

Consommateurs et épargnants : les "ménages"

On l'a déjà dit, il ne s'agit pas ici de groupes sociaux ni même de groupes économiques. Il s'agit de l'ensemble des agents économiques considérés comme simples titulaires de revenus, donc dans une optique "fonctionnelle" c'est-à-dire en se demandant comment ils partagent leur revenu "privé" (une fois les besoins de l'entreprise satisfaits, pour les "ménages" qui sont chefs d'entreprise) entre consommation et épargne, et aussi comment ils "placent" cette épargne.

Pour les très petits entrepreneurs, la distinction entre "besoins de l'entreprise" et besoins privés existe peu, un artisan sera constamment tiraillé entre le désir d'accroître sa consommation et celui de "remettre dans l'entreprise" l'argent gagné.

Cela dit, les clivages "socioprofessionnels" restent fondamentaux en arrière-plan de la catégorie "ménages" : celle-ci n'est qu'un fourre-tout, c'est un des plus grands échecs conceptuels de la théorie de la comptabilité nationale que d'avoir imaginé ce concept, alors que l'emploi des revenus (consommation/épargne, C / S, S de l'anglais saving) aurait dû être décrit à partir des catégories chefs d'entreprise (quitte à les structurer eux-mêmes en sous-catégorie) et de salariés (avec de possibles sous-catégories possibles là aussi), et également en rattachant les retraités aux catégories dont ils sont originaires.

Le problème étant évidemment que les catégories riches épargnent beaucoup plus que les autres catégories. On est donc dans une situation où les données disponibles sur l'épargne et les placements (et les "investissements en logements") des "ménages" ne sont pas ventilées par type d'agent économique, et donc par niveau de revenu, ce qui empêche de bien comprendre les mouvements globaux de C et de S.

Qu'est-ce qui est en cause ici ? Que faudrait-il mieux comprendre dans la logique des comportements C / S pour mieux comprendre la dynamique globale du SEM ? Deux points sont à considérer pour l'équilibre dynamique du système :

- les fluctuations de la propension moyenne à épargner S / Y jouent un rôle (stabilisateur ? amplificateur ?) dans la régularité de la conjoncture ;
- la tendance longue de cette progression peut également avoir des conséquences sur la soutenabilité du dynamisme du système, via l'évolution des taux d'endettement ;
- l'ennui est que, dans les deux cas, les mouvements globaux de l'épargne peuvent dissimuler des déséquilibres propres à certaines catégories seulement de "ménages" (l'endettement excessif), déséquilibres particuliers mais qui peuvent se généraliser à l'économie tout entière (cf. les subprimes aux USA en 2007-2008) ; il faut donc prendre conscience de l'inhomogénéité de la catégorie des ménages du point de vue de leurs comportements d'épargne / endettement.

§ 1 Inhomogénéité des comportements selon les déciles de revenus

I. Taux d'épargne des différentes catégories de ménages

Ils correspondent évidemment aux différents "déciles" de revenus. Mais les données sont rares et incomplètes et, en plus, souffrent d'une ambigüité dans la définition de l'épargne : est-elle la non-consommation (pendant une année donnée) ? Ou correspond-elle à la constitution d'un "stock" d'épargne (d'un "capital", ou au moins d'une "réserve" disponible) ? L'ambiguïté vient de l'existence des remboursements faits chaque année par les ménages qui ont recouru à des "crédits" (il faudrait dire des emprunts) :

- on considère généralement que ces remboursements (qui comprennent les intérêts) constituent de l'épargne puisqu'ils ne correspondent pas à des dépenses de consommation ;
- cependant ces remboursements n'entraînent pas la constitution d'un stock d'"avoirs" au profit des ménages mais seulement une diminution de leur dette : cette vérité juridique et comptable tend cependant à occulter la vérité "conjoncturelle" du comportement d'épargne des ménages : pendant le "présent" (une année donnée, avec sa conjoncture particulière) les ménages sont soumis à une sorte d'épargne forcée, liée à une situation économique passée, et donc leur taux d'épargne ainsi calculé ne reflète pas la réaction qu'ils auraient pu avoir en l'absence de cette contrainte (p. ex. épargner moins pour faire face à une mauvaise conjoncture) ; autrement dit, le taux d'épargne hors remboursement des

crédits est sans doute beaucoup plus instable que le taux mesuré et donc tend à accroître les à-coups des dépenses de consommation en période de mauvaise conjoncture.

Les différences dans les taux d'épargne des ménages classés en déciles successifs de revenus, évalués d'après diverses données, pourraient s'établir ainsi, dans un pays comme la France en 2016 :

décile des revenus	taux d'épargne S/Y
(centile supérieur)	(80 – 90%)
décile supérieur	25 – 40%
9e décile	15 – 20%
7-8ème déciles	5 – 15%
5-6ème déciles	5%
3-4ème déciles	0%
1er-2ème déciles	désépargne de 5 à 20%

Ainsi, dire que, statistiquement, les Français épargnent 16% de leurs revenus n'a pas un sens précis dans la mesure où il est difficile de saisir les causes et les conséquences d'une telle moyenne.

En termes de comparaisons internationales, c'est déjà plus intéressant quant à l'instabilité macroéconomique potentielle engendrée par un faible taux d'épargne (besoins périodiques de désendettement) : les Américains et les Britanniques ont p. ex. des taux d'épargne inférieurs (presque nuls à certaines périodes), les Allemands des taux équivalents aux Français.

II. Taux d'endettement des ménages

Il s'agit là non plus des flux annuels d'épargne comparés aux revenus annuels mais des "stocks de dettes" accumulés par les ménages, mesurés à un moment donné. Comme pour tout stock de dettes (celui de l'Etat, celui des entreprises, celui d'une nation vis-à-vis de l'Extérieur), le taux d'endettement des ménages pose des problèmes de "soutenabilité", c'est-à-dire de capacité à "assurer le service de la dette", intérêts et capital. Et de ce point de vue, les chiffres à un moment donné n'ont pas grand sens (sauf peut-être psychologique), ce qui compte ce sont là aussi des chiffres relatifs.

Par exemple les ménages français et allemands sont moins endettés que les ménages anglo-saxons ou espagnols, mais le rapport de la dette au revenu disponible des ménages a néanmoins augmenté en France (de 50%) depuis les années 2000 (de 6 à 10 mois de salaire entre 2005 et 2014) ; et près de 1% des Français sont déclarés "surendettés". Avec un danger potentiel, celui d'un retournement du prix de l'immobilier, comme en Espagne ;

heureusement, à l'inverse des USA en 2007-2008, l'essentiel des prêts est consenti à taux fixe (mais exposition des emprunteurs en dollars ou en francs suisses…).

Ces taux d'endettement, là encore, sont des moyennes et il est clair que la fraction des endettés la plus fragile (les ménages dont le taux d'endettement est le plus élevé et/ou dont les revenus sont instables) fait peser un risque sur l'ensemble du système financier.

Aux USA les prêts aux <u>étudiants</u> constituent une catégorie risquée d'engagements financiers (1 200 milliards de $) et les embauches de <u>cadres supérieurs</u> sont en retrait par rapport à d'autres périodes de reprise économique (2014).

III. Si on se tourne vers la <u>structure</u> des actifs financiers des ménages, maintenant, on peut observer des différences entre Europe et USA du point de vue de la sécurité et de la liquidité des placements. Aux USA les placements sur les marchés financiers (ou actions, directement, ou dans les fonds de placement) sont plus répandus qu'en Europe, spécialement par rapport à la France où le capital-risque et l'industrie attirent peu les épargnants, qui ont en moyenne :

- l'équivalent de plusieurs mois de dépenses courantes sur leurs comptes chèques ;
- et plus de deux ans sur leurs livrets d'épargne, leur épargne financière proprement dite reposant sur des contrats d'assurance-vie très sécurisés mais aux rendements en baisse.

Cette différence entre France et Etats-Unis tient largement à ce qu'aux USA seuls les riches épargnent et placent, et les riches sont moins "ennemis du risque" que les classes moyennes.

§ 2 Influence de ces comportements sur le dynamisme du système économique

Il y a deux manières de considérer l'influence de l'épargne sur le dynamisme du SEM :

- "à la classique" : plus il y a d'épargne plus on pourra financer d'investissements et d'emplois ;
- "à la keynésienne" : l'épargne est une fuite hors du circuit, seule la consommation est motrice.

S'il fallait choisir entre les deux attitudes, il faudrait privilégier la vision classique parce qu'elle est fondamentale : il est clair (cf. le § 4 de la Sect. III ci-dessus) que le taux de croissance (potentiel) d'une économie est exactement proportionnel aux taux d'investissement (net), donc au taux d'épargne (net). Mais on est là en "potentiel", c'est-à-dire qu'il faut que la demande croisse au même taux que la capacité supplémentaire pour que celle-ci soit utilisée. Et dans l'Angleterre des années 1920-1935 Keynes a pu juger légitimement que c'était la demande de consommation qui était défaillante (le paradoxe a été qu'il a proposé d'y remédier par une injection d'investissement supplémentaire ! supposée entraîner de mystérieux effets de "multiplications", cf. chap. IV). Ici, il faut être très précis :

- toute fuite hors du circuit peut en effet freiner (ou même arrêter, si elle est importante) la croissance ;
- mais l'épargne n'est une fuite que si elle ne donne pas lieu à des investissements correspondants (ou éventuellement à des prêts à la consommation), et ces éventualités ne dépendent pas de la nature en soi de l'épargne mais de la qualité des circuits financiers (mettre l'épargne réalisée ici à la disposition de ceux qui veulent bien l'emprunter, sans oublier qu'une bonne partie de l'épargne est justement réalisée pour être investie (autofinancement) ; quand cela n'est plus vrai (fort % de profits distribués en dividendes), l'inquiétude keynésienne redevient légitime, et, surtout, des décisions d'investissements (Sect. III, § 4), qui doivent être suffisamment élevés pour donner lieu, au-delà de l'autofinancement, à une demande de financement externe absorbant l'épargne financière disponible pour une utilisation "industrielle" ;
- une augmentation spontanée, "à la Keynes", de la propension moyenne à épargner aurait-elle nécessairement des effets dépressifs, via une baisse de la consommation ? Eh bien il n'y a pas de réponse à cette question en se bornant à ne considérer que les deux variables consommation et épargne, il faut prendre en considération une troisième variable, le revenu : si celui-ci augmente dans le rapport PMC2 / PMC1 le même niveau de consommation sera observé malgré la baisse de la progression moyenne à consommer (p. ex. si celle-ci baisse de 84% à 83%, une augmentation de 84/83 du revenu maintiendra le niveau de consommation de t1) ; et on peut même soutenir, toujours "à la Keynes", qu'une augmentation des salaires (p. ex.) sera d'autant moins "inflationniste" qu'elle entraînera une augmentation de la propension moyenne à épargner PMS, et donc un surplus d'épargne disponible pour le financement d'investissements supplémentaires ; de quoi réfléchir à la dynamique de la répartition des revenus et des équilibres financiers (cf. Chap. III).

§ 3 Influence de ces comportements sur la stabilité de la conjoncture

C'est le problème des "bulles d'endettement" : pour des raisons plus "sociétales" que strictement économiques les comportements d'endettement des ménages semblent beaucoup plus instables que leur comportement d'épargne, manifestant de brusques accélérations après des années de grande stabilité.

La demande de crédits pour l'achat de logements, d'abord, semble subir des accélérations importantes sous l'influence de plusieurs facteurs très disparates :

- le nombre de personnes par logement, d'abord : pour une population donnée, une augmentation du nombre des divorces accroit la demande de logements ;
- le secteur financier, en quête p. ex. de crédits plus rentables pour lui que les crédits traditionnels à court terme aux entreprises, se lance parfois dans des procédés risqués pour accroître la masse de ses profits (politique des crédits subprime aux USA après 2000) ;
- les ménages eux-mêmes sont responsables de "coups d'accordéon" dans la demande de crédits, p. ex. le désir d'acquérir une résidence secondaire semble obéir à des fluctuations de longue durée difficilement modélisables (reflux en Europe depuis 2010 p. ex.).

Et il en est de même ensuite pour les crédits à la consommation en général, où se mêlent :

- un activisme variable, parfois débridé, des organismes financiers spécialisés (cf. les dangereux crédits revolving) ;
- des comportements plus ou moins irrationnels et prudents des consommateurs attirés par des innovations spectaculaires dans le domaine des communications (smartphones, tablettes, etc.) et des "objets connectés" ou de la "réalité augmentée".

*

* *

Du point de vue macroéconomique, l'ensemble des comportements d'endettement des consommateurs jouent deux rôles bien différents suivant qu'ils se produisent dans une conjoncture "régulière" ou dans une conjoncture instable :

- "en moyenne", les comportements actifs d'endettement accélèrent la tendance dynamique de fond du SEM, permettant à la croissance de la demande de dépasser celle des revenus réels, mais au risque de se heurter un jour à des tendances inflationnistes via une insuffisance d'épargne : et, surtout, le grand danger est que la dynamique du crédit puisse apparaître comme capable de remplacer la nécessaire croissance des revenus salariaux : la croissance de la demande apparaît alors "non gagée", suspendue à des procédés financiers artificiels susceptibles de se gripper, et cela d'autant plus facilement que, parmi les acteurs du système financier, s'infiltrent, dans les périodes de surchauffe, des individus qui ne respectent pas les règles d'honnêteté et de prudence normales ;

- à certains moments, donc, les bulles éclatent, c'est-à-dire qu'une certaine proportion de ménages trop endettés et d'agents trop "exposés" font défaut, avec les effets systémiques habituels :
  - effets domino entre intermédiaires financiers ;
  - "crédit crunch" plus ou moins fort ;
  - et surtout efforts de désendettement des agents qui le peuvent, baisse générale de la demande de crédits ;
  - baisse du prix des actifs financiers et immobiliers (en général limitée dans le temps à cause des politiques d'"easing" de la BC, mettant à la disposition des banques et des entreprises de grands volumes de liquidités).

*

* *

Au total, les comportements financiers des "ménages" (taux d'épargne et structure des placements) sont devenus plus instables depuis la fin du XXe s. spécialement avec l'accélération des emprunts pour la consommation et le logement. Mais ce danger a été largement accru par les politiques de plus en plus risquées des prêts effectués par les intermédiaires financiers (à des Etats étrangers, p. ex.).

<u>Note sur le traitement des comportements de consommation / épargne par les "économistes" mathématiciens</u>

Comme dans toutes nos analyses jusqu'ici nous avons usé d'un "langage naturel systémique", c'est-à-dire :

- des concepts mesurables utilisés à la fois par les agents économiques réels et par la comptabilité nationale ;
- avec une grammaire "littéraire" mais aisément transposable en "équations économétriques" quand il s'agit de faire des prévisions et des analyses, comme cela se pratique, on l'a dit dans le point III de l'Introduction, dans tous les Instituts de conjoncture du monde.

A titre de curiosité, et pour l'information du lecteur, voici p. ex. comment des mathématiciens cherchent à utiliser des mathématiques toutes faites traitant du problème du partage entre la consommation et l'épargne :

"La condition d'optimalité du programme de choix entre la consommation et la détention de titres est donnée par les conditions de premier ordre :

$$(6)\ \lambda_t = \varepsilon_t^b (C_t - \gamma C_{t-1})^{-\sigma_c}$$

$$-\beta\gamma E_t [\varepsilon_{t+1}^b (C_{t+1} - \gamma C_t)^{-\sigma_c}]$$

$$(7)\ (1+i_t)^{-1} = \beta E_t \left[\frac{\lambda_{t+1}}{\lambda_t} \frac{P_t}{P_{t+1}} \right]$$

(λ étant le multiplicateur de Lagrange sur la contrainte du budget du consommateur, i = taux d'intérêt)

L'équation (6) égalise l'utilité marginale de la consommation à son prix. L'équation (7) détermine l "allocation intertemporelle" de la richesse (équation d'Euler)".

*

* *

S'il existe des choses certaines, c'est que les ménages n' "optimisent" que dans un sens très vague, et que l'épargne est avant tout un résidu par rapport à des désirs-besoins de consommation jugés incompressibles aux divers "déciles" de revenus ; et que le taux d'intérêt (lequel ?) n'y joue pratiquement aucun rôle, l'épargne jouant un rôle de précaution pour les bas revenus, ensuite étant un moyen d'obtenir des prêts pour le logement, puis, aux déciles supérieurs, constituant la base de placements-investissements routiniers.

SECTION V

Les salariés en tant que salariés

Les "salariés en tant que salariés", c'est-à-dire non pas en tant que consommateurs et épargnants mais en tant que "groupe socio-économique" jouant dans le processus économique du SEM un rôle quantitativement très important (95% des "agents économiques" dans les pays parvenus à ce stade de l'évolution économique, entre salariés actifs et retraités de toutes catégories) et qualitativement très faible puisque nous les avons classés (cf. introduction de ce chapitre) à la dernière place parmi toutes les catégories d'agents du point de vue de leur pouvoir.

Bien entendu, et dans la prolongation de la section précédente et du rappel qu'on vient de faire de leur importance numérique, il est clair que le total de leurs dépenses de consommation (+ achats de logements), et par ailleurs des impôts qu'ils payent, est d'un poids prépondérant dans les flux du circuit macroéconomique (qui déterminent par ailleurs, largement, les décisions d'investissement des entreprises).

Ils reçoivent environ 60 à 70% du "revenu national disponible" (salaires, retraites, prestations en nature et en argent de toutes sortes), ce qui doit représenter (les données exactes ne sont pas disponibles) de 50 à 60% de la consommation totale.

Mais, là encore, et plus que pour les entreprises, se pose un problème d'hétérogénéité, et d'ignorance de la structure exacte des revenus des salariés et de l'emploi de leurs revenus.

De bas salaires (salaires et prestations) sont touchés par environ 40% des salariés (moins de 1 500 € nets), et moins de 10% bénéficient de salaires élevés (plus de 3 500 € nets dans un pays comme la France en 2016).

Et les conditions de vie sont encore plus variables, dépendant de la composition du ménage (les personnes seules sont désavantagées), du nombre de salariés dans le ménage, de l'endettement du ménage, de la propriété ou non d'un logement, de la localisation géographique. Ce morcèlement extrême des conditions de vie, multiplié par le paramètre de l'âge et des secteurs et type d'emploi (fonctions publiques, grandes entreprises, PME, entreprises artisanales…), font qu'il n'existe probablement pas de "condition salariale" homogène, ce qui accentue la faiblesse socio-économico-politique du "groupe des salariés", sans parler de la fragmentation (dans un pays comme la France p. ex.) de la représentation syndicale ; seul bémol à cette constatation de faiblesse, la possibilité d'"explosions salariales" susceptibles de se produire dans certaines conjonctures sur le plan social (France, printemps 1936 et 1968) ou sur le plan politique : pendant quelque temps les salariés arrivent alors à obtenir de fortes augmentations de salaires et/ou des modifications en leur faveur de diverses dispositions institutionnelles (droits syndicaux, salaire minium, etc.). A cet égard, il existe une différence importante entre pays latins et pays anglo-saxons, dans ces derniers, et même si le taux de syndicalisation peut paraître élevé, les "explosions salariales" ne se sont jamais produites et, aux USA p. ex., les salariés ont vu leur pouvoir d'achat stagner depuis le milieu des années 1970.

Car là est la question cruciale concernant le groupe des agents économiques salariés : quel pouvoir peuvent-ils exercer sur cette variable absolument fondamentale de la dynamique du SEM qu'est l'évolution du salaire réel ? Et, il faudrait ajouter, sur la durée annuelle du travail et, même, sur la durée de la vie de travail (âge effectif de départ à la retraite) ? Un certain nombre de réponses ont été apportées à cette question depuis la fin du XVIIIe s., au fur et à mesure que s'installait le système capitaliste qui, comme on l'a déjà dit, est avant tout un système salarial (et "en monnaie", les deux choses allant ensemble). Ces réponses, très historiquement datées, sont toutes intéressantes car elles montrent la dépendance de "la" théorie économique par rapport aux conditions matérielles et institutionnelles de la production.

I- La théorie du salaire de subsistance a régné de la fin du XVIIIe s. à la fin du XIXe s. : les salariés de cette période, chassés des campagnes par les progrès techniques agricoles et l'agrandissement des surfaces cultivables étaient obligés d'accepter des salaires de misère leur permettant juste de vivre eux et leur descendance ("proles" en latin) : d'A. Smith à Marx, ce fut la théorie "classique" par excellence et il en reste quelque chose aujourd'hui avec les diverses institutions qui, de manière diverse, garantissent un "minimum social".

II- A partir de 1870 environ, l'exode rural (ou l'immigration de "paysans sans terre" aux USA) se ralentit, les salariés se groupèrent en syndicats, des lois sociales (travail des femmes et des enfants, durée du travail...) apparurent et le "prix du travail" devint en effet celui d'une "marchandise" comme les autres, débattue sur un marché, tel fut le modèle "néo-classique" qui s'installa peu à peu dans les manuels ; les "courbes d'offre (par les salariés) et de demande (par les entreprises) de travail" se coupaient en un point qui déterminait :

- pour les chefs d'entreprise l'égalité avec la productivité (marginale !) du travail ;
- pour les personnes en recherche d'emploi l'utilité du travail (le salaire) et sa "désutilité", c'est-à-dire l'effort nécessaire et le "renoncement au loisir".

Cette théorie a déjà été critiquée précédemment (le salaire est aussi un élément de la demande, les entrepreneurs calculent la part de la VA dont ils ont besoin pour assurer autofinancement et niveau de vie distinctif... et la notion de productivité marginale est une fable imaginée par des économistes en chambre sachant se servir des dérivées partielles). Mais l'idée que le salaire pouvait être l'objet d'une discussion économique était intéressante en soi.

Au XIXe s., elle ne déboucha sur aucune idée plus précise que celle déjà exprimée par A. Smith ("quand deux patrons courent après un salarié le salaire est plus élevé quand deux salariés courent après un patron"). Le salaire réel monta peu à peu (après 1860-70) au-dessus du niveau de subsistance mais sans que les économistes comprissent bien ce qu'il se passait : comme en même temps l'Etat investissait un peu et que le syndicalisme se développait, l'idée vague se répandit que les "forces du marché" faisaient monter les salaires.

III- Au XXe s., en 1948 (après les bouleversements dus aux deux guerres mondiales et à la crise de 1929) apparut une théorie, totalement néoclassique dans sa nature (le marché) mais qui, curieusement, passe pour "keynésienne" : la "courbe de Philips", qui établissait une relation décroissante, au niveau macroéconomique, entre le salaire (nominal !) et le taux de chômage : ainsi c'était l'"état du marché du travail" qui mettait les salariés en situation de force, ou de faiblesse, vis-à-vis des employeurs ; cette théorie, absolument pas vérifiée après la Seconde Guerre mondiale (les "courbes" avaient n'importe quelle forme !) passa sans doute pour keynésienne parce que l'Etat y apparaissait capable de faire baisser le niveau du chômage en pratiquant des politiques monétaires et budgétaires expansionnistes et "inflationnistes".

IV-Et parallèlement à cette théorie du salaire fondée sur la "négociation entre partenaires sur le marché du travail" se développaient très normalement un grand nombre d'études fondées, elles, sur les éléments de force dont pouvaient disposer les parties en présence :

- le taux de syndicalisation des salariés était considéré comme un facteur très important, sans prendre garde qu'aux USA, pays très syndicalisé, les salaires réels montaient beaucoup moins qu'en France, p. ex. pays de grande faiblesse syndicale ! ;
- la "combattivité ouvrière" était également mise en avant, sans s'apercevoir, là, qu'elle débouchait tantôt (Grande-Bretagne) sur des pratiques antiproductivistes et tantôt (France, Italie) sur des situations inflationnistes qui érodaient le gain réel obtenu ;
- plus tard (à partir des années 1970) des distinctions subtiles furent inventées pour mettre en valeur des structurations à l'intérieur de la classe ouvrière entre "insiders" et "outsiders", salariés protégés (ayant un emploi bien payé) et salariés en dehors du système, routiniers et "laissés pour compte de la mondialisation" quand il s'agit, à partir des années 1980, de rendre compte de l'installation du chômage de masse.

Toutes ces explications ne contenaient que de bien faibles éléments d'explication de l'évolution des salaires réels mais elles exprimaient bien, en revanche, le faible pouvoir économique des salariés, le fait que leurs "comportements de pression salariale" n'avaient au fond d'efficacité que quand la situation macroéconomique leur était favorable, mais sans bien comprendre comment et pourquoi (p. ex. dans les pays en guerre entre 1939 et 1945 il régnait un plein-emploi absolu, et pourtant les salaires réels eurent plutôt tendance à se détériorer !).

Tout au moins, toutes ces explications des mouvements du salaire gardaient-elles un certain contact avec des réalités économiques, mal comprises et appréciées mais néanmoins susceptibles d'observation et de mesures.

V- Après 1980, avec la théorie des manuels académiques, toute référence au réel disparut au profit d'hypothèses néoclassiques extrémistes fondées sur l'offre de travail d'un ménage fixant son salaire en optimisant son "choix" consommation/loisir, et en tenant compte seulement de l'inflation. Voici un exemple de ce type de théorie économique (on ne citera pas la source, non pas seulement par charité mais parce que ce type d'exposé est standard dans l'"économie mathématique") :

Décisions d'offre de travail et fixation des salaires

Tout d'abord, notons que le taux marginal de substitution entre la consommation et le loisir est donné par :

$$MRS_t(h) = \frac{U^h_{L,t}}{U^h_{C,t}}$$

Ensuite, la décision de fixation des salaires de ménages est modélisée à travers une version modifiée des contrats à la Calvo (1983).

Hypothèse d'indexation des salaires. Les ménages, qui ne peuvent pas fixer leur salaire de façon optimale, peuvent néanmoins l'ajuster sur les niveaux de l'inflation passée et de l'inflation tendancielle.

Ce modèle postule qu'à chaque période les ménages ne peuvent modifier leurs salaires qu'avec une probabilité $(1 - \alpha_w)$, indépendante du temps écoulé depuis leur dernière révision de salaire. La durée moyenne de fixation des salaires, autrement dit le temps moyen entre deux révisions de salaires, est alors $1 / (1 - \alpha_w)$. Dans ce cas, le ménage choisit un nouveau salaire W_t (h) qui maximise :

$$E_t \sum_{j=0}^{\infty} (\beta\alpha_w)^j \left[(1-\tau_{w,t+j}) \lambda_{t+j} \frac{\widetilde{W}_t(h)\Psi^w_{t,t+j}}{P_{t+j}} L_{t+j}(h) - \frac{\varepsilon^b_{t+j}\,\varepsilon^L_{t+j}\,\widetilde{L}(L_{t+j}(h))^{1+\sigma_L}}{1+\sigma_L} \right]$$

sous contrainte d'une séquence d'équations de demande de travail :

$$(8)\ L_{t+j}(h) = \left(\frac{\widetilde{W}_t(h)\Psi^w_{t,t+k}}{W_{t+k}} \right)^{-\theta_w} L_{t+j},$$

et

$$(9)\ \Psi^w_{t,t+j} = \begin{cases} \Pi_{v=0}^{j-1}\, \bar{\pi}^{1-\xi_w}\, \pi^{\xi_w}_{t+v} & j>0 \\ 1 & j=0 \end{cases}$$

où $\pi_t \equiv P_t / P_{t-1}$ représente le taux d'inflation, π est l'inflation tendancielle, et le coefficient $\xi_w \in [0,1]$ est le degré d'indexation des salaires aux prix passés lorsque les ménages ne peuvent pas ré-optimiser. $\Psi_{t,t+j}$ est un terme correcteur qui tient compte du fait que si le ménage h ne peut pas ré-optimiser son salaire, il l'ajuste en suivant la règle simple :

$$(10)\ W_t(h) = \bar{\pi}^{1-\xi_w}\, \pi^{\xi_w}_{t-1}\, W_{t-1}(h)$$

La condition du premier ordre par rapport à $\widetilde{W}_t(h)$ est donnée par :

$$(11)\ E_t \sum_{j=0}^{\infty} (\beta\alpha_w)^j \left[(1-\tau_{w,t+j}) \bar{\pi}^{(1-\xi_w)j} \left(\frac{P_{t+j-1}}{P_{t-1}} \right)^{\xi_w} \frac{\widetilde{W}_t(h)}{P_{t+j}} - \frac{\theta_w}{\theta_w - 1} MRS_{t+k}(h) \widetilde{L}_{t+j}(h) \right] = 0$$

Un contrat de salaire à la Calvo avec indexation partielle implique l'évolution de l'indice de salaire suivante :

$$(12)\ W_t = \Big[\alpha_w \left(\bar{\pi}^{1-\xi_w} \pi_{t-1}^{\xi_w} W_{t-1}\right)^{1-\theta_w} + (1-\alpha_w)(\widetilde{W}_t)^{1-\theta_w}\Big]^{\frac{1}{1-\theta_w}}$$

*

* *

Ce genre d'exercice d'optimisation est peut-être intéressant dans cette partie des mathématiques où les "lagrangiens" (techniques d'optimisation d'un programme numérique sous contrainte) tiennent lieu d'observation et de raisonnement, il est clair qu'il ne peut rien nous apprendre sur le monde réel.

*

* *

Dans cette section on a plus parlé du salaire que des salariés, sur lesquels il y aurait immensément à dire des points de vue historique, sociologique et politique : mais la théorie économique ne peut que constater leur très faible pouvoir intrinsèque, qui consiste cependant en un pouvoir, faible mais permanent, de <u>pression à la hausse</u> ou du moins au maintien du niveau salarial atteint : ce n'est donc pas un pouvoir <u>d'initiative</u> (au sens déjà utilisé de ce mot : faire dévier d'une tendance, engendrer une conjoncture nouvelle), mais un pouvoir totalement inscrit dans les structures du système, et à ce titre qui lui est totalement nécessaire s'il veut continuer à remplir son programme : la croissance.

Si le système sort de ses rails, peut-être, alors, les salariés trouveront-ils un autre pouvoir, mais cela ne sera plus du ressort de la théorie économique.

Quant aux mouvements des <u>salaires</u>, ils ne pourront être éclaircis, encore une fois, dans leurs déterminants et dans leurs conséquences que dans l'analyse macroéconomique globale que nous nous efforcerons de mener dans la IIe Partie.

Note sur les préconisations d'économistes ultralibéraux visant à occulter le chômage :

1. Le "revenu minimum universel" : versé à tout individu en tant que tel (et éliminant toutes les autres prestations sociales), il rendrait pratiquement inutile le décompte des chômeurs, chacun étant assuré de subsister, toute inactivité serait un choix volontaire (plutôt que d'accepter le salaire du marché). Cette idée nous semble pratiquement irréalisable, économiquement (coût) et socialement (comment faire accepter un revenu sans contrepartie de travail ?).
2. "Tous entrepreneurs" : vers l'"ubérisation" de la société ? – Déjà, l'institution du statut d'"autoentrepreneurs" avait permis de faire baisser artificiellement les chiffres officiels du chômage (environ un million d'autoentrepreneurs en France avec un revenu annuel moyen de 3 000 €). Transformer les salariés en "indépendants", contractant d'égal à égal sur un marché avec les véritables entreprises est un rêve d'idéologues :
   - techniquement, les très petites entreprises personnelles ne sont viables que dans des domaines limités (c'est de l'"artisanat"...) ;
   - les "indépendants" sans compétence particulière recevraient systématiquement des revenus très bas ;
   - ils ne pourraient recevoir de crédits bancaires, d'où une pression à la baisse des liquidités dans l'économie.

En aucun cas l'"ubérisation" n'est généralisable, même si des "plateformes" en réseau, pour rapprocher clients et prestataires, sont une bonne chose.

CONCLUSION DE LA 1ère PARTIE

On est obligé, maintenant qu'on a acquis une idée générale mais assez précise, des éléments et concepts fondamentaux de la vie et de la théorie économiques, de revenir sur un point évoqué à plusieurs reprises : qu'il existe malheureusement deux théories économiques, opposées (dont l'une est donc forcément mauvaise), opposition qui se cristallise autour de l'antagonisme micro/macro.

Cette situation d'opposition absolue entre deux types de conceptions de la "science économique", qui n'existe pas dans les sciences de la nature (sauf polémiques normales à l'extrême pointe de la recherche), montre deux choses :

- que l'économie est une science qui sera éternellement "jeune" (donc incertaine) car la réalité économique est perpétuellement mouvante, donc ses "lois" sont relatives à des structures et des périodes jamais exactement semblables ;
- que les enjeux politiques, idéologiques et d'intérêt y sont présents à un degré infiniment plus grand que dans les sciences naturelles, d'où le danger d'une "science sous influence"…

§ 1 Retour sur les deux paradigmes antagonistes de "la" science économique

L'opposition principale est entre une approche a priori, qu'on doit qualifier d'idéologique car elle prétend qu'il existe dans l'économie un "équilibre optimum" (→ "paradigme n° 1") et une approche factuelle qu'on peut qualifier d'"observationnelle – expérimentale" car elle repose sur les données de la Comptabilité nationale (PIB, C, I, etc.) et l'étude attentive des enchaînements effectifs ("historiques") entre les diverses variables observées (→ "paradigme n° 2").

Les deux tableaux suivants cherchent à préciser encore les dénominations et le contenu des deux paradigmes déjà sommairement évoqués dans l'Introduction.

I - Dénominations utilisées couramment pour distinguer les deux types d'analyse économique :

Paradigmes / Type de dénominations	Paradigme 1	Paradigme 2
a) dénominations ("littéraires" c à d non analytiques)	- "orthodoxe" - "mainstream", "standard" ("courant majoritaire") - "théorie des manuels" c'est à dire des catalogues d'idées fausses avec des plans et idées directrices aberrants	- "hétérodoxe" - Théorie "réaliste" ou "appliquée" ("Real world economics", il existe une Revue de ce nom)
b) Dénominations "techniques" d'après les écoles de "pensée économique" * ("eau douce" et" eau salée" se réfèrent à deux groupes d'universités US situées plutôt au bord de mer ou plutôt à l'intérieur des terres)	"micro" - "néo classique", "classique" - avec les variantes suivantes : o "monétaristes" o "néo keynésiennes" (mal nommées !) (dont : • "imperfection des marchés" • "ISLM" • "Phillips" • "du déséquilibre" o "d'équilibre général" ("stochastique" ou pas) ("eau douce" *) o "th. de l'offre" (dénomination vulgaire car il n'existe pas vraiment de "théorie de l'offre" sauf celle de J. B. Say en 1804...)	"macro" - "keynésien" et "postkeynésien" - avec deux variantes principales : o une utilisation purement "professionnelle" dans les organismes de prévision privés et publics (modèles de prévision appliqués, beaucoup plus "économistique" que "mathématique") o un accent mis sur les déséquilibres financiers à la "Minsky" dans des études universitaires et/ou d'analyse conjonctuelle o les "simulations informatiques keynésiennes" ("ACE") semblent très prometteuses
c) dénominations jugeant la qualité scientifique du paradigme	Paradigme obscurantiste - lissenkiste au service d'intérêts privés ou idéologiques : . scolastique – alchimiste (concepts sans base réelle) ; . scientiste - a priori, dogmatique (quasiment religieux : "orthodoxe"!) - aucun fondement épistémologique - concepts imaginaires et relations supposées - aucune vérification (!) →non scientifique ou a-sc. ou para-sc.	Paradigme "observationnel expérimental" : - observation des faits (anticipations, décisions, résultats etc.) - formalisations "conceptuelles-quantitatives" (les "propensions") décalquant les séries de données factuelles - suivi des enchainements dans le temps réel par des équations économétriques "libres" → scientifique – systémique

II- Caractères principaux des 2 grands paradigmes opposés de la théorie économique

Les 2 paradigmes / Leurs caractères	I **Paradigme "néo-classique" "classique – monétariste" (idéologique)**	II **Paradigme "keynésien – systémique" (scientifique)**
<u>1/ caractères formels :</u> 1) la méthode	déductive, a priori : l'Economie est une science exacte ("physique économique")	inductive, "observationnelle" ; l'Ec. est une science "floue" parce que socio-historique, bien que quantitative ; elle doit se donner une méthode qui lui soit propre
2) types de lois	(a) générales et intemporelles (b) les mêmes aux niveaux micro et macro	(a) peu de lois générales, la plupart des "lois" sont relatives à tel ou tel système ou stade d'un système (b) différentes aux niveaux micro et macro
3) langage de la théorie	emprunté à la physique : les mathématiques fonctionnelles de l' "optimisation" et des équations aux différences ou différentielles (toutes ces relations étant non causales)	un langage formalisé mais propre à l'économie : la comptabilité nationale débouchant sur une "arithmétique causale des propensions" : l'économétrie
4) niveau d'analyse privilégié	la micro (firmes et "agents") ; mais prétention à fournir les "fondements micro de la macro", prétention insoutenable car il s'agit de micro néoclassique	la macro, car ce paradigme en a élaboré les concepts de base ; mais la méthode systémique peut fort bien s'appliquer au niveau des branches et des firmes
<u>2/ caractères substantiels</u> 5) logique fondamentale de fonctionnement-évolution du système économique	le marché (relations inverses, prix / quantités entre <u>micro agents égaux)</u> "équilibre" (statique comparative) Les prévisions ne jouent aucun rôle (sauf si "rationnelles"!) Etat ("prédateur" !) absent La monnaie est exogène et toujours dangereuse ("inflationniste", ce qui est le pire déséquilibre !)	le "circuit" (dynamique) (enchaînements de flux temporels de prévisions et de décisions portant sur les revenus et les dépenses, émanant de groupes socio-économiques ayant des <u>pouvoirs</u> économiques et sociopolitiques très différents) déséquilibres / équilibrations permanents sur fond de croissance (dynamique "historique") institutions étatiques et monétaires présentes dès le départ
6) moteur de l'activité économique	l'offre l'offre crée sa propre demande, qui lui est donc égale, il faut donc toujours favoriser les chefs d'entreprises en abaissant leurs <u>coûts</u>, dont les principaux sont les <u>salaires</u> le plein emploi des facteurs est toujours réalisé (sinon, c'est que le "marché du travail" n'est pas fluide, et le chômage est volontaire	la demande (qui suscite l'offre !) elle peut être <u>insuffisante</u> par rapport : - à l'offre existante (Keynes : trop d'épargne ; ou bien : pas assez de salaires distribués) ; - à l'offre potentielle : chefs d'entreprises trop timides ou bien politiques monétaires et budgétaires de freinage
7) conceptions des relations entre "facteurs de production"	(a) relations techniques : plusieurs facteurs avec "productivités marginales" décroissantes : "substituabilité (b) rémunération des "facteurs" en fonction des "productivités marginales"	(a) relations techniques : un seul facteur – stock : le capital (Harrod) : "complémentarité" avec le facteur travail (pas de rendements décroissants) (b) répartition des revenus en fonction des pouvoirs économiques des différents groupes et de la politique de l'Etat.

§ 2 – Validité des concepts économiques suivant le niveau de l'analyse

I. Les concepts fondamentaux de l'analyse économique ont des degrés de validité différents suivant le niveau d'analyse (micro ou macro)

Certains éléments (et concepts) semblent spécifiques à un niveau, d'autres valent aux 2 niveaux :

1. Concepts valables aux deux niveaux (ne subissant qu'un changement d'échelle) :

niveaux / concepts	Micro	Macro
production (valeur ajoutée)	VA de l'entreprise	PIB, RN
(types de) revenus	salaire par tête profit d'une entreprise taux de profit	masse des salaires masse des profits taux de profit moyen
dépenses, épargne	d'un agent	dans l'ensemble de l'Economie
emploi, durée du travail valeur du capital productif les diverses productivités	dans une entreprise idem (cf. son "bilan") idem	en moyenne dans l'Economie idem idem
concurrence	sur un marché	degré moyen de concurrence dans une Economie
propensions et logiques de comportement des agents privés	d'un agent donné	valeurs moyennes pour les divers groupes homogènes d'agents
valeur des transactions	"chiffres d'affaires" d'une entreprise	total des transactions dans l'Economie (connu mais sans grand intérêt : on utilise des chiffres consolidés)
dettes et créances (stocks et flux)	d'un agent	de l'ensemble des agents d'une Economie
taux d'intérêt	supporté ou encaissé par tel agent	taux moyens supportés ou encaissés par chaque catégorie homogène d'agents (peu connus)
taux de marge (cf. chap. I)	de telle entreprise ou de tel secteur	taux de marge moyen dans l'économie
taux de croissance	de la firme ou du secteur	de l'Economie

2. Concepts n'ayant de sens qu'au niveau micro-économique :

- "psychologie" (logique de comportement) d'un individu en général :

    - courbes d'indifférence (d'isosatisfaction)
    - préférence pour le présent
    - égalisation des utilités marginales (compte tenu des prix relatifs)
    - arbitrage loisir / travail

  (principes pas totalement imaginaires mais très vagues et très différents dans leurs valeurs suivant les divers groupes sociaux ; ni stables ni chiffrables)

- prix relatifs des divers biens sur un marché ;

- une firme (ou un secteur) et son marché : technique de production et logiques d'offre et de demande prévalant dans les firmes concernées, leurs fournisseurs, leurs clients ; la stratégie générale d'une entreprise consiste à minimiser ses coûts, pour un certain choix dans la gamme des biens et services offerts, de manière à dégager un taux de marge nette au moins compatible avec la survie de l'entreprise et, si possible, son développement absolu (croissance) et relatif (accroissement de "part de marché") : les entreprises individuelles se fixent une taille limite, les "capitaines d'industrie" dirigeant les grands groupes industriels - financiers ne s'en fixent aucune, mais ils grandissent plus par fusions - acquisitions que par croissance interne.

3. Concepts n'ayant de sens qu'au niveau macro-économique :

- population et variables démographiques générales ;

- système économique ; Nation (toutes les institutions économiques, nationales ou internationales, sont macro-économiques, y compris l'organisation des marchés).

- monnaie[14] * ;

- taux de chômage, taux d'inflation (lié au concept de NGP, niveau général des prix) ;

---

[14] Dans sa nature, la monnaie est nécessairement un "type d'organisation" (aspect systémique) et elle est nécessairement adossée à un Etat pour les règles générales ("d'ordre public") de sa mise en œuvre. La monnaie est d'emblée au niveau macroéconomique.

- Etat (son système fiscal, son budget, toutes ses catégories d'interventions structurelles et conjoncturelles, l'image sociopolitique générale qu'il donne de lui) ; niveau et évolution du taux d'intérêt de la Banque centrale ;

- équilibre extérieur ("taux de couverture", "balance des capitaux"... et taux de change.

Le point commun entre ces réalités, qui n'existent qu'au niveau macro, mises "en vrac" exprès, est qu'il s'agit d'institutions (Nation, Etat, organisation des marchés, monnaie ...) ou bien de résultats statistiques qui n'ont de sens, justement, qu'au niveau national (ou international) comme la population et certaines "performances" économiques (taux de change, taux d'endettement international ou de l'Etat, taux d'inflation, taux de chômage...)

II. "Micro" et "macro" désignent tantôt l'objet (niveau) tantôt la méthode de l'analyse utilisée : en effet les deux paradigmes opposés ne sont pas clairement définis, et sont en plus désignés par des noms qui ne reflètent pas vraiment leur "nature" : "micro" et "néo-classique" d'un côté, "macro" et "keynésien" de l'autre ; or, il faut savoir qu'il existe une "macro-économie néo-classique", et que la "macro-économie keynésienne" possède pour sa part des fondements micro-économiques tout à fait pertinents (les "propensions" moyennes des divers groupes socio-économiques et de l'Etat ; elle a aussi quelques fondements néo-classiques sans rapport avec le réel, comme la notion de productivité marginale décroissante utilisée par Keynes en 1936...). La relation entre les deux binômes de termes doit être en fait rompue : on peut faire de la micro-économie sans être néo-classique, on peut faire (très mal !) de la macro-économie sans être keynésien ... Il suffit pour cela de distinguer l'objet de l'analyse et le type de théorie qu'on va utiliser ; on aboutit alors aux distinctions et aux disciplines suivantes :

Objet de l'analyse / Théorie utilisée	MICRO (1 individu, 1 firme, 1 secteur économique...)	MACRO (1 Nation, 1 groupe de Nations, l'Economie mondiale)
- théorie "scholastique-idéologique" - pas de souci de méthode scientifique (concepts a priori) ne reposant pas sur l'observation)	(1) "théorie micro-économique" enseignée uniquement dans les Universités et dans les Grandes Ecoles ("théories orthodoxes")	(2) "Macroéconomie classique" (confinée également dans l'enseignement académique et les "Grandes Ecoles" françaises) des manuels académiques
- théorie "réaliste-expérimentale" (observation, statistiques) - méthode expérimentale de type systémique (modélisation réaliste)	(3) "Gestion", "management" "Administration des Entreprises (IAE et Ecoles de gestion, à visée plutôt normative)	(4) "Macrodynamique appliquée" : - une petite place dans les Universités, surtout aux USA ("théories hétérodoxes") ; - Instituts de conjoncture privés et publics ; - Services économiques des Ministères et des très grandes entreprises

Seules les recherches répertoriées dans les cases (3) et (4) peuvent prétendre au statut d'activités scientifiques car seules elles reposent sur l'observation et débouchent sur la prévision et l'explication des faits.

Finalement, lorsque l'approche générale de l'économie est bonne (méthode expérimentale - observationnelle globale), et que les concepts sont donc réalistes, l'opposition micro / macro se réduit à quelque chose de tout simple : au niveau macro il existe des éléments nouveaux par rapport au niveau micro, qu'on ne peut plus considérer comme des données mais qu'il faut au contraire expliquer (essentiellement le niveau de la demande globale - PIB -, de l'emploi, de l'ensemble des prix, du taux de change, des inégalités sociales ...).

Mais, si la théorie néo-classique est incapable d'appréhender correctement le niveau macro-économique, ce n'est pas seulement parce qu'elle ignore la spécificité des réalités de ce niveau. C'est surtout parce que le contenu conceptuel précis du paradigme néo-classique est très faible ou largement imaginaire et inadéquat (non pertinent).

III. Le tableau ci-dessous explicite les différences conceptuelles fondamentales entre le paradigme "classique" et le paradigme expérimental-systémique, déjà analysés mais en insistant ici sur l'opposition micro/macro.

Concepts et leur mode de formulation	**Paradigme N C ("paradigme 1")**	**Paradigme systémique ("paradigme 2")**
1) les éléments du système économique	des "individus", avec des "dotations en facteurs" différents ; Etat absent ou vu comme un "gêneur"	groupes socio-économiques à pouvoirs inégaux : institution établissant les règles du jeu stabilisatrices (y compris des "marchés")
2) types de comportement des agents	optimisateur-imaginaire (fonction d'utilité, optimisation intertemporelle de "l'offre de travail")	réaliste : - observation des logiques concrètes des agents (C.E...) - comportement de pouvoir des dirigeants visant accumulation /développement/progrès techn.
3) mécanismes d'ajustement	- le marché concurrentiel - rendements techniques vus a priori comme décroissants - "équilibre" (plein-emploi) - l'offre crée la demande (J.B. Say, 1804)	- recherche d'éléments de monopole - organisation consciente des règles du marché - enchainements temporels Q / Y / D aboutissant à une suite de déséquilibres / rééquilibres pour rétablir le "bon niveau" des variables souhaité par les tenants du pouvoir socio-économique : le "circuit dynamique"
4) modes de formulation des relations entre éléments (formalisation, c. à d. le "langage" de la théorie)	mathématique : - intégrales ("Fonctions d'utilité intertempo-relles") - fonctions (logarithmiques par ex.) - équations différentielles - maximisation sous contrainte - etc. (éq. de relaxations, maths du chaos...)	conceptuel mais aussi arithmétique/comptable /statistique : - "arithmétique économique" (comptabilités nationale et privée, mathématiques financières, arithmétique des taux de variation (croissance) - équations et modèles économétriques (décomposition additive-linéaire des facteurs déterminant toute décision)

IIe PARTIE

LA DYNAMIQUE DU SYSTEME ÉCONOMIQUE MODERNE

Comme dans tout système social, c'est l'interaction des comportements des diverses catégories d'"agents" qui engendre l'évolution du système économique. Bien que la dynamique du système économique ne soit qu'une partie de la dynamique sociale tout entière, elle semble déjà suffisamment difficile à comprendre :

- les premiers économistes, les "classiques" (y compris Marx) raisonnaient correctement en termes de systèmes historiques pour montrer, à propos du système industriel, ses forces et sa nouveauté (les classiques anglais et français) ou bien ses vices irrémédiables (les marxistes) ; ils avaient raison tous les deux puisque le système capitaliste est devenu universel (vérité classique), mais n'a survécu à sa version "libérale" du XIXe siècle qu'en s'adjoignant un énorme appendice "étatique-social" au milieu du XXe siècle (vérité marxiste si l'on veut puisque le capitalisme libéral s'est effondré entre 1930 et 1945) ;
- mais ensuite les économistes néo-classiques, et même keynésiens, ont délaissé l'analyse en termes systémiques (l'interaction des infrastructures techniques et des structures sociales de pouvoir) pour des analyses soit loin de toute réalité (l'économie mathématique des néo-classiques, cf. l'Introduction) soit opérationnelles (prévisions et analyses de type keynésien), mais focalisées sur le court terme et assez oublieuses de la logique profonde du système capitaliste, qui est celle de grandes inégalités justifiées systémiquement seulement par de bonnes "performances" (croissance régulière et plein-emploi).

Très récemment, après le début de la "grande récession" en 2007-2008, certains économistes se posent à nouveau des questions sur le système, et sur son pilotage, puisque désormais le système capitaliste est un système mixte où l'équilibre dynamique ne peut plus être assuré, à l'évidence, que par des règles du jeu conformes à sa logique profonde.

Mais si les faits sont têtus, la majorité des économistes installés (dans les universités et sur les médias) font encore semblant de croire (malgré l'exemple des USA) qu'il faut faire "reculer l'Etat", "payer ses dettes" et "libérer les énergies" (privées) et que pour le reste le "marché" y pourvoira.

Tel est le fond du problème qu'on aborde dans cette IIe partie de notre analyse : quelle est, vraiment, la nature profonde du système économique moderne "occidental" (SEM), à savoir produit-il des résultats qu'on peut juger "optimaux" non pas dans la perspective désincarnée, proprement "martienne" de l'optimisation mathématique des manuels néo-classiques, mais dans la perspective de la Théorie générale des systèmes (qui est notre choix épistémologique, rappelons-le) ? Cette question se précisant ainsi : le (nécessaire) pilotage du Système par un Centre est-il conforme à la logique mentionnée plus haut, va-t-il permettre au S.E.M. de se maintenir sur ses rails, ou bien va-t-il l'entraîner vers une marginalisation par rapport au "capitalisme sauvage" des pays neufs et au "capitalisme organisé" de l'Empire chinois ? Sans parler des risques provoqués par des "explosions sociétales" se produisant dans des régions où, justement, aucun système viable n'a pu encore s'établir.

*

* *

Pour tenter de répondre, sur le plan économique, à ces questions lourdes de sens pour l'"honnête homme-citoyen", on va procéder en deux temps :

- dans le Chap. III, on va prendre conscience que la dynamique économique est constituée d'un certain nombre d'"équilibres/déséquilibres" partiels, tous reliés mais néanmoins distincts dans leur nature, qui sont donc les "paliers" successifs d'une analyse qui tend vers la compréhension synthétique du mouvement économique ;
- dans le Chap. IV on sera obligé de mettre au premier plan la politique économique des Etats comme moyen de comprendre les différences de performances globales entre les nations ; et, suivant les périodes, des "régimes" de politiques différentes provoquent des agencements différents entre les diverses variables intervenant dans les équilibres partiels du Chap. III, agencements, qui produisent des niveaux de performances bien différents également.

CHAPITRE III

Les équilibres dynamiques partiels : "mécanismes", "rouages", "nœuds"

Il s'agit bien entendu d'"équilibre-déséquilibre" entre des "variables significatives" repérées par la théorie macro-économique appliquée, la théorie "observationnelle-expérimentale" (ne serait-ce que parce qu'elle fait le plus grand cas des "expériences" de politique économique au niveau mondial), mentionnée dans les tableaux figurant dans la Conclusion de la 1re Partie.

On ne va pas analyser ces relations significatives comme les éléments d'un catalogue : il s'agit de "mécanismes" tous interreliés, mais dont l'analyse systémique suggère que certains sont plus fondamentaux, plus explicatifs : une analyse en termes de pouvoir, c'est-à-dire de causalité, permet en effet de remonter des résultats (conjoncturels p. ex.) vers les causes, en l'occurrence on considère que les "agents" les plus puissants déterminent les structures les plus significatives, et ces dernières d'autres structures ou variables plus superficielles ; on obtient ainsi une suite de "causalités systémiques" qui à la fois peut expliquer des enchaînements temporels et mettre en lumière des phénomènes de compatibilité/incompatibilité entre structures et performances (question centrale : quels rapports entre inégalités et performances ?).

On part du modèle suivant : les mécanismes de la répartition des revenus (1) déterminent ceux de l'inflation (2) et des équilibres financiers internes (3) et l'ensemble de ces équilibres/déséquilibres détermine l'équilibre extérieur (4) et le niveau de l'emploi/chômage (5), tous ces enchaînements étant eux-mêmes sous la dépendance ultime de la politique macroéconomique de l'Etat, dont il sera traité dans le Chapitre IV.

Le statut théorique de ces cinq équilibres / déséquilibres est <u>spécifiquement macroéconomique</u>, il s'agit de phénomènes émergents détectés par l'analyse systémique, qui ont la nature à la fois de résultats (ce sont des "indicateurs économiques") et de mécanismes d'ajustement entre des flux et des "niveaux", qui réussissent (ou pas) à se correspondre, à s'emboîter, pour assurer le (bon) fonctionnement du Système tout entier, chaque désajustement de l'un de ces mécanismes ayant des répercussions négatives au niveau global et convergeant en quelque sorte vers le résultat "ultime" de chaque économie nationale, son taux de chômage U ("Unemployment"), indicateur à la fois sociopolitique et économique, structurel et dynamique. Ce sont en quelque sorte des "nœuds de relation" ayant un caractère "stratégique" dans le fonctionnement de l'économie.

L'esprit humain étant peu apte à saisir d'un seul mouvement une totalité complexe et dynamique, les cinq "rouages" retenus seront étudiés successivement, mais en n'oubliant pas qu'ils ne constituent que des aspects partiels de la logique globale de fonctionnement-évolution du Système tout entier, logique globale qui n'apparaîtra clairement que dans une étape ultérieure (Chap. IV et Synthèse), où des relations causales en termes de pouvoir pourront être mises en lumière, dans une vision d'ensemble : au niveau analytique de ce Chap. III, c'est en quelque sorte la "grammaire" de chaque rouage qu'on va établir, c'est-à-dire les relations qui existent entre les divers éléments et forces en présence, sans chercher encore à déterminer les relations de causalité, donc de pouvoirs. Les "flèches" du schéma suivant ne renvoient donc pas aux agents, mais à l'articulation logique entre les divers mécanismes (tous les agents influencent chaque mécanisme et tous les agents et mécanismes sont sous l'influence ultime de la politique économique) :

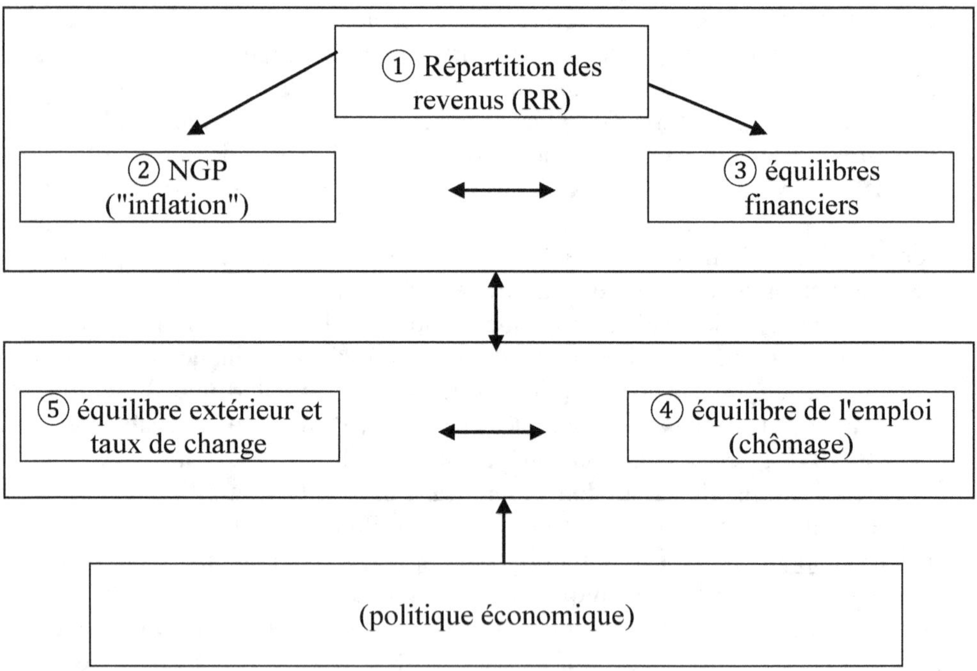

On pourrait dire encore qu'il s'agit, dans ce Chapitre III, d'établir l'"arithmétique" des divers rouages analysés, sans pouvoir encore comprendre vraiment leur nature profonde et les relations causales ultimes qu'ils entretiennent entre eux.

Mais une première distinction analytique peut tout de même être faite : à l'évidence les "équilibres" ou "nœuds" (4) et (5) sont des résultats du niveau macroéconomique "le plus élevé", c'est-à-dire qui échappent très largement aux décisions des divers groupes d'agents, ce sont des "résultantes" au sens mécanique ("personne n'a voulu ce qui arrive...") : c'est pour cela que les "nœuds" (4) et (5) doivent de préférence être étudiés après les nœuds (1), (2), (3) où le lien entre les décisions et les résultats macroéconomiques est plus étroit, les décisions portant sur les salaires, les prix et les besoins de financement ayant des effets plus directs sur les indicateurs macroéconomiques correspondants, sans passer par des chaînes d'interaction complexes où l'aspect "boîte noire" est plus présent.
C'est pourquoi, à la fois pour marquer cette différence et pour exprimer l'interpénétration entre les mécanismes de répartition – inflation – financement, on va adopter le plan suivant pour ce Chapitre III :

- Section I : les mécanismes de répartition – inflation – financement (avec des "sections IA, IB, IC" dédiées à chacun des trois aspects) ;
- Section II : les mécanismes macroéconomiques de l'équilibre extérieur et de l'équilibre de l'emploi.

NB : on a fait exprès dans cette introduction au Chapitre III d'employer indifféremment les termes de "rouages", de "mécanismes", d'"équilibres – déséquilibres", et même de "nœuds d'interaction" pour tenter de désigner les principales "émergences" (résultats) macroéconomiques qui correspondent donc à autant de "paliers" de l'analyse.

SECTION I

Les équilibres de répartition / inflation / financement

On les étudie dans une seule section pour marquer leur forte interdépendance

Section I - A
La répartition des revenus (RR)

Pour des raisons de clarté on a distingué "équilibre de répartition" (Section I-A) et "équilibre financier" (Section I-C), mais il est clair que la lutte entre les divers groupes d'agents économiques pour la répartition du PIB est liée avec la lutte pour la répartition des moyens de financement, il s'agit toujours de contrôler une certaine proportion du PIB pour l'affecter aux deux grands "emplois" possibles du revenu national : la consommation (C) et l'investissement (I) ; et, de même, la maîtrise du niveau général des prix (Section I-B) par les chefs d'entreprises est liée de manière indissoluble à la RR puisque le taux de marge TM détermine à la fois le NGP et les profits (PRO ou Π).

*

* *

Chaque fois qu'on a parlé de répartition des revenus (RR) depuis le début de la IIe Partie de cet ouvrage, on a, sans le dire explicitement, affirmé qu'il s'agissait bien d'un problème en soi, distinct d'autres rouages économiques : il faut en effet savoir que la théorie scientiste des Manuels fait l'hypothèse absurde que la répartition (R) n'est qu'un appendice de la (de sa) "théorie de la production" où :

- le salaire ne serait que la rémunération de la "productivité marginale du travail" ;
- et la quantité de travail (leurs) utilisée par les entreprises serait déterminée par l'égalisation de cette productivité (qui baisserait au fur et à mesure qu'on accroitrait l'emploi !) avec le "salaire de marché" en vigueur.

Autrement dit, la théorie des manuels académiques repose, comme toujours, sur des concepts ne correspondant à aucune entité ou relation observable, et en termes mécaniques (non économiques, les réalités économiques étant toujours en valeur et non en unités physiques).

Mais surtout cette théorie NC fait comme si la valeur ajoutée (d'une entreprise ou d'une nation) était la somme des valeurs ajoutées des individus, selon un schéma de ce type :

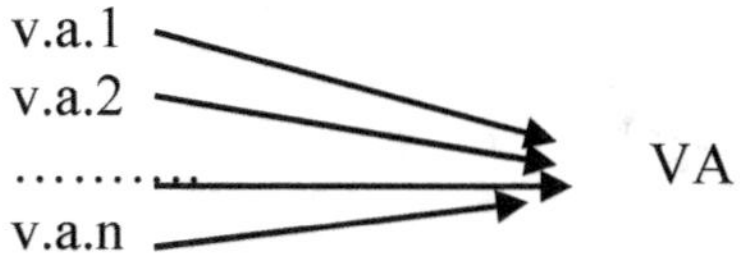

avec la formulation : VA = $L^{\alpha} + K^{1-\alpha}$ où L et K sont les "quantités" de travail et de capital et α et $1-\alpha$ les "productivités marginales" du travail et du capital.

Alors que le système économique, surtout au niveau d'une nation, est à l'évidence un "système unitaire", où chaque élément n'existe que par rapport à une logique organisationnelle globale où il s'insère sans pouvoir la modifier (sauf mouvement de masse ou de classe) : autrement dit, et quels que soient les mérites de chaque individu ou entreprise - qui se compensent, au niveau global avec les "démérites" -, le produit national existe en soi et c'est à partir de ce produit global que chaque catégorie d'agents, au travers de son pouvoir propre, mais aussi d'interactions complexes (dont l'élucidation est un des objectifs de cet ouvrage), parvient à s'attribuer une portion déterminée. Le schéma réel est donc le suivant :

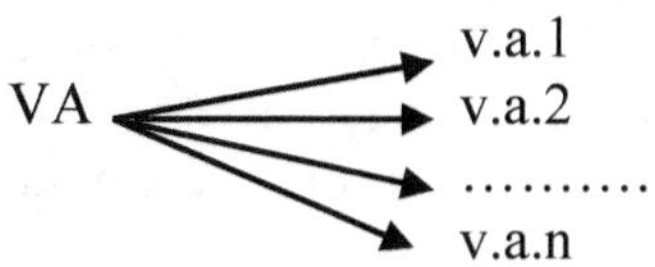

les V.A. 1, 2, etc. étant en fait des revenus, perçus en monnaie et non liés mécaniquement, en général, à une productivité déterminable.

Autrement dit encore, les réalités techniques-mécaniques n'ont rien à faire dans la RR, ce qui compte ce sont les institutions et les procédures habituelles de fixation des prix et des salaires ; les profits étant non pas un "résidu", comme dans la théorie néo-classique, mais une fraction de la VA calculée d'avance par les chefs d'entreprises comme devant leur revenir et imposée par les pouvoirs dont ils disposent systémiquement (cf. Chap. II, Sect. III).

Les profits sont bien un résidu arithmétique, mais non économique :

$$PRO = VA - W$$
$$(W = \text{masse salariale} = wN)$$

Car W est "planifié" comme devant permettre de dégager, par rapport à la VA prévue VA* le volume de profits désiré PRO :

(une étoile * signifie la prévision, deux étoiles ** signifient la planification d'une variable).

Cette réalité fondamentale "systémique-économique" de la RR étant bien établie, on va exposer les dimensions du mécanisme de répartition (allemand : Einkommesverteilung, anglais : income distribution, le concept anglais étant meilleur car impliquant une action volontaire) en trois temps :

- d'abord en précisant certains concepts et données (§ 1) ;
- ensuite dans ses aspects de comptabilité macro (§ 2) ;
- enfin dans des termes plus analytiques (§ 3).

§ 1 Concepts et données

Même si le problème de la répartition des revenus entre les diverses "classes" de la société ne peut être envisagé dans sa totalité sans envisager la dynamique globale du système industriel, on peut déjà engager un travail de "débroussaillage" à propos du "plus important problème de l'économie politique" (D. Ricardo, 1817).

C'est en effet un problème "central" puisqu'au point de rencontre des dimensions principales de l'économie :

- dimensions socio-économiques et dimensions sectorielles (la répartition des revenus - RR - est nécessairement influencée par les techniques physiques de production : en 1946 il y avait encore près de 30 % de la population dans le secteur agricole en France ...) ;
- dimensions économiques et dimensions institutionnelles : règles du jeu quant à la perception des divers types de revenus primaires et à leur fiscalité et leur "redistribution" influencent évidemment la répartition globale des revenus ;
- dimensions économiques et dimensions "morales – politiques" : jusqu'où tolérer les inégalités de revenus, de fortune et, finalement, de pouvoir ?
- dimension structurelle et dimension "conjoncturelle" (à long terme) : la répartition des revenus est l'une des structures profondes d'une Société, mais ses variations peuvent avoir une influence importante sur la régularité et le rythme de la croissance.

*

* *

Dans les divers systèmes économiques qui se sont historiquement succédés, on trouve des revenus de nature différente ; par exemple, dans la France de 1789, la somme des salaires et des profits capitalistes ne devait pas atteindre 20% du PIB ; plus de 50 % des revenus étaient des revenus agricoles, et le reste était constitué de "rentes" (féodales et civiles) ; ces proportions sont encore, en gros, celles d'un pays sous-développé aujourd'hui.

On a déjà dit que les économies industrielles mures (et "keynésiennes" !) étaient des économies salariales en ce sens que l'organisation économique institutionnelle reflète la technique (industrielle) et "l'esprit" du système (le profit), c'est une organisation à base de "lieux de production" (entreprises) gérés selon une distinction fondamentale du point de vue des revenus (tous perçus en monnaie, rappelons-le) :

- des salariés reçoivent une rémunération proportionnelle à la durée du flux de travail qu'ils consacrent à l'entreprise, c'est-à-dire que cette rémunération est forfaitaire (indépendante des résultats de l'entreprise) ;
- une partie "indirecte" du salaire est perçue sous forme de "prestations sociales diverses" ;
- l'"entrepreneur", lui, garde la totalité de la différence (si elle existe !) entre le produit de ses ventes et l'ensemble de ses coûts de production : le profit est donc, en moyenne, proportionnel au stock de capital qui a permis à l'entrepreneur de mettre les salariés au travail, la masse des profits (Π) étant le produit du profit unitaire (p - C U)[15] par le nombre d'unités vendues (ou de prestations effectuées, dans les services) : $\Pi = (p - cu)\ q$; une partie de Π va aux propriétaires passifs des entreprises, les actionnaires, sous forme de "dividendes" ;
- entre ces deux catégories "systémiques" de revenus perdurent encore des catégories plus anciennes, divers "loyers" (pour 10% environ du PIB), loyers de l'argent (intérêts allant aux ménages et aux entreprises non bancaires) et loyers des immeubles ; on peut considérer que les loyers qui ne jouent en fait aucun rôle positif dans le processus de production moderne, correspondent à une "sous-répartition" (à l'intérieur de la répartition principale entre salaires et profits) : chefs d'entreprises et salariés riches "arrondissent" leurs revenus fonctionnels en prélevant sur les agents moins favorisés une "dîme" correspondant à des "prêts" d'argent ou de logements ...

Pour les profits, il est utile de faire une distinction entre :

- les "profits capitalistes purs", réalisés par les moyennes et grandes entreprises à forme sociétaire (disons plus de 100 salariés) et qui sont largement "retenus" dans l'entreprise ("retained earnings") sous forme d'épargne destinée au développement de celle-ci : c'est l'"entreprise", en

[15] Prix de vente moins coût unitaire

tant qu'institution, qui réalise et conserve l'essentiel de ces profits, il n'y a pas d'"entrepreneur" il n'y a qu'un "Etat-major", les PDG et directeurs étant juridiquement des "salariés" (mais non économiquement, vu leur pouvoir économique et le montant de leurs "salaires" accru aujourd'hui des attributions d'actions gratuites, les "stock-options" et de divers "bonus", sans parler des "golden parachutes" et "golden hellos") ;

- les "profits mixtes" sont ceux des "entrepreneurs individuels" (stupidement classés par la comptabilité nationale avec les salariés au sein des "ménages") qui participent à beaucoup de tâches de base de l'"entreprise ", dont ils sont parfois les seuils travailleurs ("artisans" sans salariés) ; les E.I. sont très hétérogènes, petits artisans, petits agriculteurs, petits commerçants, mais aussi chefs de petites entreprises de l'industrie et des services, sans parler des "professions libérales" (qui sont une catégorie sociale très particulière, mais sont bien des prestataires de services - travaillant pour le profit) : leurs revenus sont à juste titre qualifiés donc de "mixtes" car de la détention d'un capital (financier et/ou intellectuel) ils tirent leur droit à un revenu élevé, mais ce revenu est cependant plus ou moins proportionnel à la durée, à l'intensité et à la qualité d'un travail effectif.

Pour fixer les idées, voici, en chiffres stylisés, la répartition des revenus pour un pays comme la France depuis 1900 :

	1900	1975	2015
1) "rentes" (intérêts et loyers) (dont loyers des terres-fermages)	15% (4%)	5% (ε)	10% (ε)
2) Profits "purs" (moyennes et grandes entreprises)	9%	11%	13%
3) Revenus "mixtes" (profits des petites entreprises) (dont agriculteurs)	38% (25%)	17% (5%)	17% (3%)
4) Salaires (y compris toutes prestations)	38%	66%	60%
Pour mémoire : les retraites (déjà comprises dans les revenus des catégories 3 et 4 ci-dessus)	0.5%	7%	11%

Il s'agit de la répartition "globale". Si l'on tient compte des effectifs des diverses catégories, on peut calculer un "revenu relatif" ; par exemple, si les agriculteurs représentent 4% de la population et touchent 2% du PIB leur revenu relatif est de 0.5. En chiffres stylisés toujours, et en faisant abstraction des rentes (que la comptabilité nationale (C.N.) ne permet pas d'attribuer à des catégories précises) et des profits purs (qui n'échoient pas à des personnes physiques), on peut proposer les revenus relatifs suivants (1 étant le revenu national moyen par tête) :

	1900	1975	2000
Agriculteurs	0.7	0.5	0.9
Artisans, commerçants	1	1.5	1.8
Entrepreneurs individuels (industrie et services)	3	4	5
Professions libérales	4	5	4
"PDG" (grandes entreprises)	7 à 15	15 à 20	30 à 500
Salariés	0.7	0.9	0.7

NB : les inégalités réelles sont encore plus importantes car les revenus fonciers et financiers sont concentrés dans les catégories 3, 4 et 5.
Ces chiffres sont en même temps un indicateur des inégalités par tête ; par exemple, en 2016 un PDG moyen de grande entreprise a un revenu supérieur d'environ 45 à 70 fois celui d'un salarié moyen.
La fiscalité diminue sensiblement ces inégalités brutes. Et surtout la SS (le malade riche n'est sans doute pas soigné plus de "60 fois mieux" que le Français moyen ?). Du point de vue des inégalités, après 2000, les inégalités se sont creusées dans tous les pays développés au profit du 1% le plus riche et surtout du 0,1%.

§ 2 Comptabilité de la répartition des revenus
(décomposition en "agents" et rémunérations)

Elle consiste à décomposer le produit national dans les grands types de revenus qui le constituent. Mais aussi à décomposer chacune de ces "masses" de revenus en "prix" (revenu unitaire) et en "effectifs" (quantités de facteurs, physiques ou financiers). Et on peut aller encore plus loin, toujours en décomposant ou en allant plus en profondeur dans les déterminants des variables. Le but est de faire apparaître les "variables de commande" sur lesquelles tentent d'agir les divers agents économiques, y compris l'Etat.

1. La relation la plus globale est :
   $Y = W + \Pi + L + R$ (L = "loyers" ; R = retraites par répartition, Π = masse des profits)

2. Des "coefficients" ou "ratios" peuvent permettre de relier les masses de revenus au PIB ou à des flux ou stocks ayant permis de le réaliser :

- pour les retraites, par ex., on peut imaginer que les pouvoirs publics imposent que les retraités touchent des retraites institutionnalisées[16] égales à, mettons, 2% du PIB ; si on appelle k R ce pourcentage, on aura : R = k R PIB ;
- pour les profits, on a défini au XIXe s. un "taux de profit" qui est le rapport entre la masse des profits réalisés par les entreprises capitalistes Π et la valeur du capital mis en œuvre pour produire : $r_k = \Pi / K$; on préfère parler aujourd'hui de "retour sur investissement", ce qui est plus "économiquement correct" que le taux de profit au parfum marxiste (cf. l'anglais "rate of return") ; on peut donc écrire : $\Pi_{EI} = pq -$ coûts ;
- pour les revenus de la propriété, la pratique historique a depuis longtemps défini un "taux de rapport" que les économistes nomment taux d'intérêt ou loyer, et qui est en fait un "taux de rente" puisqu'il s'agit d'un capital passif ; ce taux est "habituel" dans une société donnée à un moment donné, soit r_i , par exemple en France en 2016 un immeuble donné en location ou un capital placé "rapportent" en moyenne au propriétaire du capital entre 1 et 4 % ; ainsi les loyers $L = r_i K_r$ (avec K_r pour "capital rentier"[17]) ;
- pour le salaire, on parle également de taux ("wage rate" en anglais), mais l'expression est ici impropre (il vaudrait mieux parler de "salaire par tête" ou de "salaire horaire") car il n'y a pas rapport entre un revenu et un stock, mais rémunération d'un flux de travail, c'est-à-dire d'un flux d'effort ... ; on peut écrire que la masse salariale W est le produit du salaire moyen par tête w par le nombre de salariés N_w : $W = w N_w$ (l'indice w est omis quand il n'y a pas d'ambiguïté), mais cette écriture est trop globale ; il faudrait pouvoir distinguer :
    - les "salaires" des cadres dirigeants (y compris les PDG !), qui ne sont que 1% environ du total des salariés, mais empochent probablement 10 % de W ;

[16] Les retraites que se payent à eux-mêmes les agents ayant réussi à se constituer un capital sont des "rentes" qu'on ne peut distinguer de la masse des "revenus de la propriété".

[17] Certes propriétaires et épargnants effectuent-ils un certain travail pour placer, constituer et entretenir leur capital, mais en général la rémunération du capital est sans commune mesure avec ce travail, qui au surplus est confié souvent à des tiers salariés. Et l'"abstention" (de consommer), qui permet de se constituer une épargne, n'a pas à être rémunérée car elle est presque toujours "intéressée" : épargne de précaution, épargne en vue d'un achat futur important, épargne en faveur des vieux jours ou des descendants.

- les salaires du bas de l'échelle (chômeurs, smicards, travailleurs à temps partiel, "petits boulots…), qui représentent environ 40% des effectifs (il y a déjà 18% de travailleurs à temps partiel en France en 2016) et moins de 20% de la masse salariale, même en tenant compte de toutes les prestations sociales ;
- les salariés "moyens" (60 à 65% au total) absorbent en gros 70% de W.

Ces diverses catégories de salariés ont des taux d'épargne très différents et aussi une structure de la dépense différente, il serait donc intéressant de pouvoir les distinguer pour expliquer certains aspects de la dynamique économique (évolution du taux d'épargne, mouvements sociaux ...) : mais la Comptabilité nationale ne désagrège pas W …

L'écriture d'ensemble du revenu national en termes de "taux" est donc du type suivant :

$$Y = w N_W + R k_k + \Pi_{EI} + r_i K_r + k_R Y$$

$w N_W$	$R k_k$	Π_{EI}	$r_i K_r$	$k_R Y$
↕	↕	↕	↕	↕
masse salariale	profits des ent. capitalistes	profits des ent. individuel.	rentes	retraites

Dans ce qui suit, et pour simplifier le raisonnement, nous ne tiendrons compte que des trois premiers termes, et en notant Π l'ensemble des profits dont le "mécanisme" de constitution nous est connu, puisqu'il s'agit du taux de marge T M (cf. Chap. II, Sect. III).

*

* *

A noter que l'écriture mathématique en termes de "coefficients" est incapable à elle seule de distinguer deux choses fondamentalement différentes :

- quand on écrit $\Pi = TM.\ W - W = W\ (TM - 1)$,
  (TM = "taux de marge" = coefficient multiplicateur appliqué à un coût pour déterminer un prix et donc une recette)
  le "coefficient" T M exprime une logique de comportement profonde (l'un des fondements du système industriel...), et c'est une logique dominatrice (comportement de pouvoir) ;
- quand on écrit $W = w\ N_w$, le coefficient w n'exprime en aucun cas le pouvoir des salariés de fixer leur salaire, w est une simple moyenne arithmétique, un résultat : le salaire moyen par tête.

Comment passer d'une simple "arithmétique" à la compréhension de relations causales ?

Par la prise en compte des objectifs et des instruments dont disposent, exclusivement, les chefs d'entreprises (appuyés par l'Etat). Les chefs d'entreprises (C E) "organisent" la production et la croissance, c'est leur place même au sein du processus productif qui valide leur pouvoir socio-économique en matière de répartition des revenus.

§ 3 "Arithmétique" de la R R

Il faut se souvenir que le processus de R R n'a rien d'un processus "physique", en particulier les parts des divers groupes socio-économiques (Etat exclu puisqu'il ne s'attribue rien[18]) n'ont rien à voir avec les imaginaires "productivités marginales des facteurs de production". La réalité est celle d'un processus social de partage d'un "gâteau" produit en commun, en fonction de rapports de force inégaux (entre C E et salariés en particulier, mais aussi rentiers).

Ces rapports de force n'ont rien à voir avec des facteurs "sociologiques", étrangers au monde de l'économie[19] et donc à une théorie économique réaliste. En les introduisant on est au cœur d'une théorie économique "dure", il ne s'agit en rien de théorie "sociologique" ou même "institutionnelle" (sauf que les rapports de force économiques ont évidemment revêtu des aspects institutionnels en termes de "règles du jeu"). Et la "formalisation" n'est pas plus difficile qu'ailleurs si on veut s'en donner la peine. On va approcher ce mécanisme nodal pas à pas.

1. Il faut d'abord comprendre que l'analyse néo-classique en termes de marché est ici totalement inopérante : le marché existe entre agents économiques égaux, c'est-à-dire entre les entreprises, ou entre les entreprises et les acheteurs : mais pas entre les entreprises et leurs salariés, entre lesquels ne règne nulle "concurrence", mais seulement une inégalité fondamentale (il s'agit ici d'une observation purement objective, l'auteur de ces lignes est lui-même, dans les conditions actuelles, un partisan de l'"économie de libre entreprise", à condition qu'elle soit régulée par de bonnes règles du jeu). La R R entre salaires et profits comporte donc une grande part d'arbitraire et, à un moment donné, elle est le résultat d'un très long et très complexe processus historique. Les spécificités nationales

[18] Les "préhendes" des dirigeants politiques existent bien, mais, dans les économies modernes, elles ne constituent qu'une fraction infime du P I B.

[19] Sauf que le prestige et la culture des CE accentuent, à la marge, leur pouvoir économique ; et une immense littérature "managériale" et d'immenses moyens médiatiques étayent leur action.

remontent à l'ancienneté et aux modalités de l'installation du capitalisme industriel dans des Etats aux caractéristiques géophysiques et, surtout, socio-politico-culturelles bien différentes ; mais ce n'est justement pas un hasard si, malgré ces diversités, dans les pays industriels du début du XXIe s., la part des salaires est partout aux environs de 60 %.

2. En formalisant la part des salaires dans ses éléments constitutifs, on fait apparaître les variables qui déterminent quantitativement le revenu salarial.
Appelons PS la part des salaires dans le PIB (et en se souvenant que le PIB, Q, peut s'écrire pq) ; on a :

$$PS = W / Q = w N / pq$$

On en tire : $PS = (w / p) / (q / N)$

Or w / p = "salaire réel", et q / N = "productivité du travail"

On concentre ainsi l'analyse sur 4 variables (w, p, q, N), organisées deux à deux pour définir deux "variables complexes" très fondamentales, le salaire réel et la productivité, dont la valeur relative détermine la R R à un moment donné : niveaux du salaire nominal, des prix, et de la productivité sont donc les variables fondamentales de la R R et il s'agit de variables dont les déterminants peuvent assez facilement être analysés en termes d'objectifs des C E (cf. le point 3 ci-dessous).
Et l'on peut dynamiser facilement cette relation en l'écrivant ainsi :

$$\boldsymbol{PS = w_r - PR}$$

Cette relation, peut-être la plus fondamentale de toute la théorie économique, montre que si le salaire réel augmente au même taux que la productivité, la part salariale dans le PIB reste constante ; et, bien entendu, la part des profits aussi, puisqu'elle lui est complémentaire (dans notre analyse simplifiée) : autrement dit, la hausse des salaires réels est parfaitement légitime dans les conditions ainsi précisées.

On voit que cette analyse laisse de côté le problème de l'inégalité statique profit / salaire ; elle indique seulement la condition dynamique pour qu'une inégalité donnée reste stable (et donc ne perturbe pas la régularité de la croissance, cf. Chap. IV). Mais même cette inégalité peut faire l'objet d'une formalisation explicative, en termes de rapport de forces au service des objectifs des CE.

3. Les objectifs des salariés sont clairs mais, n'ayant pas les moyens de leurs objectifs (sauf situation "révolutionnaire" mais qui ne peut qu'être transitoire - sauf à déboucher sur un changement de système comme en Russie en 1917), ils ne peuvent qu'exprimer des "revendications" qui, même appuyées par l'action sociale (grèves), ne se traduisent au plus que par des modifications du salaire nominal, les deux autres "armes" (prix et productivité) restant aux mains des seuls C E (que l'Etat ne pourrait guère contrer, même s'il le voulait).

Les CE ont, rappelons-le, les moyens de leurs objectifs (le taux de marge, cf. Chap. II, Sect. III) et ces derniers peuvent être, par exemple, formalisés de la façon suivante :

a) objectif de financement des investissements (Kaldor, 1955) : les C E (E I et dirigeants des grandes entreprises G E) désirent en moyenne, par exemple :
   - financer 80% de leurs investissements par autofinancement ;
   - investir l'équivalent de 20% de la VA (I net + I de remplacement) ;
   - ils décident donc de s'attribuer 80% x 20% = 16% du PIB au titre de l'autofinancement de leurs investissements ;

b) objectif de niveau de consommation différentiel :
   - les salariés sont 90% de la population active mais ne reçoivent que 60% du PIB, ce qui leur donne un revenu relatif de 6/9 = 0,7 ;
   - les chefs d'entreprise désirent un revenu 3 fois supérieur, soit un revenu relatif d'environ 2 puisque 3 x 0,7 ≈ 2 ;
   - puisqu'ils sont 10% de la population, ils s'attribuent donc 10% x 2 = 20% du PIB pour leur "revenu de jouissance" ; et leur revenu sera bien 3 fois plus élevé que celui des salariés : 2 / 0,7 = 3 ;

c) en tout ils disposeront donc de 16% + 20% du PIB = 36%.

Bien entendu, au cours du processus de croissance, le pouvoir économique des C E peut se modifier, mais il existe des forces qui ramènent en général la part des profits à un niveau d'"équilibre" (qui n'est en rien un équilibre de marché, mais un équilibre dynamique mettant en jeu des forces structurelles (en termes de pouvoir économique, qu'on vient d'analyser brièvement) et des forces conjoncturelles qui peuvent déplacer légèrement les rapports de force mais servent en même temps, plus ou moins, de forces de rappel (cf. le Chap. IV et la Synthèse).

4. Eléments conjoncturels et structurels divers : au-delà des bases systémiques du rapport de force, qu'on vient d'analyser, des facteurs plus superficiels peuvent déplacer le partage profits / salaires dans des proportions plus ou moins importantes (disons de 1 à 6 points de PIB) :

a) le dynamisme global de l'économie est le premier de ces facteurs, mais il est complexe car ses effets sont opposés suivant qu'on regarde le moyen terme ou le long terme :

- à moyen terme (quelques années), c'est-à-dire l'intérieur des fluctuations conjoncturelles, la part des profits s'accroît (légèrement) dans les phases d'expansion car la productivité et les prix y accélèrent plus que les salaires nominaux (pour des raisons technico-économiques complexes) ;
- dans le long terme, on observe des "régimes de croissance" plus ou moins élevés (pour le même pays) et, là, c'est dans les phases longues de faible croissance que la part des profits est la plus élevée, essentiellement parce que le taux de chômage très fort y restreint fortement la hausse des salaires réels (cf. le Chap. IV pour une vue d'ensemble des interactions entre répartition des revenus et conjoncture de croissance) ; l'Etat a parfois contribué à diminuer la part des salaires ("désindexation" en 1982-83 en France puis nombreuses faveurs fiscales en faveur des profits après 2000) ;

b) deux facteurs structurels jouent en permanence, le degré de syndicalisation et le niveau de formation professionnelle des salariés : plus ils sont élevés plus la part des salaires sera élevée, toutes choses égales par ailleurs (cela joue sans doute sur 1 à 2 points de PIB) ;

c) récemment (années 90 et 2000, un "groupe" socio-économique nouveau est apparu (ou a réapparu) sur la scène de la RR : les actionnaires, c'est-à-dire les rentiers détenteurs des titres de propriété des grandes entreprises (toutes à forme de SA) ; jusque-là, ce groupe était "euthanasié" par les dirigeants des sociétés, et se contentaient des gains en capital provenant de la hausse du cours de leurs actions en Bourse ; désormais, ils prétendent également à une partie plus substantielle de la valeur ajoutée des grandes entreprises et cherchent à faire que les dirigeants de ces entreprises obtiennent au moins 15 % de taux de profit, essentiellement par des gains de productivité (souvent obtenus par la réduction des effectifs non vitaux de l'entreprise, laquelle recourt de plus en plus à des sous-traitants qu'on fait travailler "à prix tirés"). Dans la mesure où ces actionnaires sont souvent représentés par des sociétés financières et des "Fonds" divers, en particulier des Fonds de retraite, cela revient à privilégier le revenu futur des salariés (retraites) au détriment de leurs revenus présents, ce qui est un glissement supplémentaire vers une Economie de rentiers. Et une telle économie a, en particulier, une horreur absolue de l'inflation, très dommageable en effet pour les détenteurs de valeurs à revenus fixes (obligations).

Section I – B

L'évolution du niveau général des prix (l'"inflation")

§ 1. Faits et concepts

1. L'évolution du NGP peut, a priori, être aussi bien orientée à la baisse ("déflation") qu'à la hausse. Mais, dans le système industriel keynésien, cette évolution se fait toujours à la hausse[20], car une (légère) inflation présente beaucoup plus d'avantages que d'inconvénients et on peut dire que l'organisation fondamentale du système industriel moderne ("keynésien", donc, cf. Introduction et Chap. II) vise justement à éviter la très pernicieuse déflation (qui entraîne l'économie dans une spirale stagnationiste comme on l'a vu dans les années 1930 et comme on le voit au Japon au tournant du XXIe s.) ; c'est d'ailleurs pour cela que les projets de "réformes" ultralibérales visant à rétablir les structures salariales du XIXe s. sont très dangereux. Le léger glissement des prix observés fin 2014 – début 2015 dans certains pays européens n'est pas une déflation mais résulte de la baisse du prix du pétrole et de mesures étatiques délibérées (cf. là aussi les développements ultérieurs).

2. On est maintenant capable de bien appréhender le problème du NGP (qui se pose exclusivement au niveau macroéconomique) puisque nous disposons des connaissances nécessaires en matière de :

- nature historique de la monnaie : autrefois monnaie métallique, aujourd'hui monnaie de banque (cf. le Chap. II, Sect. II) ;
- comportement de fixation des prix par les entreprises : la technique du taux de marge (cf. idem, Sect. III) et la logique du choix d'un certain taux (cf. ci-dessus).

3. A partir de quel % de hausse du NGP y a-t-il "inflation" ? C'est une question métaphysique car, s'il est légitime de distinguer diverses catégories d'inflations d'après leurs taux (fortes, faibles, moyennes, ...) l'usage courant autorise à parler d'"inflation" dès que le NGP n'est pas absolument stable, ce

---

[20] Sauf le cas du Japon, depuis le début des années 1990, mais on y constate justement l'inexistence d'une régulation keynésienne…

qui est toujours le cas depuis 1935 sauf quelques années particulières, rappelons-le, pour l'ensemble du système industriel (et pour le Tiers-Monde aussi, d'ailleurs, mais pour des raisons différentes).

On ne traitera donc du NGP que dans ce cadre moderne, qui est donc défini par :

- l'existence exclusive de la monnaie de banque, qui peut donc être créée "à l'infini" ; mais ce caractère ne suffit pas, car c'est dans ce système de monnaie de banque que, dans les années 1930-35, le NGP de la plupart des pays industriels a baissé ; il y a donc un 2e trait :
- l'existence d'institutions et de comportements "keynésiens" : déficits budgétaires, dépenses "obligatoires" (publiques et sociales) proches de 50 % du PIB, salaire minimum, refus des salariés et même des patrons de baisser les salaires, crédit à la consommation très développé, allocations chômage importantes, refus des BC, même dans le pays le plus "libéral" (USA), de laisser tomber en faillite des morceaux trop importants du système monétaire - financier : la BC est toujours "prêteur en dernier ressort", aux USA il est même indiqué dans ses statuts que son rôle ultime est le plein-emploi.

4. Dans ce cadre, la question essentielle est : l'inflation provient-elle toujours d'un excès de monnaie ? et d'un excès de monnaie lié à la croissance et au plein-emploi ? Et le grand malheur en cette matière est que, depuis le milieu des années 70, on vit sous l'emprise de l'idée sommaire que la réponse est oui (Milton Friedman : "L'inflation est toujours et partout un phénomène monétaire" ...) et que cette inflation est le pire des maux (et qu'elle ne peut donc être éradiquée que par des restrictions monétaires, cf. Chap. IV).

Or la phrase de Friedman n'exprime qu'une banalité superficielle : il n'y a évidemment pas d'inflation dans une économie où il n'y a pas de monnaie et donc pas de prix (exprimés en monnaie, il n'y a que des prix relatifs, c'est-à-dire des taux de troc).

Tout au plus, la théorie monétaire de l'inflation, le monétarisme, n'explique l'inflation que dans deux cas précis, évidents et aujourd'hui disparus :

- dans le cadre de la monnaie métallique (avant 1914) les phases de hausse du NGP étaient en effet dues à une augmentation de la quantité de monnaie en circulation plus rapide que le volume de la production ; ce fut par exemple le cas au XVIe s. en Europe (afflux d'or et d'argent des Amériques), et encore entre 1850 et 1875 (autres découvertes de mines d'or) ; la "théorie quantitative de la monnaie" (J. Bodin, XVIe s. !) exprime ce phénomène ;
- dans les institutions de la monnaie de banque il y eut, mais dans un cadre très limité, à divers pays et moments, une émission excessive de

monnaie de banque sous l'influence de facteurs politiques (seconde guerre mondiale et années de reconstruction : 1939-1948) ; crises particulières comme la guerre de Corée 1951-52 ou la guerre d'Algérie pour la France 1956-58 ; la guerre du Vietnam eut un certain effet budgétaire-monétaire inflationniste pour les USA en 1968-1972 ; en temps de paix, les hyper inflations d'Amérique du Sud proviennent également de politiques budgétaires-monétaires irresponsables : déficits budgétaires financés par de la création monétaire, le tout créant un cercle vicieux d'anticipations hyper-inflationnistes, avec la dépréciation du taux de change qui s'ensuit.

Aujourd'hui, et donc depuis un demi-siècle on peut dire que ces "inflations monétaires" ont disparu, alors que beaucoup de théories et de politiques économiques continuent à s'y référer, avec des résultats désastreux pour la croissance économique et donc l'emploi (en pratiquant des restrictions monétaires ridicules, on a freiné l'activité réelle, parce que la théorie monétariste croyait que la monnaie déterminait seulement les prix !).

On ne va donc traiter que du seul problème intéressant de l’"inflation" : le fait fondamental que le fonctionnement normal, c'est-à-dire la croissance et le plein-emploi, du système industriel moderne, implique nécessairement un taux d'inflation normal, "naturel".

Qu'on peut estimer se trouver entre 2 et 4 % en régime de croissance normale du SEM (croissance "non bridée", cf. Chap. IV).

§ 2. Le mécanisme général de l'inflation

Il faut laisser résolument de côté la conception micro-économique a priori (monétariste-néo-classique) qui voudrait que toute hausse de la demande entraîne par elle-même la hausse des prix : tout ce qu'on a observé sur la technique industrielle (Introduction) ou sur le comportement de production des chefs d'entreprises (Chap. II, Sect. III), montre au contraire que le <u>système industriel fonctionne avec une élasticité unitaire de l'offre par rapport à la demande</u> (globalement et en moyenne). En particulier, il est absurde de partir de la hausse du revenu national nominal pour se demander quel va être le "partage" entre hausse nominale (inflation) et hausse réelle (croissance) :

On n'a pas, dans la réalité : $\boldsymbol{Y}_{\text{nom}} \begin{cases} \nearrow \boldsymbol{P} \\ \searrow \boldsymbol{Q} \end{cases}$

Mais on a : $P \searrow$
Y_{nom}
$Q \nearrow$

Cela signifie que, dans la réalité, causes de la croissance (réelle) et causes de l'inflation sont distinctes, en particulier du point de vue des revenus et des dépenses :

- les salaires, surtout, et cela est évident au vu des statistiques, n'accélèrent jamais "en premier", ils ne font que (tenter de) réagir à une accélération préalable des prix (et de la productivité) ; on a en fait une détérioration de W / PIB depuis la fin des années 1970 ;
- il en est de même pour les dépenses de consommation, elles retardent toujours sur la croissance du PIB nominal ; en revanche, les dépenses nominales d'investissement augmentent, dans certaines circonstances (périodes de reprise économique), beaucoup plus vite que le PIB nominal, mais toujours sans effet sur l'inflation en général.

Et le taux de croissance de Y <u>nominal</u> n'est donc qu'un résultat statistique sans signification

$$Y_{nom} = Q + P$$

Les causes de l'inflation systémique (hausse du NGP d'environ 3 % à long terme en période normale) peuvent être exposées ainsi :

1. La cause la moins importante à long terme, mais qui peut entraîner beaucoup d'effets dans le court-moyen terme est la hausse récurrente du prix des produits primaires exportés par les PVD : ces hausses sont soit volontaires ("chocs pétroliers" de 73-74; 79-80 et 2000), soit résultent de la combinaison des fluctuations conjoncturelles occidentales avec l'inélasticité des productions primaires des pays du Sud, aggravées par des mouvements de spéculation inhérents aux marchés de ces produits. Des phénomènes de "crémaillère" font que ces prix redescendent toujours plus lentement qu'ils n'ont monté. Un demi-point d'inflation par an depuis 1950 est une estimation hasardeuse, mais non extravagante, de l'effet des produits importés.

2. Un facteur tendanciel, qui a au moins joué jusqu'à 2010-2015, est l'accroissement des "prélèvements publics" par rapport au PIB, partis de 30% environ vers 1950 pour atteindre les 50% et plus vers 2000-2010 (10 points de moins aux USA) : incorporés directement ou indirectement dans les prix[21]

[21] Tout au moins avant d'être répercutés en chômage et/ou en baisses de salaire réel direct par rapport à la productivité à partir de 1983-93.

ces charges supplémentaires ont joué un rôle inflationniste faible mais constant, pendant 3 ou 4 décennies. Mais cette pression directement d'origine fiscale ne reflète finalement que l'accroissement du "coût de la vie" dû à l'incorporation dans les dépenses des ménages de services chers (et au faible accroissement de productivité) garantis par l'Etat (mais non fournis par lui, cf. Chap. II, Sect. I). De 1950 à 1995, la fiscalité a bien dû contribuer pour 1 point annuel à l'inflation, et de nouveau, en France p. ex. pour ¼ point de 2010 à 2014.

3. Le facteur d'"inflation" le plus spécifique au système industriel keynésien est un facteur "structurel-conjoncturel" :

- dans ce système, et pour toutes les raisons dites jusqu'ici, prix et salaires sont "rigides à la baisse" ; cela veut dire que la hausse du pouvoir d'achat du salaire se fait par des hausses et non par des baisses de prix des biens et services ;
- or ces hausses de salaires sont à peu près les mêmes dans chaque secteur (sinon certains secteurs en retard perdraient leurs salariés), la hiérarchie des salaires entre secteurs étant par ailleurs à peu près stable ;
- or, encore, le taux de croissance de la productivité est très différent dans chaque secteur (plus faible dans les services par exemple) : d'où un alourdissement des coûts dans les secteurs à retard de productivité, que les chefs d'entreprise de ces secteurs doivent compenser par des hausses de prix plus fortes que la moyenne des prix.

Il résulte de ces trois types de contraintes que le mécanisme même de la croissance économique et des hausses de salaire réel qui lui sont associées est, légèrement, inflationniste, cette pression pouvant être évaluée à 1% par an en moyenne, et est plus forte en période de croissance rapide. C'est seulement dans une Economie intégralement planifiée que cette pression pourrait être évitée.

Ces mécanismes fort simples méritent quelques commentaires :

a) ils sont "systémiques", c'est-à-dire qu'ils évitent la distinction inflation par la demande / inflation par les coûts ; certes, si la demande n'augmentait pas et les coûts non plus il n'y aurait pas d'inflation, mais il n'y aurait pas d'économie non plus. On peut toujours parler d'inflation par la demande pour les rares épisodes historiques où elle est avérée (les guerres ou les crises politiques, avec leurs excès monétaires / budgétaires, cf. le § 1) ; en particulier, attribuer l'inflation à la hausse des salaires ("courbe de Phillips", cf. ci-après) due au plein-emploi n'est pas totalement faux, mais extrêmement réducteur :

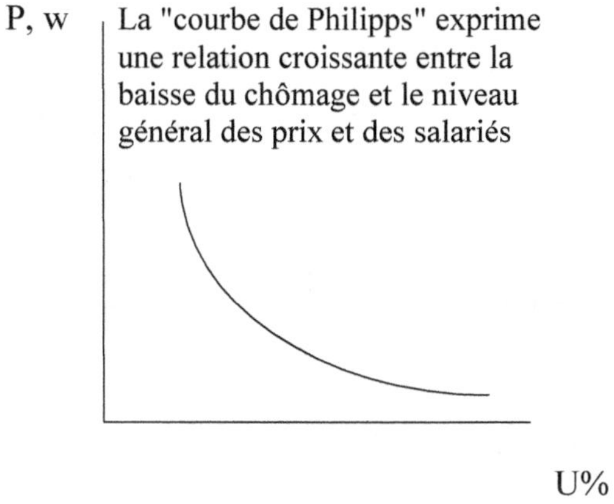

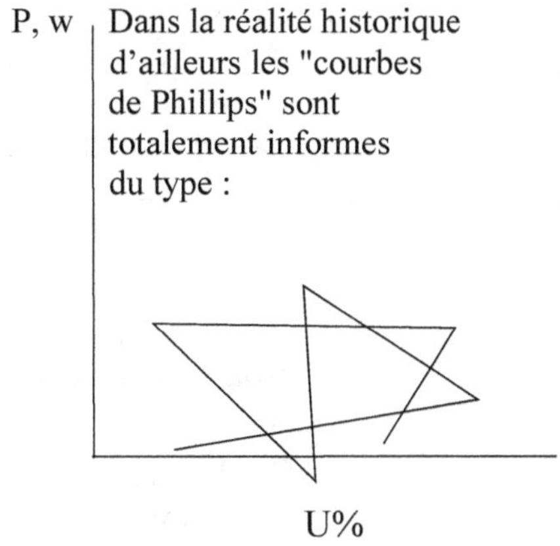

Réducteur car il faut bien comprendre les réalités suivantes :

- sans hausse de salaires, il n'y a pas de croissance ;
- le plein-emploi n'est pas forcément inflationniste, tout dépend du "réglage" entre w_r et PR (cf. l'Europe de 1953-1956, 1958-1973 et les USA 1982-2015…) ;
- il existe un effet de retour des prix sur les salaires (rattrapages...), la relation prix/salaires n'est pas à sens unique ;
- d'autres facteurs d'inflation sont négligés.

Ce qui est certain c'est que, si on ne peut créer le plein-emploi en "créant" de l'inflation (+ P → - U %), on peut certainement s'en rapprocher (politique à la Draghi) en évitant de créer de la déflation par une politique macroéconomique restrictive.

b) dans l'optique néo-classique-monétariste, on ne parvient pas à comprendre comment une économie en croissance et proche du plein-emploi (comme beaucoup de pays industriels à la fin du XXe s., USA en tête) peut avoir un taux d'"inflation" inférieur à 3 et même à 2% (hors inflation importée), et cela malgré d'importantes augmentations des masses monétaires, et des taux d'épargne bas. C'est simplement que le comportement systémique des chefs d'entreprises en matière de fixation des prix est conforme à l'"esprit" du système industriel : réponses-quantités face à une hausse de la demande, et non réponses-prix comme le postule la théorie NC : la "courbe d'offre" néoclassique est plate à LT (décroissante, en fait) et non positivement inclinée. En reprenant la formalisation du Chap. II (Sect. III) on a :

c) optique systémique (Weintraub)

$$pq = TM \quad W \qquad (W = \text{masse salariale} = w\,N)$$

d'où $p = TM \quad W/q$

$= TM \quad w\,N/q$

$= TM \quad w/(q/N) = TM\,(W/PR) \quad (\text{car } q/N = P\,R)$

d'où $\boldsymbol{P = TM + w - P\,R}$

On voit que le taux de marge TM est potentiellement aussi inflationniste que le salaire réel w_r.

Car la relation ci-dessus signifie que le taux d'inflation est la somme algébrique

- de la variation du taux de marge (inflation de profits) ;
- de la variation du salaire par tête ;
- de la productivité du travail salarié.

Il faut ajouter que si dans cette "équation d'inflation", w est supérieur à PR, cela n'indique en rien une quelconque "responsabilité" des salariés dans l'inflation mais simplement le succès de ceux-ci à obtenir en permanence l'alignement de leur salaire sur les prix (refus légitime de perte de pouvoir d'achat). Cela peut entraîner la perpétuation du taux courant d'inflation, hérité du passé, mais l'abaissement autoritaire de l'inflation par "désindexation" des salaires (France 82-83) ou par affaiblissement des salariés par le chômage, a des inconvénients majeurs (sans doute supérieurs à l'"inertie" de l'inflation due aux anticipations) : la croissance trop faible de la demande.

§ 3 L'abaissement de la croissance et de l'inflation en Europe et la coexistence croissance / faible inflation aux USA (1983-2016)

Des phénomènes particuliers se surimposent souvent sur le mécanisme inflationniste général, surtout des configurations particulières de politiques macroéconomiques plus ou moins axées, justement, sur l'"éradication" de l'inflation.

I. En Europe, c'est une politique anti-inflationniste littéralement hystérique qui s'est progressivement abattue sur le continent entre 1974 et 1980 dans un premier temps (combattre les effets inflationnistes des deux premiers chocs pétroliers) puis entre 1992 et 1996 ("rentrer dans les critères de Maastricht"), cependant que sur toute la décennie l'Allemagne essayait de "digérer" les Länder de l'Est récupérés.

Et le chômage de masse fut le moyen de cette désinflation, absolue ou "compétitive" : de 3% de chômeurs en 1973-74 le chômage atteignit 12% en

1993 et la hausse des salaires nominaux tomba de 10-15% à 2% ; en même temps, le taux de croissance de la productivité chuta, mais moins que celui du PIB, d'où l'écart entre w_r et PR devint fortement négatif, d'où une chute générale de la part des salaires dans le PIB... et une chute spectaculaire du taux d'inflation :

Europe continentale (chiffres stylisés)

	U%	***Q***	***PR***	w_R - ***PR***	***N*** (emploi)	***P***
Années 73-74	4%	5%	4%	1%	1%	12%
Milieu des années 90	12%	1,5%	3%	-2%	-1,5%	2%
2000-2015	10%	2%	2%	-2%	0%	2%

La légère amélioration de Q après 2000 est due à la haute conjoncture dans le monde entier jusqu'en 2007, celle du chômage est due à la chute du taux de croissance de la productivité !

II. On n'a pas pour autant le droit de tracer une "courbe de Phillips" classique.

Pour les raisons déjà indiquées plus haut, bien d'autres facteurs interviennent dans l'inflation, d'abord les "chocs" exogènes (pétroliers, ou politico-sociaux comme en 1968 en France...) ; mais aussi la différence w_R - ***PR***; si on tient à tracer un schéma "à la Philips", c'est cette variable complexe qu'il faut mettre en abscisse (hors l'influence des "chocs") : la "désinflation" européenne a été essentiellement obtenue en faisant tendre vers zéro w_R, le taux de croissance du salaire réel, alors que celui de la productivité demeurait à 2 / 3 % grâce au maintien d'un certain effort d'investissement (profits élevés) et du "dégraissage" des entreprises.

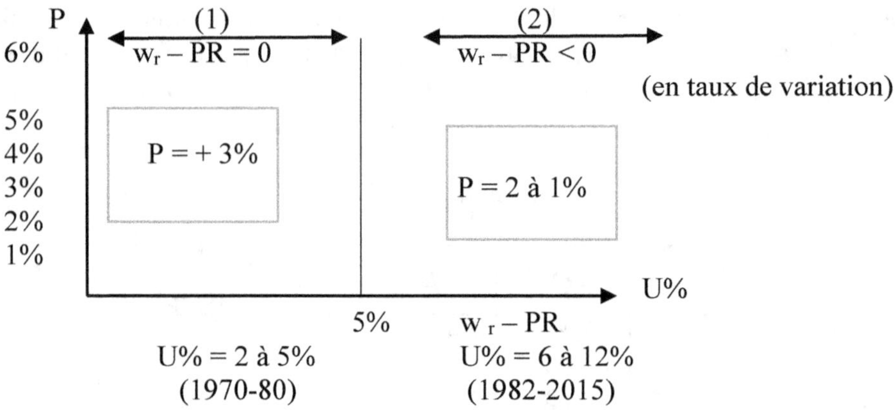

Un taux de chômage compris entre 2 et 5% a impliqué un taux d'inflation "normal" de 3% environ

Un taux de chômage aux environs de 10-15% * ramène l'inflation à moins de 1%

*moins si la population stagne comme en Allemagne

CONCLUSION : Suivant la vitesse de la croissance, une "inflation" aux environs de 2 % est donc parfaitement normale dans le système industriel et vouloir la réduire à zéro comme en rêvent certains doctrinaires impliquerait de réduire la croissance à presque rien, tout en gardant un volant de chômeurs proche de 10 %. Autrement dit, "la courbe de Phillips" est plate pour des niveaux moyens de chômage, ce n'est que pour des valeurs extrêmement basses ou hautes qu'elle revêt la forme inclinée qu'on lui prête habituellement :

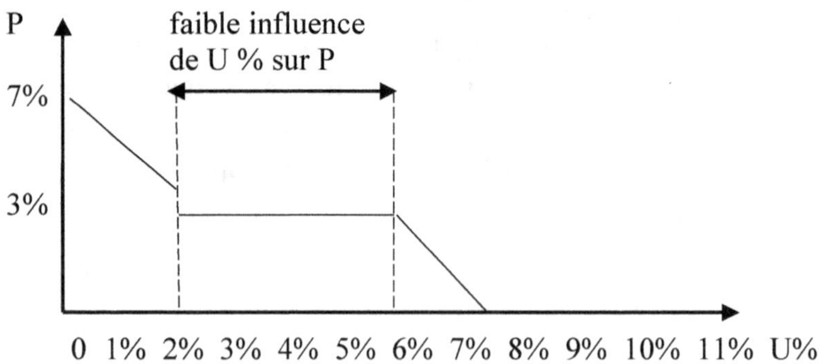

Et, pour faire référence au concept de valeur "naturelle" du chômage, élaboré par M. Friedmann, on peut parler d'un taux naturel d'inflation quand on est autour de 2 -3 % : toute politique, qui chercherait à faire tendre ce taux vers zéro apparaît ainsi éminemment condamnable.
NB. : Sur le "NAIRU", cf. Chap. IV

*
* *

Pour terminer cette Section I B consacrée à l'inflation, et pour faire la transition avec les problèmes d'équilibres financiers internes qu'on va aborder, il est bon d'établir clairement, encore une fois, la distinction entre l'"ordre de la monnaie" et l'"ordre de l'épargne", étant donné la confusion qui règne en ce domaine, et ce dans le but de rappeler que la création monétaire :

- n'est pas accélératrice d'inflation si elle se borne à entériner les besoins de l'activité économique et de l'inflation courante ;
- peut entrainer une création d'épargne, non inflationniste, dans le cas où les capacités de production existantes ne sont pas utilisées à au moins, disons, 80%, et où la croissance potentielle bien calculée (cf. Sect. II-B et Chap. IV) est supérieure à la croissance effective.

1. Les deux "ordres"

"l'ordre de la monnaie"	"l'ordre de l'épargne"
- la monnaie est une forme d'organisation de l'activité économique (elle permet seule de faire des paiements, elle est la "liquidité") ; - la monnaie moderne (de banque) est "produite" juridiquement par l'octroi de crédits à CT aux entreprises, matérialisée sous la forme d'inscription de soldes positifs (ou "droits de tirage") sur les compte-chèques des bénéficiaires : c'est une création ex nihilo : les bénéficiaires deviennent "endettés" auprès des banques mais en macro cette "dette" n'est jamais remboursée sous peine de disparition de la monnaie ; - la monnaie n'est pas une richesse, elle représente juste la richesse en cours de production et de vente pendant un trimestre (en gros) ("vitesse de circulation finale" de l'ordre de 4) ; - elle ne "s'accumule" donc pas (même si la masse monétaire s'accroît année après année) en ce sens qu'elle n'est pas disponible pour acheter du capital (au niveau macro), seule l'épargne permet d'acheter du capital productif.	- l'épargne est la partie du revenu qui n'est pas consommée ; elle peut être : • dépensée en biens d'investissement : • et/ou "placée" auprès d'"organismes collectant de l'épargne" (dont les banques, qui assurent donc une double fonction mais savent bien qu'elles ne peuvent "créer de l'épargne" ; - l'épargne est donc strictement limitée par le comportement des titulaires de revenus (ménages, entreprises, Etat) ; - l'épargne circule entre agents économiques sous forme de monnaie, mais c'est un aspect purement superficiel (transferts d'une épargne déjà constituée) ; - épargner sous forme de monnaie est possible mais peu rationnel, sauf à prévoir une déflation ; - l'épargne s'accumule : tout agent économique possédant de l'épargne peut à tout moment la "liquider" pour acheter un autre actif (ou même pour consommer plus) mais cela n'est vrai qu'au niveau individuel ; au niveau macro, l'épargne, même sous forme liquide, est en temps normal parfaitement stable.

2. Les deux notions de "financement de l'économie"

En monnaie	En épargne
"Faire qu'il y ait de la monnaie dans l'économie"	"Faire que l'épargne disponible aille aux investisseurs"
→ principe : une création (au "début" du processus productif) → modalité : crédit à court terme (coûtant le "taux d'intérêt à court terme") accordé par les banques aux entreprises, sous forme d'"inscriptions" au crédit d'un "compte chèque" (compte permettant de faire circuler la monnaie ainsi créée par chèques, virements, prélèvements ou cartes bancaires) ; → justification : permettre aux entreprises de payer fournisseurs * et salariés avant que le "cycle de production - vente - encaissement" n'ait été bouclé : la monnaie émise (= "encours" de crédit à CT) est "gagée" par la production en cours d'élaboration) et sert à acheter les biens déjà produits (en stock dans les commerces de gros et de détail), ainsi que les services correspondant aux capacités de production du secteur des services (cf. Chap. I, Sect. III) ; → ce crédit n'est, globalement, jamais remboursé, la monnaie reste dans l'économie. -- * Entre elles, les entreprises recourent aussi beaucoup à des délais de paiement gratuits ("crédits fournisseurs" ou "crédit interentreprises")	→ principe : une "collecte" (pas de création) ; "après" la distribution des revenus ; → modalités : financement à long terme par des "prêts" coûtant le "taux d'intérêt à long terme" : • collecte directe auprès des épargnants par des "émissions de titres" (reconnaissances de dettes comportant le droit de recevoir certaines rémunérations) • collecte indirecte par des institutions financières recueillant de l'épargne et la reprêtant ensuite ; L'épargne ne "circule" pas (pour faire des paiements) → Justification : • les entreprises empruntent de l'épargne, sur une longue durée (5 à 20 ans), pour accroître leur capital productif, donc leur valeur ajoutée, donc leurs profits ; • les ménages achètent ces "équipements productifs" particuliers que sont les logements (c'est du capital car 1) ils produisent le service qui consiste à loger leur propriétaire… 2) ils ont une valeur "éternelle") ; → remboursement : intérêts et capital sont ainsi remboursés • par les entreprises sur un surcroît de produits (cf. ci-dessus) ; • par les ménages par un surcroît d'épargne ultérieur à l'emprunt et permis en gros par l'économie sur les loyers (en partie, car il y a des coûts sur la propriété).

On voit, comme annoncée dans l'introduction de ce chapitre, l'intrication des mécanismes de la répartition avec ceux de l'inflation : les décisions des chefs d'entreprises portant sur les prix leur permettent de maintenir en moyenne la part du PIB dont ils estiment avoir besoin.

Mais comme eux-mêmes épargnent et ont, suivant les phases de conjoncture et les régimes de croissance, des propensions à l'autofinancement qui peuvent se modifier (p. ex. en fonction du niveau des taux d'intérêt et de la disponibilité des financements externes) il y a également interaction forte avec les mécanismes et les équilibres financiers, c'est-à-dire que l'adéquation entre les besoins de financement et l'offre d'épargne est mouvante : c'est tantôt la sphère du financement qui va influencer les mécanismes de la répartition et de l'inflation (de forts besoins de financement pousseront le couple prix-profits à la hausse), tantôt c'est ce couple prix-profits qui entraînera ou non l'obtention d'un équilibre financier satisfaisant (p. ex. des taux d'intérêt bas et un financement externe facile prévaudront lorsqu'une part des profits trop importante dans le PIB dégagera, en période de basse conjoncture et donc de faibles investissements, une épargne abondante en quête de placements).

Section I – C

L'équilibre financier interne (aspects conceptuels et comptables)

Le problème des ajustements l'un à l'autre de l'épargne et de l'investissement ne peut être pleinement saisi que dans l'analyse globale de la dynamique du système tout entier : on se contentera donc, ici, de définir des concepts et de montrer l'imbrication comptable et fonctionnelle des décisions de ne pas consommer et des décisions d'investir.

De plus, le problème se complique :

- des besoins de financement spécifiques de l'Etat, pas toujours seulement pour réaliser des investissements ;
- de la possibilité que possède (plus ou moins, d'ailleurs, suivant les règles en vigueur) chaque agent économique de placer son épargne ou d'en emprunter à l'extérieur de la nation, et également de réaliser des investissements à l'intérieur ou à l'étranger : l'existence de monnaies différentes, et donc d'un taux de change, rend alors les problèmes d'équilibre financier intérieur et extérieur tellement spécifiques qu'il est bon d'en traiter séparément. Mais le point commun est qu'il faut poser ces problèmes toujours au niveau macroéconomique, en faisant bien la distinction entre la logique d'un individu indifférencié et celle des groupes socio-économiques ou des Nations.

L'équilibre financier interne concerne tous les agents intérieurs, y compris donc l'Etat, dont on rappellera quelques particularités (cf. chap. II).

§ 1 Adéquation investissement et épargne

Le problème fondamental de l'"équilibre financier" tourne finalement autour de la question de savoir si c'est l'épargne qui s'adapte à l'investissement (optique keynésienne de Kaldor à partir de 1955 environ) ou l'inverse (optique "classique", en ce sens qu'elle est vieille comme le monde car "de bon sens" ...). Encore une fois, la réponse finale ne pourra être approchée que dans le Chap. IV, et elle sera certainement complexe (variable suivant les types de politiques et de conjonctures économiques, de systèmes économiques et de phases d'évolution à l'intérieur de ces systèmes...). Ici, on explorera donc seulement quelques aspects partiels du problème général, comptables et logiques.

1. Epargne et investissement concernent l'emploi des revenus (qui, aujourd'hui, sont tous perçus en monnaie). En logique comptable (ex post, c'est-à-dire une fois tous les ajustements infra-annuels réalisés), ils sont égaux puisqu'on ne peut concevoir que le revenu soit utilisé à autre chose qu'à de la consommation et de l'épargne ou à de la consommation et de l'investissement.

$$Y = C + I = C + S, \text{ d'où } I = S$$

Ce qui est logique, puisque l'épargne (= abstention de consommer une partie du revenu) est le moyen de se procurer des biens de production (= partie de la production réalisée en biens de production) : mais notons déjà que I = S implique l'égalité entre un flux de "dépense d'épargne" et un flux de "production de biens particuliers" (par leur nature ou leur destination). Au-delà de la logique des définitions il est bien évident que, dans les économies ouvertes I et S peuvent être différents, un pays pouvant investir moins ou plus qu'il n'épargne, des flux financiers extérieurs comblant alors la différence (ce qui ne veut pas dire que l'épargne engendre automatiquement un excédent extérieur, cf. p. 220-221).

2. Mais il faut tout de suite aller au-delà de l'aspect comptable ex post, ce qu'a fait Keynes en montrant qu'en se plaçant au niveau des ajustements infra-annuels, l'égalité finale I = S pouvait en fait masquer une inégalité ex ante ; c'est-à-dire que, par exemple, les agents qui épargnent ont l'intention d'épargner plus que les agents qui investissent n'ont l'intention d'investir :

dans ce cas, dit Keynes, on aura bien I = S à la fin de l'année, mais à la suite d'un processus de contraction des revenus, dû à la fuite hors du circuit de l'épargne excédentaire, contraction qui ramènera l'épargne au niveau de l'investissement (Keynes ne conçoit pas le cas inverse, car ce dernier nécessiterait une injection de monnaie pour acheter des biens d'investissement au-delà de l'épargne existante, et cela est en dehors de la problématique de Keynes en 1936). Keynes prend aussi en compte l'existence éventuelle d'une thésaurisation, c'est-à-dire d'une fraction de l'épargne qui ne pourrait être empruntée (pour faire des investissements) car elle ne serait pas placée dans les institutions financières, mais conservée sous forme de billets ("matelas" et "lessiveuses" ...). Ces analyses de Keynes montrent que, pour comprendre les problèmes financiers :

- on ne peut raisonner séparément sur l'épargne (l'offre, c'est-à-dire les disponibilités) et sur l'investissement (la demande d'épargne, pour financer des investissements) ;
- on ne peut faire abstraction des institutions financières, qui rendent plus ou moins facile la thésaurisation (celle-ci est très réduite aujourd'hui).

3. Et Keynes lui-même oubliait un fait important, l'épargne pour autofinancement : la majeure partie de l'épargne est, depuis un demi-siècle environ, réalisée par les agents mêmes qui vont investir et dans le but exprès de financer ces investissements :

- à la fin du XXe s. les entreprises, dans leur ensemble, parviennent à financer la quasi-totalité de leurs investissements par leur propre épargne (autofinancement à 100 %),
- de même, et malgré l'absence de statistiques précises, on est autorisé à penser que l'ensemble des ménages autofinancent à 100 % leurs investissements (logements) ; et il existe même un surplus considérable d'épargne des ménages, au-delà des achats de logements, qui permet de financer le "déficit budgétaire" et des placements ou investissements à l'étranger, mais cela est variable selon les pays et les périodes.

4. La distinction habituelle faite dans la comptabilité nationale entre "agents à capacité de financement" (épargnants nets) et "agents à besoin de financement" (emprunteurs nets) doit donc être maniée avec précaution :

- jusque dans les années 1990, le premier type d'agents correspondait aux ménages[22] et le second aux entreprises (dans les pays européens en tous cas) ; depuis, ménages et entreprises sont devenus des agents à capacité nette vis à vis de l'Etat et de l'Extérieur (sauf aux USA, cas très particulier depuis les années 90, où les ménages ont une épargne très faible ou nulle et où l'Extérieur est apporteur net de capitaux) ; cela est dû à une conjoncture où les entreprises investissent moins et où l'Etat est en déficit à cause d'une conjoncture peu dynamique ;

- la distinction entre les deux types d'agents est macroéconomique, il s'agit de la moyenne des agents d'une catégorie donnée ; par exemple, quand les entreprises sont des agents à besoin de financement net, ce chiffre vaut pour l'ensemble des entreprises, il est évident qu'une fraction d'entre elles dispose d'une épargne nette ; le même raisonnement peut être fait pour les ménages : en moyenne ils épargnent plus qu'ils n'investissent, mais quelques-uns investissent plus qu'ils n'épargnent ; pour chaque agent individuel (et pour chaque nation considérée comme un tout par rapport à l'Etranger), l'"équation globale d'équilibre financier" est donc :

épargne (propre) + emprunts = investissements (propres) + prêts-placements

On voit donc bien que, pour un agent donné, l'épargne peut différer de l'investissement. Par exemple une nation peut investir plus qu'elle n'épargne, en recevant des capitaux du reste du monde ; et, inversement, une partie de l'épargne nationale, s'il se trouve qu'elle est supérieure aux investissements intérieurs, peut être investie (investissements directs) ou placée ("investissements de portefeuille") à l'étranger.

5. Les "institutions financières" jouent donc un rôle substantiel dans l'adaptation des capacités d'épargne (excédant les investissements propres des épargnants) aux besoins de financement des agents investissant au-delà de leur épargne propre : suivant la qualité et la densité de ces institutions, la proportion du PIB allant effectivement aux investissements (sans délai et sans "perte en ligne") sera plus ou moins grande pour un taux d'épargne potentiel donné. On distingue :

a) Les circuits d'épargne directs, ce sont les émissions de titres par les investisseurs-emprunteurs eux-mêmes ("finance directe"), ces titres étant des sortes de "reconnaissances de dette" : et d'un point de vue

[22] Et à l'Etat dans certains circonstances (excédent financier de l'Etat, soit à cause d'un "excédent budgétaire" - USA des années 50 et 60, soit à cause de prêts, supérieurs aux "déficits", à des Etats étrangers ou à des agents privés).

économique il y a peu de différences, au niveau macro-économique, entre actions ("stocks", en anglais, qui sont juridiquement des titres de propriété, et assurent des "dividendes" en cas de profits positifs de la Société Anonyme qui les a émis) et obligations ("bonds", simples certificats d'emprunt assurant des "intérêts", forfaitaires quels que soient les résultats des entreprises emprunteuses) : dans les deux cas, actionnaires et créanciers obligataires touchent des "revenus du capital", qui ne correspondent pas à un travail effectif et ne restent pas disponibles au sein de l'entreprise qui les a générés (la grande différence est que, au prix d'un certain risque, qui n'existe en principe pas pour l'obligataire, l'actionnaire individuel peut espérer la plupart du temps, à moyen-long terme, une plus-value boursière ...).
Achètent en général des titres les épargnants assez riches et compétents pour apprécier les perspectives différentielles des sociétés qui se procurent de l'épargne (des "capitaux" ...) sous cette forme (les obligations d'Etat, elles, posent moins de problèmes), mais les ménages n'y ont plus directement accès aujourd'hui dans les pays européens et aux USA.

b) les circuits d'épargne intermédiaires, qui passent par des organismes collecteurs d'épargne, qui reçoivent de l'épargne des ménages et des entreprises sous forme de "comptes" ou "livrets" d'épargne. Les banques font partie de ces "Institutions financières", au sens étroit, mais rappelons que leur activité principale est ailleurs (création de monnaie pour financer le cycle de production - à court terme - des entreprises). Ici, les institutions financières ont la tâche fondamentale d'évaluer, au cas par cas, la rentabilité de l'investissement projeté par les entreprises qui les sollicitent, de manière à juger de leur solvabilité (capacité à rembourser les capitaux prêtés).

A part les actions (titres de propriété), obligations et emprunts sont, en moyenne, remboursés à la fin des durées stipulées ("terme"), mais au niveau macroéconomique, d'autres emprunts et obligations sont émis, en général supérieurs aux remboursements, ce qui fait que la dette des entreprises n'est en fait jamais "remboursée" : c'est normal puisque la contrepartie de cette "dette" toujours croissante est un stock de capital productif toujours croissant également.

Si les investissements sont de plus en plus financés par de l'autofinancement, la dette des entreprises ira en décroissant progressivement, mais cela n'améliorera pas, en soi, l'état de l'économie : les structures de financement seront transformées, il y aura plus de propriétaires (actionnaires) et moins de prêteurs (créanciers obligataires), le pouvoir économique sera de plus concentré entre les mains d'actionnaires individuels très riches et, surtout, de "sociétés financières" au pouvoir immense

(Banques, Cies d'assurances, Fonds de pension) ; et cela d'autant plus que, à la fin du XXe s., certaines très grandes entreprises ont commencé à "racheter leur capital" auprès des personnes physiques qui vendent leurs actions en bourse.

Note sur la Bourse : elle n'a pas été mentionnée jusqu'ici parce qu'elle n'est pas une institution collectant de l'épargne, ou même une institution assurant par elle-même le "placement" (c'est-à-dire vente) des titres émis par les sociétés emprunteuses. La Bourse assure simplement la liquidité des actions et des obligations c'est-à-dire leur revente quand un détenteur individuel décide de "liquider" des titres (pour acheter d'autres titres ou des biens réels) ; c'est l'organisation d'un marché qui correspond à la revente de "titres d'occasion", c'est-à-dire de titres déjà achetés antérieurement par des épargnants. La vente de titres nouveaux est assurée (pour les grandes entreprises) par les banques et autres institutions financières non bancaires. Un petit nombre seulement de sociétés anonymes sont "cotées en bourse" et, actuellement, certaines sociétés retirent leurs actions de la cotation, jugeant les contraintes inhérentes à celle-ci trop lourdes (publications régulières et détaillées des comptes, "profits warning", etc ...). Quant aux rapports entre l'évolution de la valeur des actions cotées ("la côte") et de l'économie réelle, elle est complexe :

- d'abord la Bourse ne reflète que les performances des grandes entreprises, dont la conjoncture peut être différente de celle de l'ensemble de l'économie (meilleure : depuis quelques années les grandes entreprises parviennent à faire augmenter leurs profits plus vite que la valeur ajoutée nationale dans son ensemble)[23] ;
- l'évolution des cours des actions en Bourse obéit en principe :
  - aux perspectives des profits (c'est une anticipation) ;
  - en tenant compte d'un rapport minimum entre les dividendes et le cours des actions (rendement trop faible de ce type de placement si les cours montent trop[24]) ; mais souvent, le premier élément, irrationnel en partie, l'emporte sur le second et les Bourses "montent" trop pendant trop longtemps ("bulles spéculatives"), puis se dégonflent ensuite, exagérément aussi parfois. Au-delà de quelques années, le placement de son épargne en Bourse est toujours rentable, mais il faut parfois avoir les nerfs solides (tant que, en période de baisse, on ne vend pas, on n'a en fait rien perdu ...) et il

[23] Car en période de faible inflation et de concurrence exacerbée, leur puissance leur permet de comprimer leurs coûts au détriment des P.M.E.

[24] En effet, un dividende de 20 € rapporte 4 % si le cours de l'action est à 500 €, et seulement 2 % s'il monte à 1 000 € (le rapport est le PER, price earning ratio).

faut toujours connaître la situation et les perspectives des entreprises dont on achète les actions, ou alors s'en remettre à des "fonds communs de placement" ;

- quels effets l'évolution de la Bourse peut-elle avoir sur l'économie réelle ? C'est une question qu'on ne se posait pas autrefois, mais, aujourd'hui, on pense que, aux U.S.A. au moins, l'évolution des cours boursiers influence dans le même sens le niveau d'optimisme des ménages et donc la propension à consommer ("effet de richesse") ; c'est probable, mais l'effet est sans doute de faible ampleur et, en tous cas, déstabilisant (amplificateur).

Note sur l'équilibre financier de l'Etat. Tout ce qui vient d'être dit sur les ajustements de l'épargne et de l'investissement vaut pour l'Etat. Et l'on a déjà montré (Chap. II, Sect. L) que la plupart des idées reçues sur les "déficits publics" ne tiennent pas devant une analyse économique sérieuse. En particulier, point non encore abordé, il est faux que l'appel de l'Etat à l'épargne "évince" des entreprises privées qui voudraient investir ("effet d'éviction") :

- on rappelle d'abord que le "déficit budgétaire" correspond toujours[25] à des investissements de l'Etat (dans les pays industriels) : et ceux-ci sont sans doute au moins aussi utiles que les investissements privés ;
- ensuite, le volume d'épargne demandé par les entreprises en période de déficit budgétaire élevé est très faible, car leurs investissements sont au plus bas (ces périodes sont des périodes de récession), c'est très visible en Europe depuis 2008 ;
- enfin, on ne peut accuser, donc, les déficits publics de faire monter, en plus, le prix de l'épargne (le taux d'intérêt à long terme) ; c'est au contraire un taux d'intérêt élevé voulu par les Banques Centrales, qui provoque le ralentissement économique qui peut lui-même accroître le déficit budgétaire (car les dépenses publiques s'accélèrent alors que les recettes sont freinées). Au contraire, au cours de la Grande Récession entamée en 2008, les BC ont créé suffisamment de monnaie pour entraîner vers zéro le coût des nouveaux emprunts d'Etat ("politique non conventionnelle").

[25] Sauf déficits volontaires pour contrer une récession

§ 2 L'évolution du taux d'épargne

C'est un problème complexe car "le taux" d'épargne (national) est la moyenne des taux d'épargne (1) de l'Etat (2) des entreprises (3) des "ménages" (des salariés, en fait[26]).

1. Déjà, le résultat global est incertain dans le temps : le taux d'épargne dans les pays de l'OCDE est plutôt plus bas dans les décennies 1990-2010 que 20 ou 40 ans plus tôt : preuve que le degré de richesse (conception de Keynes d'une propension à épargner croissant avec le niveau de revenu) n'est pas, en macroéconomie, le déterminant principal : ce dernier est sans doute le taux de croissance du niveau de revenu, qui fait évoluer dans le même sens le pourcentage du PIB qui doit être épargné-investi (cf. le Chap. IV) ; c'est la théorie de Kaldor (vers 1955, déjà cité), selon laquelle les entreprises peuvent toujours se procurer, par autofinancement (inflation... si nécessaire) le % du PIB dont elles ont besoin pour financer des investissements élevés nécessités par un taux élevé de croissance économique prévu ; par exemple, si Q * passe de 4 % à 8 %, I / Q passera de 8 à 16 % et, si l'épargne spontanée ne suffit pas, les entreprises pourront toujours établir un taux de marge adapté ; c'est p. ex. le cas de la Chine depuis le début du XXIe s., où le taux d'investissement net semble être de l'ordre de 20% de la VA, justifié par un taux de croissance de 10% et une efficacité du capital de 0,5.

2. Mais le comportement d'épargne des salariés va sans doute dans le même sens : des raisons complexes (en particulier le désir d'épargner plus pour se procurer des biens durable chers), les salariés semblent accroître leur effort d'épargne en période de croissance rapide de leurs revenus réels ; par exemple, en Europe, le taux d'épargne des ménages a doublé entre 1950 et 1970-75 (il est aujourd'hui retombé à quelque 14 %). Cependant, dans une phase ultérieure, par exemple quand le crédit à la consommation est très développé et que, d'autre part, l'accession à la propriété est réalisée pour la majorité des salariés et retraités ("on se sent à l'abri"), le taux d'épargne peut retomber à un niveau plus bas.
Dans le court terme, les craintes de chômage jouent un rôle non négligeable (épargne de précaution).

---

[26] Car si, pour les comptables nationaux, les ménages comprennent les "entrepreneurs individuels" (E.I.), la différence, du point de vue de la logique de l'épargne, passe certainement entre entreprises (individuelles ou pas) et salariés dont les propensions moyennes à épargner sont très différentes.

3. Le comportement de l'Etat influence énormément les résultats globaux de l'épargne : si l'Etat épargne beaucoup (fort excédent budgétaire) ou s'il contribue à maintenir les salaires réels disponibles à un niveau relativement bas (par rapport à la productivité), il est clair que le taux d'épargne des ménages sera faible (cf. le cas des U.S.A. depuis plusieurs années) ; et, contrairement à certains a priori, une protection sociale publique plus faible (U.S.A. encore) semble entraîner également un taux d'épargne bas (au niveau macroéconomique, l'épargne de précaution réalisée par les salariés pour parer aux aléas de la vie est "mangée" en permanence par la réalisation effective de ces risques ...).

§ 3 Le taux d'intérêt financier ("à long terme")

En traitant de manière réaliste du problème de l'équilibre financier, on a pu sans peine passer sous silence la "rémunération de l'épargne", c'est-à-dire le taux d'intérêt, alors que la théorie néo-classique lui fait jouer le rôle majeur, le traitant comme le "prix" qui égalise l'"offre et la demande d'épargne"...

Comme à son habitude en effet, la théorie NC raisonne en termes de marché (des "fonds prêtables") :

- une hausse du prix de la "marchandise épargne" est censée accroître son offre et diminuer sa demande ;
- aucun autre facteur n'est pas censé jouer ;
- la distinction n'est pas faite entre épargne réalisée et demandée par les entreprises et par les ménages...

Aucune de ces positions, telles quelles, ne correspond à la réalité.

1. L'épargne des "ménages" correspond à des motifs de précaution, d'accumulation préalable à l'achat de biens durables et, s'ils en sont capables, de constitution d'un capital : or cette épargne se produit même en cas de taux d'intérêt réels très faibles ou même négatifs[27]. Les emprunts pour achats de logements sont, eux, sensibles au taux d'intérêt (influence sur les mensualités...) : application normale de la loi du marché (puisqu'il s'agit d'un prix relatif, du logement, par rapport au reste).

---

[27] Sauf pour un "taux d'intérêt" très particulier : le loyer des immeubles d'habitation, si ceux-ci sont maintenus à un niveau très bas par l'Etat, par exemple, la construction d'immeubles privés à but locatif tend vers zéro ; mais le propriétaire-bailleur est déjà une sorte d' "entrepreneur de services", on n'est plus dans la logique du "ménage".

2. Les entreprises

- quant à la constitution de leur épargne : elle est fondée sur la logique du taux de marge et son niveau dépend essentiellement des décisions d'investissement, elles-mêmes relatives aux prévisions sur la croissance des ventes (cf. Chap. II, Sect. III) ;
- quant à leur demande de prêts à long terme : le niveau du taux d'intérêt du marché n'y joue pas de rôle en soi ; d'abord les emprunts à long terme peuvent être remplacés en partie par un supplément d'autofinancement (cf. ci-dessus) ; ensuite, en situation de bonne conjoncture, un alourdissement du "coût du capital" (emprunté) sera répercuté dans les prix de vente ; enfin, si une hausse des taux induit une baisse des emprunts c'est uniquement parce que les perspectives des ventes en sont négativement affectées (politique conjoncturelle restrictive).

3. Enfin et surtout, dans le système économique actuel (et surtout avec les BC indépendantes !), le taux d'intérêt à court terme est uniquement déterminé, et de manière totalement arbitraire, par les décisions des "autorités monétaires" : or le "taux court" détermine très largement le "taux long", au moins dans ses variations (sauf qu'au bout de quelques trimestres l'influence de la conjoncture entraîne une diminution des demandes de prêt pour investissement ...). De plus, le taux long est également affecté par le taux offert par l'Etat pour le financement du déficit budgétaire, et ce taux est loin de dépendre uniquement de problématiques "conditions de marché" ; l'Etat, s'il le veut, peut toujours contraindre les agents économiques nationaux à lui fournir de l'épargne à des conditions différentes des "marchés" ; ce qui revient à dire qu'il peut influencer ces mêmes marchés, qui n'en sont pas vraiment puisqu'il n'y a pas de "coût de production" de l'épargne ; les taux d'intérêt de marché sont en fait hautement conventionnels, c'est-à-dire déterminés de manière largement arbitraire ; la position passive adaptée par l'Etat en ce domaine ("price taker") est idéologique, elle abandonne le terrain aux professionnels privés de la finance, qui gèrent le système financier en essayant de ne pas faire de vagues, mais sans non plus se placer d'un point de vue d'équilibre macrodynamique. En période de crises financières aiguës (2008-2010 p. ex.), certains Etats n'arrivaient à financer leur déficit que par des aides internationales et des taux de marché très élevés.
Et puis, il existe une dimension du taux d'intérêt financier qui est également une variable de la répartition des revenus (ainsi que le taux de rendement des actions, qui lui est lié de manière complexe), puisqu'il détermine la fraction du PIB qui va aux "revenus de la propriété" (avec les loyers des logements encaissés par les personnes privées), cf. la Sect. I A ci-dessus.

Conclusion de la Section I

Ce qui nous a incités à étudier dans une Section unique les trois mécanismes de la répartition des revenus, de l'inflation et du financement (interne) c'est, on l'a dit, leur forte interdépendance, sous le signe commun du pouvoir économique :

- ce sont les chefs d'entreprises qui détiennent quasi exclusivement le pouvoir sur les "variables" de la répartition des revenus (prix, salaires, productivité), ce qui signifie que le pouvoir sur le niveau général des prix est bien un pouvoir sur la répartition entre salaires et profits (+ les autres revenus capitalistes comme intérêts et dividendes) ;
- suivant leurs besoins de financement, et la structure désirée de celui-ci (plus ou moins d'autofinancement), ils accorderont plus ou moins libéralement des augmentations du salaire réel.

Ce pouvoir des chefs d'entreprises n'a bien entendu rien d'absolu, en particulier l'inflation nominale dépend d'autres facteurs (politique, monétaire, conjoncture internationale, anticipations), mais il est important de prendre conscience que c'est au travers de la maîtrise des prix, prérogative ultime des chefs d'entreprises, que ceux-ci vont en fin de compte se réserver la part du PIB qu'ils estiment justifiée pour leur niveau de vie relatif et leurs investissements.

*
* *

Les deux autres mécanismes dont on va traiter maintenant sont encore plus fondamentaux du point de vue des performances globales d'une économie nationale, mais ils relèvent beaucoup moins du pouvoir des chefs d'entreprise : ces mécanismes sont au niveau macro le plus élevé, ils se trouvent en quelque sorte "en bout de course", c'est-à-dire qu'ils sont sous l'influence directe de la politique macroéconomique de l'Etat (dont on a réservé l'étude au Chap. IV parce que ses motivations et ses effets existent directement au niveau macroéconomique le plus élevé, celui justement, des performances globales de l'Economie). Ici, donc, pour reprendre un terme déjà employé, c'est seulement l'"arithmétique" de l'équilibre extérieur et de l'emploi-chômage que nous analyserons, c'est-à-dire sans faire référence pour le moment à une conjoncture historique déterminée et à ses enchaînements systémiques.

SECTION II

Arithmétique des équilibres extérieurs et de l'emploi

Ils sont donc les équilibres-déséquilibres macroéconomiques du niveau le plus élevé parce qu'ils ne dépendent pas de comportements micro conscients visant à les déterminer directement, seul l'Etat peut en connaître les données exactes et, s'il use de la bonne politique, les influencer dans le sens de l'équilibre. Le plus "ultime" de ces deux équilibres est cependant celui de l'emploi/chômage car il est fortement influencé par le degré d'équilibre extérieur, qu'on analysera donc en premier.

Section II – A
L'équilibre extérieur

§ 1 Position générale du problème de la balance des paiements

L'équilibre extérieur résulte du solde, dans une nation, entre tous les paiements provenant de l'étranger et tous les paiements faits par des nationaux à l'étranger ; et par "étranger", il faut ici entendre des paiements faits éventuellement dans la même monnaie si d'aventure il existe une monnaie commune entre plusieurs nations différentes (ce qui correspond dans le monde actuel à un seul cas, celui de l'Euro).

Ces paiements sont retracés dans un document (établi en général conjointement par le Ministère de l'Economie et la Banque centrale de chaque pays) appelé "balance des paiements". Ce document est difficile à interpréter car :

- les intitulés des rubriques sont souvent "administratifs-financiers", c'est-à-dire non adaptés à l'analyse économique ;
- des rubriques secondaires encombrent les tableaux ;
- et, surtout, la Balance ne met pas en évidence la façon dont les déficits sont financés (ou bien les excédents utilisés), p. ex. une rubrique "autres investissements", dans la Balance française, peut inclure des chiffres positifs, qui correspondant en fait à des crédits reçus de l'étranger (donc à un endettement) pour financer des déficits apparus sur certaines autres opérations.

Compte tenu de ces remarques, et sachant donc que la Balance est établie en termes de liquidités ("argent qui entre" contre "argent qui sort", ce qui est important à comprendre pour les mouvements financiers, c'est-à-dire ne correspondent pas à des "transactions courantes"), la structure générale de la "balance" (c'est-à-dire l'équilibre / déséquilibre) des relations économiques entre une nation et le reste du monde (RDM) peut être présentée de la manière suivante :

I. Les "paiements courants" constituent le premier "solde" que la balance des paiements (BP) cherche à calculer ; ils correspondent à des opérations "définitives" (p. ex. les biens et services exportés le sont définitivement, un revenu ou un don reçu de l'étranger sont définitivement acquis aux "résidents" du pays, etc.). Les paiements courants comprennent :

a) des "paiements économiques" :
   - correspondant à des "échanges" :
     - Marchandises
     - Services (tourisme, intérêts, etc.)
   - correspondant à des revenus payés entre nationaux et étrangers par-dessus les frontières entre nationaux et étrangers (salaires, profits, dividendes, royalties, loyers, etc.)

b) des "transferts", c'est-à-dire des mouvements d'argent ne correspondant pas à des activités économiques proprement dites :
   - transferts privés : essentiellement l'épargne réalisée dans un pays par des travailleurs étrangers et envoyée dans le pays d'origine ;
   - transferts publics : essentiellement des "dépenses de souveraineté" (diplomatiques, militaires) faites dans un pays par des Etats étrangers.

II. Les paiements financiers constituent le second solde que la BP cherche à retracer, il s'agit cette fois-ci de mouvements de fonds qui ne sont pas forcément définitifs puisqu'ils donnent lieu à des "achats" ou des "placements" d'actifs qui seront éventuellement susceptibles d'être rapatriés (ou envoyés ailleurs) en cas de revente ou de liquidation. On distingue :

a) des mouvements en capital (le "compte capital" de la BP) qui correspondent à des achats / placements / ventes d'actifs non financiers (brevets, immeubles privés, remises de dette…) ;
b) des mouvements financiers proprement dits, c'est-à-dire :
   - des "investissements économiques" :
     - "investissements directs" d'entreprises depuis ou vers l'étranger ;
     - "investissements de portefeuille" (achats / ventes de titres, de dette d'entreprises ou d'Etats) ;
   - des mouvements financiers "purs", c'est-à-dire des opérations de crédit ou de placement entre nationaux et étrangers ; ces mouvements se concrétisent dans des dépôts bancaires à vue et sont donc très instables ("hot money") et susceptibles de provoquer des crises financières en se retirant brutalement en cas de perte de confiance

dans la monnaie et/ou l'économie du pays destinataire des fonds (Mexique, Sud-est asiatique, Argentine, Grèce...).

Le solde général de la BP est par construction égal à zéro, ce sont les diverses rubriques et sous-rubriques qui peuvent être déficitaires ou excédentaires : c'est justement le rôle des "mouvements financiers purs" d'équilibrer les déficits (par des crédits ou placements reçus) ou les excédents (par des crédits ou placements réalisés auprès d'agents situés dans les pays en déficit) ; si ces mouvements financiers compensateurs (niveau "micro") ne sont pas spontanément suffisants, l'équilibre de la BP ne peut alors être réalisé qu'au niveau macro :

- soit la Banque Centrale du pays déficitaire fournit, si elle le peut, à ses nationaux les devises nécessaires (poste "or et devises" de la BP) ;
- soit le gouvernement sollicite un prêt d'Etat à Etat ou d'organismes financiers internationaux (le FMI p. ex.).

La BP contient enfin une dernière rubrique, tout à fait problématique : la ligne "erreurs et omissions" est parfois très importante (parfois égale à plus de 20% des opérations courantes ! et quelquefois encore plus) et contribue à brouiller la vision qu'on a de l'équilibre des relations économiques internationales. De même, le total des déficits des pays déficitaires n'est pas égal, à l'échelle du monde, au total des excédents des pays excédentaires.

*
* *

Mais ces confusions et ces incertitudes "comptables-administratives" sont loin d'être l'essentiel du problème. Pour nous, le problème essentiel peut être résumé ainsi : les relations économiques extérieures d'une nation sont-elles favorables ou non à l'équilibre dynamique, et donc aux performances globales à long terme de cette nation ? Et comme toute nation est nécessairement (sauf choix autarcique) partie à un réseau (malheureusement pas un système organisé) d'échanges monétaires, que doit-elle faire pour ne pas perturber l'économie mondiale et subir en retour les conséquences de ces perturbations ?

Un point fondamental doit être toujours gardé en mémoire : si nous étudions ici l'équilibre extérieur, avant l'équilibre de l'emploi, c'est parce que le premier équilibre exerce sur le second un effet important, presque toujours oublié : un déficit extérieur important et persistant (p. ex.) est synonyme de chômage et de frein à la croissance ; en effet, nous savons, depuis l'étude du circuit économique (Chap. I, Section II), que toute fuite hors circuit tend à abaisser le niveau des flux de dépenses et donc de production ; si par exemple un flux (de revenu) de 100 est injecté dans le circuit au début de la période t_0, et si 5% de cette dépense "fuit" à l'extérieur, au début de la période t_1 il n'y aura plus dans le circuit qu'un flux de production de 95 toutes choses égales d'ailleurs ; or, un déficit extérieur est une fuite de demande :

EX – IM < 0 signifie une fuite de pouvoir d'achat vers l'étranger, l'"équation" du PIB étant (en simplifiant) :

$$C + I + (EX - IM) = PIB$$

EX – IM est le solde extérieur (balance des paiements courants) C + I étant le total de la "demande intérieure" (DI) parfois appelé "absorption" (A = DI) ; la DI correspondant au total des dépenses des agents intérieurs en biens et services nationaux <u>et</u> étrangers, c'est le calcul du solde extérieur courant qui permet de savoir si, à la fin de la période (année p. ex.) le flux de dépense (et donc de production : PIB = D) sera égal ou pas au flux de revenus payé aux agents économiques nationaux en début de période (toujours toutes choses égales d'ailleurs, c'est à dire abstraction faite des variations des salaires et des profits intervenus en cours d'année pour des raisons internes).
Pour récapituler l'influence du solde extérieur EX – IM sur le PIB, il faut écrire les relations suivantes valables en tout moment du temps :

Si EX – IM < 0 → PIB inférieur au cas où EX = IM
Si EX – IM > 0 → PIB supérieur au cas où EX = IM

On voit que l'équilibre EX = IM est une sorte de condition d'équilibre dynamique "sous-jacent", souvent ignoré des analystes de la croissance économique et du chômage :

- un déficit extérieur exerce un effet dépressif, et inversement ;
- sur le plan financier un déficit signifie un endettement, qui peut s'accumuler année après année, et devenir non remboursable ;
- <u>un excédent signifie inversement une accumulation de créances, peut-être jamais récupérables</u> (cf. Chap. IV et Synthèse) <u>et un niveau de vie plus faible qu'il ne serait possible puisqu'une partie de la production nationale n'est pas "absorbée" par ceux qui y ont contribué.</u>

*
* *

Toutes ces définitions et analyses nous rapprochent peu à peu du fond du problème : <u>quels sont les déterminants de l'équilibre ou du déséquilibre des échanges extérieurs des diverses nations</u> ? Mais il faut encore, avant de pouvoir répondre à cette question fondamentale, définir l'"environnement institutionnel" à l'intérieur duquel se réalisent les échanges internationaux. En effet, les échanges économiques ne sont jamais purement économiques, interviennent des <u>institutions</u> c'est-à-dire des règles du jeu d'une importance telle qu'elles font partie de l'"économique" lui-même et qu'il faut donc définir d'abord avec précision car la réalisation ou pas de l'équilibre en dépend de manière cruciale.

§ 2 Institutions intervenant dans l'équilibre

Les échanges internationaux se réalisent, par définition, sur un marché, où les variations de prix (relatifs) sont évidemment des facteurs fondamentaux : c'est dire que c'est un domaine où la théorie du marché est première : entre nations, il y a véritablement des relations de marché (interaction constante entre offre/demande/prix), comme il en existe, au niveau micro-économique, entre firmes et entre ces firmes et les "consommateurs". Donc l'analyse macroéconomique de type "keynésien-systémique" que nous utilisons doit être, dans le domaine des relations économiques internationales, complexifiée par l'introduction d'éléments de marché dans les mécanismes du circuit : il faut prendre en considération plus d'éléments en termes de prix et (d'élasticité) de demande et d'offre et voir leurs interactions avec les flux d'offre et de demande globale émanant des économies nationales.

D'abord "les prix" (nationaux) sont reliés entre eux par une réalité totalement inconnue au niveau micro : le taux de change.

Et ensuite les "échanges" (de biens et de monnaie) s'effectuent toujours au sein d'institutions de types très différents selon les pays et les périodes, d'où des logiques d'équilibres également très différentes.

*

* *

Les définitions de ces institutions ont déjà été données à propos de l'analyse du comportement de régulation de l'Etat (Chap. II, Sect. I, § 2), on va donc se préoccuper dans ce qui suit d'insister sur les conséquences économiques de ces institutions (systèmes de taux de change, systèmes de contrôle des flux d'échanges et de capitaux) qui ont des apparences surtout juridiques-administratives-politiques mais qui sont en réalité des règles fondamentales du jeu économique entre les nations et qui peuvent donc à ce titre favoriser ou au contraire éloigner la réalisation des équilibres dynamiques "internationaux" : internationaux, mais influençant fortement la performance globale de chaque nation. On envisage séparément les deux "institutions" ci-après, il est bien entendu qu'elles sont interdépendantes.

I. Les systèmes de change et leur influence sur la réalisation de l'équilibre extérieur

Le problème n'existe que parce qu'il y a des nations différentes utilisant des monnaies différentes : il n' y a pas de problèmes d'équilibre extérieur pour une ville, ou une région située à l'intérieur d'un espace monétaire unique : depuis le 1.1.1999, il peut encore y avoir des déséquilibres de "balances" entre la France et l'Allemagne, par exemple, mais ce ne sont plus des problèmes puisque F et DM ont désormais une parité fixe ; en tous cas, il n'y a plus de problèmes monétaires puisque la "région" en déficit pourra toujours payer celui-ci dans sa propre monnaie ; si le déficit subsiste, il aura des problèmes réels, puisqu'un déficit exprime un manque de compétitivité, les "nationaux" préférant acheter des produits "étrangers" : il faudra que la région en déficit se vide de ses entreprises et travailleurs non compétitifs, ou au moins s'appauvrisse suffisamment pour ne plus être en mesure d'acheter autant de produits étrangers ; c'est ce qui s'est passé depuis toujours pour les villes et régions pauvres des divers pays utilisant la même monnaie.

1. Le problème de l'équilibre extérieur ne se pose donc que dans le cas de pays distincts ayant des monnaies distinctes, les valeurs relatives de ces monnaies s'exprimant par ce qu'on appelle le taux de change, qui est un véritable prix. Très précisément, le problème est le suivant : en faisant l'hypothèse simplificatrice que chaque pays veut être payé dans sa monnaie pour ses exportations, il faut que la valeur globale des exportations d'un pays soit égale à la valeur globale de ses importations pour pouvoir payer celles-ci. Et si tend à apparaître un déficit, celui-ci devrait se résorber ainsi : la monnaie du pays en déficit, étant moins demandée, se "dévalue" par rapport à l'autre ; cela rend les produits étrangers plus chers (et diminue donc leur importation) et les produits nationaux moins chers, d'où une tendance au rééquilibrage de la balance extérieure et à la stabilisation du change (à un niveau inférieur pour le pays qui a été en déficit).
Il y a bien là des mécanismes de marché, des offres et des demandes, des déséquilibres et des rééquilibrages par les prix : on est en macroéconomie, mais, comme on l'a déjà dit, deux nations sont, sur le terrain des échanges extérieurs, comme deux entreprises concurrentes l'une en face de l'autre. Et leurs relations se manifestent sous la forme de mouvements de prix relatifs ("termes de l'échange" et taux de change), mais aussi de volumes relatifs de production et de revenus relatifs.

2. On voit que l'équilibre extérieur n'est pas, essentiellement, un problème de plus ou moins grande capacité d'épargne, comme tend à le faire croire une approche réductrice à la mode depuis une vingtaine d'années. Certes, la logique de la comptabilité nationale implique nécessairement qu'un excédent extérieur (EX - IM > 0) est une épargne (on a produit plus que ce qu'on a utilisé), et un déficit un endettement. Mais il ne s'agit là que du point d'aboutissement de processus complexes qui ont provoqué soit un déficit soit un excédent. En particulier, en cas d'excédent de 1 % du PIB, par exemple, c'est parce que le pays a été capable de produire 101 (sous l'impulsion d'une forte demande étrangère) alors que l'"absorption" des agents intérieurs n'était que de 100 que cet excédent est apparu : sans lui, le

PIB n'aurait pas dépassé 100, on n'a pas le droit de raisonner sur un PIB préalable de 101 dont 100 seulement auraient été absorbés par les agents intérieurs. Inversement un déficit est une incapacité à capter la part habituelle de la demande mondiale, pour cause de compétitivité / capacité insuffisante. La capacité d'épargne est à mettre en rapport avec le besoin d'investissement, non avec l'équilibre extérieur, qui a des déterminants tout autres.

Et il s'agit toujours de déficits / excédents en monnaie étrangère, qui ne préjugent en rien des capacités d'épargne internes à l'économie considérée. Par exemple la France a longtemps connu des déficits extérieurs, alors qu'elle avait une capacité d'épargne interne considérable ; et inversement, dans les années 90 sa capacité d'épargne s'est réduite alors que les excédents extérieurs sont apparus pendant quelque temps. Et si la Chine est excédentaire depuis de nombreuses années, c'est parce que des secteurs exportateurs ont été bâtis ad hoc et les salaires maintenus bas, d'où le "surplus d'épargne chinois".

L'équilibre extérieur est donc bien un problème d'équilibre financier, mais d'un type spécifique, sans lien direct (au sens d'une causalité univoque) avec l'épargne nationale globale et encore moins avec le déficit éventuel du budget de l'Etat[28].

3. Pour les pays sous-développés, globalement non compétitifs, l'équilibre est assuré :

- par des productions primaires spécifiques (des bananes au pétrole et au tourisme) ;
- par des exportations industrielles particulières (textiles) et de produits manufacturés, permises par le bas niveau des salaires ;
- par des transferts gratuits et des crédits en provenance des pays industriels jamais remboursés en capital, mais pesant lourd en intérêts ;
- et, globalement, par un taux de change très déprécié empêchant de trop fortes importations.

Mais le problème général de l'équilibre extérieur des PVD est un problème systémique qui relève de facteurs structurels propres.

---

[28] On fait ici allusion à la théorie des "déficits jumeaux", certains auteurs voulant à tout prix rendre responsable le "poids" de l'Etat d'un déficit extérieur ; l'exemple des U.S.A. à la fin du XXe s. montre l'inanité de cette idée (déficit extérieur et excédents budgétaires). Et, au début du XXIe s. la Chine connaît des déficits budgétaires et des excédents extérieurs massifs.

4. Pour les pays avancés, la libre fluctuation du taux de change, c'est-à-dire du prix de chaque monnaie par rapport aux autres, doit donc permettre l'équilibre des échanges extérieurs, un excédent d'"importations" p. ex. (= de paiements à l'extérieur) tendant à déprécier la monnaie nationale c'est-à-dire à rendre les importations plus coûteuses et les exportations plus faciles.

C'est donc clair que tout système de changes "fixes" est un obstacle à la réalisation permanente de l'équilibre extérieur et c'est la raison fondamentale pour laquelle les "changes fixes" ne sont jamais fixes puisque, entre les diverses nations :

- les taux d'inflation nominaux (propensions à l'inflation) sont différents ;
- les "taux d'inflation réels" (variations de productivité) sont également différents ;
- et sont différents également les taux de variation de la demande intérieure, un taux plus faible favorisant les excédents commerciaux (Allemagne depuis 2005…). Il est donc inévitable que dans le système des changes dits fixes se produisent de temps en temps des dévaluations / réévaluations pour retrouver des parités qui rétablissent les équilibres. Le problème c'est que ces opérations se produisaient à intervalles trop longs, laissant s'accumuler des dettes et des retards de croissance dans les pays à monnaie longtemps surévaluée (Grande-Bretagne dans les années 1950-60 p. ex.).

Les problèmes posés par la fixité des taux de change deviennent aigus dans le cas des "unions monétaires" dont le modèle le plus récent est celui de la zone euro, qui (dys)fonctionne entre la majorité des pays européens depuis 2001 (en fait depuis 1995 environ, où les diverses nations envisageant d'aboutir à une monnaie unique avaient commencé des politiques de quasi-fixité entre leurs monnaies encore nationales). On voit aujourd'hui les énormes inconvénients de ce système :

- la valeur de l'euro a été fixée à un niveau inadapté (trop faible pour l'Allemagne, trop fort pour les pays de l'Europe du Sud), d'où des excédents extravagants pour l'Allemagne (7% du PIB en 2015 !) et des déficits chroniques pour les autres pays, constituant pour ces derniers un frein à la croissance ;
- impossibilité de corriger ces déficits par la variation du change et donc dilemme entre :
  - la perpétuation de cette situation (endettement extérieur toujours croissant, croissance trop faible d'où déficit budgétaire intérieur croissant également) ;
  - ou bien recours à ce qu'on a appelé la "dévaluation interne", c'est-à-dire à une chute du PIB et donc des prix, permettant de rétablir à peu près les équilibres extérieurs et budgétaires, mais à un prix extravagant (la Dette publique continuant par ailleurs de progresser comme en Grèce ou de stagner à un très haut niveau : Italie,

Belgique, Espagne) ; seule la France a échappé à cette régression, mais au prix d'une quasi-stagnation avec chômage élevé et dette publique et extérieure en continuel accroissement ; et une très grande incertitude pour l'avenir, débouchant évidemment sur le plan politique.

En dehors des institutions relatives aux changes proprement dites, interviennent aussi les pratiques de certains pays maintenant délibérément leur taux de change à des niveaux inadéquats par des politiques d'intervention directe (achats / ventes de devises) ou indirecte (variations arbitraires du taux d'intérêt de la Banque centrale) :

- le Japon (années 1960 à 1980) puis la Chine (depuis 2000 environ) ont maintenu systématiquement leur taux de change à un niveau trop bas pendant des décennies, engrangeant ainsi des excédents "structurels" perturbant l'équilibre des échanges internationaux ;
- les USA, puis aujourd'hui la Zone euro (et même la Suisse !), provoquent des variations violentes des taux de change et donc des échanges extérieurs empêchant ceux-ci de tendre vers l'équilibre.

Car, en fin de compte, c'est bien l'équilibre des échanges internationaux des nations qui devrait être le but ultime des institutions et des politiques… Et c'est le même problème, au-delà des institutions relatives au change, pour les institutions qui règlementent les flux eux-mêmes des échanges internationaux (de biens et de finance).

II. Les institutions relatives aux flux des échanges internationaux

Les flux d'échanges internationaux (réels et financiers) dépendent évidemment de la plus ou moins grande liberté qui règne en ces domaines. Sur plusieurs siècles on observe une alternance de phases de "libre-échange" et de phases de "règlementation". Pour la période qui nous intéresse ici l'évolution est claire : depuis 1945 tous les obstacles aux mouvements internationaux de marchandises et de capitaux ont progressivement été supprimés (tout au moins entre pays développés) :

- les interdictions ou "contingents" ont pratiquement disparu, tout au moins officiellement (restent des normes "techniques" dont Chinois, Japonais et Américains sont les champions) ;
- quant aux droits de douane, ils ont complètement disparu à l'intérieur des "unions douanières" (p. ex. Union européenne) et sont tombés en moyenne à 2 ou 3% pour l'essentiel des échanges internationaux de biens et services entre pays développés, et même au-delà avec la "clause de la nation la plus favorisée."

Cette liberté des échanges est également quasi-totale en matière de mouvements de capitaux entre pays développés.

La raison fondamentale de ce mouvement est l'argument très puissant de la libre concurrence qui, par la transparence et l'émulation doit entraîner le maximum de bien-être pour les consommateurs et le maximum de productivité pour les producteurs. Et, s'il y aurait beaucoup à dire sur les effets négatifs à long terme d'une concurrence débridée (qui s'exerce forcément dans le court terme), le principe même des effets bénéfiques de l'"ouverture" et de la concurrence ne peut être mis en doute (à l'échelle interne comme à l'échelle internationale d'ailleurs). Mais tout est dans une question d'organisation de cette concurrence.

La lutte contre les "abus de position dominante" est reconnue partout, et c'est un acquis important. Mais sa pratique est difficile. Surtout en matière internationale et quand une très grande firme dispose d'une supériorité matérielle écrasante (Google, Apple, et.)

Sur le plan strictement macroéconomique, deux questions fondamentales se posent : faut-il maintenir une totale liberté des échanges dans deux cas où, justement, des forces n'ayant rien à voir avec des comportements microéconomiques de la concurrence traditionnelle s'exercent de manière puissante :

- le 1er cas est bien connu, on en a parlé dans le point précédent, c'est celui de la manipulation du taux de change pour maintenir les prix à l'exportation d'un pays à un niveau artificiellement bas ; problème bien connu… mais difficile à traiter (il a fallu attendre la fin des années 1980 pour enfin faire monter le Yen à sa juste valeur, et en 2015 l'"euromark" est toujours trop bas par rapport aux autres "euro monnaies") ;

- le 2e cas est encore plus difficile à traiter car il est, lui, pratiquement ignoré, c'est celui où un grand pays commerçant maintient volontairement pendant des années un taux de croissance très bas de sa demande intérieure (DI = consommation + investissement) en freinant les dépenses publiques et les salaires réels : ce pays (on pense à l'Allemagne depuis le début du XXIe s. où la DI n'augmente que 3 fois plus lentement que dans les autres pays européens) va accumuler les excédents extérieurs, c'est-à-dire "appauvrissent ses voisins en croissance", tout en ayant lui-même une croissance globale assez faible, c'est l'exemple parfait d'un jeu perdant-perdant, ne profitant qu'à la vanité des dirigeants politiques du pays considéré et à leur pouvoir sur l'"union" économique, qu'ils dominent en fait.

Dans les deux cas ci-dessus la liberté (microéconomique) des échanges est un leurre puisqu'elle ne joue qu'à l'intérieur de contraintes macroéconomiques délibérées provoquées par des politiques économiques parfaitement identifiables. Par conséquent, les pays victimes de ces politiques sont fondés économiquement à prendre des mesures de protection contre des politiques contraires à l'esprit d'une bonne organisation de l'équilibration des échanges internationaux ; ces mesures de sauvegarde seront différentes suivant qu'il s'agit de relations entre pays indépendants (la Chine p. ex.) ou entre pays appartenant à une union monétaire (la Zone Euro) :

- par rapport à un pays manipulant sa propre monnaie pour la maintenir à un taux trop faible, on peut recourir à des mesures classiques en termes de contrôle des mouvements financiers, de droits de douane ou même de contingentements ; des mesures de rétorsion émanant de la Chine (p. ex.) ne sont pas à craindre parce que :
  - on peut expliquer que la politique de protection (pas le protectionnisme !) sera limitée dans le temps et à certains produits, et cessera dès que les comportements dommageables cesseront eux-mêmes ;
  - et surtout c'est le pays excédentaire qui est en situation de faiblesse dans une guerre douanière éventuelle : puisque par définition ses exportations dépassent ses importations, c'est lui qui a le plus à perdre.
- par rapport à un pays ayant un "taux de change" trop faible à l'intérieur d'une union économique et monétaire (l'Allemagne dans la zone euro) la situation est plus compliquée : si les objurgations à accélérer la croissance de sa demande intérieure ne suffisent pas, on peut recourir à des manipulations des taux de TVA internes dont on peut penser qu'elles frapperont les exportations du pays non coopératif (TVA à 33% sur les voitures de luxe, p. ex.) ; si rien n'y fait, seule la sortie d'une union monétaire fonctionnant à sens unique est rationnelle.
  (sur les conséquences non "catastrophiques" d'une telle sortie, cf. la Synthèse).

*

* *

Nous sommes en mesure, maintenant que le cadre général (comptable et institutionnel) de l'équilibre extérieur a été défini, d'en venir à la question essentielle : quelles sont les forces économiques qui tendent à réaliser ou non l'équilibre extérieur de chaque nation et donc, ne l'oublions pas, à influencer son taux de croissance et donc son équilibre de l'emploi ?

§ 3 – Facteurs économiques de l'équilibre extérieur

(compétitivité techno-économique / compétitivité prix et dévaluations)

Il s'agit des facteurs relatifs à la compétitivité "réelle" des économies nationales les unes par rapport aux autres, c'est-à-dire des déterminants de l'attractivité relative des biens et services exportés (les mouvements de capitaux, du moins les capitaux à long terme, étant en gros fonction de cette compétitivité réelle, sauf pour les USA où les facteurs psychologiques et politiques sont prépondérants, le dollar étant toujours vu comme un "refuge").

Toutefois, facteurs réels et facteurs nominaux (taux d'inflation différents et politiques du taux de change) sont inextricablement mêlés, ce qui implique de faire un retour sur les systèmes de change et l'acceptation ou non des dévaluations / réévaluations : en effet, les politiques nominales (variations des taux de change) sont plus ou moins efficaces suivant que les dévaluations / réévaluations provoquent des mouvements réels des EX et des IM rééquilibrants, ce qui renvoie à la question de savoir si les "élasticités-prix" (réactions des quantités aux mouvements du TC) sont favorables ou pas.

I. La compétitivité techno-économique (en termes de productivité réelle)

En simplifiant, on peut distinguer cinq niveaux de cette compétitivité :

1er niveau :

Il faut que la structure industrielle soit suffisamment étoffée pour que :

- les produits ayant dans l'évolution de la demande mondiale d'exportation un taux d'expansion supérieur ou égal à la moyenne soient suffisamment représentés ;
- les produits particulièrement demandés par les consommateurs et entreprises nationaux soient suffisamment représentés dans le pays.

Si l'une ou l'autre de ces deux conditions ne sont pas remplies (ce qui est souvent le cas des petits pays, qui ne peuvent tout produire, comme par exemple des automobiles), il peut néanmoins y avoir compétitivité si ces pays se sont spécialisés dans des industries ou des services dans lesquels ils ont acquis un fort avantage. Beaucoup d'analystes contemporains des échanges internationaux voient dans un tel type de spécialisation l'origine des succès de certains pays (par exemple, les automobiles et électronique grand public pour le Japon ; mais, en fait, le niveau par habitant des exportations japonaises est très moyen, c'est plutôt par leurs faibles importations que les Japonais accumulent des excédents).

2e niveau :

Il faut que la qualité et la nouveauté des biens et services exportés soient au moins égales à la moyenne.

3e niveau :

Il faut que la productivité dans les branches exportatrices, mais aussi dans les branches plus tournées vers le marché intérieur, soit au moins égale à la moyenne : les coûts réels en heures de travail d'un produit ou service final ne doivent pas être plus élevés que dans le reste du monde. Si c'était le cas, la condition n° 2 ne serait plus remplie dans des délais assez brefs et aucune dévaluation (cf. § 2) ne permettrait de combler l'écart, qui deviendrait alors structurel.

4e niveau :

L'"environnement" commercial doit être également compétitif, surtout en ce qui concerne les exportations ; il y a deux aspects :

- les stratégies exportatrices proprement dites (depuis les employés parlant anglais au téléphone jusqu'à la persévérance de l'implantation commerciale tentée à l'étranger)
- le respect des qualités et des délais de livraison, ainsi que l'organisation du service après-vente.

C'est à ce niveau que les chefs d'entreprises français sont les plus mauvais.

5e niveau :

Il faut être en mesure d'offrir des conditions de crédit aussi favorables que les conditions offertes par les pays concurrents. Là aussi, les banques françaises n'ont découvert que récemment l'exportation…

II. Compétitivité - prix, dévaluation, taux de change.

Il faut revenir sur ces questions déjà abordées ci-dessus, car elles se combinent avec les facteurs "réels" du point I.

Il s'agit des prix nominaux ou prix monétaires, c'est à dire des prix au sens courant du terme, et non des "prix réels", c'est à dire, de la productivité, dont on a déjà tenu compte dans le § précédent. Le problème est qu'en effet une économie peut être à peu près compétitive en termes réels (productivité, innovation, etc.), mais avoir un niveau général des prix trop élevé par rapport aux concurrents étrangers : c'est en ce sens que les différences d'inflation ont une influence considérable sur la balance commerciale. Cependant, en fait (entre pays appartenant au même système économique en tous cas), les différences d'inflation entre un pays et le reste du monde n'ont pas d'influence directe sur la compétitivité-prix puisque les deux systèmes de prix, le système national et les prix étrangers sont incommensurables et ne communiquent que par l'intermédiaire des taux de change (valeurs des monnaies étrangères en monnaie nationale).

Le problème de la compétitivité-prix est donc un problème de fixation du taux de change, à moins qu'on vive dans un monde où les taux d'inflation sont exactement les mêmes pour les principaux partenaires commerciaux (pour les principaux biens et services échangés). De ce point de vue, il existe une illusion dangereuse quand on pense que le taux de change est une variable intangible et qu'on cherche à tout prix à maintenir l'inflation au niveau des principaux partenaires (ou d'un seul : l'Allemagne) : quand on le fait seulement en freinant la croissance, et en particulier celle des salaires, à long terme, on a des effets pervers.

On étudiera donc successivement les deux politiques alternatives de la politique de la dévaluation : la politique de la compétitivité-prix, la politique de l'"accrochage" de la monnaie nationale à une monnaie forte (devenue une non politique puisqu'institutionnalisée dans la Zone Euro).

A. L'acceptation de la dévaluation

C'est la politique normale quand un pays a, pour des raisons structurelles, un taux d'inflation spontané supérieur à celui de ses principaux partenaires commerciaux : si la dévaluation n'est pas retardée exagérément pour des raisons politiques, elle n'a pas d'effets amplificateurs (forte hausse des prix des importations, par exemple), elle ne fait qu'entériner une inflation nationale plus forte (sinon les produits étrangers sont exagérément bon marché). L'idéal est alors évidemment le système des changes flexibles (à condition qu'il soit bien organisé), où une monnaie nationale peut par exemple, baisser régulièrement, mais d'un pourcentage très faible : en général 1 ou 2 % par an suffiraient puisque les différences d'inflation entre pays industriels dépassent rarement 4% (les monnaies des pays à inflation plus faible se réévalueraient, elles, à 1 ou 2% par an). Avec les systèmes des (soi-disant) changes fixes, la dévaluation devient beaucoup moins fréquente, mais, étant en général trop tardive, elle est beaucoup plus importante (par exemple 8 à 12% du soir au matin) et entraîne donc des effets pervers : un déficit commercial pendant toute la période où la monnaie est surévaluée, une pression inflationniste supplémentaire quand elle est dévaluée.

L'idée sous-jacente aux développements précédents est que la théorie de la parité des pouvoirs d'achat (P.P.A.) a, à long terme, une validité certaine : les taux de change effectifs des monnaies ne peuvent s'écarter durablement du taux qui assure à peu près l'égalité de prix entre les "paniers" de biens et services échangés entre un pays et le reste du monde (sauf, pour un pays, à pouvoir durablement bénéficier d'une monnaie surévaluée, quand sa balance commerciale est excédentaire pour des raisons structurelles historiques, cas de l'Allemagne).

*

* *

De combien doit être dévaluée une monnaie pour rétablir l'équilibre de la balance commerciale ?
L'idée de la parité des pouvoirs d'achat est un bon guide : si on pouvait acheter en Allemagne avec 1 000 DM le même panier de biens et services (échangées) qu'avec 3 000 FF en France, alors le taux de change de 3 F contre 1 DM était un taux acceptable…

Mentionnons également pour son élégance et sa célébrité une théorie plus profonde (plus analytique), mais dont il est difficile de connaître concrètement la valeur des variables, la théorie des élasticités critiques de Mrs. Robinson : pour qu'une dévaluation rétablisse l'équilibre de la balance des paiements, il faut que "la somme des élasticités-prix de la demande d'importations et de la demande d'exportations soit supérieure à un". - Un exemple simple permet de comprendre la logique de cette théorie :

- En t_0 le pays considéré a, en monnaie nationale, les valeurs suivantes des EX et des IM :

EX	IM
90 milliards	100 milliards

- Intervient une dévaluation de 10% : on suppose que les élasticités-prix sont : exp = 0,5, imp = 0,6
- en t on va avoir alors :

	EX	IM
Volume	94,5	94 (chiffres arrondis)
Valeur	104	104 (chiffres arrondis)

L'équilibre a été réalisé.

Bien entendu, pour que cela se passe ainsi, il faut que "derrière" les effet-prix, un certain nombre de conditions soient réalisées :
- que la hausse des prix consécutive à la dévaluation (due à des effets mécaniques et psychologiques) ne "gomme" pas le nouveau rapport des prix relatifs ;
- que les exportateurs étrangers (et les importateurs nationaux) ne prennent pas sur leurs marges pour abaisser le coût des importations ;
- que les exportateurs nationaux (et les importateurs étrangers) ne "confisquent" pas tout ou partie de la dévaluation en augmentant les prix nationaux (du pays qui dévalue) ;
- que l'élasticité de la production soit suffisante (quantitativement et qualitativement) dans le pays qui dévalue pour permettre (a) le remplacement d'une petite partie des importations par des biens et services nationaux, (b) l'augmentation des exportations du montant rendu possible par la dévaluation.

Cette dernière condition est cruciale, et elle est impossible à réaliser si le pays qui dévalue fonctionne au maximum de ses capacités, puisqu'il n'y a alors plus de marge disponible pour l'augmentation de la production : il faut alors un minimum de freinage de la consommation domestique et, dans un premier temps, la dévaluation accentue plutôt le déficit commercial ("courbe en J"), avant que les excédents apparaissent.

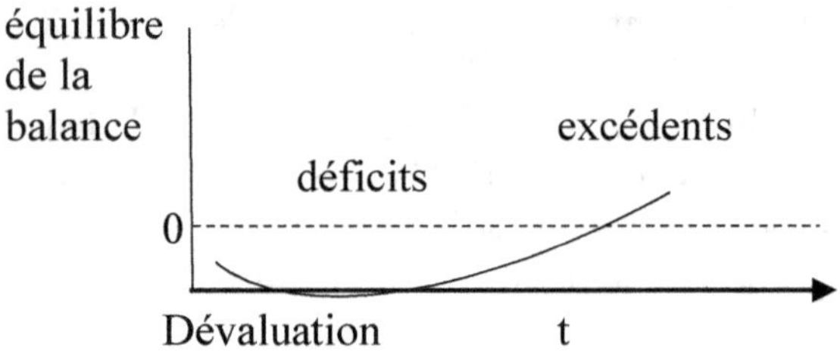

Cette difficulté de la dévaluation est un argument supplémentaire en faveur des taux de change flexibles où, si nécessaire, la dévalorisation de la monnaie nationale se fait en temps utile et très progressivement, permettant d'atteindre une parité normale en permanence, et d'éviter les mesures d'austérité mentionnées plus haut.

Mais de la nécessité à court terme d'une politique d'austérité dans le cas d'une dévaluation trop longtemps différée et survenant en période de plein-emploi, certains gouvernements ont tiré l'idée qu'une croissance systématiquement ralentie permet durablement d'éviter une dévaluation en ralentissant les importations et en stimulant les exportations.

B. La politique de l'"accrochage" d'une monnaie à une monnaie forte.

Pratiquée essentiellement par l'Europe du Sud par rapport à l'Allemagne, cette politique prétend reposer sur les fondements keynésiens qu'on vient de rappeler : moins de croissance donne moins d'importations et plus d'exportations. Mais on a totalement oublié que cette politique n'est utile :

- qu'en situation de plein-emploi, ce qui n'est plus le cas depuis 1973 environ en Europe ;
- et qu'en la prolongeant indéfiniment on obtient des effets pervers, qui perpétuent ou même aggravent le déficit commercial, et entraînent finalement dans le long terme plus de dévaluations qu'on ne réussit à en éviter dans le court terme.

En effet, freiner durablement la croissance aboutit à dégrader peu à peu la compétitivité réelle de l'économie vis-à-vis du reste du monde, essentiellement parce que :

- le taux d'innovation et le taux de croissance de la productivité s'abaissent ;
- les charges sociales prennent une proportion démesurée par rapport au revenu salarial direct (allocations en tous genres et particulièrement transferts publics et privés aux chômeurs) ;
- d'où une baisse sensible de l'incitation à rechercher un emploi, aggravée par les bas salaires des jeunes et la précarisation des emplois ;
- parallèlement, le pourcentage de l'épargne par rapport au revenu national diminue, rendant l'investissement plus difficile, et d'autant plus que la rigueur monétaire rend les taux d'intérêt réels très élevés (les taux d'inflation sont loin d'être nuls, malgré la "rigueur" ils oscillent entre 4 et 5% comme avant la crise, mais les taux nominaux dépassent en général 10%) : la tentation financière est alors grande, les placements financiers des entreprises se développent énormément, sans faire baisser les taux puisque ceux-ci dépendent des décisions de l'Etat.

La France, la Grande-Bretagne (et les Etats-Unis en partie) ont illustré cette politique malheureuse, qui perpétue le chômage et le déficit extérieur et ne parvient à maintenir, à peu près, le taux de change de la monnaie nationale par rapport à la monnaie "exemplaire" que grâce au freinage des salaires et des dépenses publiques.

Conclusion

On voit que lorsque le niveau du taux de change est pris comme un objectif, on a une sorte de perversion de la politique économique ; on oublie que le taux de change est un prix de marché, et qu'il n'est jamais au pouvoir d'une quelconque autorité de fixer un tel prix ne varietur. La perversion commence quand on adopte le système des changes soi-disant fixes, qui ne peuvent jamais l'être longtemps (sauf à freiner en permanence la croissance du pays considéré : l'escudo du Portugal de Salazar (1930-1975) était une "devise forte", et le Portugal le pays le plus sous-développé de l'Europe occidentale…) ; en ce sens le S M E ou l'Euro participent d'une conception non scientifique du système des échanges et des paiements internationaux (ou alors d'une conception fétichiste du taux de change). Il en est de même quand les taux d'intérêt subissent dans le court terme des hausses vertigineuses (destinées à attirer les capitaux flottants) pour tenter de masquer les effets de la dégradation profonde de l'économie d'un pays sur le taux de change (Royaume-Uni, 1989). – Les vrais déterminants du T.C. sont ailleurs, comme le montre le schéma page suivante.

Schéma des variables déterminant l'équilibre extérieur

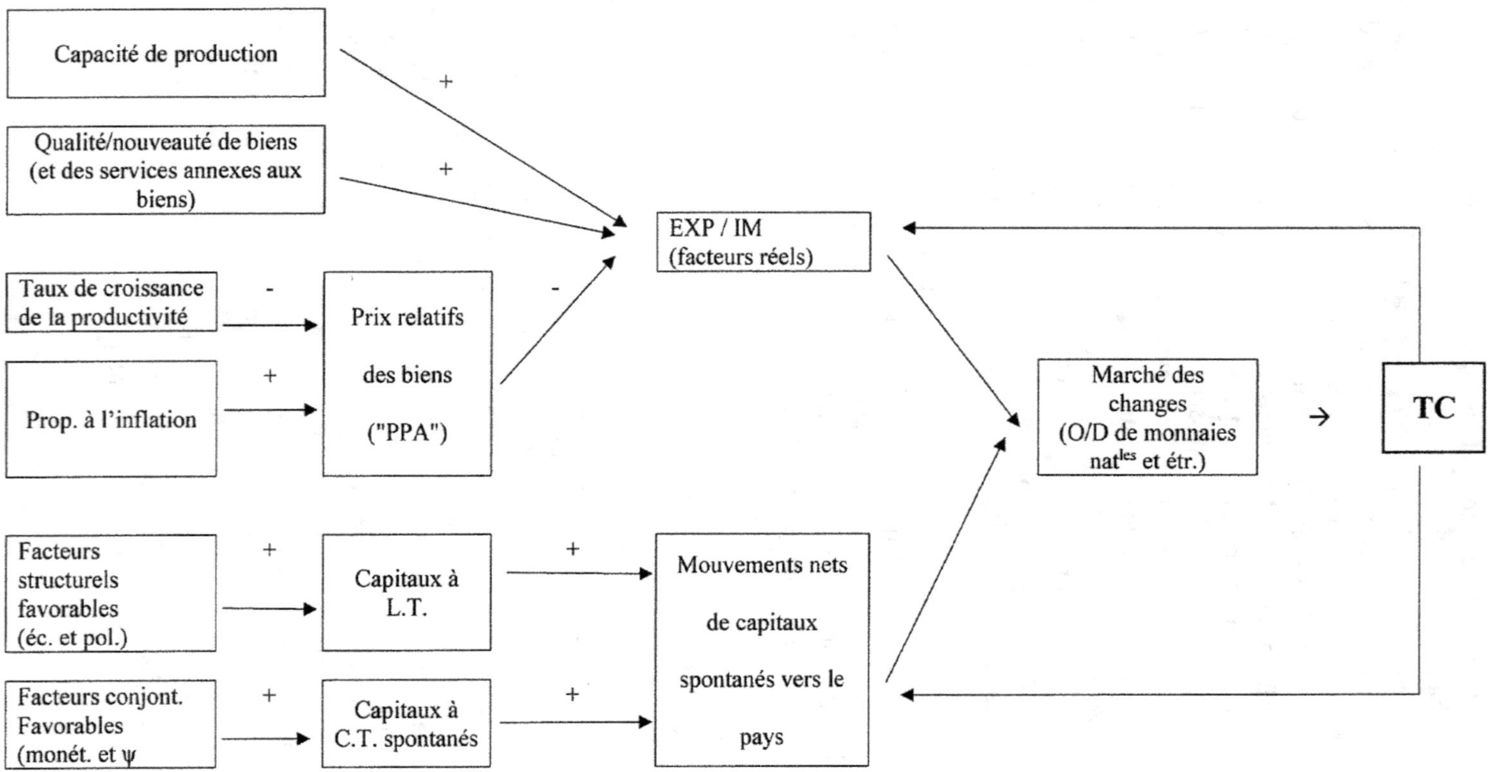

Quant à l'idée selon laquelle toute relance dans un seul pays entraîne automatiquement un déséquilibre (ou un déséquilibre accru) des échanges extérieurs, rappelons qu'elle n'est vraie qu'à court terme :

- à moyen et long terme, le retour à la croissance accélère les gains de productivité et le taux d'innovations, permettant donc de retrouver l'équilibre extérieur perdu justement parce que l'économie a eu une croissance trop lente pendant trop longtemps (cas des Etats-Unis et de la Grande-Bretagne entre 1946 & 1982) ; inversement, les pays à échanges excédentaires ont depuis 15 ans connu la croissance la plus rapide (Chine, après le Japon des années 60-90 ; l'Allemagne a à la fois des excédents et une croissance assez lente) ;

- à court terme, le déséquilibre momentané provoqué par la relance dans un seul pays peut être combattu par une dévaluation si le déséquilibre était dû à une inflation relative, par des mesures de protection temporaire et limitée s'il est dû à des avantages structurels exorbitants de certains pays (avantages "historiques" pour l'Allemagne, "tactiques" pour le Japon et la Chine). La capacité exportatrice du Japon n'est que moyenne, ce sont ses faibles importations de produits industriels occidentaux qui lui ont assuré longtemps un fort excédent global, quant à la Chine, c'est essentiellement le maintien artificiel d'un taux de change sous-évalué qui lui permet de maintenir de gros excédents extérieurs. Une autre idée est à rejeter : qu'un déficit extérieur est dû à un manque d'épargne : la France, p. ex., a presque toujours eu des déficits extérieurs et un taux d'épargne national élevé ; c'est parce qu'une nation a un excédent extérieur que, comptablement, cela se traduit par une "épargne".

*
* *

Mais l'équilibre extérieur est l'un des déterminants du niveau d'activité national, donc de l'emploi, c'est à ce titre qu'il faut enchaîner maintenant sur l'"arithmétique" de l'emploi et du chômage.

Section II-B

L'équilibre de l'emploi et le rôle de la productivité ("arithmétique" de l'emploi et du chômage)

L'équilibre de l'emploi (est-on proche ou loin du plein emploi ?) est le dernier des problèmes "d'équilibres partiels" qui constituent la dynamique économique globale.

Rappelons qu'il s'agit, dans l'optique de dynamique systémique qui est la nôtre, des "paliers" successifs d'une analyse tendant à la compréhension globale de l'évolution du système économique moderne (S.E.M), qu'on peut qualifier encore "d'occidental" (pour compléter la dimension économique par son arrière-plan "civilisationnel").

Car l'emploi (et plutôt son inverse : le taux de chômage) est à la fois une variable strictement économique et une variable sociopolitique fondamentale.

C'est en ce sens qu'elle est "en bout de course", comme on l'a déjà dit, dépendant indirectement des autres équilibres partiels et assez directement de l'équilibre extérieur (toutes choses égales d'ailleurs, un déficit extérieur signifie plus de chômage, via une production plus faible, que s'il y avait équilibre des échanges).

§ 1 PIB, emploi et productivité

Si l'équilibre extérieur affecte le niveau du PIB (qu'on appellera "Q" pour rappeler qu'il s'agit d'une mesure "en volume", mais qu'on peut décomposer en $Q = p_i\, q_i$ pour rappeler aussi que c'est un "volume mesuré en valeur"), celui-ci peut être <u>décomposé</u>, en termes de variation, en <u>deux "facteurs".</u>

$$\boldsymbol{Q = N + PR}$$

(Variation en % du PIB égale variation en % de l'emploi + variation en % de la productivité).

Cette égalité dynamique fondamentale dérive simplement de la <u>définition</u> du concept central de productivité :

$$PR = Q / N$$

Ou, en dynamique :

$$\Delta\, PR/PR = (\Delta\, Q / Q) / (\Delta\, N / N)$$

d'où l'écriture ci-dessus pour calculer en taux de variation (par exemple, une croissance de 3% du PIB se décompose par définition en une croissance de 1% de la productivité et une croissance de 2% de l'emploi).
La formule devrait aussi tenir compte de la durée du travail DT, la formule complète serait alors :

$$\boldsymbol{Q = N + PR + DT}$$

(Dans les raisonnements généraux qui suivent on négligera DT pour simplifier).

Comme ce qui nous intéresse est l'emploi, on peut écrire la relation ci-dessus ainsi :

$$\boxed{\boldsymbol{N = Q - PR}}$$

Toutes ces relations sont des "relations de production", des relations "techniques", qui signifient que la variation du PIB ne peut résulter que d'une variation de la quantité de travail utilisée dans l'économie (ΔN) et d'une variation de l'efficacité de ce travail, qu'on nomme productivité (ΔPR) : c'est la décision d'accroître la production qui oblige les chefs d'entreprises à accroître le niveau d'emploi et, si possible, la productivité générale (des nouveaux emplois et/ou des anciens). Autrement dit, la décision portant sur le PIB est première, on reste bien dans l'optique générale du paradigme de la demande : il n'y a que la prévision de ventes supplémentaires qui peut décider les chefs d'entreprises à accroître leur production.

Simplement, ici, dans cette section, puisque nous sommes concernés par l'emploi, nous nous situons au niveau de "l'offre", pour examiner en quelque sorte comment une décision provoquée par des prévisions sur la demande va être transposée au niveau technique de "l'offre" (la production).
Et à ce niveau il n'y a aucune "rétroaction" de l'offre sur la demande, on n'entre absolument pas dans le cadre néoclassique qui permettrait de dire que l'emploi N dépend du "prix du travail" (du salaire) donc que la formule donnant N est circulaire et que c'est un équilibre instantané "à la néoclassique" qui a déterminé l'emploi ; certes l'emploi en t dépend bien des "salaires", mais des salaires passés (en t-1, les salaires versés le trimestre précédent) et donc par l'intermédiaire de la demande des salariés constatée le trimestre précédent et prévue pour le trimestre commençant : le taux de salaire en vigueur à l'instant t est considéré par les chefs d'entreprises comme une donnée déjà intégrée dans leur organisation productive et la seule chose qu'ils se demandent pour décider des effectifs dont ils ont besoin

est leur prévision quant au volume à venir de leurs ventes (compte tenu éventuellement de la nécessité ou des possibilités de faire varier leurs prix). Et, évidemment, c'est une relation positive, "keynésienne" qu'on observe : jamais une augmentation du niveau général des salaires pendant un trimestre n'a donné lieu le trimestre suivant à une baisse de l'emploi (le contraire, oui, comme dans les pays de l'Europe du Sud après 2008).

Comme les déterminants de la demande ne pourront être analysés dans leur ensemble qu'au niveau de l'évolution globale des nations du S.E.M, on doit pour le moment considérer comme donné le volume du PIB (puisque déterminé par la demande intérieure et par l'équilibre extérieur) : reste alors à se concentrer sur la productivité, facteur central et profond de la dynamique économique, facteur "mystérieux" aussi, car la plupart du temps considéré comme exogène par la quasi-totalité des théories économiques, y compris par la théorie keynésienne. Mais l'approche systémique-dynamique et une bonne connaissance des données doivent nous permettre d'accéder à une conception simple et profonde des sources de la croissance de la productivité et, donc, de son influence fondamentale sur l'évolution de l'emploi (§ 1.I.) tout en tenant compte de certains aspects secondaires de "l'équation de la productivité" (§ 1.II). Après quoi, on tentera d'élucider les raisons qui font que les contributions à la croissance des facteurs emplois et productivité sont différentes suivant les divers "régimes de conjoncture globale" provoqués par des types différents de politiques macroéconomiques (§ 2).

§ 2 – Déterminants du taux de variation de la productivité PR

Ce problème, pourtant fondamental, de la dynamique économique est si mal connu que certains auteurs se contentent de parler de "productivité" (concept statique) alors que c'est évidemment en termes de taux de variation de PR qu'il faut raisonner.

I. Depuis, disons un siècle, le PIB des pays occidentaux a été multiplié (en volume, c'est-à-dire en valeur en monnaie constante) par, mettons 7 ou 8, alors que la population active n'a été multipliée que par 2 ou 3 ; ce qui donne déjà une multiplication de la productivité par un facteur 3 environ ; et c'est là une productivité "par tête" ; la vraie productivité, horaire, a, elle, vraisemblablement été multipliée par un second facteur, qu'on peut évaluer à 2, puisque, depuis 1900, la durée annuelle du travail a elle-même été divisée par 2.

Peu importe les chiffres exacts (puisque sur un siècle la nature des biens et services produits a évidemment changé, même si c'est probablement moins qu'on le dit) : une multiplication de la productivité horaire par 6 sur un siècle ne peut avoir été due qu'à un phénomène économique massif dont, cependant, aucune théorie ne rend compte avec un minimum d'exactitude : certains l'ignorent (la théorie keynésienne, axée sur la demande et ignorant l'offre, ce qui n'est légitime qu'à court terme), d'autres ont bien identifié le facteur fondamental, mais le minimisent (Marx ne croit pas que l'accumulation du capital soit source de productivité, les néoclassiques jugent arbitrairement que la "productivité marginale" du capital n'est que de l'ordre de 0,3 ou 0,4) et d'autres conceptions plus vagues parlent de "destruction créatrice" (Schumpeter) ou de "progrès technique".

Progrès technique est bien le bon mot, mais, justement, ce n'est qu'un mot, c'est-à-dire que ce n'est pas un concept scientifique, lequel doit être à la fois explicatif et mesurable. Et aujourd'hui le "progrès technique", s'il est évidemment bien considéré comme le facteur essentiel de la croissance de la productivité, est considéré comme "exogène" dans les modèles les plus formalisés, et égal à 1, 2 ou 3% suivant les besoins, et sans justification théorique aucune.

Harrod et Domar, déjà cités (cf. introduction) avaient pourtant fourni les bases d'une théorie "exacte", avec la formule :

$$g = s/c$$

qui mesurait la croissance g du produit par le quotient du taux d'investissement productif net s par le coefficient de capital c :

- le taux d'investissement s est la fraction du PIB (mettons 100) ajoutée chaque année au capital productif ;
  par exemple si s = I / PIB = 6%, alors le capital productif de la nation considérée s'accroit en valeur absolue de 6 ;
- et le coefficient c, mesuré, indique en moyenne que pour produire un PIB de 100, il faut un capital productif de 200, d'où c = 2 ;
- le capital passe donc de 200 à 206 et, si c est constant (ce qui semble être le cas depuis les débuts du système industriel), le nouveau PIB peut atteindre 206/2 = 103, c'est-à-dire qu'on a une croissance potentielle de 3%.

Avec cette formule de Harrod et Domar et la valeur constatée de c comme à peu près constante, on peut alors écrire : $\boldsymbol{Q} = \boldsymbol{K}$ (avec Q pour le PIB et K pour le capital productif, et toujours en taux de variation)

Et l'on peut facilement aller plus loin en décomposant K :

$$\boldsymbol{K} = \boldsymbol{K}_{\mathrm{N}} + \boldsymbol{K}_{\mathrm{PR}}$$

où : $\boldsymbol{K}_{\mathrm{N}}$ est le taux de croissance du capital nécessaire à l'emploi de main-d'œuvre supplémentaire ;
$\boldsymbol{K}_{\mathrm{PR}}$ est le taux de croissance (obtenu par différence entre $\boldsymbol{K}$ et $\boldsymbol{N}$) de la valeur du capital supplémentaire disponible pour les effectifs déjà

employés, cette valeur pouvant être nommée IK (intensité capitalistique).

Et l'on a une bonne raison de penser que le taux de croissance de la productivité PR est fonction du taux de croissance de l'intensité capitalistique IK puisqu'il lui est logiquement égal ; en effet, rapprochons les trois égalités dynamiques suivantes :

$$\boldsymbol{Q} = \boldsymbol{N} + \boldsymbol{PR} \qquad \boldsymbol{Q} = \boldsymbol{K} \qquad \boldsymbol{K} = \boldsymbol{K}_N + \boldsymbol{K}_{\mathrm{PR}}$$

Cela nous donne :

$$\boldsymbol{Q} = \boldsymbol{N} + \boldsymbol{K}_{\mathrm{PR}} \quad \text{(puisqu'on a défini } \boldsymbol{K}_{\mathrm{N}} = \boldsymbol{N}\text{)}$$

et donc :

$$\boldsymbol{PR} = \boldsymbol{K}_{\mathrm{PR}} = \boldsymbol{IK}$$

Ce qui signifie que le taux de croissance de la productivité est égal au taux de croissance de l'intensité capitalistique ; or le premier taux est un résultat, le second ne peut qu'en être sa cause matérielle.

De quoi est faite, concrètement, la "croissance de l'intensité capitalistique" ? C'est évidemment la croissance de la valeur du capital productif dont dispose en moyenne chaque producteur ; mais encore ? "Valeur du capital" veut dire en fait coût de ce capital, et si le coût des moyens de production dont dispose en moyenne un producteur augmente c'est parce que, chaque année, en moyenne toujours, ces biens sont plus sophistiqués, plus "techniques", c'est-à-dire plus puissants, plus intelligents, plus habiles ou tout simplement plus fiables et/ou moins coûteux d'utilisation, souvent tout cela ensemble. Et c'est bien le "progrès technique" (PT) qu'on peut définir ainsi : mais désormais, en posant l'égalité :

$$\text{"PT"} = \boldsymbol{PR} = \boldsymbol{IK}$$

on a à la fois des mesures précises et une explication de phénomènes restés longtemps obscurs.

Toutes ces formulations correspondent bien entendu à des moyennes macroéconomiques : chaque entreprise ne réalise pas chaque année des investissements nets et, pour celles qui le font, l'investissement peut avoir à la fois un effet sur l'emploi et/ou un effet sur la productivité ; ce n'est qu'au niveau macroéconomique qu'on peut calculer les résultantes nettes, respectivement en termes d'emploi et de productivité ; des investissements nets réalisés dans l'année sur l'ensemble du territoire national ("formation nette de capital productif", cette valeur n'étant d'ailleurs donnée que de manière imparfaite par la Comptabilité nationale). Et cela même si chaque entreprise sait en gros qu'elle réalise plutôt un investissement de "capacité" ou un investissement "de productivité - rationalisation", le même investissement pouvant d'ailleurs correspondre aux deux buts et le résultat sur l'emploi dépendant de la variation de la production : si la production

(VA) a augmenté plus que les effectifs, il y a à la fois création d'emplois et croissance de PR, sinon seule cette dernière se produira ; tous les autres cas sont possibles, on peut même avoir, toujours au niveau microéconomique, des investissements nets avec diminution de l'emploi.

*
* *

Les "investissements" dont nous parlons correspondent à des dépenses en "capital fixe" (stock d'actifs productifs durables) qui peuvent se concrétiser évidemment de façon très différente :

- du capital productif matériel ("machines", immeubles, infrastructures, véhicules, etc.) ;
- mais aussi acquisition de brevets, de logiciels, de connaissances au sens le plus large, de dépenses de "réorganisation" et de dépenses en "recherche-développement" (RD).

Le "learning by doing" (amélioration de la productivité par l'expérience) ne correspond pas à des dépenses et son influence positive au niveau macroéconomique est douteuse puisque compensée à chaque moment du temps par le gâchis provoqué ailleurs par l'apparition de nouvelles entreprises et/ou techniques où l'on "essuie les plâtres" pendant les périodes de rodage (les 2/3 des entreprises nouvelles disparaissent dans les 3 ans de leur création).

II. La productivité dont il est question ici est évidemment la productivité du travail, on l'a dit (par tête de travailleur ou par heure de travail). Et il faut bien préciser que c'est le seul concept de productivité à retenir pour la compréhension de la dynamique macroéconomique du côté de l'offre (du côté des facteurs de production). Cette précision est nécessaire parce que depuis quelques décennies se développe l'utilisation de concepts inadéquats relatifs à la productivité qui tendent non seulement à brouiller la mesure et la compréhension des sources de la croissance de la productivité, mais encore à induire des politiques économiques perverses.

Ces concepts trompeurs, d'origine idéologique (destinés à défavoriser les salariés en fait) sont au nombre de deux :

a) La productivité du travail est souvent qualifiée "d'apparente" dans ce type d'études, et souvent cet adjectif est repris machinalement par les commentateurs, qui croient peut-être "faire savant" : l'idée serait que si la productivité du travail augmente bien (on ne peut le nier ...), le mérite n'en revient pas aux travailleurs (salariés), mais aux chefs d'entreprises et à leurs investissements. Cela est indéniable, mais :

- c'est oublier en statique que les salariés financent en fait les investissements, leur salaire étant calculé (cf. chap. II, sect. III) de manière à dégager au niveau macroéconomique la marge voulue d'autofinancement (sans compter que les salariés sont aussi des épargnants ...) ;

- c'est ne pas comprendre, en dynamique, que si les salaires (réels) n'augmentent pas au même rythme que la "productivité du travail national", progressivement la part des salariés dans le PIB baissera jusqu'à freiner la croissance de la consommation des salariés, et donc la demande globales, et donc la croissance elle-même (processus typique aux Etats-Unis depuis les années 1975, où la croissance ne se maintient qu'au prix d'un endettement croissant de l'Etat et des ménages, et au travers de crises financières à répétition entraînant pour les surmonter des créations monétaires aventureuses de la Banque Centrale).

La productivité du travail est peut-être "apparente", mais il n'y a pas d'autre moyen de calculer la croissance de l'efficacité d'un système économique et il faut y proportionner en dynamique la rémunération du travail (sauf à reconnaître qu'il n'y a certes pas que les salariés qui travaillent !).

b) Beaucoup plus grave, conceptuellement et dans ses effets sur le freinage des salaires réels, est l'invention dans les années 1970-80 du concept de "productivité globale des facteurs" (PGF). Le but est toujours d'opposer aux revendications syndicales l'idée que, finalement, la productivité n'augmente pas autant qu'on le croit et que, donc, les salariés doivent être "raisonnables" et donc éviter "l'inflation des salaires" (autre terme ayant fait son apparition dans les études de soi-disant économistes, au début des années 2000 semble-t-il). L'idée théorique sous-jacente est strictement néo-classique :

- il s'agit d'"additionner" les taux de croissance de la productivité du travail PR_k et de la productivité du capital PR_k pour en faire une sorte de "moyenne" forcément plus faible que le taux de croissance de la seule productivité du travail puisque la productivité du capital Q/K, elle, n'augmente pas (c'est ce que nous avons décrit sous le nom de stabilité du coefficient de capital K/Q dans le point I du § 1 ci-dessus) ;
- et pour pondérer, dans cette addition, les contributions respectives du facteur travail et du facteur capital à la croissance, les économistes néoclassiques font deux hypothèses extravagantes :

1. ce sont les "productivités marginales" des deux facteurs qui doivent servir de poids
2. ces productivités marginales sont égales aux parts respectives des salaires et des profits dans le PIB, soit 0,6 pour les salaires et 0,4 pour les profits !!!

On aboutit donc à calculer des taux de croissance de la "PGF" qui, dans les pays occidentaux depuis une quarantaine d'années, n'excède guère 1%, par exemple :

$$0,6 \times 2\% + 0,4 \times 0\% = 1,2\%$$

Et l'on inculque dans la mentalité des acteurs économiques que les salaires réels ne "peuvent" augmenter de plus de 1% par an, que c'est là une "loi incontournable".

Précisons que le premier point de la conception de la PGF (l'idée de calculer une moyenne de la croissance de la productivité des deux "facteurs") est déjà absurde en bonne théorie économique : la productivité du capital est déjà un facteur (le facteur "efficacité") de la productivité du travail (l'autre facteur étant la "quantité" de capital par tête) : dans un calcul on ne peut prendre en compte deux fois la même chose, une fois en tant que cause et une fois en tant que résultat !

*
* *

Au-delà de ces définitions de principe du concept de productivité du travail, il existe des aspects secondaires, mais intéressants de l'évolution de cette variable fondamentale de la dynamique, des aspects conjoncturels et des aspects structurels.

III. Aspects conjoncturels et structurels de l'évolution de la productivité

Les analyses précédentes comportent des définitions générales, "intemporelles", il est intéressant de savoir que la PR est aussi sujette à des "cycles" (point A) ; et nous nous sommes aussi placés à un niveau très global, il est également intéressant de se souvenir qu'une moyenne macroéconomique est la résultante de comportement émanant d'entreprises de type fort différent (point B).

A. L'évolution de la PR dans la conjoncture

Il existe des cycles de "productivité" (mis en lumière en France dès les années 1970) dus à des divergences d'évolution de la production et de l'emploi suivant les diverses phases de la conjoncture ; par rapport à un taux moyen de long terme donné de PR, on observe des accélérations ou ralentissements dans les circonstances suivantes :

- La PR accélère quand :
  - le PIB augmente plus que n'augmente l'emploi, ce qui correspond au début de phase de reprise lorsque la production augmente simplement parce que, avant embauches supplémentaires, la durée du travail retrouve sa valeur normale (abaissée pendant la récession) et que le personnel travaille à nouveau avec l'intensité moyenne ;
  - le PIB baisse moins vite que ne diminue l'emploi, ce qui correspond à une phase de récession durant déjà depuis un certain temps et où les chefs d'entreprise se décident à couper vraiment dans les effectifs, parfois au-delà de ce qui serait raisonnable, car une vague de pessimisme survient.
- La PR décélère dans les cas inverses, par exemple au début d'une phase de récession lorsque les chefs d'entreprises hésitent encore à se séparer d'une partie de leurs effectifs (cette phase apparaît comme étant plus longue en Europe qu'aux USA, où les ajustements sont plus rapides).

Ces phases contrastées contribuent un peu à l'instabilité générale du S.E.M. et sont d'une certaine importance pour les réactions des agents économiques :

- un "retard" de reprise de l'emploi consolide par exemple un niveau de pessimisme élevé, et peut retarder, amoindrir une reprise ;
- un retard à une accélération du chômage peut entrainer un retard à des réactions compensatrices de l'Etat.

B. Aspects structurels de l'évolution moyenne de PR

On distingue des facteurs sectoriels et des facteurs au niveau des entreprises.

1. Les aspects sectoriels apparaissent lorsqu'on décompose le PR moyen national en gains de PR intrasectoriels et gains intersectoriels.

C'est toute la question de savoir, puisqu'au cours de la croissance de long terme les proportions sectorielles de l'économie se modifient, si ces changements structurels ne se font pas au détriment des secteurs (industrie et agriculture, par exemple) où les gains de productivité sont les plus forts ; cela semble probable (PR plus faible dans le "tertiaire" ...), mais en même temps le tertiaire, qui devient largement prépondérant, paye en moyenne des revenus absolus plus élevés. Il y a peu d'études sur ce sujet, et, peut-être, y a-t-il des "gisements de productivité" dans les secteurs jusqu'à présent à productivité quasi stagnante (les services à la personne par exemple) : non pas tant au niveau de l'acte lui-même (la coupe de cheveux, la consultation médicale...), mais au niveau de l'organisation générale de ces secteurs (structures et procédures archaïques) et d'une prise en compte plus exacte de la VA qu'ils procurent. Les quelques études montrent en tous cas que le rôle intersectoriel est très faible comparé à la hausse de PR intrasectorielle.

2. Au niveau des entreprises, certaines études se sont intéressées à la contribution, dans le total des créations d'emplois sur longues périodes, à la part qui revient aux entreprises "pérennes" et à celle qui résulte du solde des créations/destructions d'emplois qui résulte du mouvement incessant de créations et de disparitions d'entreprises nouvelles : il apparaît que les entreprises qui disparaissent et les entreprises qui se créent ont une PR plus faible que les entreprises pérennes ; le processus de "destruction créatrice" ne semble pas bien validé au niveau interentreprises.
   Le résultat global en termes de réallocation de main-d'œuvre est très important, de l'ordre de 35% en additionnant les valeurs absolues des taux de créations et de destructions d'emplois (France, 1987-1999, Economie et Statistiques, N° 367, 2003).

3. Un aspect structurel particulier, intéressant directement les salariés en quête d'emplois et indirectement la productivité, a été introduit dans les années 1980 pour tenter d'expliquer le ralentissement de la croissance de l'emploi dès les années 1975. C'est une distinction faite au niveau des demandeurs d'emploi entre "insiders" et "outsiders", c'est-à-dire en gros entre des gens "aptes à un emploi moderne" et les autres ; les premiers sont bien payés, qualifiés, ont des emplois stables qu'ils retrouvent rapidement lorsqu'ils les perdent, les seconds tout le contraire ... Et donc le second groupe est victime du chômage s'il prétend au même niveau de salaire que le premier groupe ; et il faut en particulier diminuer les "charges sociales" qui pèsent sur l'emploi des salariés du second groupe pour

qu'ils deviennent des "insiders". Cette analyse a été plus récemment "enrichie" du jugement péremptoire selon lequel certains pays (la France en premier lieu) avaient une "préférence pour le chômage"). On a là affaire à un nième avatar de la théorie NC qui persiste à penser que s'il y a du chômage c'est que certains salaires sont trop élevés (par rapport à la productivité/employabilité de ces travailleurs).

Que certaines personnes aient du mal à s'insérer dans le système industriel est indéniable : mais en faire une explication générale de l'explosion du chômage après 1973-1974 est ridicule, les phénomènes de marginalité ayant toujours existé ! Les preuves que le chômage, via l'emploi, est déterminé par des facteurs macroéconomiques généraux (et non par la structure des salariés) sont abondantes :

- les mesures d'abaissement des "charges" pour les petits salaires datent d'il y a trente ans et n'ont jamais provoqué un reflux du chômage ;
- dans la période 1945–1974 de quasi plein-emploi, celui-ci était obtenu par une croissance régulière de la demande globale due à des politiques monétaires, budgétaires et salariales qui permettaient de faire "coller" les rémunérations salariales (et donc les profits, par "solidarité dynamique") à l'augmentation des capacités de production réalisées et potentielles (démographie et progrès technique) : la pression de la demande de travail (par les entreprises) était telle que même des gens peu "aptes" étaient embauchés, formés sur le tas, et contribuaient au niveau du système tout entier à la production du PIB ;
- ce n'est donc évidemment que lorsqu'un chômage de masse se développe et s'installe que les chefs d'entreprises font le tri et écartent certains demandeurs d'emploi (sans parler des préjugés raciaux …) ;
- ce qui est vrai c'est que se développe un effet d'hystérèse, les travailleurs depuis longtemps en chômage deviennent de moins en moins aptes à s'intégrer facilement dans le processus productif moderne (perte de qualification technique et sociale).

4. Un aspect de "dynamique historique" très général des sources de la croissance de la productivité doit être évoqué ici ; c'est la notion de "<u>rattrapage</u>", qui sert d'argument passe-partout dans les discussions du Café du Commerce pour tenter de justifier l'affaiblissement du taux de croissance de la productivité, en Europe par exemple, entre la période 1950-1980 et les années 1980-2015 (PR y ayant été divisé par 2, puis encore par 2, tombant de près de 4% en 1972-1973 à 2%

vers 1990-2000 puis à 1% après 2008 ; et peut être 0% à partir de 2015). Certes, la productivité européenne avait, après 1945, à rattraper la productivité nord-américaine ; mais suffit-il d'être à un niveau très bas pour croître très vite et "rattraper" ? Les pays en voie de développement aimeraient bien que cela soit vrai.

En fait, le rattrapage n'existe pas en soi, c'est-à-dire comme "facteur" : c'est toujours par un effort massif d'investissement net dans les secteurs productifs modernes (donc par un effort massif d'épargne) que le stock de capital productif a pu augmenter énormément et par lui, le revenu général de la productivité (le Japon après 1953 puis la Chine après 1985 sont là pour en témoigner) : ne "rattrape" que la nation qui fait un effet massif d'épargne/investissement rationnel <u>et</u> qui, par ailleurs, se construit des <u>débouchés</u> extérieurs et intérieurs, proportionnés aux nouvelles capacités de production mises en place.

*
* *

On vient donc de prendre une vue d'ensemble de la "variable productivité", c'est-à-dire de l'évolution du facteur qui, par rapport à l'évolution de la demande globale (demande intérieure C + I diminuée éventuellement d'un solde extérieur négatif cf. Sect. II.A), diminue celle-ci pour déterminer l'évolution de <u>l'emploi</u>, suivant la relation dynamique fondamentale non discutable (car elle se situe au niveau des définitions des concepts économiques de base), indiquée au début.

Variation en % de l'emploi	=	Variation en % du PIB	-	Variation en % de la productivité

La production (elle-même déterminée par la demande prévue) détermine l'emploi, compte tenu de la productivité moyenne des travailleurs disponibles ...

*
* *

Et nous venons ainsi de fournir un modèle général de la détermination de l'emploi, "en moyenne" pourrait-on dire.

Mais, s'il s'agit bien d'un modèle dynamique par définition (analyses causales en termes de variations) il s'agit d'un modèle trop "historique", trop général, ne tenant pas compte en particulier des considérables inflexions qu'a subies depuis une quarantaine d'années maintenant, le "régime de croissance" du SEM. Certes, ces déterminants sont toujours les mêmes, les comportements de pouvoir économique des divers "agents" étudiés dans le chapitre II, mais certains de ses comportements, en particulier celui de l'Etat, mais aussi celui des chefs de (grandes) entreprises et des détenteurs de capitaux se sont modifiés à un point tel, dans le sens d'un très fort abaissement du taux de croissance à long terme, que les conséquences sur la productivité, et donc sur l'emploi, ont été vraiment modifiées. Et en particulier sur un problème crucial qu'on n'a fait d'ailleurs qu'effleurer jusqu'ici, celui du "partage dynamique" entre PR et N pour un taux de croissance donné du PIB.

§ 3 Le partage dynamique productivité / emploi

Dans l'Europe des années 1950-1975, où la population active augmentait peu (et où la durée annuelle du travail avait commencé à baisser), l'essentiel de la croissance du PIB était assuré par la croissance de la productivité du travail, à raison des 4/5 environ : le taux de croissance du PIB était de l'ordre de 5% (en Europe continentale du moins, le Royaume-Uni ne dépassant guère 3%) et celui de la productivité de l'ordre de 4% : on avait donc : 5% - 4% = 1% (et comme la population active augmentait à peu près au même rythme de 1%, le taux de chômage restait stable, aux environs de 1 à 2% en moyenne).

Dans cette période, on aurait donc un PT (progrès technique) fort grâce à un taux de croissance fort de IK (l'intensité capitalistique), lui-même permis, évidemment, par un taux d'investissement productif net élevé dont les 4/5 allaient à un investissement de productivité "pur" et seulement 1/5 à doter le surcroit annuel de main-d'œuvre du volume de capital moyen par tête existant dans l'économie.

A la même époque, aux USA, la moitié seulement du taux de croissance du PIB provenait du taux de croissance de la productivité (1,8 point à peu près), le reste venant de l'accroissement de l'emploi.

Et en France à nouveau, mais dans les années 1974-1993, ou depuis 2007, la productivité expliquerait près de 100% du taux de croissance du PIB …

Comment expliquer ces différences entre pays et entre périodes ?

Mettons de côté le facteur démographique qui, évidemment, peut rendre nulle la contribution de l'emploi si la population active est stagnante (et en négligeant aussi la baisse tendancielle de la durée annuelle du travail depuis le début des années 1970, qui renforce automatiquement le rôle de la productivité horaire du travail).

Il semble que pour expliquer les différentes combinaisons possibles entre contribution de la productivité et contribution de l'emploi à la croissance (en dehors des phases de reprises ou de ralentissements de la conjoncture dans le court terme), il faut tenir compte du fait fondamental que certaines économies occidentales, depuis 1945, ont connu deux "régimes de croissance" successifs (en Europe), alors que d'autres (USA) ont connu un régime à peu près constant ; en gros on a les résultats suivants :

- USA : taux moyen de croissance stable d'environ 2,5 % depuis la fin de la IIe guerre mondiale ;
- EUROPE :
  - o de 1945 à 1974 : environ 4%
  - o depuis 1974 : taux de croissance s'affaiblissant progressivement jusqu'à environ 1% depuis 2007.

Dès lors, on peut analyser les différences dans les contributions respectives de la productivité PR et de l'emploi N à la croissance en distinguant les mécanismes à l'œuvre à l'intérieur d'un régime constant de croissance et ceux qui sont à l'œuvre dans la phase de transition entre deux régimes :

A/ A l'intérieur d'un régime de croissance stabilisé, pour que l'emploi effectif N_{eff} augmente au même taux que l'emploi potentiel N_{pot}, il faut que le PIB augmente à un taux qui soit supérieur au taux de croissance potentiel de la productivité PR_{pot} du montant du taux de croissance potentiel de l'emploi :

$$\boldsymbol{Q}_{\text{eff}} = \boldsymbol{PR}_{\text{pot}} + \boldsymbol{N}_{\text{pot}}$$

$\boldsymbol{N}_{\text{pot}}$ est fonction de variables qu'on appellera démographiques pour simplifier.

$\boldsymbol{PR}_{\text{pot}}$ est égal au "progrès technique" (PT), dont nous savons (cf. le § précédent) qu'il est égal au taux de croissance de l'intensité capitalistique IK, lui-même égal à la différence entre le taux de croissance du capital total K et le taux de croissance $\boldsymbol{K}_{\text{N}}$ du capital consacré à équiper le surplus de main-d'œuvre ; et nous savons aussi que ces taux de croissance du capital sont fonction du taux d'investissement net réalisé ; dès lors, le taux potentiel de croissance de la productivité est égal au taux de croissance total du capital (lui-même égal à s/c, on le sait) diminué du taux de croissance potentiel de l'emploi, égal par définition à K_N.

Autrement dit, le bon "réglage" de l'emploi (un taux de croissance de N effectif égal au taux de croissance de N_{pot}, c'est-à-dire pas de variation d'un chômage éventuel) implique que, par rapport à un taux de croissance donné du PIB, le taux d'investissement net ne soit pas trop élevé, pas égal, par exemple, à un niveau où le taux de croissance de PR qu'il provoquerait, évincerait la main-d'œuvre supplémentaire disponible ; ce dernier cas de figure ne pouvant être favorable que dans le cas d'une population active déclinante.

Tout est donc affaire d'un rapport optimum entre trois taux de variation :

- le taux de variation potentiel des disponibilités en main-d'œuvre ;
- le taux de variation du PIB ;
- le taux de variation de l'intensité capitalistique (lui-même fonction du taux d'investissement net total, etc. ... comme expliqué ci-dessus).

Et on peut constater dans la réalité historique que, par tâtonnement sans doute, à l'intérieur d'une longue période de régime de croissance à peu près constant, les deux derniers taux de variation sont à peu près ajustés de manière à ce que le taux de croissance effectif de l'emploi corresponde à peu près à son taux potentiel, c'est-à-dire que le niveau moyen du chômage (1 ou 2% dans l'Europe des "30 glorieuses", 4 ou 5% aux USA depuis 1945) ne manifeste ni tendance à la hausse ni tendance à la baisse. Cet "ajustement" résultant sans doute à la fois de mécanismes d'équilibration "keynésiens" (variation des agrégats et du niveau de productivité) et de politiques macroéconomiques ad hoc ayant pour priorité le maintien d'un niveau d'emploi de l'ordre de 95% de la force de travail) ; on reviendra sur ce point fondamental d'équilibre dynamique.

B/ A l'intérieur d'une phase de transition entre un régime de croissance forte ("au potentiel", en fait, cf. le chap. IV) et un régime de croissance faible (inférieure au potentiel), les équilibres dynamiques ne sont plus assurés en ce sens que le niveau de chômage augmente considérablement, simplement parce que l'emploi effectif augmente moins (quand il augmente...) que le surcroit de main-d'œuvre disponible.

La cause en est que, pendant des années, la répartition des revenus demeurant globalement favorable aux chefs d'entreprises, ceux-ci continuent d'investir à un taux supérieur aux besoins de croissance de l'économie (qui, dans le cas considéré, baissent puisque l'économie est soumise à une politique de "restriction de croissance", délibérée ou par incompétence, cf. chap. IV) ; et donc le taux de croissance de la productivité, tout en s'affaiblissant, demeure supérieur au taux de croissance du PIB, avec pour conséquence des créations d'emploi annuelles inférieures aux arrivées nouvelles sur le "marché de l'emploi". Cette longue phase de transition se caractérise donc schématiquement par les inégalités dynamiques suivantes :

$\boldsymbol{Q}_{\text{eff}} < \boldsymbol{Q}_{\text{pot}}$

$\boldsymbol{PR} \geq \boldsymbol{N}_{\text{pot}}$ (paradoxalement la PR prend plus d'importance dans ce qu'il reste de croissance !)

$\boldsymbol{N}_{\text{eff}} \leq 0$

(chômage croissant si la population est stable ou croissante)

Ce n'est qu'au bout de nombreuses années (deux ou trois décennies suivant les pays) que cette phase de transition prend fin, par effondrement du taux de croissance de la productivité (jusqu'à 1% ou même des chiffres négatifs pendant quelques années), dû lui-même à un effondrement du taux d'investissement net (de 8-10% à 2-4%) consécutif à la tardive prise de conscience par les détenteurs de capitaux et les chefs d'Entreprises que les besoins d'investissements pour la croissance sont devenus progressivement de plus en plus faibles.

Ainsi le niveau de l'emploi parvient à se stabiliser, quitte à être de nouveau perturbé par des fluctuations, conjoncturelles celles-là, provoquées par l'instabilité cyclique propre aux économies de marchés financiers (USA et Europe depuis 2007) : un "équilibre de l'emploi" à bas niveau (10 à 12% de taux de chômage effectif au moins) est alors trouvé et demeure en vigueur tant que le régime de croissance faible est maintenu, consciemment ou inconsciemment, par les pouvoirs publics.

*

* *

Les déterminants dynamiques fondamentaux de l'emploi qu'on vient d'exposer sont ici très schématisés car, dans la réalité historique, ils sont extrêmement perturbés par :

- les fluctuations conjoncturelles "cycliques" qui, dans le court terme (1 à 2 ans) accentuent ou atténuent les évolutions de l'emploi dues au type de régime de croissance de moyen-long terme (cela fait quarante ans que l'Europe est entrée dans un régime volontaire de "croissance faible", c'est-à-dire inférieure au potentiel) ; la principale fluctuation a été la "grande récession" 2008 – 20 ?? intervenue aux USA dans un "régime de croissance maintenue" et en Europe dans un "régime de croissance bridée" (cf. chap. IV),
- des variables, à peine mentionnées dans nos analyses, qui ont dans la réalité une importance considérable :
    - la variable démographique : par exemple le taux de chômage allemand serait plus élevé que le taux de chômage français si l'Allemagne avait connu la même croissance démographique que la France (joue aussi pour le Royaume-Uni) ;
    - la variable durée du travail : par exemple, la France aurait en 2016 un taux de chômage de 20% (au lieu de 10%) si la durée annuelle du travail y était la même qu'en 1962 …
- la comptabilisation du chômage perturbe aussi les chiffres officiels : aux Pays-Bas et au Royaume-Uni, le nombre officiel des chômeurs est artificiellement diminué du fait qu'une fraction non négligeable des personnes sans emploi est déclarée "inapte au travail".

CONCLUSION : arithmétique de l'emploi (N), du chômage (U) et de la population (POP).

Il est stupéfiant de constater à quel point les publications statistiques officielles (par exemple les Perspectives économiques de l'OCDE !) ignorent ou à peu près les chiffres concernant l'emploi, la durée du travail, la productivité et la population (peut-être parce qu'ils ne peuvent entrer dans le cadre néo-classique ?).

On a ici longuement analysé les déterminants de l'emploi et donc de la productivité du travail, donnons pour finir les relations de base concernant le chômage, qui impliquent évidemment de prendre en compte la variable démographique de base : la population active (qui comporte par ailleurs une composante "sociologique", le taux d'emploi, dont l'analyse nous entraînerait trop loin).

Le chômage (U de l'anglais "unemployment" rappelons-le) se définit comme la différence entre la population d'âge actif (18 ans au moins) et désireuse de travailler, et la population ayant effectivement un emploi à temps plein ou à temps partiel voulu, il y a là la source d'une certaine ambiguïté statistique, qui donne lieu au décompte de plusieurs catégories de chômeurs ("demandeurs d'emploi") :

$$U = POP_{act} - N$$

et en faisant le rapport U/POP on obtient le taux de chômage :

$$U_{\%} = U/POP$$

Les variations de ces données doivent être calculées et expliquées de la manière suivante :

a/ Calcul de la variation du chômage :

- en valeurs absolues :
  - du nombre de chômeurs : $\Delta U = U_t - U_{t-1}$
    (p. ex: "il y a eu 8 000 chômeurs de plus entre décembre et janvier").
  - du taux de chômage : $U\,\%_t = U_{\%\ t-1}$
    (p. ex: entre 2013 et 2014 le taux de chômage est passé de 10 à 11%, il a donc augmenté d'un point de pourcentage)

- en valeurs relatives :
  - du nombre de chômeurs : $\Delta U/ U_{t-1}$
    (p. ex: il y aurait 2 883 000 chômeurs en décembre, il y en a 8 000 de plus, cela donne une augmentation de 0,28 %) ;

- du taux de chômage : $U_{\%t} / U_{\% t-1}$
  (p. ex. : le taux de chômage a augmenté de 10% s'il est passé de 10 à 11%).

b/ Les déterminants de l'évolution du chômage :

Il suffit de dynamiser la relation statique définissant le chômage (cf. page précédente) ; on a alors la relation fondamentale suivante :

$$\Delta U = U_t - U_{t-1} = \Delta POP - \Delta N$$

La variation du chômage en valeur absolue est donnée par la différence entre la variation absolue de la population (d'âge actif désirant travailler) et la variation absolue de l'emploi :

Si Δ POP = Δ N → chômage stable
Si Δ POP > Δ N → chômage en hausse
Si Δ POP < Δ N → chômage en baisse

Cette formule permet de répondre à des questions du type :

- si le chômage baisse, en combien d'années son niveau sera-t-il divisé par 2 ?
  Réponse : si le "stock" de chômeurs est de 5 millions et qu'on observe une baisse mensuelle moyenne du nombre de chômeurs de 25 000, il faudra 100 mois, c'est-à-dire un peu plus de 8 ans pour obtenir une baisse de moitié du nombre de chômeurs ;
- Il y avait 1 million de chômeurs en France à la mi 1981 et 3 millions à la mi 1988, quel a été le rythme moyen d'augmentation en valeur absolue et quels peuvent en être ses déterminants arithmétiques ?
  Réponses :
  - 2 millions de chômeurs de plus en 84 mois cela fait environ 24 000 chômeurs de plus par mois en moyenne, soit à peu près 300 000 par an pendant 7 ans ;
  - ce qui peut correspondre par exemple au solde suivant des flux :
    100 000 destructions d'emplois par an (ΔN = - 100 000)
    200 000 nouveaux arrivants (Δ POP = + 200 000)
    d'où, par application de la formule donnant Δ U :
    $\Delta U = \Delta POP - \Delta N = 200\,000 - (-100\,000)$
    $= 200\,000 + 100\,000 = 300\,000$ (par an)

Ces formules et calculs élémentaires d'"arithmétique économique" ne figurent dans aucun manuel, peut-être parce que les relations dynamiques entre flux (de variation de population et de création/destruction d'emplois) et stocks (de populations et de chômeurs) ne donnent pas lieu à de "belles mathématiques" ?

En termes de taux de variation des déterminants ultimes de l'emploi, Q et PR, les 700 000 destructions d'emplois mentionnées dans l'exemple ci-dessus correspondent à une baisse d'environ 3% du volume d'emploi initial (environ 25 millions), soit environ 0,5% par an, ce qui est le résultat d'une croissance moyenne du PIB de 1,5% et d'une croissance de la productivité de 2% :

$$\boldsymbol{N} = \boldsymbol{Q} - \boldsymbol{PR} = 1{,}5\% - 2\% = -\ 0{,}5\%$$

Ce sont des chiffres "idéel-typiques" d'une phase de transition à la baisse de la croissance définie plus haut à la fin du § 3.

CONCLUSION DU CHAPITRE III

Ce chapitre a consisté en une première tentative de comprendre la dynamique générale d'une économie moderne en décomposant celle-ci en ses dynamiques particulières, mais toutes reliées entre elles et présentées sous la forme d'"équilibres / déséquilibres", c'est-à-dire de confrontations de décisions des divers agents cherchant à réaliser des objectifs, chacun utilisant les éléments de pouvoir à sa disposition. Et nous avons suivi un plan d'exposition, correspondant à autant de "paliers" d'analyse, qui a distingué entre "équilibres primordiaux" (répartition / niveau des prix / financement) et "équilibres finals" (balance des paiements et emploi-chômage).

Pour accéder à un degré de compréhension plus élevé des processus qui composent l'évolution économique contemporaine, il faut évidemment tenter d'en prendre une vue globale, c'est-à-dire essayer de relier les divers mécanismes dynamiques partiels entre eux, et surtout aux performances globales des nations (croissance / emploi / équilibres socio-économiques généraux), ce qui implique nécessairement :

- dans l'ordre de la théorie "pure" de recourir à une théorie unifiée de la dynamique économique (une théorie réaliste, supprimant donc en particulier les antinomies long terme / court terme et équilibre / déséquilibre) ;
- dans l'ordre de l'analyse appliquée au mouvement économique global (et de ses divers aspects, y compris sociopolitiques) de faire toujours la liaison entre les "événements économiques" (les divers résultats macroéconomiques, conjoncturels et structurels) et la logique profonde du Système.

Pour progresser vers ces buts dans le chapitre qui vient, on suivra cette idée adaptée à une telle ligne directrice : l'"optimum systémique" a nécessité depuis des décennies la mise en œuvre d'une politique macroéconomique, mais si celle-ci connaît des errements l'optimum ne sera pas atteint.

CHAPITRE IV

La dynamique globale du SEM : la politique économique entre optimum dynamique et errements scientistes

Après les années 1930-1945, les gouvernements des nations occidentales ont compris que le système industriel décentralisé ne possédait pas en lui-même des mécanismes suffisamment puissants pour produire spontanément sa croissance potentielle avec les équilibres dynamiques qui vont avec (emploi, niveau général des prix, balance extérieure).

Ces gouvernements ont donc construit, en s'inspirant des théories keynésiennes et "péri-keynésiennes", un vaste ensemble très puissant d'institutions et de politiques qui, pendant plusieurs décennies après la IIe Guerre mondiale, ont permis d'abord la reconstruction de l'Europe et ensuite une longue période de croissance en quasi plein-emploi et avec une bonne maîtrise des autres équilibres.

Progressivement, on l'a déjà dit, à partir de la fin des années 1970, d'abord aux USA puis en Europe, cette politique dont on verra que c'était une politique de croissance équilibrée "au potentiel", a été abandonnée au profit d'une politique d'abord "néo" puis "ultra" libérale (Europe surtout) qui a eu des effets très déstabilisants :

- l'abandon de règles de prudence financière et d'un minimum de contrôle des mouvements internationaux de capitaux et de marchandises a accentué considérablement l'instabilité intrinsèque du SEM, surtout aux USA et en Grande-Bretagne ; et pour lutter contre de graves crises financières (1997 puis 2008), ces deux pays ont dû recourir en urgence à des remèdes keynésiens de sauvetage et de relance, qui ont réussi, mais au prix d'un énorme endettement public (et privé) et d'une création monétaire lourde peut-être de menaces ;
- en Europe continentale, les excès financiers ont été moindres, c'est plutôt d'une anémie progressive de la croissance qu'il faut parler, via une politique monétaire de plus en plus restrictive (jusqu'en juillet 2008 !) et une sous-évaluation "irrévocable" ! du taux de change du deutschmark au moment du passage à l'euro, sous-évaluation qui depuis 15 ans handicape les exportations de tous les pays euro à l'exception de

la seule Allemagne (qui, elle-même, a maintenu le taux de croissance de sa demande intérieure à un niveau 3 fois inférieur à celui des autres pays de la Zone) : des politiques d'austérité déraisonnables après 2010 (pour freiner dette et déficits publics !) ont amené l'Europe de l'Euro à une croissance quasiment nulle au début de 2016 ; et la providentielle chute du prix du pétrole et le quantitative easing de la BCE (à l'égard des seules banques) ne constituent pas des solutions durables (la baisse de l'euro, elle, présente à la longue autant d'inconvénients que d'avantages).

Les économistes qui ne partageraient pas cette analyse sont soit incompétents soit des idéologues "eurolâtres" (l'auteur de ces lignes est lui-même un "fervent européen", comme on dit, mais il n'est pas partisan d'une Europe de la stagnation et du chômage, au surplus toujours plus divisée entre "nord" et "sud") ; envers ces derniers économistes, il n'y a rien à faire, aucun argument scientifique ne peut faire changer d'avis un "croyant"... En revanche, on peut essayer de ramener à la compétence, c'est-à-dire à une compréhension vraie des mécanismes économiques, des esprits habitués à des raisonnements subtils, mais ne partant pas d'une base "observationnelle" ; et, surtout, partant d'un mauvais paradigme, le paradigme "micro" du "marché" et de l'"équilibre".

C'est donc évidemment des paradigmes systémiques (liés entre eux) du circuit dynamique et du pouvoir qu'on peut, à partir des observations historiques, fournir un schéma général à la fois d'explication et d'action.

On procèdera en trois temps :

- d'abord on mettra en lumière les principes d'une théorie générale de la dynamique économique du SEM, à la fois en rassemblant des analyses éparses dans les trois chapitres précédents et en élaborant une formulation qui les synthétise (Section I) ;
- ensuite on verra que l'incapacité d'un système économique "industriel" à réaliser un optimum dynamique a conduit à la nécessité d'une politique macroéconomique contraignante et efficace, mais pouvant être "pilotée" d'une manière perverse (Section II) ;
- enfin on considérera les conditions d'un pilotage optimum du SEM (Section III).

SECTION I

Principes d'une théorie générale

Nous connaissons déjà les pièces essentielles d'une telle théorie :

- que la demande est l'élément moteur de la dynamique, via les dépenses faites à partir des revenus distribués par les entreprises (dont l'Etat...), l'offre répondant toujours (dans des conditions précises, mais réalisées

en moyenne), car le pouvoir économique des chefs d'entreprises assure que la production est toujours "rentable" (pouvoir systémique de fixation des prix) ;
- que cette offre est potentiellement croissante via le processus "industriel" de réalisation d'un investissement net qui, chaque année, permet d'accroître le volume de l'emploi (K_N) et, au-delà (si la croissance de la demande est assez forte), d'accroître la productivité moyenne de chaque agent producteur (K_{PR}) grâce à l'accroissement de l'intensité capitalistique (IK)[29] ; bien entendu, cette vérité fondamentale que, dans les systèmes historiques (SH) de type "industriel", depuis le XIXe s., "l'offre suit la demande" est soumis, dans la réalité des frictions économiques historiques, à la condition que l'équilibre extérieur (mouvements de marchandises <u>et</u> de capitaux) soit assuré : mais nous avons déjà analysé ce problème dans le même chapitre III et il ne s'agit pas d'un problème de principe (c'est la demande qui détermine l'offre), mais d'un problème factuel : ne va-t-il pas, dans telles ou telles conditions, se produire une "fuite" hors du circuit ?).

Au-delà des deux lois fondamentales de la dynamique capitaliste qu'on vient de rappeler, on peut faire progresser notre connaissance de deux points de vue différents, mais complémentaires :
- d'abord en donnant une expression <u>quantifiée</u> des limites dans lesquelles "l'offre suit la demande" ;
- ensuite en comprenant qu'une telle conception des rôles respectifs de l'offre et de la demande (globales, bien entendu) constitue un très grand <u>progrès méthodologique</u> dans l'histoire des théories de la dynamique économique, jusqu'ici séparées en théorie des "fluctuations" et théorie de la "croissance".

§ 1 Limites de l'action de la demande sur l'offre

Il n'est évidemment pas vrai que n'importe quelle augmentation de la demande va susciter la même augmentation de la production.

Il faut pour cela que l'augmentation de la demande soit <u>raisonnable</u> (toujours au-delà des problèmes d'équilibre extérieur, qui sont d'une autre nature, cf. toujours le chapitre précédent), c'est-à-dire qu'elle soit égale au plus, le taux d'inflation courant étant donné, à la <u>croissance de la capacité de production</u>, c'est-à-dire :
- à capacité installée constante à la marge extensive d'utilisation de la capacité (p. ex. de 82 à 88%) combinée au nombre des demandeurs

[29] cf. la dernière Section, consacrée à l'emploi et à la productivité, dans le Chapitre précédent.

d'emplois disponibles et à la possibilité d'accroître la durée annuelle du travail ;

- à l'accroissement de capacité qui résulte du taux d'investissement net courant (+ les possibilités d'accélération de ce flux d'investissement), taux qui peut aussi accélérer le taux courant d'accroissement de la productivité s'il augmente lui-même.

Et, en moyenne, il est probable que le taux de croissance de la demande est toujours, dans le SEM, "raisonnable" : des facteurs jouent pour aligner la croissance de la demande sur celle de l'offre :

- les revendications salariales tiennent compte du passé, les chefs d'entreprise accordent des hausses au plus égales à la somme des gains de productivité et de l'inflation ;
- les bénéficiaires d'augmentation de revenus, surtout en cas d'accélération, ne dépensent pas immédiatement leurs "bonus", ils cherchent d'abord à se désendetter et/ou à accroître leur épargne.

Au total, dans le régime auquel sont soumis les agents économiques dans les pays occidentaux depuis plus d'un demi-siècle maintenant, la croissance de la demande privée a plus de chances d'être inférieure à celle de l'offre potentielle, plutôt que l'inverse ; quant à l'évolution de la demande publique, vilipendée par les économistes néo-classiques, elle n'a fait que compenser l'affaiblissement de la demande privée : et encore pas complètement puisque la résultante globale (le taux de croissance de la demande intérieure) n'a fait que s'affaiblir, toujours en termes réels, depuis la fin du XXe s. (et encore plus si on compare avec les taux de croissance des années 1950, 1960, 1970).

Taux de croissance moyens en volume de la D.I. :

	France	Allemagne	USA
1990-2000	1,8	1,9	3,8
2000-2014	1,2	0,6	1,6

Source : OCDE, Perspectives Economiques 2014 – II, p. 258

La politique allemande de "non croissance" à partir du début de l'euro apparaît avec évidence.

Au-delà, reconnaître le rôle moteur de la demande dans le mouvement économique permet d'aboutir à une conception unitaire, effaçant les "antinomies" qui encombrent les manuels ("équilibres de court terme / équilibres de long terme" ; ou encore "croissance" / "fluctuations").

§ 2 Conception unitaire du processus économique

C'est évidemment la conception systémique (unité de la totalité ...), et c'est celle que nous adopterons car, toujours, les explications unitaires sont plus générales et plus profondes (cf. les tentatives contemporaines, en physique, vers la théorie de la "grande unification").

Pour l'économie, au surplus, la séparation des théories des "cycles" et de la "croissance" est fondamentalement absurde, elle a pour origine l'incapacité à distinguer les rôles respectifs des forces de l'offre et des forces de la demande (incapacité qui fut encore, à la fin du XXe siècle, à la source de la théorie des "cycles réels", tellement ridicule qu'elle se transforma peu à peu en théorie des "chocs de demande"). En effet, la prépondérance du concept d'équilibre dans les théories académiques a toujours marginalisé les théories de la demande (monnaie + salaires) au profit des théories de l'offre et c'est ainsi que la très remarquable "théorie de la croissance" de Harrod et Domar (1939 – 1951) n'a pas été comprise pour ce qu'elle était : une théorie de la croissance potentielle (c'est-à-dire de la croissance de la capacité de production, fonction du taux d'investissement net et de l'efficacité technique du capital de productif). Si cela avait été nettement perçu, on aurait compris que la distinction fondamentale capable d'éclairer la dynamique économique n'était pas selon le "terme" du processus analysé (court terme : cycle ; long terme : croissance), mais dans la logique du processus économique lui-même qui, dans tous les systèmes économiques, repose sur une tension dynamique entre forces de l'offre et forces de la demande, dont l'enjeu n'est pas le prix (théorie du marché), mais la réponse des premières aux secondes ! Et il se trouvait, ce n'était pas un hasard, que les théories des "cycles" naissaient dans le premier SH[30] où la force motrice du mouvement économique n'était plus l'offre, mais la demande : pendant des millénaires, les forces de la demande n'avaient eu que très rarement l'occasion de s'exprimer, car la TFP[31] ne possédait qu'une élasticité extrêmement réduite par rapport à la demande, son accroissement éventuel (butin, mines d'or et d'argent, déthésaurisation ...) se résolvait presque uniquement en inflation (cf. l'Espagne du XVIe siècle ..., et cf. encore l'explication académique la plus courante de l'inflation !) ; alors qu'à partir du milieu du XIXe siècle c'est la demande qui devient le "côté court" du processus économique : les forces productives (y compris démographiques ...) prennent un tel élan (aspects techniques, mais aussi dégagements de moyens financiers illimités en dynamique au travers du processus capitaliste de détermination monétaire de la répartition des revenus) que, désormais, sauf périodes particulières, la tâche principale des "producteurs" sera de vendre ; et il faudra attendre 1936

---

[30] système historique

[31] technique fondamentale de production

pour que Keynes expose, d'une manière encore partielle et statique, que la demande dépend du revenu distribué en monnaie ...

Certes, il y "interaction" (Samuelson, 1939) entre forces de l'offre (le "principe d'accélération") et forces de la demande (le "multiplicateur"), mais l'"interaction" ne met en jeu qu'une logique limitée et subordonnée (l'accumulation, qui répond à l'accroissement de la demande), la force motrice ultime ne pouvant être que l'accroissement des revenus, en fait des seuls salaires, seuls revenus à être "distribués"[32] alors que les profits sont prélevés.

On comprend alors l'importance qu'il y a à distinguer croissance potentielle et croissance effective, mais, on comprend aussi que la croissance effective du PIB ne dépend plus que de la croissance effective de la demande globale ... Et l'on est forcé de conclure que la même force, la demande, issue des revenus distribués, est à l'œuvre à tout moment du temps : que ce soit sur un mois, sur un trimestre, sur un an ou sur dix, la "croissance" ne dépend jamais que de la croissance de la demande et des revenus, et voici l'unification de la dynamique économique réalisée dans son principe. Du point de vue des concepts, il faut garder "croissance", car ce concept exprime le caractère le plus général, la "tendance", du mouvement économique dans les SH industriels, surtout le second ; il faut rejeter "cycle", concept inadéquat par la régularité physique qu'il suppose, et parler donc d'"irrégularité de la croissance", ou de "croissance fluctuante" ou, mieux encore, de "phases de croissance".

Reste évidemment le problème des rapports entre les "fluctuations" et la "tendance" :

- l'aspect logomachique ("métaphysique") de ce problème s'évanouit de lui-même si l'on veut bien admettre que la tendance n'est pas un phénomène en soi sur un temps de calendrier plus ou moins long ; on pourrait parler d'un "taux de croissance instantané" pour des durées inférieures à l'année, puis d'un taux annuel, puis de taux sur 2, 3, 5, 10 ans, etc. (sur des périodes courtes, la "croissance" peut évidemment être négative, elle l'est rarement au bout de 2 ou 3 ans dans les SH industriels, le cas japonais 1996-99 est exceptionnel). C'est la logomachie, et des hypothèses économiques irréalistes, qui ont conduit à des concepts comme "équilibre de long terme" ou "sentier de croissance de long terme", qui donnent à penser que le long terme préexiste au court terme et l'attire à lui en quelque sorte ; la seule réalité économique est le court terme, tel est sans doute le sens de la plaisanterie de Keynes sur le "long terme" ; certes il existe une mémoire du long terme passé, mais, outre que cette mémoire n'influence pas beaucoup les comportements présents (c'est la vérité des "anticipations rationnelles"),

[32] En anglais on parle bien de distribution des revenus et non d'une "répartition" (comme en allemand).

son impact s'inscrit dans le schéma général déjà exposé des enchaînements variables → décisions → variables… enchaînements qui se font toujours, justement, "au présent" : cela signifie que c'est à tout moment que se fait la détermination du futur le système n'a pas de mémoire autre que … systémique (TFP + "programmes" des agents + leurs pouvoirs respectifs), c'est-à-dire que "le long terme" n'est jamais que la résultante de la somme de toutes les décisions passées, et ces décisions obéissent toujours, à l'intérieur d'un système, d'un stade et d'un régime donnés, à la même logique générale des acteurs inégaux en présence, logique qu'on peut appeler "de court terme", mais qui est en fait leur logique permanente et, de toute façon, il n'y en a pas d'autres[33] ;

- l'aspect de fond des rapports entre tendance et fluctuations est en revanche plus intéressant : une forte croissance pendant quelque temps ne va-t-elle pas être défavorable à plus long terme ? De fortes fluctuations sont-elles ou non défavorables au taux moyen ? es crises sont-elles "productives" ? Voilà de vraies questions, qui se résument toutes sur les rapports entre la forme (régulière ou heurtée) et le taux moyen de la croissance ; et la réponse n'est pas simple car des formes différentes semblent produire les mêmes effets ; l'évolution très irrégulière du XIXe siècle produit le même taux moyen faible, que l'évolution plus régulière du dernier quart du XXe siècle. Nous ne pouvons, à ce stade de l'analyse résoudre le problème au fond, mais, s'il est certain qu'il y a une relation profonde entre forme et vitesse moyenne de l'évolution économique, les solutions à la question posée sont certainement complexes, c'est-à-dire doivent faire intervenir les déterminations des variables motrices principales du SH, essentiellement en résolvant les deux questions suivantes :
  - de quoi dépend la progression plus ou moins régulière, et plus ou moins intense, de la demande globale ?
  - avec quelle élasticité (proche ou éloignée de 1) la capacité de production ("l'offre globale") répond-elle à l'évolution de la demande ?

  questions qu'on doit sans doute poser, en deux temps, de la manière synthétique suivante : y a-t-il des "mécanismes" qui relient la croissance réalisée des revenus salariaux sur une période quelconque avec la croissance concomitante de la capacité de production ? et cette dernière croissance est-elle en moyenne égale à sa croissance potentielle ?

[33] Quand on dit que des agents agissent selon une « logique à long terme », cela veut seulement dire qu'ils sont plus intelligents que d'autres.

§ 3 Court terme et long terme, demande et offre

Telles sont les questions de fond, plus profondes que les liens apparents, mais variables entre forme et vitesse moyenne de la croissance, et qui éclaireront le problème unitaire des fluctuations de la croissance. Et l'on voit que la problématique unitaire renvoie aux oubliettes les "dichotomies classiques" entre les aspects "réels" (la production et ses facteurs) et "nominaux" du processus économique : certes ces deux aspects sont totalement distincts par leur nature (des phénomènes techniques d'un côté, des phénomènes monétaires de l'autre), mais, justement, la compréhension du processus économique passe par leur mise en rapport car l'Economie (moderne, en tous cas) résulte précisément de leur fusion : non seulement on travaille pour obtenir des revenus en monnaie, mais encore, à la base, l'organisation du travail productif possède des aspects techniques et psychosociaux totalement imbriqués.

L'adoption d'une vision unitaire de l'évolution économique ne fait évidemment pas obstacle à ce que des recherches appliquées se concentrent tantôt sur le "court-terme" et tantôt sur le "long terme" ; le chercheur a toujours le droit de délimiter le champ temporel de ses analyses selon ses centres d'intérêt ; mais il ne doit pas oublier que les performances à long terme résultent toujours d'enchaînements de court terme réalisant à un degré variable le potentiel structurel de croissance de l'économie ; ou que les résultats à court terme observés s'insèrent dans un système de "planchers-plafonds". La notion de "terme" n'a de sens opérationnel en économie que lorsqu'on analyse le déroulement dans le temps des effets d'une modification d'institution ou de comportement clairement datée, donc lorsqu'on pratique une analyse historique appliquée ; il est alors légitime de suivre, dans le temps du calendrier, les étapes d'un tel processus (au niveau microéconomique il s'agira d'une modification de la stratégie de telle entreprise, au niveau macro il s'agira de changements importants dans la politique économique ou dans les structures du système).

Nous connaissons les structures techniques, institutionnelles et mentales du système industriel contemporain, ainsi que les logiques de comportement (objectifs et moyens d'action des principaux groupes d'"agents", Etat compris). Et nous avons acquis une vue analytique des relations qui existent, respectivement, à l'intérieur des variables réelles d'une part, et à l'intérieur des variables nominales d'autre part : schématiquement, on peut dire que l'évolution d'ensemble du système est justement la résultante de la mise en contact des variables réelles et des variables nominales, au travers d'équilibres-déséquilibres interconnectés placés sous l'"égide" du mécanisme fondamental de la répartition des revenus.

On est là au cœur de la dynamique économique. En effet, aspects "réels" et aspects "nominaux" de l'économie forment un système cohérent parce que c'est la demande (prévue) qui détermine la production ("offre") : dans le système capitaliste (dans les 2 sens du mot) : les variables d'offre restent potentielles tant qu'elles ne sont pas "activées" par les variables de demande.

Or les variables de demande (monnaie, revenus, prix, consommation) sont toujours "à court terme" : on ne peut imaginer pour elles un nébuleux "équilibre de long terme" comme le fait la théorie NC pour l'offre : faire une analyse réaliste de la dynamique économique, c'est faire l'analyse de l'évolution des revenus et de la demande, et cela ne peut se faire que pas à pas : le "long terme" existe bien, mais seulement en tant que résultat statistique d'une succession infinie de "courts termes".

Ces notions de court et long terme devraient à vrai dire être réservées à l'analyse économique appliquée à une période historiquement bien délimitée, et surtout pour étudier les effets d'un phénomène (un choc quelconque, par ex.) ou d'une politique bien précise : là on peut en effet repérer des effets à court, moyen et long terme parce qu'on a préalablement repéré un début.

La distinction académique traditionnelle entre "dynamique de court terme" (les fluctuations économiques, la conjoncture...) et "dynamique de long terme" (croissance ou développement) a donc l'énorme inconvénient de voir deux phénomènes là où il n'y en a qu'un : la dynamique de la demande (pour les pays sous-développés il en va évidemment autrement).

Et c'est donc de cette manière unitaire qu'il faut tenter de dégager les lois (régularités et explications de ces régularités) qui se dégagent de l'observation des faits : les lois ne "régissent" rien[34], ce sont les faits qui déterminent les lois, les faits dépendent eux-mêmes des forces qui sont à l'œuvre dans le réel et, dans le réel socio-économique, nous savons bien quelles forces sont à l'œuvre :

- les forces qui conduisent à une certaine évolution des revenus et de la dépense ;
- les forces qui conduisent à une certaine évolution des capacités de production.

Mais : ces forces sont en interrelation intime, puisque l'augmentation des revenus salariaux apparaît en chaque moment du temps en contradiction avec l'augmentation des profits, lesquels sont la source et la motivation de l'augmentation de la capacité de production (investissements) ; et, de plus, cet antagonisme nodal entre salariés et patrons est entièrement pénétré de règles du jeu institutionnelles et d'interventions structurelles et conjoncturelles de l'Etat.

Pour ces raisons, "la" dynamique globale du système industriel est aujourd'hui extrêmement complexe, changeante et diversifiée selon les divers pays (sans compter qu'il faudrait aussi distinguer entre petits et grands

[34] C'est l'erreur de Galilée, croyant que "les lois de la nature sont écrites en langage mathématique". Il aurait dû dire : il y a dans la nature des forces régulières que l'esprit humain peut utilement quantifier en formules d'une portée générale.

pays[35]. On va donc procéder en deux temps logiques pour essayer de dégager des lois générales du type "si ... alors" :

- on analysera d'abord l'instabilité intrinsèque du système en l'absence de politique délibérée de maximisation de la croissance et du plein emploi, et donc les risques "systémiques", au sens économique, qui en résultent (Sections I et II)
- d'où le besoin d'une "bonne" politique économique, c'est-à-dire d'une politique visant à atteindre l'optimum dynamique.

*

* *

Avec le principe de l'analyse unitaire de l'évolution économique, nous parvenons à nous donner le bon cadre conceptuel d'une théorie générale de la dynamique économique ; en effet, nous avons déjà dû faire appel, pour justifier le point de vue unitaire, à un minimum de conceptions théoriques ; c'est que la théorie générale des systèmes, qui est notre guide ici, est une méthode, mais tellement puissante que, par les concepts qui la composent, elle est aussi langage et théorie :

- en tant que langage, elle est infiniment plus générale, plus souple, plus profonde et plus réaliste pour les sciences sociales que le langage physiciste-mathématique, simplement parce que la société est par excellence un système complexe (à détermination à la fois psychosociale et techno-économique) et un système en évolution (par les mêmes déterminations) ; les systèmes naturels (physiques) auxquels s'applique parfaitement le langage mathématique sont plus "simples" en ce qu'ils sont plus "linéaires", plus stables et, surtout, ne sont pas soumis à un "sous-système" aussi imprévisible que le "système-Homme"… ; et déjà, pour les systèmes vivants en biologie, le langage mathématique n'a qu'une efficacité limitée pour ne pas dire nulle ... ;
- en tant que théorie, l'analyse de systèmes suggère irrésistiblement de privilégier les processus, de lier les performances aux structures, de rechercher les facteurs d'équilibration et de cohésion ("pouvoir", dans les sciences sociales) et, toujours et partout, d'avoir une vue globale et par "niveaux" des phénomènes.

C'est bien ce type d'analyse que nous allons continuer à pratiquer dans l'élucidation de la dynamique globale du S.E.M., en jugeant celle-ci du point de vue de son "optimum dynamique".

---

[35] Les petits pays (Luxembourg, Danemark, Irlande, et même Pays-Bas, Belgique et Portugal), peuvent toujours prospérer plus ou moins "aux crochets" des grands pays industriels, dont ils ne sont souvent que des "provinces" riches (ou bénéficiant de transferts européens importants).

SECTION II

Incapacité du Système libéral à atteindre spontanément son optimum dynamique et nécessité d'une action du Centre

Le Système capitaliste est à la fois fondamentalement dynamique et fondamentalement instable (économiquement, mais aussi socialement et politiquement). Et instable parce que dynamique.

Le dynamisme intrinsèque du Système capitaliste (SK) est dû à sa "technique fondamentale de production", la TFP "industrielle" : par "industrie", il faut entendre ici "scientifique", c'est-à-dire la capacité à découvrir et utiliser pour la production non plus seulement les forces superficielles et les matériaux bruts de la nature, mais ses énergies profondes ("thermodynamique" pour résumer ce qui va de la machine à vapeur à l'énergie nucléaire) et ses éléments ultimes ("moléculaires", pour résumer les forces de liaison-combinaisons-régulation qui vont de la "chimie" au "numérique") ; et comme cette TFP scientifique s'"incorpore" dans des "machines" et des "procédés", l'économiste la connait et la mesure comme du capital productif qui s'accumule sans cesse (cf. la Section II-B du Chap. III sur la productivité) et, donc, met à tout instant le système capitaliste (il faudrait dire ici "capitalistique") en déséquilibre par rapport au futur : en t une capacité de production supplémentaire est créée, en t+1 va-t-elle être utilisée, c'est-à-dire justifiée (économiquement, ce qui se dédouble en "rentable" - niveau microéconomique - et en "non-gaspillage de ressources" - niveau systémique).

Le "nœud", le problème crucial, de la dynamique économique capitaliste, est donc une tension permanente entre le potentiel et l'effectif (le réalisé) : la valeur ajoutée supplémentaire rendue possible par l'investissement net va-t-elle être produite effectivement ? Autrement dit, une demande supplémentaire égale au montant de la production supplémentaire possible va-t-elle déclencher effectivement le surplus de production (étant bien entendu que la capacité supplémentaire "machinique" implique du travail humain en due proportion, en augmentation aussi si l'accroissement du capital est supérieur à l'accroissement de productivité, cf. encore le Chap. III rappelé ci-dessus) ? Si la réponse est : "non", ou "pas toujours", c'est que le Système ne fonctionne pas bien et qu'il est même menacé de blocage si sa vocation la plus profonde, la croissance, est mise en échec par une insuffisance de (croissance de) la demande.

Et c'est bien ce qui s'est passé dans les années 1930 : la "Grande Crise" a littéralement fait imploser le "capitalisme" décrit par K. Marx :

- en 1938 le niveau de production des économies occidentales n'avait pas retrouvé le niveau de 1928-29 ;
- la plus grande partie du monde développé s'engageait dans des systèmes d'économie centralisée, sous une forme absolue (URSS) ou sous-direction centrale (Allemagne, Italie, Japon).

Le SK, alors n'a pas seulement été "sauvé", il s'est transformé :
- il a été sauvé par un gigantesque sursaut de la demande globale, dû à partir de 1938-39 à l'explosion des dépenses militaires de la IIe Guerre mondiale ;
- il a subi entre 1938 et 1948 une véritable "novation" structurelle, les dépenses publiques dépassant les 30% du PIB et des institutions "keynésiennes" (sécurité sociale et soutien des salaires) étant mises en place, sans parler de tout un ensemble de normes et de règles visant à endiguer les excès (d'exploitation ou d'imprudences) du "capitalisme sauvage".

Et nous savons que, pendant une trentaine d'années après la fin de la IIe Guerre Mondiale, un quasi plein-emploi a régné (moins de 3-4% de chômeurs) et que la croissance s'est établie au quadruple de son rythme de 1820-1938, tout en demeurant beaucoup plus régulière (en fait la croissance moyenne a quadruplé parce qu'elle est devenue régulière, les taux de croissance des phases d'expansion d'avant 1914 devenant permanents). Jusqu'à ce que, progressivement après 1975-80 ces "institutions et politiques de croissance forte et régulière" soient en partie abandonnées.

De ces observations, la théorie économique doit tirer des conclusions claires, à savoir que :
- le SK est spontanément instable par rapport à un "optimum" qui n'a plus rien à voir avec l'optimum statique néoclassique, mais qui est un "optimum dynamique" ;
- qu'il a donc besoin d'une politique consciente, ad hoc, pour atteindre cet optimum dynamique sans quoi il ne sera plus justifié dans ses structures profondes (les inégalités résultant de la répartition des revenus capitalistes n'étant "systémiquement justifiées" que si elles donnent lieu à des investissements créant à la fois plein-emploi et élévation régulière du niveau de vie de la masse de la population (salariés moyens et retraités).

§ 1 L'optimum dynamique non atteignable spontanément

Nous devons d'abord définir quantitativement ce qu'on peut entendre par optimum dynamique (I) et ensuite comprendre comment la politique de "croissance à l'optimum" (II) a été progressivement pervertie et a abouti, en Europe continentale surtout, à un quasi-blocage de la croissance (III).

I- La notion d'optimum dynamique

Elle comporte deux aspects :
- l'adéquation dynamique de l'offre et de la demande globales ;
- le maintien des équilibres dynamiques nécessaires à cette adéquation.

Mais l'idée essentielle est que le système économique moderne ("industriel guidé") est en fait "justifié" par la réalisation d'un optimum de croissance qui implique :
- que les taux d'investissement maximums réalisés dans le passé (s_{max}) soient en moyenne perpétués, sous peine d'un affaiblissement progressif de la croissance potentielle et effective, source de perte de compétitivité et de déséquilibres économiques (déficits publics, déficit extérieur) et sociopolitiques (inégalités croissantes, perte de confiance, pessimisme généralisé) ; or, dans un pays comme la France p. ex., le taux moyen d'investissement productif net a au moins été divisé par 5 entre les années 1970 et les années 2010-2015 ;
- que le taux de croissance du PIB soit suffisant, compte tenu de la croissance de la productivité qu'il implique, pour éviter un chômage de masse (supérieur à 5-6% de la population d'âge actif désireuse de travailler), et sur une longue durée ; là aussi, dans les pays européens où la population augmente encore, les résultats sont devenus très mauvais après 1975 et, après un certain répit de 1997 à 2007, la situation a recommencé à se dégrader fortement : les résultats vont sans doute se stabiliser après 2015, mais au prix d'une certaine émigration des jeunes (vers l'Allemagne) et, surtout, d'un freinage de la productivité ("à l'anglaise"), élément d'un cercle vicieux.

Si on veut formaliser l'optimum dynamique, on peut écrire les deux "équations principales suivantes" (en taux de croissance) :

$g_{opt} = s_{max}\,\sigma$ (où σ , rappelons-le, est l'efficacité technique du capital, a priori constante et proche de 0,5 en potentiel)

$\boldsymbol{N}_{eff} = \boldsymbol{N}_{pot}$

Et ajouter deux équations accessoires, mais importantes :

$I_{nat} = S_{nat}$ ce qui est l'exigence que l'investissement net productif national soit à peu près égal, en moyenne, à l'épargne nationale nette (non destinée au logement), les mouvements internationaux de capitaux à long terme s'équilibrant par ailleurs (entre pays développés tout au moins) ;

et $DIV_{nat} \rightarrow I_{nat}$ ce qui est l'exigence que les dividendes versés par les entreprises nationales soient consacrés essentiellement, en moyenne, à des investissements réalisés sur le territoire national.

Après 1975, et surtout 2000 et 2008, ces conditions d'optimum dynamique ont été de moins en moins présentes, surtout en Europe continentale (période de préparation puis de mise en œuvre des taux de change "irrévocables" de l'euro et d'ouverture extérieure quasi-totale).

C'est que l'instabilité, et donc le risque de faible dynamisme à long terme du système capitaliste, sont intrinsèques à ce Système quand il n'est pas guidé par des impulsions venues du Centre.

II- L'instabilité intrinsèque du système industriel et le risque systémique de croissance faible

La "main invisible" du marché existe bien, mais c'est une main tremblotante et faible : de l'apparition du système industriel à 1938, les économies occidentales ont connu des crises récurrentes de plus en plus graves et, dans les années 40 du XXe s., seule la guerre mondiale, c'est-à-dire une énorme accélération de la demande, a sauvé la première version du système industriel, la version non coordonnée. Après 1940-45 la version "keynésienne" du système, aux stabilisateurs incorporés, a pu se développer dans des conditions de grande stabilité dynamique, mais les forces de déséquilibre y sont toujours présentes, bien que rendues inoffensives, et n'attendent qu'un recul important des institutions keynésiennes pour se manifester à nouveau.

Les économies industrielles contiennent donc des structures et des logiques qui, en elles-mêmes, comportent le risque systémique majeur de dislocation du système lui-même (les expériences soviétiques et fascistes des années 20 à 40 peuvent être analysées comme des tentatives d'échapper à ce risque ...) : telle est la contrepartie du dynamisme intrinsèque du système ; et cela est normal puisque la croissance est un mouvement, un élan, qui n'est soutenable que s'il se perpétue, c'est-à-dire si un surplus de demande en t + 1 valide toujours le surplus de capacité obtenu en t.

Or, dans la version non coordonnée du système (sans "centre"), cet équilibre dynamique est problématique, il n'est assuré par le marché que de manière provisoire, chaotique et donc, au moins, sous-optimale :

- au XIXe s., les crises récurrentes étaient surmontées, au bout d'un certain temps, parce que les économies occidentales comportaient encore des traits précapitalistes qui stabilisaient l'ensemble (monnaie métallique avec leur effet d'encaisses réelles[36], secteurs agricole et tertiaire anciens jouant le rôle d'amortisseurs), aidés par les conquêtes coloniales et commerciales ;

- au XXe s., devenu intégralement capitaliste et "seul au monde", le système perdit ses capacités d'amortissement, et les mouvements économiques de l'Entre-deux-guerres annonçaient une dislocation prochaine ; les processus étaient désormais cumulatifs.

C'est cette incapacité du seul marché à assurer la régulation dynamique du système industriel qu'on analyse maintenant, sous l'aspect de sa nature profonde, puis sous celui de la faiblesse de ses forces d'équilibre.

Toutes ces analyses sont bien entendu placées sous l'observation générale, et fondamentale, de Keynes selon laquelle l'ensemble du processus capitaliste se déroule sous le signe général de l'incertitude (non probabilisable).

Le fondement du déséquilibre dynamique du S.I. consiste dans l'impossibilité de réunir spontanément les conditions d'une croissance régulière en plein emploi.

Il existe des déséquilibres "réels" et des déséquilibres financiers.

A/ Les déséquilibres réels (dans les enchaînements de flux de dépenses et de production)

1. Le principe du déséquilibre réel se trouve dans le cœur du système, fondamentalement dynamique, mais comportant une contradiction inévitable en l'absence d'une coordination imposée à un niveau supérieur :

- Le système industriel est le premier des systèmes de l'histoire à être intrinsèquement dynamique : sa logique profonde est l'accumulation du capital productif, donc la croissance, le profit, à la fois à la source de l'accumulation et son résultat ;
- or, l'organisation industrielle capitaliste a engendré une organisation institutionnelle socio-juridico-psychologique de la société divisant tout naturellement celle-ci en deux classes sociales principales ; et la classe des chefs d'entreprises, créateurs et/ou dirigeants des entreprises, détient par cela même la plus grande partie du pouvoir économique, en particulier les moyens de s'attribuer une fraction donnée du produit social (cf. la Sect. I du chapitre précédent) : en tout moment du temps, la tentation est donc grande pour eux de faire croître cette part, et cela est d'autant plus facile que la croissance est plus forte (accélération des prix

[36] Quand le NGP baissait, au cours des dépressions, la valeur réelle des encaisses augmentait.

et de la productivité) ou, au contraire, que le chômage est plus important (les salariés sont désarmés) : seules des conjonctures de croissance moyenne et régulière sont relativement favorables aux salariés ;

- et, pendant des années, la croissance trop lente des salaires réels ne provoque pas d'effets négatifs sur la croissance du PIB parce que les investissements s'accélèrent ; l'existence de surcapacités dans les secteurs produisant pour la consommation de masse n'apparaîtra qu'à terme.

2. On a raisonné jusqu'ici comme si seule la consommation des salariés était susceptible de soutenir en permanence la croissance du PIB ; et il en est bien ainsi :

- les investissements perdent leur dynamisme à partir du moment où la croissance de la consommation ralentit (et donc celle du PIB lui-même) : la logique capitaliste veut qu'on investisse moins, ou même plus du tout, quand les prévisions de croissance tendent vers zéro ; il y aura toujours des "investissements autonomes" dans des secteurs nouveaux, mais ils ne compenseront pas longtemps la baisse des investissements dans la majorité des secteurs (par exemple, en France, le niveau d'investissement de 1991 n'a été retrouvé qu'en 1999, celui de 2008 n'a toujours pas été retrouvé en 2015) ; des profits trop élevés donnent alors lieu à des distributions aux actionnaires (non dépensées), à des investissements à l'étranger ou à des rachats d'actions (95% des profits en 2014) ;
- les dépenses de l'Etat peuvent certainement jouer un effet stimulant dans le court terme, mais, à moyen long terme, elles n'ont pas de vertu dynamique propre (sauf stabilisatrice) en dehors d'un déficit budgétaire croissant financé par de la création monétaire (condition de validité, en fait, du théorème de Haavelmo[37] selon lequel l'accroissement des dépenses publiques, même financées par des hausses d'impôt, exerce un effet expansionniste) ;
- un excédent extérieur exerce certainement un effet dynamique ... pour le pays qui en bénéficie, c'est-à-dire un effet nul au niveau mondial ;
- enfin, la consommation des chefs d'entreprises n'est plus susceptible, aujourd'hui, d'exercer un effet dynamique significatif sur la demande globale car cette consommation, par tête, est déjà à un niveau tellement élevé qu'elle ne peut vraiment se développer encore plus, par manque de temps et manque de stimulation (ou alors elle se développe encore, mais

[37] A la fin des années 1940, Haavelmo avait cru démontrer que la hausse des dépenses publiques, même financées par des hausses d'impôts, était en soi expansionniste. Ce résultat est faux, il est nécessaire qu'initialement la hausse des dépenses soit financée par création monétaire.

vers des biens non reproductibles comme les terres ou les objets anciens, ou vers des biens chers produits en dehors du système industriel, les pierres précieuses par exemple ; ou les séjours de luxe dans les pays exotiques).

On aboutit donc à la loi fondamentale de la dynamique du système industriel moderne :

$$\boldsymbol{Q} \leq \boldsymbol{D} \leq \boldsymbol{C}_{\mathrm{w}}$$

En moyenne ("à long terme"), la croissance du PIB ne peut être supérieure à la croissance de la demande c'est-à-dire, en fin de compte à celle de la consommation des salariés.

3. La consommation des salariés ne peut qu'être dans l'étroite dépendance de la masse salariale W, aux variations près de la propension moyenne à consommer des salariés :

$$\boldsymbol{C}_{\mathrm{w}} = \boldsymbol{W} + \Delta\, \mathrm{P\,M\,C}_{\mathrm{w}}$$

Et il faut avouer que nous ne savons pas grand-chose de sûr à propos de l'évolution du taux d'épargne des salariés (cf. Chap. III, Sect. V) :

- pour le long terme, il est probablement à la hausse, selon l'intuition keynésienne, car l'épargne est une sorte de bien de luxe ... ; mais l'énigmatique comportement des ménages américains dans les deux dernières décennies du XXe s. montre que les variables déterminantes sont plus nombreuses que les variables économiques de niveau de vie, du taux de croissance et du taux de chômage et qu'il s'y ajoute des variables culturelles que nous ne savons pas saisir actuellement ;
- pour les fluctuations du taux, la variable chômage joue certainement un rôle déterminant (épargne de précaution jouant un rôle procyclique), mais, dans l'éventualité d'une crise majeure avec appauvrissement de masse, le comportement stabilisateur de l'épargne se retrouverait certainement ;
- pour le très long terme historique, dans l'hypothèse d'une poursuite prolongée de la croissance, mais à des taux faibles réclamant peu d'investissements nouveaux, et avec une population stagnante ou en diminution (faibles besoins de logements neufs), l'atteinte d'un niveau de vie très élevé pour la majorité combinée avec une vie de travail prolongée sans doute au-delà de 70 ans, tous ces phénomènes entraîneraient des surplus d'épargne importants au-delà des besoins courants et nécessiteraient sans doute une ponction de la puissance publique sur ces surplus (un "déficit budgétaire" systématique) pour

financer une entreprise de longue haleine de "remise en état de la planète" ou quelque chose de ce genre... Car, sinon, une épargne non dépensée exercera toujours un effet dépressif dans une économie marchande, c'est une loi inéluctable (cf. l'analyse du "circuit").

4. Si, pour simplifier, on suppose stable la P M C des salariés, il faut maintenant se demander de quoi dépend l'évolution de la masse salariale elle-même :

$$\boldsymbol{W} = ?$$

Comptablement, elle est bien entendu la somme du taux de croissance du volume de l'emploi N et du taux de salaire annuel réel par tête w (en pourcentage de variation) :

$$\boldsymbol{W} = \boldsymbol{N} + \boldsymbol{w}$$

(si on tient à isoler l'effet de la durée du travail, il faut alors introduire celle-ci et raisonner sur le salaire horaire ; $\boldsymbol{W} = \boldsymbol{N} + \boldsymbol{w}_h + \boldsymbol{DT}$)
Or, on a la relation tautologique fondamentale :

$$\boldsymbol{Q} = \boldsymbol{N} + \boldsymbol{PR}$$

(cf. Chap. III, Section II B)

Pour que l'équilibre macrodynamique soit préservé, il faut donc que :

a) La croissance de l'emploi, N, comble ex ante la différence, si elle existe, entre le taux de croissance du PIB, Q, et le taux de croissance de la productivité, PR : rien, dans la théorie économique, n'assure cela (sauf les imaginaires constructions néo-classiques où le chômage n'existe pas parce que le "prix du travail" assure toujours l'équilibre ...) et s'il est une chose qui reste mystérieuse c'est bien la détermination du taux de croissance de la productivité puisqu'elle est à la fois cause[38] et conséquence[39] du taux de croissance du PIB : pour lever cette indétermination, on attendra donc de disposer d'une théorie plus approfondie en ce domaine ; pour le moment, contentons-nous du résultat comptable, déjà solide, selon lequel $\boldsymbol{N} = \boldsymbol{Q} - \boldsymbol{PR}$ par définition et, surtout, selon lequel il faut que $\boldsymbol{N} = \boldsymbol{N}$ pot pour que le chômage n'apparaisse pas (ou n'augmente pas s'il y en a déjà) ; $\boldsymbol{N}$ pot est le taux de croissance de la population

[38] Comme facteur d'offre

[39] Comme conséquence de l'accroissement du capital par tête IK, lui-même déclenché par les prévisions optimistes sur la croissance de la demande

désirant travailler, aux conditions sociales et économiques en vigueur ;

b) La 2e condition est évidemment que $\mathbf{w}_r = \boldsymbol{PR}$; sinon, comme on l'a montré à propos des mécanismes de la répartition des revenus, la part des salaires dans le PIB décline ; et la consommation des salariés déprime alors la demande globale, comme on vient de le dire ci-dessus, avec de nombreux exemples dans l'histoire économique récente (USA surtout).

*

* *

En remontant toujours la chaîne des conditions de l'équilibre dynamique du système industriel, on aboutit maintenant à une 5e et dernière étape qui, dans l'ordre logique et non plus pédagogique, est en fait la première.

5. Les conditions monétaires de l'équilibre dynamique. Pour que W puisse augmenter, il faut évidemment que la masse monétaire (M 1, la vraie monnaie, celle qui sert à faire les paiements de revenus et des dépenses) augmente au même rythme (sous réserve de la variation de la vitesse de circulation de la monnaie V 1). C'est là une condition aussi évidente qu'occultée d'une croissance régulière (reconnue par Milton Friedman, mais oubliée ensuite dans l'hystérie anti-inflationniste des monétaristes du 2e type, où l'accroissement de M est censé toujours précéder et provoquer l'inflation).

Si, chronologiquement, la croissance de M semble devoir suivre celle de W, en fait les deux variables doivent augmenter simultanément et, même, des conditions monétaires permissives doivent précéder le mouvement des deux variables (taux d'intérêt bas et stable, banques désireuses de prêter) : alors, les chefs d'entreprises savent qu'ils peuvent compter sur le système bancaire pour leur allouer des "droits de tirage" (crédits à CT) supplémentaires leur permettant de "débourser" une masse salariale supplémentaire.

En raisonnant, pour simplifier, en termes réels[40] (en "volume"), la nécessaire égalité en taux de variation :

$$\boldsymbol{M} = \boldsymbol{W}$$

peut être décomposée en :

$$\boldsymbol{M}_{\mathrm{w}} + \boldsymbol{M}_{\mathrm{N}} = \boldsymbol{w} + \boldsymbol{N}$$

Ce qui signifie que l'augmentation de M nécessaire pour l'augmentation de W se divise en :

- monnaie supplémentaire pour payer la hausse du salaire par tête $\boldsymbol{M}$ w ; et si la condition d'équilibre dynamique w = PR est respectée (cf. ci-dessus) on a même : $\boldsymbol{M}_{\mathrm{w}} = \boldsymbol{PR}$;
- monnaie supplémentaire pour payer la hausse de $\boldsymbol{W}$ qui va aux salariés supplémentaires : $\boldsymbol{M_n}$; <u>et si l'on veut un chômage nul ou stable, il faudrait même que $\boldsymbol{M}_{\mathrm{n}} = \boldsymbol{N}_{\mathrm{pot}}$</u>

*

* *

En conclusion, on voit qu'il y a fort peu de chances pour que cette longue séquence d'équilibres dynamiques (taux de variation stables et cohérents) soit respectée, qui permettrait seule l'obtention d'une croissance régulière avec plein emploi (ou chômage bas et stable) :

$$\boldsymbol{C}_{\mathrm{w}} = \boldsymbol{W} + \Delta\mathrm{PMC}_{\mathrm{w}} = \boldsymbol{N}_{\mathrm{pot}} + \boldsymbol{PR} = \boldsymbol{M}_{\mathrm{PR}} + \boldsymbol{M}_{\mathrm{N\,pot}} = \boldsymbol{Q}_{\mathrm{PE}}$$

*

* *

On comprend a priori, une fois explicitées les relations requises entre les divers taux de variation, pourquoi il existe, sur un fond de forces de croissance, une telle <u>instabilité intrinsèque</u> de cette même croissance, qui peut aller jusqu'à la faire disparaître dans des conjonctures extrêmes. Et pourquoi des institutions de régularisation de la croissance ont dû être inventées. Mais en oubliant les risques (risques certains) de déséquilibres financiers.

---

[40] Même si les monétaristes ont du mal à l'admettre, calculer l'augmentation réelle de M est nécessaire, pourquoi serait-ce la seule variable à ne pouvoir être déflatée ? il n'y a qu'une (mauvaise) raison : le credo monétariste de base que la relation est toujours à sens unique : $M \rightarrow P$

B/ Les déséquilibres financiers

Dans le point précédent, on n'a analysé que la faible probabilité que les enchaînements des flux de revenus, de dépenses et de production se fassent d'une façon "harmonieuse", c'est-à-dire sans provoquer d'à coups et en respectant un quasi plein-emploi et les autres équilibres dynamiques : il s'agissait d'enchaînements concernant l'ensemble du mécanisme macrodynamique. Ce qui est en cause ici est différent, il s'agit d'un risque localisé dans un secteur particulier de l'économie, mais susceptible de contaminer l'équilibre de l'ensemble de l'économie. Ce secteur particulier est celui de la finance, c'est-à-dire celui de l'ensemble des entreprises (privées) et des institutions (publiques, semi-publiques ou privées) qui accordent des prêts aux autres agents économiques, soit sur fonds d'épargne collectée (essentiellement), soit en ayant un certain accès à la création monétaire (banques elles-mêmes et Banque centrale). La perturbation vient de ce que ce secteur accorde parfois trop peu de crédit (crédit crunch localisé dans le temps, ou "frilosité", comme la Banque de France au XIXe s.), ou, le plus souvent, qu'il en accorde de manière irresponsable :

a) irresponsabilité "qualitative" quand les institutions financières
   - accordent des crédits à des emprunteurs à forts risques d'insolvabilité (acheteurs de logements ou consommateurs en général à faibles revenus), et avec des modalités dangereuses (à taux variable)
   - refusent de se refinancer entre elles quand des risques apparaissent
b) irresponsabilité quantitative quand les Banques centrales tantôt augmentent leurs taux à des niveaux vertigineux (FED en 1980 : 20% !), tantôt inondent le marché à taux nul (BCE depuis 2014 et taux négatifs depuis 2015-2016), avec dérive des prix des actifs (pas seulement financiers), suivie de longs marasmes.

L'ensemble de l'économie est contaminée par ces insuffisances ou ces excès quand les décisions rationnelles des agents sont perturbées par un manque ou un excès de crédit, grippages dans le premier cas, "bulles" dans le second, qui accentuent l'irrégularité intrinsèque de la conjoncture capitaliste (excès dénoncés dès les années 1980 par H. Minsky).

Quant aux innovations financières, elles ont surtout eu pour but de tourner les règlementations établies contre les abus et l'instabilité (G. Stiglitz), même si "se couvrir" contre les risques de taux et de fluctuations de change est légitime.

C/ Et les forces d'équilibration spontanées sont insuffisantes

On se place ici dans les structures d'après 1914, où les stabilisateurs du système industriel en transition (XIXe s.), ont disparu : les secousses conjoncturelles sont devenues tellement fortes (crises de 1929 et de 1938) qu'entre 1936 et 1946 les institutions de stabilisation keynésienne ont été installées dans tous les pays industriels[41] ; l'instabilité en est beaucoup atténuée (il n'y a plus de "dépressions") et le taux de croissance moyen est multiplié par deux ou trois, mais un fond d'instabilité demeure ("récessions"), obligeant l'Etat à des actions délibérées de "réglage" de la conjoncture.

1. La source principale des fluctuations économiques d'après la Seconde Guerre mondiale (expansions, puis "récessions de croissance" c'est-à-dire simples ralentissements en général) réside ... dans les fluctuations elles-mêmes : on veut dire par là qu'il existe un phénomène d'"écho", c'est-à-dire qu'une expansion un peu forte, consécutive à une politique de relance économique, va provoquer au bout de quelques années des "tensions" qui, à leur tour, déclencheront une politique restrictive du Gouvernement, et ainsi de suite :

- dans les structures keynésiennes du système industriel d'après 1950 la croissance spontanée aurait pu être très régulière ; le "consensus fordiste" ($\boldsymbol{w}_{\mathrm{R}} \approx \boldsymbol{PR}$) et une politique monétaire accommodante pouvaient éviter les fluctuations graves de la période du capitalisme non coordonné des années 1800 - 1938 : l'augmentation de la consommation des salariés, calée sur celle de l'emploi et des salaires réels, devait entraîner des variations de stocks et des investissements à peu près réguliers ;
- malheureusement, les Gouvernements commençaient dès les années cinquante à intervenir de manière désordonnée :
  - le stupide système des changes fixes (dans un monde où les taux d'inflation et/ou de productivité étaient très différents) nécessitait périodiquement des réajustements monétaires brutaux ("dévaluations") qui, déjà, perturbaient les échanges internationaux ;
  - des coups de frein monétaires et budgétaires, avec ou sans lien avec les dévaluations, intervenaient également pour "lutter contre la surchauffe", c'est-à-dire contre des accélérations momentanées du NGP, et il fallait ensuite "relancer" une économie languissante ;
  - deux pays particuliers ont perturbé souvent les mécanismes bien huilés de la croissance keynésienne : le Japon[42] , au début avec des salaires de misère (années 50), s'est spécialisé outrageusement dans l'exportation, ralentissant ainsi à son profit, par d'énormes excédents extérieurs, la croissance mondiale (c'est encore le cas au début du XXIe s...) ; les USA, surtout à partir des années 70, ont pratiqué,

[41] Avec cependant moins d'étendue en Amérique qu'en Europe.

[42] suivi plus tard par les "dragons » puis, encore plus tard, par la Chine…

pour des raisons d'idéologie monétariste, des politiques monétaires extravagantes (qui faisaient par ailleurs varier le dollar de I à 2 en quelques trimestres par rapport aux monnaies européennes) qui directement - par le commerce industriel - ou indirectement - par les effets de contagion des taux d'intérêt - accéléraient ou freinaient exagérément l'économie mondiale ; ce n'est guère qu'après 1982 - 85 que les USA se sont assagis dans le domaine conjoncturel, régularisant leur propre conjoncture et du coup maximisant leur propre croissance et dynamisant toute l'économie mondiale (18 ans de croissance quasi ininterrompue de 1983 à 2000). Malheureusement, la stagnation européenne relative, après 2001, a provoqué de nouveau une forte baisse du $ (via le déficit US) et, par contre coupe, une trop forte hausse de l'Euro (jusqu'en 2014).

2. Au cours des récessions, provoquées donc par la politique conjoncturelle (ou par les ralentissements mondiaux pour les petits pays), les stabilisateurs, keynésiens ou non, empêchaient le PIB de décliner beaucoup ou longtemps :

- la PMC augmentait un peu (avant 1975 - 80 il n'y avait pas de crainte de chômage de masse), stabilisant la consommation ;
- l'emploi et les investissements ne baissaient guère car les anticipations restaient positives à quelques trimestres (rôle alors stabilisateur des anticipations) ; les prix restaient orientés (modérément) à la hausse ;
- les salaires continuaient donc à augmenter un peu, de même que leur part dans le PIB car les profits souffraient de l'action combinée du ralentissement des ventes et de la productivité et de la rigueur budgétaire et monétaire ;
- finalement les récessions étaient beaucoup des "récessions de stocks", les entreprises industrielles cherchant à les réduire et donc réduisant un peu leur production (cf. Chap. I, Sect. III).

Mais, d'un autre côté, la reprise économique ne se produisait pas spontanément, ou trop lentement au gré des gouvernements, car les anticipations des agents économiques s'étaient malgré tout détériorées par rapport aux phases d'expansion. Une certaine "langueur" persistait (France : 1954, 1959, 1967, 1976, 1983-85, 1996 ; USA : 1953, 1961, 1970, 1980) et les Gouvernements adoptaient donc des "plans de relance", qui comprenaient parfois des dévaluations (quand elles n'avaient pas été faites préalablement) et toujours des déficits budgétaires (automatiques, déjà, le plus souvent) et des baisses de taux d'intérêt (relançant la consommation des particuliers en biens durables et les achats de logement) ; et parfois des hausses de salaires (France 1954). Plus rarement c'est le corps social tout entier qui obtient de force la relance par des hausses de salaires brutales (Pays-Bas en 1959, France en 1968).

Du point de vue de la théorie économique, celle-ci est largement mise en échec : ce ne sont pas les investissements qui déclenchent récessions ou reprise (comme le voudrait le principe d'accélération), mais plutôt la consommation des salariés ; quant à l'efficacité du maniement du taux d'intérêt, elle est grande pour provoquer un retournement à la baisse (plus par effet psychologique que par effet mécanique, d'ailleurs), plus faible pour provoquer une reprise, laquelle dépend beaucoup plus de l'apparition d'un excédent extérieur et d'un déficit budgétaire (c'est devenu évident après 2008), d'où les politiques "non conventionnelles" des BC (qui, en Europe, réussissent juste à maintenir l'économie hors de l'eau sur la période 2013-2016).

§ 2 Risques d'enlisement du Système dans un "régime de croissance faible"

(cercle vicieux de l'enlisement européen)

Les analyses ci-dessus valent essentiellement pour la période 1945-1975 (en Europe et aux Etats-Unis ; et à nouveau, pour les USA, pour la période 1982-2014). C'est-à-dire pour une période où la politique conjoncturelle, tout en étant déjà responsable, par ses interventions intempestives, des à-coups de la croissance, était dans l'ensemble une politique permissive de croissance, laissant celle-ci se dérouler, en moyenne, au voisinage du potentiel autorisé par les structures institutionnelles keynésiennes installées entre 1936 et 1946 ; ces structures avaient donné les résultats suivants sur la période 1945-1974

	taux de croissance du PIB	écart-type du taux de croissance en %	taux moyen de chômage	taux moyen d'inflation *
U.S.A.	3%	30% (1 point)	4,5%	2%
Europe occidentale	5 à 6%	15% (1 point)	2%	4%

(période 1945-1982 pour les USA)
* Hors périodes de crises et de reconstruction.

Et pour les USA ces chiffres sont restés à peu près les mêmes pour les années 1983-2014 (après la période de stagnation inflationniste des années 1975-1982), avec une légère accélération de la croissance sur 1997-2000 et un fort ralentissement en 2001 puis 2008.

Mais pour l'Europe, le scénario est celui d'un effondrement de la croissance depuis le dernier quart du XXe s., dû à un changement radical de la politique macroéconomique (freinages dans les premiers temps, non-relances ensuite) : si bien que pour l'Europe la théorie économique doit envisager l'existence d'une "nouvelle conjoncture de croissance faible", avec des fluctuations plus faibles, mais des perspectives de croissance plus faibles aussi à cause de la dégradation générale des structures macrosociales. Et dans une telle situation conjoncturelle-structurelle nouvelle, les relations entre les quelques grandes variables économiques analysées jusqu'ici apparaissent d'une nature différente, avec le "pilotage" délibéré du système économique très en dessous de son potentiel de croissance.

L'ensemble des structures techniques, scientifiques et intellectuelles dans le système industriel ont progressé, de manière parfois stupéfiante, dans le dernier quart du XXe s. Mais l'Europe, elle, a connu une régression extraordinaire de ses performances économiques et sociales : c'est donc bien que l'"économique" est autonome, et cette discordance majeure entre le potentiel et le réalisé exprime simplement la quasi-toute-puissance de la politique macroéconomique de croissance à l'intérieur des structures keynésiennes elles-mêmes.

L'observation des faits impose en effet avec évidence l'idée que le système industriel peut être "piloté" selon deux "régimes" différents :

- un régime où sont privilégiés croissance forte et plein-emploi, avec maintien ou même régression des inégalités ; et fortes capacités de contestations salariales et sociales en général ; l'inflation y est de 3 à 4 % (hors périodes de guerres ou graves crises sociales ou internationales) ;
- un régime où sont privilégiés les "équilibres", c'est-à-dire une inflation au voisinage de 2 %, l'équilibre budgétaire et un taux de change stable, avec pour résultats, mais aussi pour objectifs, une croissance moyenne aux alentours de 2 % (mais beaucoup plus forte pour les "grands groupes") et un taux de chômage d'au moins 8 à 10%[43] (ou alors une grande précarité), de manière à rendre les salariés "raisonnables" dans leurs revendications et ardents au travail, même mal rémunérés ; l'instabilité économique ("fluctuations") y est plus faible que précédemment, parce que les phases d'expansion y sont également plus faibles (en Europe tout au moins) : on ne tombe jamais de bien haut (sauf, tout de même, en 2008, où des comportements financiers aberrants ont provoqué des chutes du PIB de 4 ou 5%).

Cette conception de l'évolution économique et de l'importance de la politique macroéconomique globale pour les performances du système met

[43] Dans les pays, comme la France, où la croissance démographique demeure positive (à 1% p. ex.), une stagnation de l'emploi fait passer le taux de chômage de 5 à 10% p. ex.

évidemment la sphère politique au centre de l'analyse et déplace considérablement vers les sciences sociales la "théorie économique" ; mais, à nouveau, il ne s'agit pas de noyer celle-ci à l'intérieur d'un grand paradigme sociologico-politique : les relations entre variables économiques restent spécifiques, la science économique a toujours pour but de les élucider, simplement il faut réintroduire en son centre :

- les moyens d'action de l'Etat, seul "agent" à pouvoir agir d'emblée directement au niveau macroéconomique par sa masse et par les moyens institutionnels à sa disposition ;
- l'utilisation faite de ces moyens par la classe politique, plus ou moins inféodée à tel ou tel groupe socio-économique et, plus encore, à telle ou telle idéologie économico-politique.

On reste tout à fait dans la science économique, simplement on la rend réaliste en l'élargissant et l'approfondissant.

Pour ce qui nous concerne ici, la dynamique du système industriel, il apparaît donc avec évidence que les puissants moyens d'action keynésiens (monnaie, variables budgétaires, taux de change, salaires, diverses règles du jeu) ont été utilisés, dans la 2e moitié du XXe s., dans deux sens très différents :

- soit pour permettre à la croissance effective de se développer "naturellement" : ***Q*** eff = ***Q*** pot
- soit au contraire pour contraindre la croissance à demeurer largement inférieure à ce potentiel (USA 1949-1960, puis 1970-1981 ; Europe depuis 1975 et surtout 1991 et 2008) ; et, dans ce dernier cas, même quand les mesures de freinage sont rapportées, la croissance au potentiel ne se rétablit pas d'elle-même en l'absence de mesures explicites ; on peut dire que le pragmatisme américain a autorisé ces mesures dès 1982-1983 aux USA, mais en Europe elles n'ont toujours pas été prises au début du XXIe s., et l'économie y fonctionne toujours sous un régime de croissance faible ; toutefois ce régime semble connaître lui-même deux versions du point de vue du chômage : des nations comme le Royaume-Uni et les Pays Bas, par exemple, sont parvenues, malgré leur faible croissance depuis 1990, à abaisser leur taux de chômage, officiel tout au moins, à un niveau assez bas, en faisant pression sur les salaires, ce qui peut apparaître contradictoire avec le rôle dynamique du salaire réel présenté dans le chapitre précédent ; en fait il n'en est rien, mais ce cas de figure nécessite un approfondissement de l'analyse.

Approfondissement également en ce qui concerne les "variables" prises en compte : raisonner dans les termes de la théorie des systèmes implique d'avoir une vision totale du système industriel, c'est-à-dire, en particulier, d'y analyser le rôle des variables extra économiques dans la dynamique économique elle-même. Et, de ce point de vue, le dérèglement économique du système (pour cause de politique macroéconomique non conforme aux fondements macrosociaux du système) peut entraîner des déséquilibres extra économiques susceptibles de rétroagir lourdement sur les performances économiques, risquant de provoquer un cercle vicieux d'enlisement du système tout entier.

On analysera successivement :
- les conséquences générales du régime de croissance faible, sorte de "trappe" dont il est difficile de sortir sans une forte volonté politique ;
- les "sorties par le bas" de cette trappe (en matière de chômage) et les risques d'enlisement général du système industriel.

A- Les enchaînements pervers dans le cercle vicieux de croissance faible

Avec le recul qu'on a maintenant, au début du XXIe s., la politique de croissance faible suivie depuis 40 ans en Europe, apparaît comme dégradant peu à peu le potentiel de croissance et provoquant des effets irréversibles (d'"hystérèse" : mais celle-ci n'est pas dans les résultats économiques, elle est dans les structures).

I. La dégradation du potentiel de croissance apparaît à la fois dans les chiffres et dans certaines transformations structurelles.

Depuis 1975 - 90 les chiffres montrent une dégradation générale :
- des taux d'épargne ;
- des taux d'investissement (nets, en particulier) ; l'investissement à l'étranger, où les perspectives de croissance sont plus importantes, se développe considérablement ;
- du taux de croissance de la productivité, tombé à 1% (un peu plus en France, beaucoup moins au Royaume-Uni, p. ex.), et obtenu dans les grandes entreprises par des baisses d'effectifs ;
- des équilibres financiers publics ;
- de l'âge du stock de capital, qui augmente ;
- du partage du revenu national : les actifs, ont une part décroissante, au bénéfice des inactifs et des rentiers (propriétaires de titres ou d'immeubles), sans parler de la fraction du PIB qui va à des "vedettes" surpayées (de l'économie, des médias, du "sport" ...).

Et des phénomènes de rigidification s'ensuivent :
- les mentalités en général deviennent pessimistes, ou sont agitées de vagues contradictoires ;

- les chefs d'entreprises s'habituent à obtenir des subventions pour embaucher ;
- une partie croissante de la population s'habitue à compter sur des "allocations" et autres "primes" pour vivre ;
- les jeunes entreprennent souvent des études inutiles et le recul de l'âge de l'entrée dans la vie active ne facilite pas celle-ci.

II. Du point de vue de l'emploi, la logique du comportement d'embauche des chefs d'entreprises change radicalement : les affaires devenant plus difficiles, la concurrence par les coûts s'exacerbe et l'on cherche à comprimer avant tout les coûts salariaux, à la fois par des investissements ciblés sur la productivité et, en même temps, par des réductions (ou stagnations) d'effectifs partout sur les unités de production les moins rentables (Vilvoorde, Danone, Marks and Spencer) et sur les employés jugés les moins productifs (préretraites) : l'emploi devient donc une variable d'ajustement, celle qui n'a plus la priorité (à la fois parce qu'il y a un réservoir de chômeurs et que c'est à la mode de "dégraisser", avec ou sans les "fusions" innombrables) ; et entre la contrainte macroéconomique de faible croissance (Q) et la priorité à la productivité PR, on comprend que, depuis 1975 l'emploi a peu progressé en Europe (10 % en 20 ans ! 4 à 5 % en Allemagne, pourtant considérée comme un modèle de puissance) ; le schéma causal suivant rend compte de cette logique :

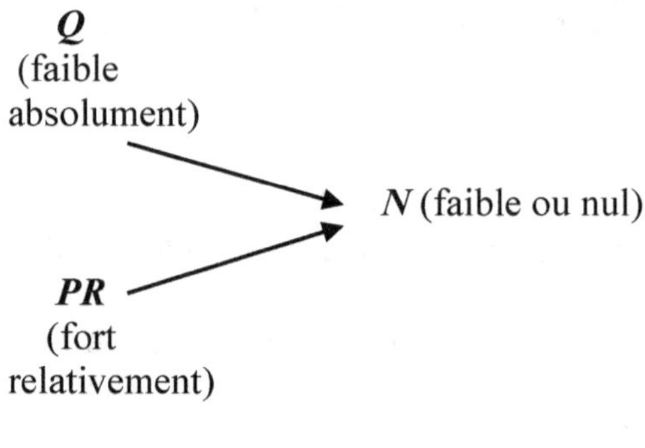

Par rapport à la période 1945-1974 de croissance forte ("au potentiel"), un phénomène structurel de pouvoir économique est venu aggraver cette situation nouvelle : les chefs d'entreprises ont gardé l'habitude de pratiquer un "taux de marge de prospérité", c'est-à-dire de se ménager une marge d'autofinancement élevée, ce qui leur a permis, outre l'accroissement de Π/PIB, de pratiquer justement ces investissements de productivité défavorables à N.
Ces enchaînements constituent en quelque sorte les bases d'un cercle vicieux de croissance faible et de chômage fort.

III. Au niveau macrodynamique, on a en effet des enchaînements de variables qui conduisent à une certaine stabilité de la croissance (sauf crises financières et politiques d'austérité), mais à un niveau faible (Q eff < Q pot), et avec un volant de chômage élevé :

a) dans un premier temps (par exemple 1975 - 1987) puis 1991 - 1996 en Europe) le chômage passe de 2 à 12 % sous l'action du ralentissement de la croissance plus fort que le ralentissement de la productivité, en effet :

   si on a Q = 3 % et PR = 3 %, on a N = 0 %

   Et si la population d'âge actif Npot augmente chaque année de 1 %, au bout de 10 ans la proportion de chômeurs a progressé d'environ 10 points (en France de 1973 à 1987 on passe en gros de 2 % à 13 % de chômeurs ...) ;

b) dans un 2e temps le chômage n'augmente plus parce que la croissance de Npot ralentit et, surtout, parce que PR diminue (le taux d'investissement diminuant peu à peu en s'adaptant à la croissance plus faible) ; mais le "stock" élevé de chômeurs et le ralentissement de PR font que le taux de croissance du salaire réel diminue fortement tombant progressivement de 4 % aux alentours de 1 % et même moins pendant les politiques d'austérité.

   L'ensemble de ces mouvements relatifs crée la condition d'une certaine stabilité de cette "conjoncture de croissance faible et de chômage élevé" (hors crises financières ou problèmes de l'euro, toujours menaçants) :

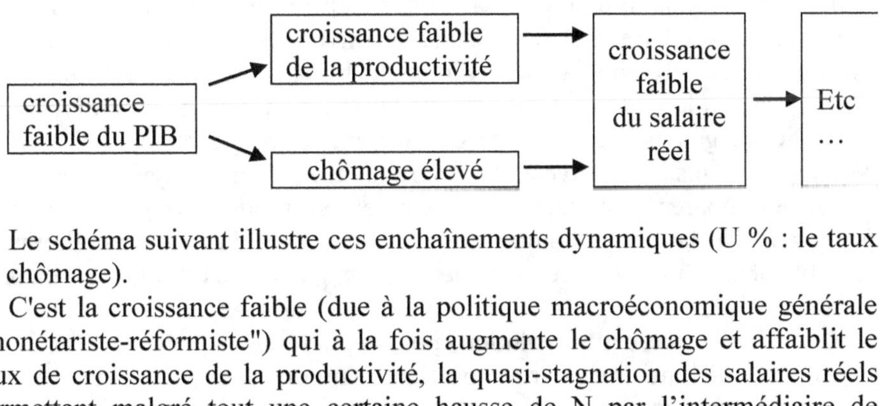

Le schéma suivant illustre ces enchaînements dynamiques (U % : le taux de chômage).

C'est la croissance faible (due à la politique macroéconomique générale "monétariste-réformiste") qui à la fois augmente le chômage et affaiblit le taux de croissance de la productivité, la quasi-stagnation des salaires réels permettant malgré tout une certaine hausse de N par l'intermédiaire de l'accroissement des déficits publics : le chômage se stabilise à un niveau élevé (sauf en France, où la croissance démographique est plus forte qu'ailleurs), mais on entre dans le cercle vicieux de croissance faible.

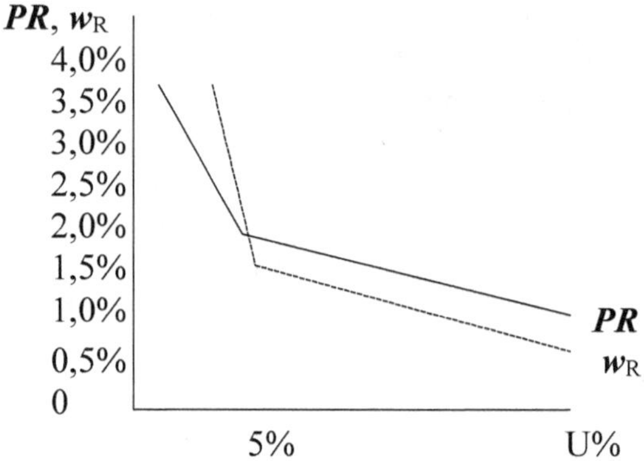

Quant aux mouvements relatifs de w R et de PR, on a supposé qu'en deçà de 3 % de chômage w_r > ***PR***, mais qu'au-delà de 6%, l'écart était négatif et croissant : il y a dans cette situation une véritable "trappe de croissance faible et de chômage élevé" d'où l'on ne peut guère sortir en dehors d'initiatives étatiques fortes.
Encore que ces sorties puissent souvent être de fausses sorties, ou tout au moins des "sorties par le bas".

B- Les "sorties par le bas" de la trappe à chômage et le risque d'enlisement du système industriel

Dans la conjoncture de croissance faible qu'on vient d'analyser, la quasi-stagnation du salaire réel qui résulte du niveau élevé du chômage et du niveau bas de PR apparaissait comme le point où se voyait le mieux le blocage dynamique du système, et cela en fonction de la théorie dynamique keynésienne générale exposée précédemment, et contrairement à la théorie NC qui voit dans le bas niveau du salaire un gage d'emploi dynamique.

Or, en apparence, certains pays semblent sortis de la trappe à chômage justement "à la néo-classique" c'est-à-dire avec des salaires (horaires) sensiblement plus bas que dans les autres pays, plus "englués" dans le chômage.

On va voir que cette évolution, pour modèle de laquelle on prendra le Royaume-Uni[44], ne doit pourtant pas sa dynamique principale à des facteurs "néo-classiques" et que, de plus, elle recèle un véritable risque d'enlisement du système.

---

[44] Les Pays-Bas ressemblent au cas britannique, mais avec des particularités très grandes : d'abord c'est moins un "pays" qu'une province spécialement riche de l'Europe (en Ile de France ou en Alsace, le chômage est aussi très bas ...), ensuite les autorités néerlandaises ont accepté que plus de 10% de la population soit considérée comme "invalide"
Et le travail à temps partiel compte pour 35%.

1. La "sortie par le bas" de la trappe à chômage

Avec un taux de chômage officiel de 5 à 6% en 2015, le Royaume-Uni est le "modèle" d'une économie qui, avec des salaires bas et malgré une croissance relativement lente, a "maîtrisé le chômage" ; et de plus, le taux d'activité de la population est élevé (+ de 70 %) et la durée du travail la plus longue des pays industriels (44 h / semaine).

Disons tout de suite que ces deux derniers traits sont en rapport avec le relativement bas niveau des salaires moyens : c'est parce que les salaires sont bas que les Anglais doivent travailler beaucoup (il y a d'ailleurs là une certaine ressemblance avec les USA).

Mais, quant à l'essentiel, peut-on dire que les bas salaires anglais expliquent le bas niveau du chômage dans ce pays ? D'abord le salaire moyen, au UK, est quand même de près du double du salaire moyen espagnol, par exemple, où le taux de chômage est le triple du taux anglais ... Si on fait une comparaison avec la France, pays beaucoup plus proche par ses caractéristiques, la légère infériorité du salaire anglais peut-elle expliquer un taux de chômage deux fois plus faible qu'en France ?

Un dynamisme démographique plus faible au UK est déjà un petit élément d'explication.

Et une productivité plus faible que sur le continent, également : il faut plus de personnes par unité de VA. Et c'est la productivité plus faible qui explique un salaire par tête plus bas, mais il a fallu attendre les années 2014-2015 pour que les autorités prennent conscience du cercle vicieux bas salaires → faibles investissements → faible productivité.

Mais enfin, pour qu'il y ait justement plus de "têtes" au travail qu'en France il faut bien que le PIB global soit plus élevé (qu'il ne le serait s'il y avait plus de chômeurs) ! On tourne en rond tant qu'on ne sait pas si :

- le PIB est premier : et alors c'est le "bon" niveau du PIB qui explique le faible nombre de chômeurs : N = PIB / PR ; bon niveau dû à la dévaluation de la Livre et à un déficit budgétaire plus élevé qu'en France même si le Gouvernement Cameron a commencé à le réduire à partir de 2012 ;
- ou si c'est le bas niveau des salaires qui explique le haut niveau de l'emploi : ***w*** bas → ***N*** élevé → ***PIB*** élevé. Cette dernière explication a bien peu de chances d'être la bonne, car le PIB est un résultat et l'observation la plus simple nous apprend que les chefs d'entreprises n'embauchent pas principalement en fonction du niveau du salaire, mais surtout en fonction des perspectives de croissance ; la séquence est donc plutôt du type :

bonnes perspectives pour le PIB → ***N*** élevé

Le salaire joue un rôle neutre, il n'est pas pris en compte pour l'embauche (sauf, sans doute, pour les "petits boulots", où l'absence de protection d'un

SMIC joue un rôle positif sur l'emploi), ce qui compte c'est le besoin de main-d'œuvre et celui-ci se calcule comme toujours comme le rapport Q * / PR (production prévue divisée par la productivité).

C'est donc le PIB qui est la clé de tout, et on peut alors énoncer une sorte de "théorème" pour les pays à (relativement) bas salaire et à (relativement) haut niveau d'emploi : lorsque l'"environnement de croissance" est favorable, malgré de bas salaires, un bas niveau de chômage peut être atteint. Et le corollaire est le suivant : un environnement de croissance favorable peut exister malgré des salaires relativement stagnants (et donc une part des salaires dans le PIB déclinante) <u>lorsqu'un certain nombre de conditions sont réunies :</u>

- soit il s'agit d'un petit pays axé sur les exportations (Pays-Bas, Luxembourg, Irlande, Danemark ...) ;
- soit il s'agit d'un grand pays comme le UK, où même les USA, mais alors il faut :
  - un contexte international dynamique ;
  - une politique macroéconomique nationale dynamique : politique monétaire permissive et/ou déficit budgétaire, taux de change non surévalué (UK depuis 1992) ou même sous-évalué (Japon 1950-1995).

Dans ces conditions peut s'entretenir un cercle "vertueux" de croissance avec faible progression des gains salariaux, où la croissance de l'emploi est à elle-même son propre moteur (dans W = w + N, c'est N qui joue en quelques sorte un rôle auto-entretenu). Mais cette conjoncture particulière cessera quand les conditions particulières qui l'ont engendrée cesseront :

- un environnement international / national spécialement favorable dans le cas d'une croissance axée sur les exportations (dans le cas du Japon la situation particulière a pris fin vers 1990-93 et ce pays n'arrive pas, depuis, à "embrayer" sur le seul mode de croissance qui lui resterait, celle de la consommation nationale fondée sur des hausses de salaires substantielles) ; la petite reprise de la croissance japonaise depuis 2003 est largement due aux booms des USA puis de l'Asie et elle se tarit depuis 2015 (échec des "Abenomics") ;
- un environnement économico-démographique très dynamique, comme aux USA où, depuis 1983, des dizaines de millions d'emplois n'ont pu être créés qu'en puisant dans trois "réservoirs" d'apparence inépuisables, les 12 millions de chômeurs de 1982, la croissance démographique interne et les millions d'immigrants latinos et asiatiques ... Et une politique ultra dynamique de la Fed.

La "croissance à salaire horaire quasiment stagnant" réclame donc des conditions historiques particulières, qui parfois sont nuisibles au reste du monde (les cas japonais et chinois) et toujours sont transitoires. Et, surtout, impliquent à long terme une quasi-stagnation du niveau de vie moyen, c'est-à-dire une détérioration du niveau de vie des plus défavorisés, qu'on observe dans tous les pays ayant adopté peu ou prou cette recette du développement de l'emploi avec faible croissance de la productivité.

Des indices sérieux donnent à penser que la France elle-même est entrée dans cette logique à partir de 1999-2000, après avoir pendant 20 ans cumulé les inconvénients d'une faible croissance globale et de salaires abaissés progressivement depuis 1982 par rapport à la productivité. En effet, à partir de 1997-1999 les conditions macroéconomiques de la croissance se sont nettement améliorées en France :

- abandon des mesures restrictives et baisse des taux d'intérêt ;
- quelques mesures fiscales en matière de pouvoir d'achat ;
- dévaluation du taux de change Euro / $ (1999-2000) ;
- puis, dès 1998, les effets de la baisse du chômage sur la consommation ont commencé à jouer.

Mais cette conjoncture "vertueuse" n'a été que transitoire :

- la faiblesse de PR comparée aux bons résultats des grandes entreprises et aux relativement bons résultats de la croissance globale, célébrés par les médias, entretien un climat salarial de fort mécontentement, les hausses de salaires accordées apparaissant infimes ;
- il suffit que la situation macroéconomique se retourne aux USA (avec, éventuellement, d'autres crises, "asiatiques" ou "mexicaines" à la clé) pour que le mécanisme vertueux de la création d'emplois auto-entretenue commence à s'enrayer, et d'autant plus qu'on se rapproche du "noyau dur" du chômage : c'est ce qui s'est passé en 2007-2008 avec la crise des "subprimes" et ses conséquences mondiales ;
- mais surtout, plus fondamentalement, la dynamique de croissance avec de bas salaires renferme en elle-même sa propre contradiction : des gains de pouvoir d'achat salarial insuffisants par rapport à la productivité (tendance à la baisse de la part des salaires dans le PIB) ou simplement (si PR tend vers zéro) par rapport aux attentes d'une fraction importante des salariés au vu des résultats ; avec à la clé, bien entendu, une tendance constante à la hausse du chômage tant que les taux de croissance de la productivité et de la population dépassent celui du PIB.

*

* *

Si le ralentissement global de la croissance et des gains de productivité est sans doute inévitable dans une économie de plus en plus tertiarisée, d'une part, et soumise d'autre part à des contraintes écologiques croissantes, le processus de ralentissement ne peut s'effectuer dans des conditions socialement et politiquement acceptables en l'absence d'une réduction massive des inégalités de conditions, réduction qui en aucun cas ne peut elle-même se produire spontanément dans les structures intrinsèquement inégalitaires du système industriel : en situation de plein-emploi et de forte croissance, les inégalités à la fois ne s'accroissent pas et apparaissent supportables ; dans le cas inverse, non.

2. Le risque d'enlisement

Si, à moyen terme, la sortie par le bas de la trappe à chômage peut apparaître à la rigueur comme une solution de "second best", on vient de voir qu'elle recèle malgré tout une source d'instabilité quasi assurée : si "un monde de travailleurs sans travail est la pire des situations" (Hanna Arendt), un système bâti pour la croissance - c'est-à-dire inégalitaire et techniquement avancé -, mais sans croissance est également une situation systémiquement instable. Non pas, peut-être, à cause de facteurs "strictement économiques", mais parce que, justement, un "système économique" n'est pas seulement économique, mais un système sociohistorique complet. Et à partir du moment où il n'y a plus d'harmonie suffisante entre structures techno-économiques (le "hardware") et structures socioculturelles (le "software"), c'est le système lui-même qui est mis en cause.

Et qui commence par s'enliser, c'est-à-dire que tous les impératifs de "réformes" apparaissent impraticables ou/et contradictoires.

Cette vue pourrait apparaître bien pessimiste eu égard aux performances du système industriel dans les quatre ou cinq dernières années du XXe s., avec 3 % environ de croissance et un taux de chômage officiel de l'ordre de 6 % en moyenne, une "inflation" à 2 - 3 % et des finances publiques proches de l'équilibre; et un ordre social global qui provoque une très grande stabilité politique, cependant qu'un progrès technique saisissant se répand dans toutes les sphères de la société et est universellement célébré. Et même si 2001 est une année de récession de croissance, l'essentiel des institutions keynésiennes est encore debout et assure que toute fluctuation à la baisse est aisément maîtrisée.

Et même les inégalités croissantes ne semblent pour l'instant jouer aucun rôle déstabilisateur, à la fois tolérées par les "élites" et "soignées" par des transferts financiers de plus en plus importants rendant supportables des conditions de vie relativement très basses, mais dont le niveau absolu apparaît, sauf cas individuels, enviable par rapport aux autres systèmes sociaux du XXe s., en particulier le système du sous-développement.

Le jugement pessimiste porté sur le système industriel piloté au-dessous de son potentiel et sans politique forte de réduction des inégalités, est donc fondé sur l'observation de ce qui s'est passé dans l'Europe du Sud après 2008 puis sur de considérations sociopolitiques plus générales.

2.1 L'effondrement de l'Europe du Sud après 2008

Présentée comme la nécessaire remise en ordre de comportements économiques et financiers "déraisonnables", les politiques d'austérité qui se sont abattues sur l'Europe du Sud après 2008 (Grèce, Chypre, Portugal, Espagne, Irlande) ont eu, ou ont des résultats catastrophiques :

- la baisse des dépenses publiques, des salaires et des retraites, et l'augmentation des prélèvements, ont fait baisser le PIB de ces pays de 10 à 20% et doublé ou triplé le chômage ;
- le ratio de la Dette publique au PIB a continué d'augmenter, sauf en Italie qui est, elle, en récession depuis 2013 (être "bon élève" c'est donc être en récession permanente ou avoir vécu des années d'effondrement dont on ne peut sortir avec des "reprises" faibles et fragiles comme celles de l'Espagne ou de l'Italie en 2015).

Il s'est agi là d'une sorte de "dévaluation interne", termes stupides puisqu'il ne peut y avoir de dévaluation, à proprement parler, que d'un taux de change : car les termes de l'échange (prix relatif des importations et des exportations de ces pays) n'ont pas beaucoup évolué, il n'y a donc pas eu de rétablissement de l'équilibre extérieur par le "marché", mais par un effondrement des importations dû à celui des PIB et une très faible hausse des exportations).

Il s'agit là des conséquences des structures institutionnelles et mentales de la <u>Zone euro</u>, et de son "pilotage".

2.2 Risques permanents d'"accidents sociaux"

Les "printemps chauds" de la fin des années 60 en Europe constituaient des accidents sociaux majeurs ; ils ont eu des conséquences à court terme plutôt favorables ("explosions salariales" relançant la croissance), mais des conséquences à long terme désastreuses : 15 ou 20 ans après, les classes dirigeantes, qui pensaient avoir frôlé la révolution, réussirent à asseoir définitivement (?) leur pouvoir par le chômage et la précarité de masse ainsi que par la légitimation culturelle de l'entreprise et du profit (aidés par les anciens "soixante-huitards", qui s'intéressaient seulement à leur propre réussite individuelle). Rien de pareil ne s'était passé aux USA, où c'est seulement l'ordre moral (et la guerre du Vietnam) qui avait provoqué des mouvements sociaux : simplement parce que le système industriel n'y avait jamais été contesté ; et l'enlisement se produisit bel et bien, sur fond de désindustrialisation et de stagnation économique (1970-1982) ; depuis, les relances keynésiennes successives (1983, 1987, 1991, 2008) ont permis un plus haut niveau de croissance et d'emploi, mais toujours sur fond de précarité et de bas salaires des prolétariats indien, noir, latino, asiatique et autres (près de 30 % de la population).

Ce type d'économie ne semble pouvoir fonctionner (c'est-à-dire assurer un niveau de vie "de rêve" à 5 ou 10 % de privilégiés et un niveau "de confort" à 55-60 % de la population qu'en marginalisant 30 % de celle-ci : "coloured" et immigrés aux USA, immigrés, "jeunes des banlieues" et diverses minorités en Europe). Croissance forte et plein-emploi intègrent, la précarité à vie désintègre. Et il se recrée une sorte de structure sociale d'ancien régime où certains sont assurés, en venant au monde, qu'ils resteront dans les marges de la société.

On a ainsi une prospérité en trompe-l'œil, qui peut fonctionner ainsi pendant des décennies sans heurts majeurs, mais dont le propre est l'incertitude, c'est-à-dire le risque désormais permanent de "séismes systémiques" : des accidents, plus ou moins imprévus, survenant dans les structures d'environnement du système économique (socio-politico-culturelles, et même climatiques ou techniques), et débordant ensuite jusqu'au cœur à cause du ressentiment à l'égard du système tout entier par des "exclus" de toutes catégories.

Ces accidents peuvent être "rampants" ou "aigus".

Les "accidents rampants" sont diagnostiqués depuis un certain temps déjà, mais les pouvoirs, public et privé, semblent incapables d'y porter remède : jusqu'ici ces perturbations n'ont fait que gêner le fonctionnement du système, ralentir sa croissance ; mais que certains se conjuguent, par exemple un grave accident technologique et de grandes grèves, et les structures politiques du système ("démocratiques") pourraient être remises en cause. Ce qu'on appelle ici "accidents rampants" sont les évolutions structurelles bien connues, mais rarement pensées ensemble :

- la montée continue des inégalités économiques et sociales avec des "élites" dispendieuses et souvent incapables (aussi bien privées que publiques), qui, au surplus, se donnent en spectacle et se permettent de donner des leçons à l'ensemble de la société malgré des bilans souvent peu édifiants ;
- le "harcèlement de la vie de travail" devient de plus en plus lourd pour les salariés répétitifs (employés, surtout) du bas de l'échelle ou les cadres moyens, la compétition devenant maladive et passant de plus en plus par l'abaissement de l'autre ; en dehors de la vie de travail, les contraintes réelles (administratives, disciplinaires) et les contraintes imaginaires ("santé", "beauté"....) se multiplient également ;
- insécurités et incivilités prennent une importance grandissante dans les groupes les plus exposés ; et des insécurités nouvelles apparaissent (alimentaires, climatiques, terroristes) amplifiées par les médias ;
- des "grains de sable" de plus en plus gênants perturbent le fonctionnement normal de la société industrielle en provenance de

minorités corporatistes placées à des endroits stratégiques (transports, services publics en général) ;

- les "marginalités" se développent, multidimensionnelles : ethniques, religieuses, linguistiques, sexuelles ;
- les drogues deviennent universelles : drogues anciennes comme le tabac, l'alcool et les drogues proprement dites, mais aussi le "sport" (spectacle sportif, en fait, gangrené par l'argent et les trucages) et les spectacles virtuels (télévision à haute dose, consoles et jeu ...) : on progresse vers la déréalisation du monde ;
- et déréalisation d'autant plus qu'avec la multiplication des "allocations sociales", le lien entre l'effort productif et le revenu monétaire perçu se distend pour certaines catégories de la population ; le recul continu de l'âge d'entrée dans la vie active rend celle-ci toujours plus difficile pour les jeunes, habitués depuis l'école maternelle à vivre dans un cocon, avec des contraintes, mais extra économiques ;
- la lente, mais irrésistible montée de ces dérèglements débouche sur le plan politique par l'éloignement croissant de la vie démocratique de la part des couches jeunes de la population : la vie politique n'est plus vue que comme un simulacre animé par des professionnels trop payés et trop privilégiés, incapables par ailleurs de résoudre les problèmes réels.

De tous les pays "occidentaux", c'est sans doute la France qui cumule le plus grand nombre de ces "accidents rampants", parce que c'est sans doute le pays où les classes dirigeantes, de "gauche" comme de droite, ont ressenti un aristocratique sentiment de mépris, jamais avoué, à l'égard du "peuple" ; la manière dont la monnaie unique "européenne", l'Euro, y a été imposée en témoigne. C'est donc le pays où un "accident aigu" pourrait y produire le plus aisément un dysfonctionnement grave et durable.

Les "accidents aigus" peuvent provenir de causes bien connues, mais "déborder", c'est-à-dire prendre une ampleur et/ou des formes nouvelles, par exemple être récupérées par des forces politiques marginalisées jusque-là, ou subir une "novation" à cause de l'entrée en politique de forces jusque-là à l'écart (l'armée, par exemple).

En Europe, un accident aigu n'est pas à exclure à propos des distorsions croissantes entre les situations des divers pays de la Zone Euro (pays se satisfaisant d'une croissance faible, comme l'Allemagne, et autres pays).

Le point commun aux divers accidents possibles est le risque de l'apparition d'une dysharmonie majeure entre les structures économiques et les structures politiques : soit les structures politiques actuelles persistent, mais sont incapables d'éviter l'enlisement du système, c'est-à-dire une situation de faible croissance avec des inégalités grandissantes, soit une correction violente se produit dans les structures politiques, mais avec risque d'"overshooting", c'est-à-dire l'établissement de structures trop autoritaires par rapport à l'équilibre entre pouvoirs privés et pouvoirs d'Etat qui règne normalement dans le système économique keynésien.

*
* *

Au-delà des risques d'accidents qu'on vient d'analyser se profilent des tendances lourdes, dangereuses qui, malheureusement, n'ont rien d'hypothétiques car elles sont déjà inscrites dans le mouvement actuel des structures existantes ; on peut en citer deux.

Le premier danger est celui, en Europe, de l'appauvrissement de la génération qui devrait se retirer du travail entre 2015 et 2050 : c'est la "génération sacrifiée" (sur l'autel de la lutte contre l'inflation puis de l'Euro), celle qui aura connu beaucoup de chômage et des salaires stagnants depuis 1975 : leurs capacités d'épargne et leurs "droits" à toucher une retraite sont d'ores et déjà plus limités que ceux de la génération précédente ; et d'autant plus que la proportion des 18 - 60 ans dans la population aura décliné d'ici là. Ces aspirants-retraités accepteront-ils de travailler plus longtemps (et quels travaux...?) pour des retraites plus faibles que leurs prédécesseurs ? Et ce n'est pas des "fonds de pension" que viendrait la solution : s'ils s'introduisent en force, ils tendront à déprimer la croissance (le surplus d'épargne affaiblira la consommation…) et en 2035-2050 les retraites qu'ils verseront correspondront toujours à un prélèvement sur le revenu des actifs de l'époque ...

Le deuxième danger est "socio-technologique", il provient du risque de mise hors travail des salariés répétitifs du commerce (grande distribution) et d'une partie du tertiaire par l'automatisation grandissante d'une partie des tâches ; que deviendront par exemple les employés de banque si chacun devient soi-même son propre banquier (slogan publicitaire utilisé depuis 2001 en France) ?

Qu'il s'agisse de l'instabilité intrinsèque du système industriel ou des risques d'enlisement provoqués par une politique macroéconomique inadaptée, la nécessité d'une politique économique conforme à l'"esprit du système" apparaît avec évidence, c'est-à-dire une politique de forte reprise de croissance, au moins pendant une décennie, le temps nécessaire pour réduire le chômage, les inégalités et les déficits, en préparant ainsi les conditions d'une "croissance zéro soutenable".

SECTION III

Nécessité d'une politique volontariste de croissance équilibrée
("au potentiel")

La conclusion de l'analyse de fonctionnement-évolution du système industriel à laquelle on vient de procéder est double :

- ce système est "mixte" en ce sens qu'il ne peut se passer de règles du jeu institutionnelles, et c'est même cela qui, aux yeux de l'économiste, constitue l'"Etat" : à côté du privé, qui produit, et même de l'Etat-entreprise (qui produit des services publics), il y a l'Etat-puissance publique, qui régule et oriente, choses que le marché ne peut pas faire, ou fort mal ; et cela n'est pas une prise de position idéologique, mais une simple constatation historique, étayée seulement par l'analyse économique ;
- mais les instruments keynésiens de la politique économique sont tellement puissants en eux-mêmes qu'ils peuvent <u>être utilisés à contresens</u>, c'est-à-dire pour freiner la croissance en dessous de son potentiel et provoquer ainsi chômage, précarité et stagnation du niveau de vie du plus grand nombre.

Par ailleurs, on a vu que, même lorsque la politique macroéconomique était permissive (1945-1974) les interventions conjoncturelles de l'Etat provoquaient déjà une certaine irrégularité de la croissance, qui tendait à s'auto-entretenir.

Ces remarques permettent donc de définir les caractères généraux d'une "bonne" politique économique :

- elle doit être plus <u>une "politique permanente"</u>, inscrite dans les institutions, qu'une politique arbitraire au coup par coup (c'est la vérité des critiques monétaristes des politiques "keynésiennes") : la politique économique keynésienne doit viser au <u>respect permanent de certains "taux", de certaines proportions</u>, mais s'abstenir d'une intervention au coup par coup : si des règles permanentes existent, l'évolution économique sera très régulière, il n'y aura plus ni coups de frein ni coups d'accélérateur, sauf inflexions structurelles dans la durée historique ; cette politique permanente ne peut évidemment avoir pour but une croissance à, mettons, 5% par an pendant une très longue période ; on ne peut "tomber amoureux d'un taux de croissance" (fort) que pour la durée nécessaire à réaliser des objectifs structurels bien quantifiés, par exemple résorber le chômage et diminuer les inégalités jusqu'à des taux choisis d'avance ; après cette période, une croissance de, mettons, 1% par tête pour les moins bien lotis pourra être jugée suffisante : ici, tout est affaire de choix démocratique, une croissance un peu plus forte pourrait par exemple être décidée pour réaliser des dépenses d'intérêt général (remise en état de l'environnement, élimination des pollutions, etc.) ;

- cette politique doit être possible, c'est-à-dire pouvoir durer : il faut pour cela que les équilibres nominaux (des prix, extérieur, budgétaire) soient maintenus : mais nous savons déjà qu'une croissance régulière en plein-emploi n'a aucune raison, au contraire, de perturber ces équilibres, en particulier si l'on a la conception d'un taux d'inflation naturel compris entre 2 et 4%, dans le système industriel.

D'où les deux points suivants :

§ 1 L'obtention d'un taux de croissance optimum (stable, de plein-emploi et au potentiel)

Les règles du "jeu conjoncturel" consisteraient en l'établissement par l'Etat, après concertation avec tous les acteurs de la vie sociale, de l'obligation de respecter un certain nombre de "taux dynamiques" découlant des analyses des pages précédentes montrant les composantes du taux de croissance de la demande (et donc du PIB) :

- le salaire réel par tête doit augmenter comme la productivité du travail :

$$\boldsymbol{w}_{\mathrm{r}} = \boldsymbol{PR}$$

Et d'un peu plus si le taux d'épargne des salariés augmente :

$$\boldsymbol{w}_{\mathrm{r}} = \boldsymbol{PR} + \Delta \mathrm{PMS}_{\mathrm{w}}$$

($\mathrm{PMS}_{\mathrm{w}}$ = propension moyenne à épargner des salariés)

- la masse monétaire réelle doit augmenter comme la somme de $\boldsymbol{w}_{\mathrm{r}}$ et de $\boldsymbol{N}_{\mathrm{pot}}$:

$$\boldsymbol{M}_{\mathrm{r}} = \boldsymbol{w}_{\mathrm{r}} + \boldsymbol{N}_{\mathrm{pot}}$$

Cette dernière condition implique un léger déficit budgétaire (égal à $\mathrm{N}_{\mathrm{pot}}$) financé par création monétaire, comme il a déjà été précisé (cf. Sect. II § 1).

- la création monétaire globale nominale doit "valider" le taux d'inflation courant, ce qu'on peut écrire :

$$\boldsymbol{M} = \boldsymbol{P}^* + \boldsymbol{w}_{\mathrm{r}} + \boldsymbol{N}_{\mathrm{pot}}$$

(où $\boldsymbol{P}^* = \boldsymbol{P}_{\mathrm{t-1}}$)

Si l'une de ces règles n'est pas respectée, il n'y a aucune chance que les mécanismes de marché assurent une croissance régulière au plein-emploi et, en l'absence de structures institutionnelles keynésiennes, il y a même grand danger d'effondrement du système entier (cf. les années 1929-1938) ; le marché, en effet, est incapable de prendre en compte des données potentielles, il sur- ou sous-réagit, et peut s'enliser dans des cercles vicieux.

La faible croissance avec fort chômage des années 1975-1997 en Europe (et le ralentissement de 2001) s'expliquant par une politique globale de freinage de la croissance heureusement contrecarrée en partie par la persistance après 1975 de l'essentiel des institutions keynésiennes malgré les efforts des "réformateurs" ultralibéraux (cf. le chapitre précédent). Mais la poursuite de la croissance faible (avec chômage élevé) après 2001, au milieu d'une expansion mondiale généralisée, démontre la nocivité de la politique maastrichtienne, puis des blocages induits par l'Euro.

§ 2 Compatibilité d'une croissance régulière en plein-emploi avec le maintien des "équilibres"

Sous la condition, on l'a déjà dit, de l'acceptation d'un taux normal ("naturel") d'inflation de 2 à 4% environ, il existe, dans le système industriel keynésien, un cercle vertueux de croissance équilibrée, contrairement aux postulats néo-classiques-monétaristes, mais en accord avec l'observation des faits et les analyses systémiques postkeynésiennes.

LE PRINCIPE DU "CERCLE VERTUEUX" DE CROISSANCE ÉQUILIBRÉE

Par cercle vertueux, il faut entendre un système causal et bouclé d'enchaînements dynamiques. Le schéma suivant exprime les vagues d'impulsions successives qui ont pour origine la "politique de croissance non bridée" et s'étendent de proche en proche vers les divers équilibres macroéconomiques qui s'engendrent et se renforcent les uns les autres :

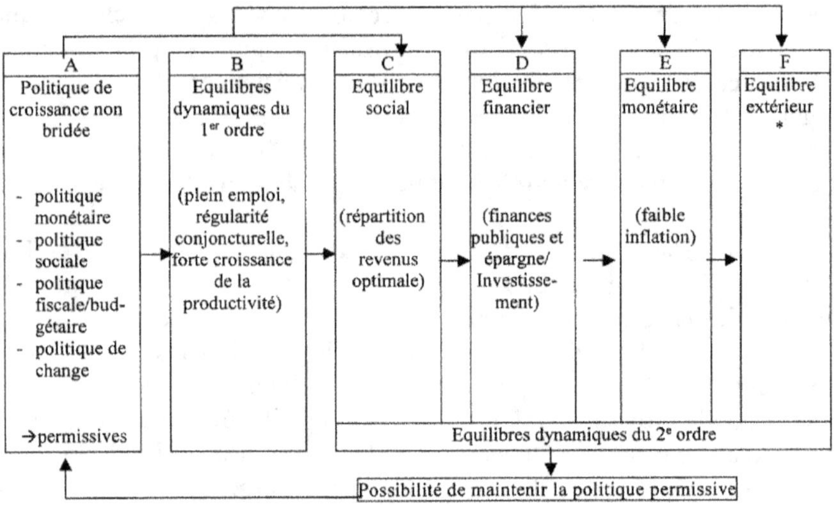

* des dévaluations peuvent être nécessaires.

Par "équilibres" il faut entendre que les taux d'ajustement entre flux (flux d'embauches et de licenciements, flux d'épargne et d'investissement, flux d'exportation et d'importation, etc.) ou entre flux, stocks et niveaux (stock de capital productif - flux de demande - niveau des prix ...) sont suffisamment proches de 100 % pour que les tensions qui apparaissent demeurent dans des limites qui ne remettent pas en cause le mécanisme de la croissance régulière par manque de ressources (équilibre extérieur et équilibre financier), manque de confiance et de rationalité (équilibre des prix), manque de stabilité socio-économique (équilibre de répartition), défaut d'anticipations dynamiques stables et de résultats de productivité (équilibre du "premier ordre"). Il est bien entendu qu'il s'agit d'équilibres "praticables" et non absolus, définis par le fait qu'ils permettent la poursuite de la croissance ; on peut parler de "quasi-équilibres".

Analytiquement, c'est-à-dire, en prenant à la suite les unes des autres des relations qui font système, ces enchaînements peuvent être présentés ainsi :

- A entraîne B ;
- A et B entraînent C ;
- A, B et C entraînent D ;
- A, B, C et D entraînent E ;
- B, C, D, E et F entraînent la possibilité de poursuivre A.

Et il faut garder en mémoire que, dans cet ensemble de relations, les deux premières variables, à savoir : la politique permissive de croissance (A) et ses conséquences immédiates (B) jouent non seulement le rôle de moteur du "circuit vertueux", mais qu'elles sont en fait présentes dans les conditions de réalisation de chacun des équilibres, dans la mesure où la "dimension" de la croissance régulière imprègne la totalité des mentalités des agents économiques, excluant ainsi les comportements déstabilisateurs qui existaient avant 1940 et qui réapparaissent malheureusement depuis le début des années quatre-vingt-dix (licenciements massifs et sans délai, chute importante des investissements, abstention des consommateurs dans l'attente de baisses de prix supplémentaires, etc.).

Insistons sur le fait que, en période normale (hors guerres et crises sociales graves), la croissance régulière avec quasi plein emploi n'est pas inflationniste au-delà du taux naturel : les USA le démontrent clairement depuis 1983, mais, même dans l'Europe des "Trente glorieuses" il y avait eu de longues périodes d'inflation normale à 3-4 % (1953-1973 p. ex.).

Note sur le NAIRU (Non Accelerating Inflation Rate of Un-employment, taux de chômage n'accélérant pas l'inflation).

Dans le prolongement de la "courbe de Phillips", les économistes néo-classiques monétaristes affirment qu'il existe un niveau de chômage en deçà duquel l'inflation accélère. Cette idée peut être acceptée ... à condition de reconnaître que ce taux de chômage est très bas, alors que ces économistes le placent aux environs de 6-7% : les exemples de l'Europe et des USA, cités ci-dessus, montrent que ce NAIRU peut être aussi bas que 3-4%, peut-être même moins ; en effet, ce qui compte, c'est la régularité de l'évolution économique, toute accélération trop forte de la croissance peut être (légèrement) inflationniste, mais une forte croissance permanente ou une croissance au voisinage du plein-emploi ne l'est pas forcément.

Quant à l'équilibre extérieur (balance commerciale), il peut en effet être mis à mal par une croissance ultrarapide (France 1954 - 74, USA depuis 1992 ...), mais en général des afflux de capitaux permettent alors d'assurer l'équilibre des comptes ; et, à long terme, une croissance rapide remet un pays en état de sur-compétitivité, lui permettant de rétablir sa balance commerciale (sauf surévaluation de sa monnaie). L'énorme déficit courant des USA depuis 2002 a deux sources évidentes : les croissances beaucoup plus lentes au Japon et en Europe, et la sous-évaluation persistante du Yuan.

Prônant la non-intervention de l'Etat (soupçonnée d'être inefficace et inflationniste, cf. les thèses NC des années 70-80, Lucas et autres), la théorie monétaire ultralibérale a en fait imposé (de 1972 à 1982 aux USA, encore aujourd'hui en France) des politiques ultra interventionnistes et arbitraires, qui ont cassé les ressorts de la croissance (la hausse du salaire réel et un taux d'investissement élevé) : tant qu'à intervenir, il vaut mieux que l'Etat le fasse dans le bon sens, celui du plein-emploi et d'une croissance régulière, objectifs qui garantissent par ailleurs l'équilibre budgétaire et des équilibres raisonnables "naturels" des prix et des relations extérieures.

CONCLUSION DU CHAPITRE IV

La politique de l'optimum dynamique, seule "variable de commande systémique"

A partir de 1945, la croissance devient beaucoup plus rapide, parce que plus régulière qu'auparavant ; et on n'a plus peur d'un effondrement du capitalisme comme pendant les années trente. Cela est le résultat de la nouvelle place prise par l'Etat dans l'économie : 40 %, puis 50 %, du "circuit économique" sont désormais stabilisés par lui ; et, de plus, il va bientôt "soutenir" les revenus salariaux par l'institution d'un "salaire minimum garanti" ; enfin, il veille à ce que l'économie soit suffisamment approvisionnée en monnaie (taux d'intérêt bas, financement monétaire d'un déficit budgétaire en général assez fort, dépenses publiques "dynamiques", etc.).

Ce n'est pas un hasard si, après 1945 (surtout en Europe, car l'Etat américain a été plus timide, du moins jusqu'en 1982-83, pour dynamiser l'économie), le taux de croissance par tête triple ou quadruple par rapport au XIXe s. A partir de 1975 les performances deviennent plus médiocres (tout en restant supérieures à celles de la période 1800-1940) car, justement, l'Etat va utiliser les moyens qu'il possède, désormais, pour freiner la croissance économique et abaisser ainsi, en provoquant du chômage, la force des syndicats et des salariés en général, de manière à freiner les salaires et, en fin de compte, à freiner l'inflation : la stabilité des prix était devenue l'objectif qu'il fallait atteindre à tout prix (mode du "monétarisme") pour sauvegarder la "compétitivité et la croissance à long terme".

Dans ce domaine de la politique de croissance à long terme, deux politiques fondamentales existent, étant donné que la croissance dans le système capitaliste développé ne peut être impulsée que par la demande, c'est-à-dire en définitive seulement au travers de volumes de monnaie et de salaires en hausse : toute "politique de l'offre" (visant avant tout à combattre l'inflation par des restrictions monétaires et à favoriser les profits et la "compétitivité") ne fait que ralentir la croissance et engendrer beaucoup de déséquilibres (chômage, déficit budgétaire, perte de compétitivité extérieure…) ; les nouvelles modes des "politiques de l'offre" depuis les années 2000-2013 sont incompréhensibles, vu leur échec.

On a donc défini deux types fondamentaux de politique de croissance ("conjoncturelle") :

- la politique "permissive", qui permet à la croissance effective d'égaler la croissance potentielle : $\boldsymbol{Q}$ eff = $\boldsymbol{Q}$ pot ; la croissance potentielle est définie comme la croissance qui a été réalisée dans les meilleures périodes passées (plus une économie est modernisée, plus elle doit être capable, au moins ! de réaliser les performances passées ...) ;

- la politique "de rigueur", qui provoque des conditions où ***Q*** eff < ***Q*** pot, d'abord en abaissant la croissance directement, et ensuite en ne relançant pas une économie déprimée où les prévisions sont constamment pessimistes (cf. Chap. IV Sect. II).

Suivant que l'un ou l'autre de ces "régimes" de croissance est mis en œuvre, les relations entre des variables fondamentales (emploi / productivité / salaires ...) sont assez différentes et tendent à maintenir la conjoncture existant :
- croissance au potentiel dans un cas ;
- croissance lente avec nombreux déséquilibres sinon.

*
* *

Rappelons qu'on ne doit pas s'étonner de voir privilégier ici les variables de demande au détriment des variables d'offre : ces dernières ne sont pas moins indispensables (innovations, progrès technique, profits ...), mais elles ne sont pas motrices : elles ne peuvent être "décrétées" (elles ne sont pas des "variables de commande"), alors que les variables de demande peuvent l'être facilement : salaires, taux d'intérêt, taux de change et variables budgétaires sont à notre disposition, sauf tabous idéologiques ... Et <u>les variables d'offre suivent automatiquement une croissance forte et régulière de la demande</u> : les innovations s'accélèrent, ainsi que la productivité, qui est fonction directe du rythme de l'accumulation du capital, lui-même commandé par le rythme de l'accroissement de la demande (de consommation essentiellement, l'investissement étant peu "autonome").

*
* *

On a présenté le système industriel occidental contemporain comme "mixte" (en gros depuis 1940 - 45), c'est-à-dire comme "keynésien" ; cela signifie que, après 1945, les dirigeants du Système industriel (ou SEM) ont pris le meilleur des deux grandes formes d'organisations économiques historiquement connues : l'organisation centralisée (cf. les économies anciennes de Sumer, de l'Egypte, de la Chine ...) et l'organisation décentralisée du capitalisme des XVIIIe et XIXe siècles. Et la répartition des rôles est la suivante :
- la "base" de l'économie est "décentralisée - libérale - capitaliste", c'est-à-dire composée d'entreprises privées produisant pour le profit et se coordonnant, entre elles et envers les acheteurs, par la "main invisible" du marché (organisé, cependant ...) : la concurrence (à condition d'être organisée, elle aussi) exerce une pression sans pareille vers le maximum

d'efforts et de rationalité, impensable dans une organisation étatique : l'Etat produit plus mal (mais il est le seul à pouvoir produire des "services publics " ...) ;

- la "tête" de l'économie ne peut être que "centralisée – étatique", c'est-à-dire que les nécessaires règles du jeu socio-économique ne peuvent être élaborées, avec le concours de tous les agents dans un système démocratique, que par une institution qui
  (a) possède le sens de l'intérêt du système tout entier
  (b) a les moyens d'action pour inciter tous les agents à adopter un comportement (inter)national cohérent : le champ économique et social doit être le contraire d'un "jeu" (conception "libérale", cf. la Théorie des jeux) ou d'un combat (conception marxiste, juste pour les XIXe et XXe s., mais que l'existence d'un "Etat scientifique" peut démentir…).

SYNTHESE

En économie, on ne peut jamais "conclure" car le processus économique (flux et structures) ne s'arrête jamais et présente des configurations toujours renouvelées. A tout le moins, peut-on faire, à un moment donné, le point sur ce qu'on peut observer sans aucune ambiguïté (principe cartésien de base de la démarche scientifique).

Et ce qu'on peut observer se résume ainsi (dans le domaine de la théorie et de la réalité relatif aux économies développées, les problèmes étant différents pour les autres systèmes économiques, sous-développés ou "chinois") :

- il existe deux théories économiques différentes : l'une dominante dans le monde académique des manuels, l'autre réaliste, utilisée pratiquement par tous les instituts d'analyse et de prévision du monde ;
- pour des raisons idéologiques, politiques (et de paresse intellectuelle : elle est plus simple…), la première théorie ("néo-classique-monétariste-classique") a été peu à peu adoptée par les gouvernements des pays développés (à des degrés divers heureusement, l'Europe continentale ayant été la plus atteinte) ;
- cette mise en pratique d'une théorie scientiste-idéologique a provoqué progressivement le freinage de la croissance et le développement de déséquilibres économiques majeurs (chômage de masse, déficits insoutenables, inégalités croissantes) et même un début de "désarticulation" des sociétés démocratiques d'occident.

Personne, sauf aveuglement par incompétence ou parti-pris, ne peut nier ces observations (sauf à dire que la théorie des manuels académiques n'a pas été encore suffisamment appliquée et qu'il faut encore l'étendre par exemple en baissant fortement la dépense publique et les salaires et retraites ; l'état de l'Europe continentale en 2016 répond à ce fantasme).

Une fois de plus, le lecteur ne doit pas s'étonner de voir des considérations factuelles et "politiques" faire irruption dans une analyse de nature fondamentalement scientifique-théorique : si la théorie économique ne sert pas à élucider les processus historiques observés, alors elle ne sert à rien. Et c'est bien le cas de tous les manuels et économistes néo-classiques qui, au travers de formules mathématiques impressionnantes, mais sans rapport avec un réel mesurable et sensible, enseignent qu'il n'y a pas de chômage sauf volontaire, que le SMIC est trop élevé, que les Etats surendettés doivent "payer" et qu'il faut favoriser les profits pour faire renaître la "confiance", etc. etc. : si toutes ces théories étaient vraies, il n'y aurait qu'à s'incliner et à appliquer les mesures correspondantes ; mais, justement, l'observation la plus simple montre qu'il n'en est rien ; les données fondamentales sont en gros les suivantes :

	Politique "keynésienne" (permissive de croissance)	Politique intermédiaire (USA, UK)	Politique "libérale" (Europe continentale depuis 1975, 2000, 2010)
Taux de croissance	4 à 5%	3%	1%
Taux de chômage	2 à 4%	5 à 7%	10-20%
Dette publique en % du PIB	20%	40 à 60%	80-120%

Et le sens de causalité va évidemment d'une croissance faible aux déséquilibres, car ces derniers apparaissent toujours après le ralentissement économique provoqué par les politiques restrictives "libérales" (en fait très contraignantes-dirigistes via les instruments monétaires, salariaux, budgétaires, des taux de change bloqués…).

*
* *

Nous pouvons maintenant revenir à une argumentation plus analytique. En faisant d'abord le tableau général du contenu de la théorie scientifique (observationnelle, systémique) du processus économique à l'œuvre dans les pays développés (§ 1). En appliquant ensuite les principes de cette théorie réaliste à l'élucidation des grands problèmes économiques qui déstabilisent de plus en plus les économies occidentales, c'est-à-dire "développées – industrielles" (§ 2).

§ 1 Acquis théoriques de l'approche observationnelle – systémique

On peut parler d'acquis scientifiques car les concepts et relations utilisés dans les 4 chapitres de cet ouvrage sont tous mesurables, ils correspondent à tout ce qu'on sait des pratiques des agents économiques réellement existants et, par ailleurs, les résultats macroéconomiques qu'on vient d'invoquer ci-dessus, sont massifs, incontournables puisque vérifiables au travers de toutes les données statistiques officielles (les Perspectives économiques de l'OCDE, par exemple, publiées deux fois par an, et tous les Comptes nationaux ou Rapports des banques centrales, etc., dont nous nous sommes servis pour produire les données stylisées, c'est-à-dire moyennes, qu'on trouve tout au long de nos exposés).

Les concepts utilisés par la théorie des manuels académiques sont, eux, presque entièrement imaginaires (élasticité de substitution, optimisation intertemporelle d'un consommateur / producteur / épargnant omniscient etc., etc.). Et de même pour les relations supposées (création monétaire toujours inflationniste, marché du travail évitant tout chômage s'il est "libre", offre créant la demande…).

Ne perdons plus de temps avec ces concepts académiques à la fois idéologiques et scientistes :

- idéologiques car ils aboutissent toujours à privilégier profits, dividendes et intérêts au détriment des salaires et des retraites (tel est le sens de la "théorie de l'offre", toujours plus de faveurs fiscales aux revenus capitalistes, et de plaidoyers pour "abaisser" le coût du travail) ;
- scientistes car, au-delà de leur caractère a priori (ou enfantin : le 3e verre d'eau est moins utile que le 1er, le 11e ouvrier pour construire une maison est moins productif que le 1er…), ils souffrent de vices fondamentaux pour l'explication du social-historique :
  - ils ne tiennent pas compte des <u>niveaux</u> de la réalité (micro/macro)
  - ils oublient le <u>pouvoir</u> différentiel des divers "agents".

Rappelons les acquis définitifs de la théorie scientifique de l'économie.

I. <u>Relations de flux et de pouvoirs au niveau macro et non pas relations de marché</u>

Les relations de flux et les relations entre les variables économiques ne sont pas les mêmes suivant le niveau de réalité envisagé : au niveau micro règnent en effet des relations de marché, au niveau macro sont au contraire dominantes des relations de flux et de pouvoir

A. Relations de marché au niveau micro. Entre entreprises, et entre entreprises et acheteurs (consommateurs et ménages investisseurs), s'établissent des relations de marché en ce sens que les paramètres suivants sont déterminants :

   a. des relations inverses prix/quantités, qu'on peut représenter par des "courbes d'offre" (croissantes : à un moment donné, les producteurs auront tendance à "offrir" une quantité de biens et services d'autant plus grande que le prix du marché est plus élevé) et des "courbes de demande" (décroissantes : à un moment donné les acheteurs auront tendance à se porter acquéreurs d'une quantité de biens et services d'autant plus grande que les prix seront plus bas) ; <u>ce principe est cependant étendu indûment aux marchés des "facteurs de production", travail et capital</u> : un salarié ne va pas être embauché parce que le salaire à payer sera "bas", mais parce que le chef d'entreprise aura besoin de lui pour atteindre le niveau de production ou de capacité anticipé par lui (au vu de l'évolution passée-présente de la demande) compte tenu de l'état actuel-prévu de la productivité moyenne du travail dans la branche considérée (et de même pour le capital, c'est-à-dire les biens de production investis dans l'entreprise : ils ne seront achetés (ou loués : leasing) que si l'état de la prévision le justifie) ; le mode de fixation des prix de vente par les chefs d'entreprise, la pratique du taux de marge, assurent par ailleurs que tout achat d'un facteur de production justifié par la demande garantit la "rentabilité" de cet achat (cf. Chap. III) ;

b. l'existence de ces liaisons inverses prix / quantités, sur le marché des biens et services finals, donc, implique bien, au niveau micro des "offreurs" et des "demandeurs", qui existent, dans les économies de libre entreprise (et sous réserve des prescriptions de droit public), des pratiques de concurrence, c'est-à-dire des efforts constants de rationalité :
   - rationalité des "demandeurs", qui doivent être attentifs à proportionner leurs demandes à leurs ressources, à répartir leurs demandes entre les "mieux-disants" des offreurs et à tirer le maximum de satisfaction ("intertemporelle", pourquoi pas) des sommes dépensées, compte tenu de la diversité des "qualités" offertes ; mais tout cela est trivial et n'aboutit qu'à exercer une pression permanente sur les "offreurs" ;
   - rationalité des "offreurs" : soumis en général à la "loi de la concurrence", leur tâche principale est d'être aussi productifs que la moyenne des producteurs, de manière à être capables de rester sur le marché et donc d'empocher le profit moyen en vigueur ; bien entendu chaque producteur, individuellement, s'efforce de créer à son profit un élément de différenciation qui lui sera favorable, lui permettant de vendre un peu plus ou un peu plus cher, mais cela fait partie de la concurrence normale. Seuls certains secteurs particuliers parviennent parfois à capter une partie excessive de la demande globale des acheteurs, et émergent alors, au niveau macro, des effets qui peuvent perturber l'équilibre dynamique d'ensemble ; il peut s'agir :
      - d'innovations majeures (entraînant donc des "surprofits d'innovation", comme dans toute l'économie numérique), qui, dans une conjoncture de faible croissance globale, peuvent perturber l'équilibre de secteurs plus traditionnels ;
      - de goulots d'étranglement provoquant des quasi-pénuries et entraînant des hausses de prix d'actifs et de services (logement et loyer en France, p. ex.) favorisant, là, des

secteurs traditionnels peu dynamiques (propriétaires, promoteurs, etc.) ;

c. marché et concurrence aboutissant bien à une sorte d'équilibre en ce sens que, en moyenne et approximativement, les biens et services "offerts" trouvant preneurs et que les acheteurs parviennent en gros à se procurer ce qu'ils désirent ; et, en particulier, on n'assiste pas à des pénuries massives (comme dans le Système agricole d'autrefois) et, donc, à de violents mouvements des prix des biens et des services. Mais on a bien précisé : "en moyenne", "approximativement", "en gros" : les mal-logés, ceux qui peinent à boucler leur fin de mois, ou bien les chefs d'entreprises qui font faillite, végètent ou doivent renoncer à leur activité, tous ceux-là diraient-ils qu'ils sont "en équilibre" ? Ce concept d'équilibre, maître-mot de la théorie micro-économique, correspond bien, dans le SEM, à un état de la société qui ne relève pas du fantasme et qui est très supérieur à l'état des sociétés agricoles anciennes : la Révolution industrielle a bien eu lieu en l'absence de toute planification à la soviétique et, aujourd'hui, 80 à 90% des personnes en âge et capables de travailler ont bien un emploi : cela résulte-t-il seulement des qualités du "marché" et de la "concurrence", on peut en discuter longuement, le point fondamental qu'on retiendra ici est que le marché et la concurrence sont des formes d'organisation (socio-économico-politiques) sans aucun doute très supérieures à des formes plus anciennes (préindustrielles) du point de vue du caractère progressif du système social, mais que ces formes d'organisation ne peuvent fonctionner qu'à leur niveau, c'est-à-dire à la condition que l'équilibre (dynamique) du niveau supérieur, le niveau macro, soit lui-même assuré préalablement. En effet, pour que l'équilibre micro-économique du marché puisse se produire au travers des mécanismes qu'on vient de rappeler, il est nécessaire qu'une condition préalable, absolument fondamentale, soit présente : qu'il existe une demande solvable correspondant aux capacités de production existant au niveau des entreprises individuelles : pas de marché sans demande globale, et les déterminants du niveau, et surtout du développement, de la demande globale ne relèvent en rien des mécanismes du marché eux-mêmes, mais de phénomènes strictement macroéconomiques du "circuit".

B. Relation de flux et de pouvoir au niveau macro : la détermination de la demande

a. La "relation de flux", c'est-à-dire de dépenses en monnaie, est totalement distincte des relations de marché en ce qu'il s'agit d'enchaînements où les prix (relatifs) ne jouent aucun rôle : les diverses dépenses nationales à un moment donné (consommation privée, dépenses publiques, investissements privés, etc.) déterminent de la part des chefs d'entreprises des anticipations qui donnent lieu à de nouvelles dépenses (salaires, investissements, …) qui elles-mêmes entrainent consommation et investissement en t + n etc., et cela dans un "circuit dynamique" incessant, et dont la "matière première" est la monnaie : l'analyse systémique-historique la plus évidente montre bien que les deux accélérations systémiques-conjoncturelles les plus importantes qu'a connues l'Europe ont coïncidé avec les disponibilités monétaires soudain accrues (en monnaies métalliques au XVIe s., en monnaie de banque au XIXe s.) ; et aujourd'hui (depuis la disparition des monnaies métalliques après 1914) ce sont bien des politiques monétaires/budgétaires qu'il faut attendre, ou pas, les impulsions qui, en amont, déterminent la dynamique de l'enchaînement des flux de dépenses : et suivant que les niveaux des flux de dépenses sont plus ou moins proches des niveaux de la production potentielle, et plus ou moins réguliers dans le temps, on aura des croissances économiques plus ou moins régulières et plus ou moins proches de l'optimum dynamique (cf. Chap. IV), avec évidemment des taux de chômage bien différents. On sait qu'il n'y a là rien qui relève des phénomènes micro du marché, il s'agit là (les institutions et politiques monétaires) de réalités institutionnelles-politiques qui sont d'emblée situées au niveau macrosocial.

b. Et ce sont évidemment des réalités indissociablement liées au pouvoir tel qu'il est réparti dans la société, la grande nouveauté du SEM étant, depuis le milieu du XVIIIe s. environ, une intrication entre le pouvoir économique privé des marchands-financiers-entrepreneurs et celui de l'Etat et des banques débouchant sur la (plus ou moins bonne) régulation de la demande globale par rapport au potentiel de production sans cesse accru assuré par le fonctionnement normal du Système capitaliste (dégagement d'une "plus-value" destinée fonctionnellement à l'investissement productif).

On est là au cœur du niveau macroéconomique qui, bien au-dessus du "marché", en détermine en quelque sorte la dimension, le volume, plus précisément celui du volume de transactions qui va s'effectuer sur le marché, c'est-à-dire le niveau du PIB et de sa croissance : le marché peut déterminer la répartition des profits entre les diverses entreprises, ce n'est pas de lui que viennent les impulsions qui déterminent le sentier d'évolution du PIB (et sa répartition entre les groupes sociaux), mais bien du pouvoir économique détenu par les "agents" qui :

- ont organisé et manient les structures monétaires (l'Etat et les banques) ;
- et décident des investissements et des embauches (les chefs d'entreprises, à l'intérieur de l'"enveloppe de croissance" allouée par l'Etat et le système bancaire, cf. Chap. III).

c. Tels sont les (bons) "fondements macro de la macro". La microéconomie existe parfaitement (bien que celle des Manuels académiques en soit souvent une caricature pour cause de concepts et relations imaginaires, rappelons-le), mais elle existe à son niveau (celui de la rationalité des consommateurs et de celle des entrepreneurs individuels), elle n'intègre pas les institutions et politiques qui, au niveau macrosocial, déterminent directement le niveau (court terme) et l'évolution du PIB.

Et tous les esprits qui, par idéologie ou par faiblesse mentale, ne peuvent saisir l'existence des différences entre les deux niveaux de réalité et, donc, les deux types d'analyses (le marché au niveau micro, les enchaînements de flux déclenchés par des agents inégaux d'autre part) feraient mieux d'abandonner l'économie et d'aller enseigner quelques mathématiques aux jeunes gens.

Il y aurait plus de profit, d'ailleurs, à enseigner aux économistes "les fondements macro de la micro" que l'inverse (prétention scientiste des idéologues néo-classiques-monétaristes depuis les années 1970) : car le niveau le plus puissant influence évidemment de manière irréversible le niveau inférieur ; et si toutes les lois de la comptabilité, de la fiscalité et de la concurrence doivent naturellement être la nourriture intellectuelle de base des chefs d'entreprise et des managers, ceux-ci ont également le plus grand intérêt à discerner la situation de leur activité à l'intérieur du Système économique global, à la fois du point de vue structurel (leurs clients et leurs revenus, leurs fournisseurs et leurs pouvoirs) et du point de vue conjoncturel (opportunités et dangers de chaque type de situation conjoncturelle et de régime de politique économique globale).

II. Le système économique moderne comme système "mixte"

Le système économique moderne est un système mixte ("privé" et "public" indissociable), et l'activité microéconomique "capitaliste" est systémiquement instable d'où le besoin d'"institutions de stabilisation" ; c'est le problème du "bon dosage".

A. En prenant du recul, on peut considérer que, historiquement, tous les types de sociétés connus ont oscillé entre des modes d'organisation plus ou moins centralisés ; en faisant abstraction de sous-catégories nombreuses (car l'imagination humaine et la diversité des environnements sont foisonnantes), on peut distinguer trois types principaux :
   - les "sociétés sans Etat" sont en général restées de petite dimension et "primitives", même si leur inventivité en mythes, structures de parenté et techniques manuelles et artistiques est remarquable ;
   - dès que l'Etat apparaît (Sumer, Egypte…), le système d'organisation semble devenir d'emblée extrêmement centralisé, enserrant les hommes dans des structures contraignantes et donc peu susceptibles de progrès techniques et économiques : une certaine "perfection" est atteinte très vite, mais c'est ensuite une interminable léthargie (même dans l'Empire romain, où une intense activité commerciale se perpétuait à l'intérieur de structures productrices et techniques figées) ; et si, depuis le Moyen-âge européen, des innovations nombreuses se sont fait jour progressivement (attelage, navigation, mines, industrie...), au début du XVIIIe s. l'économie de marché restait encore trop réduite pour avoir fait craquer l'essentiel des structures agraires anciennes, ni la monnaie de banque, ni le salariat, et donc le marché moderne ne s'étaient encore répandus ;
   - c'est avec la "Grande transformation" (K. Polanyi), c'est-à-dire la Révolution industrielle, que la centralisation d'Ancien régime va disparaître, progressivement en Angleterre dès le 1er tiers du XVIIIe s., plus brutalement en France à partir de 1790-1800 : mais, en prenant une vue d'ensemble de cette période (disons 1790-1914), ce qu'il faut retenir c'est le caractère anarchique, lent et douloureux de l'établissement du Système économique moderne (industriel-marchand) ; le capitalisme a bien "gagné", mais :
      - il ne s'est vraiment établi qu'en "Occident", et fort lentement (2 siècles) ;
      - au travers de guerres et de crises incessantes et graves, et de grandes misères et inégalités au détriment de la majorité du peuple : avec la colonisation pour adjuvant… ;
      - et ce capitalisme libéral est arrivé en bout de course en 1929-1938 pour cause d'instabilité fondamentale (pas de coordination structurelle et intertemporelle), et a été à l'origine d'une guerre sanglante que les Etats fascistes avaient gagnée avant que

l'Allemagne ne fasse l'erreur d'attaquer l'URSS et les Etats-Unis en 1941 ;

- on sait qu'entre 1940 et 1950, les pays capitalistes ont suffisamment bouleversé leurs structures institutionnelles pour donner naissance à un nouveau capitalisme stabilisé et dynamisé par le nouveau rôle de l'Etat (croissance régularisée et multipliée par 3, réalisation d'un quasi plein-emploi, diminution des inégalités, déflation des années trente oubliée, inflation maîtrisée à 3-4% sauf période de guerres de décolonisation, partis politiques extrémistes éliminés, etc.) ; en France on a parlé de "planification souple", en fait 85% du PIB restait produit dans des entreprises privées (c'est toujours le cas en 2016), la nouveauté résidant dans les institutions de sécurité sociale, le salaire minimum et le contrôle de la banque et de la finance. Dans un langage systémique, on peut dire que le "bon dosage" avait été trouvé entre l'énergie incoordonnée du "privé" et les "capacités d'organisation structurelles et intertemporelles" de l'Etat ;
- en gros, cette situation structurelle n'a guère changé depuis dans un pays comme la France, mais on en est revenu à un mauvais dosage des pouvoirs du privé et du public dans les pays anglo-saxons et l'Allemagne, où le retrait de la coordination publique a entraîné des crises financières (USA, U.K) ou la "croissance faible" (analysée dans le Chap. IV) en Allemagne, et par contrecoup la régression de l'Europe du Sud sous l'empire d'une orthodoxie budgétaire style XIXe. (où la création monétaire n'avait pas encore atteint le droit de cité dans la sphère des Finances publiques) ; et en 2016, et malgré un changement drastique de politique monétaire (de la BCE, très en retard sur la FED et la Bank of England, et porteur d'incertitudes), l'Europe est toujours engluée dans une conjoncture de croissance faible, et donc de déséquilibres auto entretenus, ayant commis ce pêché contre la rationalité économique du SEM d'utiliser "à l'envers" les instruments keynésiens, aboutissant à un pilotage bien en dessous de l'optimum de croissance (dont le résultat sociétal émergent le plus extravagant est l'affectation de 90% du résultat des grands groupes capitalistes à la distribution de dividendes et aux rachats de leurs propres actions, et non à des investissements).

Le "bon dosage" privé/public semble donc avoir été atteint dans les années 1940/1980, on assiste depuis à un retrait progressif de l'Etat extrêmement dommageable pour le dynamisme et l'équilibre du SEM, encore une fois surtout en Europe continentale. Ce retrait ne se traduit pas en termes quantitatifs (p. ex. dans un pays comme la

France le "poids des dépenses publiques" a largement dépassé les 50%, mais c'est le résultat mécanique du freinage de la croissance et de l'explosion des dépenses sociales), mais en termes qualitatifs : l'Etat intervient moins (rétrécissement du secteur public, effondrement des investissements de l'Etat) et, pire, il intervient à contre sens pour freiner les salaires, la monnaie et bloquer les taux de change (euro).

B. Les instruments de la politique économique de l'Etat.

Il est nécessaire d'en distinguer les deux aspects très différents et qui peuvent être maniés dans des sens opposés, ce qui donne lieu à des régimes conjoncturels-structurels assez différents suivant les pays et/ou les périodes, différences qui ne peuvent être comprises qu'au travers de cette distinction.

Les deux grandes catégories d'"instruments" sont les suivantes :

- des instruments "conjoncturels", d'abord, qui consistent en l'action directe sur les flux (de revenus, de consommation, d'investissements, d'exportations/importations, etc.) par le maniement des leviers budgétaires, monétaires, salariaux, ou relatifs aux échanges économiques et financiers internationaux : actionner ces leviers permet d'infléchir assez rapidement (dans les 3 à 6 mois) l'intensité des flux qui composent le PIB ; on parle souvent pour cet ensemble de mesures de "policy mix" (assez restrictif, car il n'y a pas que des mesures budgétaires et monétaires) et il s'agit de l'aspect de la politique économique le plus connu et le plus discuté ("la FED va-t-elle relever ses taux ?") ;
- les instruments "structurels" consistent dans la modification des "règles du jeu" économiques codifiées dans un certain nombre d'"institutions" (le SMIC, le système des changes, le système fiscal, etc.) ; ici, l'action est indirecte, on vise à modifier de manière permanente les "coefficients de réaction" des divers agents économiques (y compris l'Etat) dans les enchaînements entre flux, ou entre stocks et flux ; une suppression du système d'indexation des salaires sur les prix va par exemple freiner durablement la hausse des salaires (ainsi la France après 1982) ; à propos de ce type d'action économique on parle parfois (c'est devenu une obsession en France depuis la fin du XXe s.) de "réformer", incantation rituelle des partisans de la destruction des institutions keynésiennes.

On voit que la distinction dont il est question ici porte moins sur la nature même des instruments utilisés (cela passe toujours au travers de la monnaie, des budgets, des salaires, des retraites, etc.) que sur les modalités de l'intervention :

- intervention directe dans la "politique conjoncturelle", cyclique et réversible ;
- intervention indirecte au travers de modifications des règles du jeu institutionnelles dans la "politique structurelle", définitives en principe.

Quel est l'intérêt de cette distinction ? Il est pratiquement très grand, on l'a rencontré quand on a pointé la différence des performances macroéconomiques depuis 2008 entre Europe continentale et pays anglo-saxons : dans les deux groupes de pays, depuis la fin du XXe s., la politique structurelle est largement une politique hostile à la croissance (dérégulation financière + faiblesse des institutions "keynésiennes" aux USA, blocage des taux de change et freinage systématique des salaires en Europe), mais USA et UK obtiennent de meilleures performances macro parce que leur mauvaise politique structurelle est compensée par des impulsions conjoncturelles positives beaucoup plus fortes qu'en Europe, où les gouvernements ont privilégié le rétablissement du budget par des moyens comptables.

III. Inefficacité des "politiques d'offre", pour cause de primauté de la demande dans la dynamique du SEM

On sait déjà que la théorie – keynésienne – de la demande, vilipendée dans les médias à dominance idéologique, est en fait la seule théorie "praticable" : quand il s'agit de faire des analyses ou des prévisions économiques, seules les évolutions des revenus et donc de la consommation et des investissements (publics comme privés) ont droit de cité, ainsi bien sûr que tous les éléments de la politique économique (envisagés du point de vue de leur contribution à l'évolution de la "dépense nationale brute" et des conséquences de celle-ci sur le niveau de l'emploi, et ainsi de suite, de trimestre en trimestre) : optimisation et productivités marginales décroissantes sont absentes des analyses des instituts de conjoncture du monde entier. C'est une façon de dire que la "théorie de l'offre" n'existe pas, même les manuels académiques ne la mentionnent pas en tant que telle comme une variable de commande dérivant d'une conception d'ensemble. Mais certains "aspects" de cette théorie, inexistante en tant que corps, sont cependant revendiqués et les pouvoirs publics, largement incompétents, cèdent parfois aux exigences de certains groupes de producteurs. On va prendre les principaux arguments invoqués pour comprendre, à l'aide de notre approche systémique-expérimentale, leur inconsistance.

A noter qu'au-delà de la diversité des arguments et des domaines envisagés, il s'agit toujours de réclamer plus d'incitations à l'activité d'entreprises via moins de "réglementation" et plus de profits disponibles (via "baisses de charges" et "aides" de toutes sortes).

a) "aider à l'innovation" est une première demande, et qui pourrait être contre ? Sauf que c'est oublier que cet aspect de l'économie, du côté de l'offre (la production), en effet, est totalement contraint par le "côté de la demande", c'est-à-dire l'enveloppe de croissance octroyée par la politique macroéconomique générale. Des innovations peuvent en effet avoir d'immenses succès commerciaux (les 30 dernières années le démontrent), mais c'est forcément au détriment d'autres dépenses plus traditionnelles (p. ex. alimentation, ameublement, habillement, soins…) quand la croissance globale de la demande est strictement limitée par la politique économique d'ensemble (conjoncturelle et structurelle). Certes, pour un pays, des gains peuvent être attendus relativement à d'autres pays, mais ces efforts en partie tendent à se neutraliser et en partie tendent à se noyer dans une politique généralisée de croissance faible.

b) la "nécessaire baisse des charges sur les entreprises" est devenue dans certains pays (la France en particulier) une revendication incessante des théoriciens (?) de l'offre ; oubliant par ailleurs que depuis 30 ans d'innombrables "allègements" de charges et d'impôts ont été consentis sans aucun succès à long terme pour la croissance et l'emploi. La raison en est évidemment que cette variable (les diverses charges pesant sur les entreprises) :
   - d'une part constitue des dépenses d'assurance (inactivité, sinistres, retraites, maladie, etc.) ;
   - d'autre part exerce une influence bien faible sur les profits par rapport à ce que serait celle du plein emploi de la capacité de production et du dynamisme du chiffre d'affaires.

c) de même, les revendications quant à la nécessité de "diminuer les dépenses publiques" et de faire des "réformes structurelles" visant à "diminuer le train de vie des administrations" sont sans aucun doute en partie justifiées, mais très lentes et difficiles à mettre en œuvre et auraient, si elles étaient effectuées brutalement comme le souhaitent certains, des effets négatifs sur la croissance et l'emploi tant que domine la politique globale de croissance faible : toute "économie", même rationnelle, exerce un effet dépressif dans un tel contexte ; ce n'est qu'en régime de plein emploi et de croissance au potentiel que les "réformes" dont rêvent les tenants de l'offre seraient productives, mettant fin à une mauvaise allocation des ressources : sinon cette mauvaise allocation est préférable à une baisse du déficit budgétaire (consécutive à une baisse de la dépense publique) qui entraînerait une baisse du PIB, scénario qu'on a observé après 2010 dans toute l'Europe du Sud ; et le même raisonnement peut être appliqué à toutes les réformes institutionnelles visant à "fluidifier le marché du travail" (faciliter les licenciements, p. ex.) : outre qu'il n'y a pas, au niveau macro, de "marché du travail" (c'est-à-dire d'arbitrage entre niveau du salaire et niveau de l'emploi), mais bien des enchaînements demande → emploi (cf. Chap. IV, Sect. II B), une telle fluidification ne serait créatrice d'emplois que dans une conjoncture de croissance au potentiel, dans une situation de quasi plein-emploi, où les salariés licenciés seraient assurés de retrouver rapidement un emploi ;

d) même des "aides à l'investissement" (fiscales, p. ex. et donc coûteuses pour les finances publiques) ne peuvent être efficaces dans le contexte global d'une conjoncture de croissance faible : soit ces aides ne constitueraient que des effets d'aubaine pour les (rares) entreprises décidées de toute façon à investir car leur marché est porteur, soit elles seraient inefficaces, la quasi-stagnation de la demande ne justifiant pas un accroissement de capacité (ou même de productivité qui, au niveau macro, se traduirait par plus de chômage).

*

* *

Une fois de plus, il faut donc réaffirmer que, dans le SEM, la demande (raisonnable, bien sûr, cf. Chap. IV, Sect. I) est la seule force motrice globale de la conjoncture ; dans une situation de croissance non bridée par des "politiques d'équilibre" l'offre suit la demande, <u>c'est la structure fondamentale du Système capitaliste qui veut cela</u> : le pouvoir économique des "capitalistes", qui leur permet de s'attribuer une part disproportionnée du PIB (cf. Chap. III, Sect. I), n'est justifié, systémiquement justement, que si une part substantielle des profits est investie productivement <u>et</u> si un surcroit correspondant de pouvoir d'achat est distribué aux salariés pour qu'ils puissent acheter le surcroît de production qui leur est destiné ; il s'agit là d'une sorte de "fordisme fondamental" qui, s'il n'est pas respecté, mettra en péril le Système tout entier, du moins sous sa forme politique (démocratie).

IV. <u>La croissance au potentiel produit l'"équilibre"</u>

On vient de rappeler que les politiques néoclassiques qui ont étouffé progressivement la croissance (surtout en Europe) ont souvent revendiqué la nécessité de "conserver les équilibres" comme justification (équilibre des finances publiques, équilibre des prix c'est-à-dire pas d'inflation, équilibre extérieur) : tant que cette politique ne revêtait, dans les années 1950 à 1975, que la forme de (courts) "plans de stabilisation", la croissance et le plein emploi à long terme n'en étaient pas trop affectés[45] ; ce n'est que, progressivement, à partir de 1975, qu'on est passé à des politiques de "rééquilibrage" quasi permanentes (exception : 1997-2000), avec le "climax" de l'invention de la Zone Euro. La leçon théorique à tirer est évidente pour tout observateur : <u>les équilibres ne peuvent être obtenus qu'à l'intérieur d'un régime de croissance au potentiel</u>, c'est celle-ci, conforme au "programme" fondamental du Système capitaliste (inégalités → investissements → croissance), sous condition fordiste de croissance du salaire réel égale à celle de la productivité), qui permet au contraire de maintenir les équilibres :

- c'est évident pour les équilibres de l'emploi et des finances publiques ;
- c'est vrai aussi pour l'équilibre des prix à condition de comprendre qu'en situation de croissance au potentiel (donc de quasi plein-emploi) un taux d'"inflation" de 2-3% est un taux "naturel" (c'est la vérité de ce concept friedmanien) ;
- et c'est vrai enfin pour l'équilibre extérieur à condition de comprendre que chaque <u>nation</u> a une propension à l'inflation qui lui est propre et que, par conséquent, des glissements permanents des taux de change sont, également, parfaitement "naturels" aussi (ou des dévaluations / réévaluations en système de taux de change fixe, système par ailleurs absurde car, dans les conditions du marché libre, des variations des prix relatifs des biens et services échangés sont parfaitement normales) ; mais, attention : le marché efficient ne peut exister qu'en situation de vraie <u>concurrence</u>, d'où si certains intervenants sur le marché ne respectent pas ces conditions (taux de change manipulés et/ou obstacles non tarifaires aux échanges ainsi que non-respect de certaines règles relatives aux conditions de travail et à l'environnement) il existe <u>un droit à la protection</u> pour rétablir l'égalité des conditions de la concurrence : il ne s'agit pas là de "protectionnisme", mais de rétablissement des conditions normales de la <u>concurrence</u>, concept en effet fondamental dès lors qu'existe, en effet, un <u>marché</u>.

A noter que <u>la croissance potentielle</u> est ridiculement sous-estimée dans le discours académique courant (1% !). Dans la réalité, si la demande s'accroissait suffisamment, la croissance effective pourrait être, dans les 3 ans, de 20% hausse de 10% de la durée du travail et de l'emploi) ! Plus l'accélération de la productivité due à la reprise de l'investissement…

---

[45] Les premiers de ces « plans » ont touché la France en 1952-53 et le Royaume-Uni en 1957, la croissance de ce dernier en a été affectée en pleines « Trente glorieuses », son taux étant plus proche de 3% que des 5% réalisés en Allemagne-Italie-France jusqu'en 1974.

Donc, en général, croissance (au potentiel) et équilibres ne s'opposent pas, au contraire on peut montrer en quoi ils s'engendrent les uns aux autres (cf. le tableau figurant à la fin du Chap. IV), l'idée générale étant qu'un système économique donné possède un "programme optimum" issu de sa structure profonde et que lorsque ce programme et cette logique sont respectés, le système fonctionne sans frictions (ni surchauffes ni blocages). Ce qui n'est plus le cas avec un "pilotage" du système non conforme, justement, à sa logique profonde, pour cause de non-compréhension de celle-ci par la théorie idéologique-scientiste (cet aveuglement étant bien entendu aidé par des enjeux économiques vus sous le seul angle du court terme).

V. Formalisation : mathématiques impuissantes, économétrie utile

Il s'agit du choix d'un langage de formalisation de la théorie économique, qui a été évoqué déjà dans le point III de l'Introduction générale. Nous avions écarté a priori l'utilisation de la formalisation mathématique ; en effet, celle-ci est trop dépendante de présupposés théoriques imaginaires et, aussi, trop loin des formes d'évolution revêtues par les variables économiques :

- trop dépendante de présupposés théoriques imaginaires, il s'agit des dérivées partielles (reposant sur les hypothèses irréalistes des productivités et utilités marginales décroissantes) et des techniques d'optimisation (reposant sur la fiction d'agents économiques omniscients et égaux en pouvoirs économiques se mouvant dans un monde sans structures sociales et institutionnelles, où l'incertitude est absente, et n'ayant pour guides que des relations de marché) ;
- trop loin du monde économique réel où, s'il existe bien des "mécanismes", ceux-ci ne fournissent jamais des résultats exacts et prévisibles car l'influence des divers paramètres qui les détermine est constamment changeante pour cause de modification des pouvoirs et des objectifs des divers agents, lesquels sont bien plus que des agents strictement économiques ; et l'évolution provoquée par ces mécanismes non seulement ne converge jamais vers un quelconque "équilibre", mais surtout consiste en une succession de "régimes" qui déterminent des "fluctuations" et des "tendances" qui ne sont jamais les mêmes et qu'on ne peut comprendre et prévoir (à court/moyen terme seulement, d'ailleurs), que pas à pas, c'est-à-dire en "réinjectant" à chaque trimestre les modifications des logiques de décision provoquées par les résultats constatés des trimestres précédents et les modifications des variables de commande manipulées par l'Etat.

On voit que les mathématiques en tant que telles (relations quantitatives a priori exprimées sous forme de "fonctions" ou de "principes") n'ont rien à faire ici ; et, même en physique, les mathématiques ne font que formaliser après coup des relations découvertes par l'observation, et ces formalisations ne sont possibles que parce que ces relations sont stables et n'expriment ni pouvoir ni histoire, elles sont "simples", c'est-à-dire non complexes même si elles sont très compliquées, n'exprimant ni fluctuations et tendances aléatoires ni bifurcations imprévisibles ; et que serait l'équivalent, en économie, des constantes universelles de la physique qui "rigidifient" tout l'univers ? Sans doute des lois tendancielles et floues, et changeantes, insusceptibles d'être un jour traduites en une quelconque mathématique (sauf peut-être de manière formelle, mais sans contenu opératoire – prévisionnel – possible).

Cela dit, et sans aucun lien avec une impossible "théorie mathématique de l'économie", il existe tout un domaine, déjà signalé dans l'Introduction, relatif au traitement statistique des données économiques qui, lui, est tout à fait légitime et utile, à titre de "débroussaillage" au moins, c'est-à-dire pour tenter de repérer des structures et/ou des mouvements significatifs dans les innombrables données chiffrées dont nous sommes aujourd'hui submergés.

1. Repérer des structures et des évolutions consiste d'abord à utiliser la statistique descriptive pour calculer des moyennes, des revenus médians, des indices et taux de variation significatifs, etc., et ces démarches élémentaires (mais techniquement complexes, les calculs d'indices des prix, p. ex. soulèvent une masse de problèmes) constituent les outils de base de l'observation économique, la plupart du temps négligés d'ailleurs par les "économistes mathématiciens" dont les concepts ne peuvent la plupart du temps être mesurés ou dont le rapport avec le réel nécessite la plupart du temps des hypothèses héroïques ("la productivité marginale du capital est égale à sa part dans le PIB" !). Pour donner un exemple de repérage de structures, et des changements de structures, on a la technique des "clusters", qui cherche à déceler des "arbres de classification", c'est-à-dire à mettre en lumière la proximité entre diverses variables économiques, par l'intermédiaire de leurs taux de variation, ce qui exprime des relations d'influence et/ou d'identité de comportement : on construit ainsi des "arbres de classification" qui, s'ils sont différents suivant les périodes, peuvent exprimer des modifications significatives de comportements importants ; en voici un exemple pour les USA :

- Arbres de classification des revenus NIPA sur deux périodes

Arbre de classification 1947-1973

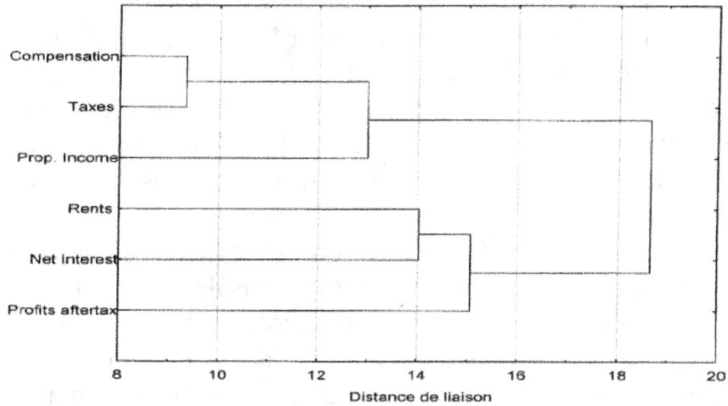

Arbre de classification 1983-2005

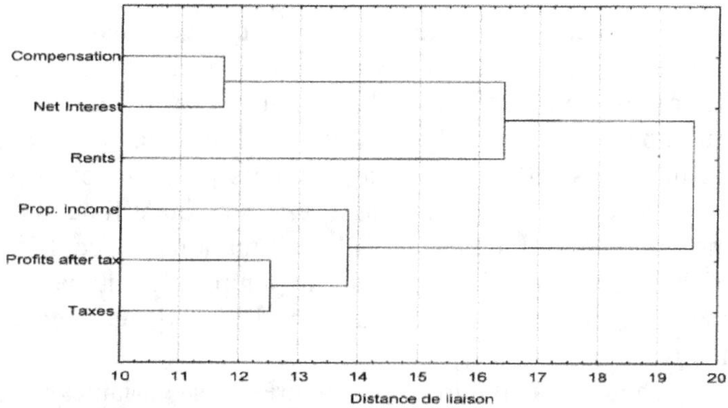

note : méthode des clusters sur les taux de croissance standardisés des six revenus NIPA

L'évolution des clusters entre les deux périodes signifie que depuis 1983 aux USA :

- les salaires sont utilisés comme la base des emprunts immobiliers, avec la nouvelle corrélation entre salaires et charges d'intérêt (cf. la crise des subprimes) ;
- les petites entreprises individuelles en viennent à être gérées comme les grandes sociétés ("chaînes" de magasins, franchises, effets d'imitation). (source : O. Giovannoni, Croissance, répartition et politique économique, thèse, Nice, 2006, pp. 147-148)

2. C'est dans le traitement statistique des séries chronologiques que se sont développées, à bon droit et à juste titre, d'innombrables analyses depuis les années 1930 et surtout 1950, avec une sophistication croissante après 1970-80.

La première idée, la plus générale, consiste à mesurer des corrélations entre diverses variables évoluant dans le temps, d'abord corrélations simples puis corrélations multiples. Et l'on s'est contenté pendant longtemps de calculer des "coefficients de corrélation", R^2, entre diverses variables "intéressantes", ainsi que de tester la fiabilité-stabilité de la valeur des coefficients qui reliaient entre elles les diverses variables (la moyenne des erreurs d'estimation - les "résidus" - doit être nulle).

Des tests de causalité (Granger, Sims) ont été imaginés, également, l'idée étant qu'antériorité signifie action causale.

Tous ces calculs de corrélation – régression – estimation ont été critiqués pour des raisons techniques, mais, chaque fois des progrès ont abouti à des innovations majeures, éclairant les relations dynamiques entre variables :

- les relations entre variables n'ont de sens (exprimant quelque "loi") que si elles portent sur des périodes homogènes, c'est-à-dire sur un système économique stable ("ergodique"), où les variables seraient "stationnaires", c'est-à-dire évolueraient de manière constante dans le temps, sans influence de leurs valeurs passées ; or la plupart des variables économiques apparaissent comme étant fonction croissante et non linéaires du temps ; d'où les estimations des coefficients entre variables seraient "fallacieuses", le temps n'étant pas "neutre" et donc les variables "intégrées d'ordre 1" [I(1)], ou encore à "racine unitaire" ;
- on a cherché à rendre stationnaires les variables étudiées en travaillant sur les variations des données, qui par définition sont "intégrées d'ordre zéro" [I(0)] ; mais alors on ne fait plus que de l'"économétrie de court terme" ; la parade a été trouvée à partir de 1983-87 (Granger encore) avec la méthode de la cointégration qui consiste à rechercher les mouvements communs, à plusieurs variables non stationnaires : quand des groupes de variables présentent des évolutions parallèles leur rapport est constant et ces ratios sont alors "stationnaires", c'est-à-dire stables dans le temps, les variables sont "cointégrées" [I(0)] : on peut ainsi faire apparaître des relations de long terme significatives du point de vue de la théorie économique (p. ex. entre les profits et le PIB) ; en particulier on peut ainsi mettre en lumière la persistance de déséquilibres (alors que la théorie néoclassique pense que le "marché" va rapidement gommer les déséquilibres, qui selon elle ne peuvent d'ailleurs survenir qu'à la suite de "chocs", concept aussi vide que protéiforme) ;
- au début du XXIe s. on dispose donc de techniques quantitatives d'observation des séries chronologiques qui atteignent à une grande finesse, p. ex. les modèles VAR cointégrés (VAR = vectoriel

autorégressif, c'est-à-dire qu'on calcule toutes les relations entre chaque variable et les valeurs passées de toutes les variables retenues par l'analyste), souvent connus sous le nom de "modèle à correction d'erreur" ; il s'agit toujours, bien entendu, de modèles à équations simultanées (interdépendantes). Voici la structure générale d'un "VARECM" (vectorial autoregressive error correction model) :

$$\underset{A}{\Delta X_t = \alpha\beta' X_{t-1}} \quad + \quad \underset{B}{\Sigma T \Delta X_{t-I}} \quad \underset{C}{\mu_0} \quad + \quad \underset{D}{\varepsilon_t}$$

où A est la "partie de long terme" composée des coefficients β qui assurent la cointégration des variables X_t, le coefficient α réalisant l'"influence du long terme" sur ΔX (force de rappel) ;
B est la "partie de court terme" puisqu'il s'agit de variables calculées en différence :
C comprend des termes fixes déterministes (A et B sont stochastiques) ;
D est l'erreur qui apparaît une fois la répression effectuée.

*
* *

Malgré les apparences, il ne s'agit pas de "mathématiques", toutes les relations, les régularités que ces techniques d'investigation cherchent à mettre en lumière résultent d'une démarche empirique, observationnelle ; il s'agit <u>d'observer</u> les données pour suggérer des relations explicatives ("théoriques"), ou pour vérifier des intuitions théoriques préalables ; alors que les mathématiques <u>imposent</u> des relations ne varietur, extérieures à l'observation, il s'agit ici d'une démarche expérimentale ouverte, où la "formule" n'impose rien, mais permet seulement de faire apparaitre, "sous le microscope", des relations existantes qui peuvent suggérer des comportements et des structures causales, évoquant des pouvoirs.

Cela dit, si le principe de ces analyses statistiques est indiscutable, elles demeurent elles-mêmes longues et difficiles, toujours dépendantes de sources statistiques inégales, des périodes choisies et des techniques utilisées. Leur intérêt se situe surtout au niveau de la prévision, ou de l'analyse centrée sur un pays et une période bien délimités, aucune conclusion générale en forme de théorie nouvelle ne pourra sans doute jamais en sortir. L'observation attentive, "à l'œil nu" (mais exercé) de statistiques bien choisies (p. ex. mettant en rapport taux de variation et taux structurels) suffit souvent, à l'aide de la méthode systémique, à comprendre les enchaînements temporels des variables ("causalité temporelle") qui s'opèrent sous l'empire des contraintes systémiques et des pouvoirs des divers groupes d'agents ("causalité systémique").

Le principal intérêt méthodologique des techniques statistiques de traitement des séries économiques est sans doute de montrer que l'approche mathématique de la théorie "orthodoxe" des Manuels y est complètement rebelle car incapable d'intégrer dans ses formules les données comptabilisées dans les sources statistiques.

VI. Les sources d'une théorie économique réaliste

Tels sont, nous semble-t-il, les acquis théoriques et épistémologiques qu'une analyse de l'économie moderne fondée sur l'approche systémique peut nous fournir. Cette analyse, dans son articulation, m'appartient en propre, mais elle découle évidemment de l'influence convergente de très puissants et importants courants de pensées analytiques et épistémologiques, convergence qu'on peut tenter de figurer ainsi :

Apports conceptuels ("historico-systémiques")

- Pascal (1637) : "on ne peut comprendre les parties sans connaitre le tout" ;
- Emergence de la notion de système (historique – économique) : Montesquieu, A. Smith, Marx, Sombart, Max Weber, K. Polanyi ;
- "Théorie générale des Systèmes", de Bertalanffy (1956) à E. Morin :
  - globalité et dynamique avec feed-backs positifs et négatifs :
  - niveaux de la réalité ;
  - Centre, pouvoir, sujet, idéologies ("noosphère")

Apports théoriques fondamentaux	Théorie réaliste ("systémique-observationnelle")	Apports théoriques critiques (des années 1970 à 2015)
- Pré-keynésiens : analyses françaises et suédoises des fluctuations économiques (1860-1950) - Keynes (1936) : le PIB dépend des anticipations des chefs d'entreprises fondées sur la demande - "post-keynésiens" : • S. Weintraub : le mark up ; • Harrod et Domar : $\Delta K \rightarrow$ croissance potentielle • Equilibre extérieur : théorie de l'absorption et des taux de change d'équilibre • Kaldor : les chefs d'entreprises gagnent ce qu'ils dépensent et maitrisent leur autofinancement • R. Boyer, théorie de la régulation ; • Kalecki et Galbraith : le pouvoir (monopole, compensateur) • Minsky : capacité de déséquilibre de la finance • Eichner (et les cambridgiens) : synthèse de tous ces courants (années 1980)	Macro dynamique : - Enchaînements de flux de revenus et de dépenses - Sous l'empire de la politique macroéconomique de l'Etat ("pouvoir conjonct.") et de la maîtrise du NGP et de la répartition des revenus et du financement par les chefs d'entreprises et le système financier	• Critiques techniques : anglo-saxonnes (les Galbraith, le 2ème Hicks, Stiglitz, Krugman, Keen, Ha Joon Chang, Seccareccia, M. Lavoie) et françaises (Alain Barrère, R. Passet, B. Guerrien, J. Généreux, J. Sapir, D. Plihon, Liem Hoang Ngoc, G. Giraud, etc. etc.) • Critiques "systémiques-méthodologiques-civilisationnelles" françaises essentiellement (J. M. Jeannerey, C. Castoriadis, R. Debray, E. Todd, E. Morin)

Analyses statistiques appliquées et prévisions conjoncturelles

- Les 1ers travaux empiriques du NBER à partir des années 1930-40
- Cowles Commission : fondements de l'économétrie classique (corrélations, régressions)
- Modèles économétriques structurels puis analyses statistiques des séries chronologiques (modèles VAR, ARIMA, ECM ...) :
- Analyses et prévisions de tous les "instituts " et organismes conjoncturels mondiaux (à l'aide de modèles, par exemple "Mésange " en France)

Et cette théorie du fonctionnement – évolution du Système Economique Moderne est suffisamment englobante et réaliste pour élucider, justement, l'origine des graves déséquilibres qu'a provoqués, surtout en Europe, l'application de plus en plus obstinée ("si ça ne marche pas c'est qu'on n'est pas allé assez loin") d'une théorie radicalement fausse qui, si elle n'a pas encore réussi à faire complètement imploser le merveilleux système auquel elle s'attaque stupidement, le doit au reste de persistance des institutions keynésiennes mises en place de 1939 à 1946 et, aussi, à des politiques conjoncturelles keynésiennes d'extrême urgence pratiquées pendant les quelques trimestres critiques de 2007 à 2009 (plus, en Europe, la politique "non conventionnelle" de la BCE à partir de 2013).

Analysons donc maintenant l'émergence des déséquilibres.

§ 2 Le système économique moderne en 2016 : déstabilisée par une politique économique contraire à la logique du Système

Le "programme" fondamental du SEM guidé est celui d'une croissance équilibrée, on croit l'avoir montré (voir Chap. IV en particulier). Tous les déséquilibres qui ont peu à peu émergé doivent donc être analysés comme un éloignement progressif du "guidage" (indispensable) du Système par rapport aux normes que les règles du jeu doivent respecter pour obtenir l'"optimum dynamique". Cet optimum consistant fondamentalement à réaliser la croissance potentielle, et celle-ci étant importante (4 à 5% en l'absence de décision démocratique contraire organisant une croissance plus faible – ce qui serait évidemment souhaitable par ailleurs), l'effondrement progressif de la croissance à partir du dernier quart du XXe s., toujours principalement en Europe pour les raisons déjà vues (cf. le § 1, II, B ci-dessus), est non seulement le principal signe d'un "pilotage à l'envers" du SEM, mais aussi, évidemment, la cause du développement progressif des déséquilibres. Et ces enchaînements pervers "forment système" en ce sens que les moyens habituels (même "keynésiens" !) de relancer l'économie deviennent à peu près inefficaces ; bien plus encore le dogme ultra néoclassique des "réformes" (toujours moins d'Etat et de dépenses publiques) ne peut guère avoir à court terme que des effets négatifs ; et la réalité n'est jamais faite que d'une succession de "courts termes" (les enchaînements entre les flux de production, de revenus et de demande se font en gros de trimestre en trimestre, cette durée correspondant aux délais d'observation des résultats et des décisions correctrices ou amplificatrices qui s'ensuivent).

I. Le système général des déséquilibres auto-entretenus par la politique de croissance faible (cercle vicieux)

Rappelons que cette politique est faite d'ensembles de restrictions monétaires, budgétaires et salariales et de "réformes" qui aboutissent, au moins dans le court-terme, à déprimer la demande globale adressée aux entreprises et les politiques monétaires de "quantitative easing" arrivent trop tard et/ou n'alimentent pas suffisamment la distribution des revenus salariaux, seul levier d'une reprise durable, les investissements ne pouvant que répondre à un accroissement de la consommation (la "théorie de l'offre" marche sur la tête).

A. Le "système" des déséquilibres peut être schématisé ainsi :

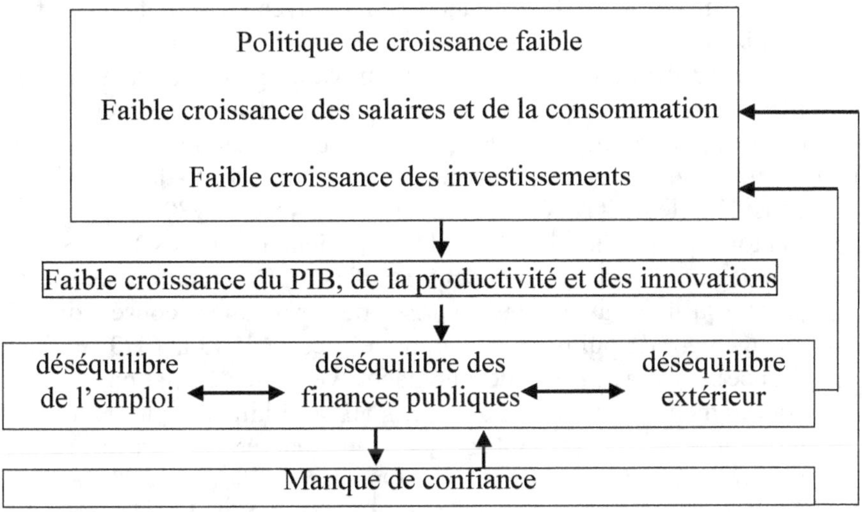

Comme on le voit, il y a auto entretien des déséquilibres, les "enchaînements vicieux" s'étendant à des résultats négatifs souvent mis en exergue par les responsables de cette politique perverse comme s'ils étaient exogènes alors qu'ils proviennent de cette politique elle-même :

- le "manque de confiance" provient évidemment du manque de croissance de la demande, du chômage et de la pression fiscale croissante (résultant elle-même des déficits engendrés par la stagnation et les crises) ;
- le "manque de compétitivité et d'innovations" vient d'investissements trop faibles eux-mêmes justifiés par la stagnation de la demande.

Et les fausses solutions à ces déséquilibres, proposées par la théorie néoclassique des manuels (rebaptisée théorie de l'offre par les dirigeants politiques), tiennent le devant de la scène alors qu'elles s'avèrent inefficaces depuis des décennies.

B. Quant au chômage de masse, deux voies ont été suivies en vain depuis longtemps (en Europe et en France principalement) :

- des "allègements de charges" (sociales) : ils ne font qu'alourdir les déficits budgétaires et donc font retour in fine aux entreprises directement (autres charges fiscales) ou indirectement (manque de pouvoir d'achat des salariés) ; et, surtout, les salaires sont toujours trop élevés quand les prévisions d'activité des entreprises sont trop faibles pour justifier des embauches (et, inversement, les salaires sont toujours supportables, puisqu'incorporés systématiquement dans le prix de vente - cf. Chap. II, Sect. III - , quand il y a un niveau d'activité qui détermine l'embauche) ;
- des modifications au droit du travail, pour faciliter de futurs licenciements éventuels, ou pour faire échapper les entreprises à certaines contraintes juridiques au-delà d'une certaine taille ; là encore on observe que (en France p. ex.), le droit du travail a été considérablement libéralisé depuis les années 1980 (suppression de l'autorisation administrative de licenciement, p. ex.) alors que le chômage n'a cessé d'augmenter (sauf de 1997 à 2000, mais justement parce qu'il y avait une reprise de croissance consécutive à un changement de politique économique) ; et de 1945 à 1973 (toujours en France), il y avait 1% de chômage avec une législation sociale très contraignante ; en juin 2015 le FMI a d'ailleurs publié une étude montrant que l'"assouplissement du marché du travail" favorise l'accroissement des inégalités[46]. Quant à la "loi travail" de 2016 en France, elle n'aura que des effets dérisoires sinon même pervers.

Sans nier que des améliorations institutionnelles sont toujours souhaitables dans les deux domaines ci-dessus, il est évident que la retombée du taux de chômage vers les 3% ne peut résulter que d'un changement radical de politique macroéconomique.

C. Quant au déficit des finances publiques, il faut d'abord observer qu'il est <u>consécutif</u> aux crises et à la stagnation des économies occidentales depuis 2000 et surtout 2008 et qu'ils n'en sont pas la cause comme on

---

[46] En décembre 2014 l'OCDE avait déjà publié un Rapport (« In it together ») montrant que l'augmentation des inégalités entre 1985 et 2005 avait coûté près de 5% de croissance aux pays les plus avancés (en points de croissance cumulés).

cherche souvent à le faire croire : c'est la baisse des recettes consécutives aux crises (et à certains cadeaux fiscaux aux entreprises et aux catégories aisées aux USA et en France), ainsi que le sauvetage de banques en faillite, qui a fait exploser les déficits publics à partir de 2008. Et toute tentative de réduire directement ces déficits (hausses d'impôts et baisses des dépenses, c'est-à-dire des mesures purement comptables) n'y parvient que très lentement et, surtout, avec des effets pervers considérables en termes de blocage de la croissance ; nous sommes ici dans un domaine où, par excellence, la différence des mécanismes économiques entre les niveaux micro et macro est totale : au niveau micro, lorsqu'un individu endetté exagérément doit restreindre ses dépenses pour rembourser ses créanciers (si toutefois il n'a pas bénéficié de la légitime procédure de la faillite), il n'y a aucune conséquence négative au niveau macroéconomique (on est en droit de supposer qu'au même moment un autre individu se voit exagérément pourvu en liquidités par le système bancaire). Il n'en est évidemment pas de même lorsque c'est l'Etat qui cherche à diminuer sa dette, cette diminution équivalant à une véritable destruction de monnaie, toutes choses égales d'ailleurs : la diminution du niveau de la Dette publique exerce toujours en elle-même un effet dépressif sur l'économie, il faut donc compenser cet effet par une création de monnaie au moins équivalente au profit, directement, d'agents économiques dépensiers (et pas seulement des banques, qui n'utilisent pas forcément ces liquidités pour les prêter à des agents actifs).

D. Ainsi, les finances publiques doivent être "fonctionnelles" (A. Lerner), c'est-à-dire ne pas s'embarrasser de considérations juridiques et morales sur les "déficits" et la "charge sur les générations futures" tant que le plein emploi (moins de 3% de chômeurs) et la croissance au potentiel (3 ou 4%) n'ont pas été rétablis et tant que l'"inflation" ne dépasse pas 3% :

- l'inflation ne dépassera pas 3% tant que les salaires réels ne monteront pas plus vite que la productivité du travail et que les entreprises seront soumises à des règles concernant la fixation des prix, analogues à celles qui avaient été fixées aux USA pendant la présidence Nixon[47] (de manière à éviter la course prix-salaires en période de faible chômage, danger que des accords "dynamiques" entre syndicats et patrons peuvent aussi contribuer à éviter, p. ex., avec indexation retardée des salaires sur les prix) ;
- la Dette publique pèsera d'autant moins sur les "générations futures" que le plein emploi sera plus vite retrouvé par une forte reprise de croissance et une (petite) reprise de l'inflation : alors, sans qu'il baisse

[47] Pénalisations infligées aux entreprises qui augmentent leurs prix de vente au-delà de l'augmentation des coûts des biens et services intermédiaires

beaucoup en valeur absolue, le poids de la Dette par rapport au PIB nominal diminuera très rapidement (une croissance nominale de 6,5%, p. ex., du PIB pendant 10 ans aboutit presque à un doublement de celui-ci, donc à une baisse de 50% du fameux ratio Dette / PIB) ; car pendant cette période, les déficits tendront rapidement vers zéro grâce à la reprise de la croissance et au maintien du taux d'intérêt de la Dette à un très bas niveau nominal (1% p. ex.) grâce à l'action de la Banque centrale.

*

* *

Dans ces raisonnements on suppose bien entendu que la croissance potentielle est bien au-dessus de ce que les calculs néoclassiques, faux, supposent : la remontée du taux d'utilisation des capacités, la (re)mise au travail de millions de personnes, un possible allongement de la durée annuelle du travail et, surtout, le passage d'un taux d'investissement productif net de 1-2% du PIB à 8-9% donnerait, comme on l'a déjà montré, des marges de croissance (d'abord à court-moyen terme, ensuite à long terme) largement suffisantes pour atteindre un taux moyen de croissance réelle de 3-4% par an pendant une dizaine d'années – le temps peut-être, alors, de commencer à planifier la fin de la croissance s'il en est décidé ainsi démocratiquement.

Quant à l'objection du creusement du déficit extérieur, elle n'en est pas une, une fois qu'on a compris les mécanismes de l'équilibre extérieur (cf. la fin du Chap. III).

*

* *

Ainsi, des politiques macroéconomiques fondamentalement inadaptées par rapport au "programme" du Système capitaliste moderne ("guidé"), et fondées sur l'idée qu'on peut obtenir des "équilibres" en freinant la croissance, ont-elles abouti à une sorte de blocage du système et, même aux USA où la politique conjoncturelle est demeurée très orientée vers la croissance, celle-ci patine depuis le début de 2015. En Europe continentale la situation est encore pire car la plupart des nations qui y sont situées ont créé une institution aberrante par rapport à toutes les lois économiques connues, la Zone Euro, sorte de condensé de toutes les conceptions fausses existant dans la théorie idéologique néo-classique.

II. Le cas extrême de la Zone Euro

La théorie économique expose les lois qu'on ne peut transgresser sans perturber gravement le fonctionnement-évolution (croissance) de l'économie.

A. Participant déjà à la politique de croissance faible depuis le dernier quart du XXe s., la plupart des nations d'Europe continentale ont préparé (depuis 1990 environ) puis mis en œuvre (de 2000 à 2007) un système institutionnel économique caractérisé par :

- une monnaie unique, et donc une politique monétaire unique faite par la BCE "indépendante" ; les taux de change entre les monnaies des divers pays étant devenus ainsi irrévocablement fixes ;
- des contraintes budgétaires de plus en plus étroites, visant à l'interdiction progressive de tout déficit public ;
- la suppression quasi totale de la protection douanière vis-à-vis du reste du monde ;
- l'interdiction faite (primitivement au moins) à la BCE de financer directement la Dette publique, ainsi que celle de toute mutualisation de ces dettes (pas d'"eurobonds") ;
- les législations fiscales nationales restant par ailleurs totalement libres, de même bien entendu que les mouvements de capitaux.

Par ailleurs, et pour des raisons d'idéologie économique (priorité à l'équilibre budgétaire et à une inflation tendant vers zéro), l'économie la plus importante de la Zone euro, l'Allemagne, entamait dès le début du XXIe s. une politique conjoncturelle non coopératrice de "croissance hyper faible", aboutissant ainsi :

- à déprimer le taux de croissance moyen, déjà faible de toute la Zone ;
- et d'autant plus, à l'égard des autres pays participants, que la très faible croissance de la <u>demande intérieure</u> allemande lui permettait de dégager peu à peu des excédents extérieurs de plus en plus considérables (7% du PIB en 2014, 8% en 2015 !).

D'autres pays, en revanche, dans l'Europe du Sud, dopés par la baisse des taux d'intérêt engendrée par la "confiance" envers les emprunts allemands, se lançaient dans des investissements (immobiliers surtout) et une augmentation de leur endettement non maîtrisés et donc non soutenables, cette bulle ayant éclaté en 2007-2008 à la suite de la crise des subprimes aux USA. A la suite de quoi ces pays furent contraints par l'Eurogroupe et la BCE de se lancer dans des politiques d'austérité qui firent s'effondrer leur PIB et exploser leur chômage, sans effets positifs sur leur dette publique pour cause de taux d'intérêt "désindexés" du taux allemand, le niveau de la Dette continuant d'augmenter même en cas d'excédent primaire retrouvé. La France ne s'effondra pas car elle n'entra pas dans une vraie politique d'austérité de type ibérique ou grec, mais au prix d'accroissements continus de sa dette publique (100% du PIB fin 2016…) et du chômage ; par ailleurs, le caractère de plus en plus aigu de la crise en Grèce commençait à faire peser un doute sérieux sur la viabilité de la Zone et démontrait le manque de solidarité entre eux des divers pays la composant (à commencer par l'Allemagne, prétendu modèle, mais de plus en plus contesté).

B. En 2013, cette situation d'enlisement-désarticulation-implosion de la Zone était devenue difficile à soutenir et ce fut la BCE qui tenta une innovation en inondant de liquidités à un degré jamais vu (jusqu'en 2008 la BCE avait eu une politique monétaire restrictive !), les banques de la Zone, exprimant de plus sa volonté de "faire baisser l'Euro" (à partir de la fin 2014) ; cette politique peut être jugée incohérente à long terme, même si elle a rendu les financements de toutes sortes (publics et privés) très bon marché :

- une partie des responsables politiques et monétaires allemands sont hostiles au quantitative easing pratiqué par la BCE (même si la Cour de justice de Luxembourg a validé en juin 2015 cette pratique), insistant sur la dégradation du bilan de la BCE qui en résulte, et l'hostilité allemande est la menace potentielle d'un revirement de la BCE, lié à des problèmes politiques en Allemagne ;
- plus fondamentalement la politique d'easy money de la BCE (qui par ailleurs, on l'a déjà dit, ne profite guère aux agents économiques privés) a fait baisser l'euro, par rapport au dollar, de 20 à 25%, ce qui risque premièrement de renchérir les importations européennes (donc de rogner le pouvoir d'achat) et, deuxièmement, d'affaiblir la croissance américaine et de provoquer des mesures de rétorsion ; faire baisser la monnaie d'une zone en excédent extérieur (comme l'est la Zone euro pour cause de faible croissance) est économiquement absurde, c'est-à-dire non soutenable.

Depuis le printemps 2015, les "services d'action psychologique" des divers gouvernements cherchent à persuader les Européens, et surtout les chefs d'entreprises, qu'un début de reprise est enclenché sous la triple influence de l'action de la BCE, de la baisse du prix du pétrole et de la baisse du taux de change de l'euro (plus la reprise américaine) : mais, à structure inchangée de la Zone Euro, cette reprise risque de s'essouffler rapidement :

- les taux d'intérêt ne peuvent, à terme, que remonter (ne serait-ce que sous l'influence de la politique de la FED) ; et de même pour le prix du pétrole ; et la baisse de l'euro a autant d'inconvénients que d'avantages, on l'a dit ;
- mais surtout, une si faible reprise risque de s'étouffer d'elle-même pour les raisons suivantes :

- la diminution des déficits budgétaires qu'elle engendrerait équivaut à une sorte d'auto freinage, on l'a également rappelé (destruction de monnaie quand les rentrées fiscales excèdent les dépenses publiques) ; p. ex. la Grèce est retombée en récession au 1er trimestre 2015 ;
- appel accru aux importations d'où diminution de l'excédent extérieur global de la Zone, principal frein à ces tendances déflationnistes ;
- risque d'hétérogénéité croissante de la Zone entre pays à solde extérieur positif (Allemagne, mais aussi Espagne) et autres grands pays en déficit de compétitivité (France, Italie) ;
- turbulences dues à la non-soutenabilité du maintien de la Grèce dans la Zone et à son éventuelle sortie ;
- sans compter que la reprise américaine est moins forte et régulière que prévu, toujours pour les mêmes raisons : la quasi-stagnation des salaires réels de la plus grande partie de la population active des USA, chaque hausse du PIB étant captée à 90% par les classes les plus riches, les actionnaires en particulier (cf. les Rapports de 2014 et 2015 du FMI et de l'OCDE cités précédemment).

*

* *

Ces observations confirment bien les <u>3 obstacles majeurs</u> à la <u>réalisation de l'optimum de croissance</u>, seule justification pourtant de la structure profonde du SEM (l'extrême inégalité des revenus et des fortunes, et donc l'extrême concentration de l'épargne disponible) :

- la stagnation des salaires réels en dessous des gains de productivité, qu'entraîne une croissance trop lente, et trop mal répartie, de la consommation ;
- la mauvaise appréciation de la croissance potentielle, les investissements de productivité et de capacité étant étouffés par les "opérations financières" et l'obsession de la "maîtrise des coûts" au travers de la réduction des effectifs des travailleurs réellement productifs (au profit des secteurs financiers et des "services aux entreprises");
- et le mythe, en Europe continentale, d'une monnaie unique empêchant tout ajustement monétaire entre économies différentes par leurs structures économiques, sociales, politiques et psychologiques (mythe aggravé par une politique libre-échangiste à sens unique).

C. Les perspectives de la Zone Euro

Même en dehors du problème grec ("aigu-permanent"), la théorie économique réaliste montre qu'il n'y a guère d'espoir de reprise économique forte et durable dans les structures et les politiques de la Zone :

- face à l'hyper compétitivité allemande (surtout fondée sur la quasi-stagnation de sa demande intérieure[48]), les pays de l'Europe du Sud (y compris la France ; mais même Pays-Bas et Finlande sont dans une situation difficile) voient leur croissance plombée par leur déficit extérieur vis-à-vis de l'Allemagne ;
- la poursuite obsessionnelle, sous l'impulsion de l'Allemagne encore, de l'équilibre budgétaire par des moyens comptables (baisse des dépenses publiques) freine en permanence la demande intérieure ;
- la recherche non moins obsessionnelle de la compétitivité par la baisse des coûts salariaux et des "charges" freine l'accroissement de la masse salariale (directement au travers des salaires et prestations, indirectement via le chômage, qui ne s'"inverse" que dans les pays où la population active est stagnante), masse salariale dont l'accroissement est le seul moteur à long terme de l'accroissement de la consommation, lui-même seul moteur de l'investissement productif net privé et de la construction de logements : on voit bien que le bas niveau des taux d'intérêt nominaux (mais non réels, vu l'inflation quasi nulle) ne peut suffire à accroître l'investissement, contrairement, soit dit en passant, à ce que pensait Keynes mal inspiré sur ce point ;
- enfin, bien entendu, si l'énorme quantitative easing de la BCE permet à la Zone euro de ne pas retomber en récession, cet accroissement, déconnecté de l'activité économique, de liquidités disponibles dans le système bancaire et financier (qui n'a accepté que de bien timides "réformes structurelles" visant à sa stabilité), et les taux d'intérêt nominaux très faibles qui en résultent, est une source potentielle de krachs financiers (boursiers, obligataires – cf. le relèvement des taux de la FED) et d'assèchement des prêts bancaires en cas de "défaillances systémiques" de tels ou tels grands établissements financiers ; sans parler du fait que l'excès mondial de liquidités entraîne une augmentation des flux de capitaux internationaux à l'origine d'une volatilité des taux de change ; l'incroyable baisse de l'euro de 25% par rapport au dollar depuis l'automne 2014 est une opération "non coopérative" assez stupéfiante qui, en fait, cherche à soigner des

[48] Il y a ici un léger espoir : l'instauration d'un SMIC à partir de 2015 et l'afflux d'immigrants – 450 000 en 2014, 1 million en 2015 – peuvent booster la masse salariale, mais une accélération de la croissance allemande ne risque-t-elle pas d'accentuer encore l'écart de compétitivité avec les autres économies européennes ?

malformations structurelles très incapacitantes par une médication conjoncturelle palliative, mais sans avenir.

Et tout cela, rappelons ce jugement systémique fondamental, éloigne toujours plus le SEM inégalitaire et oligarchique de sa seule justification profonde : la croissance régulière et égalitaire de la consommation de la masse des citoyens. "Consommation de masse" au surplus vilipendée par les bonnes âmes qui ne savent pas ce que c'est que de vivre dans des logements trop petits, bruyants, inconfortables, situés dans des "quartiers pourris" d'où les services publics se retirent peu à peu, d'utiliser quotidiennement des véhicules hors d'âge ou des transports en commun déficients, de se rationner sur toute dépense non indispensable et même parfois sur l'indispensable ; pauvres "consommateurs de masse", méprisés pour leur "matérialisme" par des intellectuels hors sol, qui ne savent que proposer "maîtrise des dépenses publiques et des prestations sociales".

Ces critiques ne deviendront, peut-être, justifiées que lorsque la croissance, forte et régulière, aura repris pendant une dizaine d'années au moins, délai nécessaire pour supprimer chômage de masse et "inégalités de masse", aussi, tout en rétablissant chemin faisant les équilibres financiers et l'équilibre extérieur par les mécanismes déjà indiqués.

D. Les vraies réformes

Dans la situation conjoncturellement et systémiquement très dégradée du SEM (surtout en Europe continentale, encore une fois), les "réformes" ultralibérales ne peuvent qu'enliser un peu plus le SEM dans un cercle vicieux de stagnation ou de "crise permanente", non aiguë parce que la taille des déficits publics et le reste d'institutions keynésiennes suffisent à maintenir l'économie à flot. Et les remèdes keynésiens traditionnels eux-mêmes sont devenus incapables de relancer la croissance (et donc de rétablir durablement les grands équilibres comme on l'a montré à la fin du Chap. IV) ; les taux d'intérêt sont au plus bas, les déficits publics au plus haut, de même que la part des dépenses publiques dans le PIB, toute la politique économique est "business friendly" (malgré les criailleries de certains syndicats patronaux, en particulier français), et malgré tout cela la croissance reste trop faible pour résoudre les déséquilibres, malgré l'aiguillon du dynamisme démographique et, surtout, de l'immense potentiel d'épargne et de progrès technique disponible ; et les diverses sociétés occidentales s'"abîment", se détériorent, sur les plans social et politique, dont l'économiste ne peut être l'analyste, mais qu'il est bien obligé de prendre en compte car, derrière tous les "équilibres" économiques envisageables et souhaitables, il existe comme résultat, mais en même temps comme levier profond, une sorte d'"équilibre historique" fondamental sans lequel aucune société ne peut être "efficiente".

La théorie économique clairement développée dans les chapitres qui précèdent suggère clairement la "manœuvre de sortie de l'enlisement" que peut mettre en œuvre le SEM dans la situation très dégradée qui est la sienne en 2015, situation qu'un "pilotage" inadéquat du système a provoquée, par incompétence et aveuglément idéologique mélangés. Les principes de cette manœuvre sont les suivants :

1. Le Centre (l'Etat) doit affirmer clairement qu'au niveau macroéconomique l'optimum dynamique de croissance, de plein emploi et de réalisation des grands équilibres (prix, finances, commerce extérieur) ne peut être obtenu que par une politique macroéconomique volontariste et compétente (c'est-à-dire à l'opposé des préceptes microéconomiques irréalistes de la théorie néoclassique). Mais que cette politique (qui implique évidemment la fin du concept stupide de banque centrale "indépendante") préserve totalement, au niveau microéconomique, la "liberté d'entreprises" des agents économiques qui se sentent attirés par ce type éminemment respectable d'activité sociale : à l'intérieur de règles précises et transparentes, l'Etat laissera la plus grande liberté d'action, d'ajustements, aux chefs d'entreprises, se bornant à leur imposer des règles qui éliminent des risques d'instabilité insupportables et qui régularisent et maximisent la "conjoncture de croissance" démocratiquement choisie : une fois l'"enveloppe de croissance" déterminée, aux individus placés en situation de bonne concurrence de combattre pour s'attribuer la "part de marché" la plus grande et, surtout, créer le marché futur le plus rémunérateur, étant entendu, en effet, que les consommateurs ne sont pas stupides même s'ils ne sont pas "rationnels" dans un sens étroit.

2. La manœuvre de sortie de crise proprement dite doit reposer sur les conclusions les plus importantes de la théorie économique réaliste :
   - exercer un contrôle étroit sur les activités bancaires et financières, extrêmement déstabilisantes par leur nature ; il appartiendra à des discussions techniques poussées, et à des choix démocratiques "de société", de voir jusqu'où aller dans ce contrôle ; a priori, il s'agit de "services publics" (de création de monnaie, de financement des investissements) qui ont un aspect "monopolistique" et pourraient fort bien être "nationalisés" (selon des modalités modernes) : dans ces activités la concurrence a peu de rôle positif à jouer, et elle induit des risques immenses ;
   - sortir de certains carcans contraires en fait au libre jeu des marchés ; bien entendu le premier carcan à supprimer, de nature vraiment "soviétique", est la monnaie unique européenne, qui empêche tout

ajustement de change entre des économies fort différentes par leurs structures et leurs "programmes" : après quelques turbulences, les taux de change entre les monnaies nationales retrouvées de ces diverses nations (qu'on devrait nommer : "euromark", "eurofrancs", etc. pour conserver l'idée d'une nécessaire coopération européenne visant, dans le futur, à une véritable union) se stabiliseraient et fluctueraient comme cela est inévitable entre entités politico-économiques différentes, des institutions régionales (BCE) et mondiales (FMI, BRI) coopérant pour rendre ces fluctuations des changes faibles et régulières, avec l'idée directrice principale que le but ultime est l'équilibre du commerce extérieur et jamais la réalisation d'excédents systématiques ; quant aux dettes libellées en euros, elles seraient remboursées dans les nouvelles monnaies créées… quand elles pourront économiquement l'être, ce qui n'est évidemment pas le cas de la Grèce ; dans certains cas, donc, des abandons de dette seront nécessaires, comme cela s'est toujours fait dans l'histoire économique ; on peut aussi envisager la création de "dettes perpétuelles" quand les débiteurs seront capables de payer des intérêts raisonnables et s'il existe un besoin perpétuel de financement nouveau. Un bon système de changes fluctuants (coordonné, et guidé par des analyses économiques réalistes quant aux taux assurant l'équilibre des balances) est évidemment la première condition d'une reprise de croissance, sinon toute relance interne est "mangée" par l'explosion du déficit extérieur (France 1981-82 p. ex.). Mais il ne faudrait pas oublier que, même avec des taux de change corrects à un moment donné, un déficit peut apparaître, et se développer si l'un des partenaires internationaux freine sa croissance pour des raisons particulières (l'Allemagne après 2000, encore une fois) ; dans ce cas, seules des mesures fiscales ou douanières peuvent éviter un déficit dû à la priorité donnée à une croissance rapide ;

- quant à la manœuvre initiale de reprise de croissance, elle pourrait, comme on l'a suggéré ailleurs, reposer sur une politique combinée d'offre et de demande : ainsi possibilité serait donnée aux entreprises d'accroître "à découvert" leurs effectifs (grâce à un financement monétaire automatique de la banque centrale nationale, ce serait une version intelligente de la "monnaie hélicoptère", demandée d'ailleurs par certains dirigeants patronaux), cet accroissement de l'emploi étant rapidement "justifié" par l'accroissement consécutif de la demande qui résulterait de la distribution d'une masse salariale supplémentaire et de la reprise des investissements (de capacité, d'abord) qui s'ensuivrait alors nécessairement ; des dispositifs très coercitifs concernant prix et salaires garantiraient une certaine stabilité du niveau général des prix (2 à 3% d'inflation maximum, objectif qu'on diminuerait au fur et à mesure que la croissance retrouvée du PIB en valeur permettrait de baisser progressivement la proportion de la dette publique) ;

- au bout de quelques années, le "cercle vertueux" de croissance équilibrée s'établirait, reposant sur des règles simples :
  - déséquilibre budgétaire limité à 0.5% (taux de croissance de la population active, cf. Chap. IV) ; et financé par "avances" de la banque centrale ;
  - hausse des salaires réels égale à celle de la productivité (non "apparente" !) du travail.

*

* *

Car, leçon fondamentale, contrairement aux imaginations néoclassiques, équilibres et croissance font système, en particulier un (quasi) plein-emploi est garant à la fois d'une stabilité de la croissance, des équilibres financiers, de la paix sociale et politique et (via aussi des taux de change adaptés) de l'équilibre extérieur : à l'intérieur du régime de l'optimum de croissance, les équilibres dynamiques s'engendrent les uns aux autres aussi sûrement qu'à l'intérieur de la politique néoclassique de croissance faible on ne peut sortir du cercle vicieux des déséquilibres autoentretenus.

*

* *

La vérité d'une théorie économique se démontre essentiellement par l'adéquation au réel des concepts et des relations qu'elle formule. C'est le cas de la théorie réaliste exposée dans cet ouvrage alors que les postulats de la théorie néoclassique des manuels forment une sorte de "mathématique idéologique-scientiste", construction délirante à partir de fantasmes et de faits mal compris, sans rapport avec l'expérience historique, "rationalisation de conceptions logiques à partir de prémisses inexactes ou arbitraires" (E. Morin[49]) ; et, confrontées à leur mise en œuvre dans le monde réel, ces conceptions réductionnistes, sans base épistémologique, issues de la seule imagination de théoriciens sans connaissances factuelles, de mathématiques vieillottes et d'une idéologie oligarchique ("le capital est toujours rationnel si on le laisse libre") viennent de faire la preuve de leur nocivité en provoquant

[49] L'aventure de la Méthode, Seuil, 2015, p. 115. E. Morin définit p. ex. la scolastique médiévale comme « une rationalisation qui empêche tout recours à l'expérience » (op. cit., p. 137) : ce jugement peut être appliqué parfaitement à la Théorie des manuels académiques, où règne avant tout l'absence d'esprit critique car elle est une « théorie en chambre » qui tourne en rond (« s'il y a du chômage c'est volontaire » !) parce qu'elle ne veut pas sortir dans la rue voir ce qui se passe.

l'enlisement du système historique le plus progressif jamais inventé : l'économie de marché guidée par un "Centre" compétent.

§ 3 Résumé des analyses précédentes, théoriques et factuelles, en douze "thèses"

I. Principes

Thèse n° 1 : "La" science économique n'existe pas, il existe en fait deux grands courants théoriques majeurs que presque tout oppose :

- sur le plan académique, il y a une "Théorie des manuels académiques" qui repose sur des concepts imaginaires ("productivité marginale décroissante des facteurs de production" par exemple) ou des mécanismes imaginaires ("une baisse des coûts salariaux augmenterait l'emploi") ; cette théorie est souvent appelée "néo-classique" (version vulgaire : "théorie de l'offre") ;
- sur le plan de l'économie appliquée (instituts de conjoncture publics ou privés), il y a utilisation de connaissances factuelles sur l'économie fondée sur les statistiques de la comptabilité nationale et les enquêtes sur la façon dont les agents économiques se comportent vraiment ; cette théorie est souvent appelée "(post) keynésienne", il vaudrait mieux l'appeler "systémique-réaliste-observationnelle" ;

Thèse n° 2 : Le Système économique moderne est un système "mixte" (public et privé), où, enseignement fondamental de la théorie des systèmes, il existe deux niveaux :

- au niveau microéconomique le fonctionnement de l'économie repose sur un mécanisme de marché entre une multitude d'entreprises privées et entre elles et leurs clients (les "ménages"), nationaux et étrangers ; et une sorte d'"équilibre" règne sur ces marchés en moyenne, l'ensemble des producteurs parvenant à peu près à vendre à l'ensemble de leurs clients potentiels les biens et services correspondant à leurs capacités de production, les prix restant à peu près stables dans le court terme ;
- au niveau macroéconomique, le niveau de la demande et donc du PIB n'est pas déterminé par des relations de marché et de graves déséquilibres peuvent se développer dans le temps : de fortes fluctuations économiques, du chômage de masse, des déficits extérieur ou budgétaire insupportables, de la stagnation, des troubles sociaux ou politiques ; c'est qu'à ce niveau macro, il n'y a pas de mécanisme de marché équilibrant, mais au contraire des enchaînements entre flux de

monnaie (crédits), de revenus et de dépenses (demande de consommation et d'investissements) qui, spontanément, n'ont guère de chance d'entraîner croissance régulière, plein emploi et équilibres financiers, car ces flux de revenus et de dépenses ne sont pas coordonnés pour aboutir à des évolutions régulières équilibrées (c'est-à-dire optimales en dynamique), chaque groupe socio-économique raisonnant dans son intérêt propre et les chefs d'entreprises disposant d'un pouvoir supérieur et pouvant envisager seulement les conséquences à court terme de l'exercice de leur pouvoir. D'où la croissance lente et remplie de crises du système industriel, du début du XIXe siècle à 1929-1940. D'où aussi l'apparition à partir de 1933 – 1940 – 1945 d'"Institutions et de politique de croissance équilibrée" avec de grands succès. Mais dont les instruments (politique monétaire, salariale et budgétaire) ont été progressivement utilisés à partir de 1975-1990 "dans le mauvais sens" (pour des raisons idéologiques et d'intérêts privés à courte vue), aboutissant à partir du début du XXIe siècle à de grands soubresauts et à une quasi-stagnation en Europe continentale.

II. Eléments principaux de la théorie systémique-réaliste

Thèse n° 3 : le mode fondamental du Système capitaliste n'est pas le "fonctionnement", mais la croissance puisque, par définition, ce système est bâti par et pour la croissance : en effet, les profits permettent l'accumulation du capital (c'est le mécanisme de l'investissement), celle-ci permet chaque année de produire plus, mais il faut pour cela que la demande, et donc les revenus, augmentent dans la même proportion que les capacités supplémentaires ; et, depuis les années 1920 et de façon totale aujourd'hui, seule l'augmentation des revenus des classes inférieures au 10e décile permet l'accroissement de la demande de consommation (le 10e décile est arrivé à saturation et manque de temps pour consommer plus) ; or les 9 déciles inférieurs de revenus sont essentiellement composés de salariés (actifs ou retraités), d'où la nécessité pour la masse salariale d'augmenter au moins aussi vite que les capacités de production. Cercle vertueux ("fordisme") que les stupides "politiques de l'offre" ont réussi à interrompre progressivement depuis le début des années 1980, d'abord aux USA ensuite en Europe, en exerçant une pression incessante sur les salaires ; les inégalités croissantes viennent de cette quasi-stagnation des salaires réels (aux Etats-Unis surtout).

Thèse n° 4 : le "côté de l'offre" est évidemment très important, mais, fondamentalement, dans le SEM, l'"offre suit la demande", le Système capitaliste est par définition un système "à élasticité de production unitaire"... à condition évidemment que la croissance de la demande soit "raisonnable", c'est-à-dire, justement égale à la croissance de la capacité de production, ce qui est automatique si les salaires réels augmentent au même rythme que la productivité du travail. Les économistes réalistes connaissent depuis plus d'un siècle le mécanisme de l'"accélérateur", qui dit que l'investissement est déclenché par les perspectives d'accroissement des ventes, alors que les économistes néo-classiques font toujours semblant de croire qu'ils sont déclenchés par les profits et qu'il faut donc d'abord augmenter la rentabilité.

Thèse n° 5 : les revenus étant aujourd'hui payés en monnaie de banque, il faut donc que la masse monétaire augmente au même taux que la production potentielle exprimée au prix du marché ; toute politique monétaire restrictive sur une longue période fera chuter peu à peu le taux de croissance. La lutte contre l'inflation ne doit en aucun cas reposer systématiquement sur des restrictions monétaires, mais seulement sur de bonnes règles de concurrence (pas d'envolée des taux de marge des entreprises) et d'augmentation des salaires réels (pas au-delà de la productivité = pas d'augmentation des coûts salariés).

Thèse n° 6 : l'équilibre des finances publiques, sauf interférences politiques déraisonnables, est nécessairement assuré dans une économie qui croît à son taux naturel et se trouve donc en quasi plein emploi. Un déficit (de 0,5% du PIB par exemple) est néanmoins recommandé, à financer par des "avances" de la Banque Centrale, pour égaler le supplément d'offre induit par la croissance démographique. Dans ces conditions de régime permanent optimum, la dette publique pourrait demeurer proche de zéro, sauf si l'on décide d'accroitre sensiblement les infrastructures publiques.

Thèse n° 7 : Dans ces conditions, l'équilibre extérieur sera facilement assuré lui-même si toutefois les taux de change sont réalistes (les "propensions à l'inflation" des diverses nations n'ont aucune raison d'être les mêmes spontanément, et encore moins d'être mises dans un carcan du type "euro") ; des protections, douanières ou autres, seraient parfaitement légitimes face à des partenaires commerciaux ne jouant pas le jeu (dumping monétaire chinois ou "dumping de faible croissance" allemand) ; cela ne serait pas du protectionnisme, système général et permanent d'isolement, à proscrire évidemment.

Thèse n° 8 : dans une économie ainsi réglée sur le régime de l'optimum de croissance, la stabilité monétaire serait assurée ("inflation" aux alentours de 2% en moyenne), participant à son tour au cercle vertueux de croissance équilibrée ; la régularité de la croissance, de plus, est en elle-même un facteur de stabilité monétaire évitant des "bulles" en tous genres ou, simplement, des accélérations injustifiées ; car l'irrégularité crée de l'irrégularité et les prix sont plus rigides aux mauvaises conjonctures qu'aux emballements de courte durée.

Thèse n° 9 : une fois ces "règles du jeu" systémiques mises en place, la politique conjoncturelle traditionnelle (le "Policy-mix") devrait disparaître car elle est justement déstabilisante en tant que telle, les stop and go créant des "effets de résonance" nuisibles. La fiscalité, elle, face aux grandes inégalités de revenus et de fortune, très nuisible à la croissance on le sait aujourd'hui (cf. les travaux très récents de l'OCDE déjà cités), devrait exercer une action faible, mais de longue durée en faveur d'une moindre inégalité des revenus disponibles (par exemple par une diminution progressive de la pression fiscale directe sur les tranches de revenus moyennes et par une généralisation de taux élevés de TVA sur les biens et services de luxe).

III. Problèmes factuels actuels

Ils se résument dans la crainte de la "stagnation séculaire" (Gordon, aux USA) ou de la "déflation" (en Europe). Ce ne sont que des fantasmes d'économistes ne comprenant pas (ou refusant de comprendre) les lois réelles du fonctionnement – évolution du système capitaliste moderne (la demande de consommation des salariés comme seul moteur de la croissance, de l'investissement et de l'emploi), mais il est clair que les principaux pays occidentaux se sont enlisés dans des politiques qui brident leur croissance à long terme et rend la conjoncture instable (toujours à la merci des "crises" en tous genres).

Thèse n°10 : les nations du SKM doivent modifier radicalement leurs institutions et politiques économiques ("nouveau New Deal") :

- l'Europe doit défaire sans drame, de manière coopérative (sinon ça se fera dans le chaos …) les institutions qui corsètent son économie (libre échange absolu, euro, austérité budgétaire institutionnalisée) et y provoquent de plus en plus de divisions ;
- les USA doivent lutter contre la trop longue stagnation des salaires réels en augmentant rapidement le salaire minimum[50] et en continuant leur politique budgétaire-monétaire expansionniste, jusqu'à retrouver un niveau et une création d'emploi substantielle, puis se lancer dans une politique fiscale de moins en moins favorable aux très hauts revenus.

---

[50] En mars 2016, la Californie a décidé un SMIG de 15 dollars pour 2022 !

IV. Problèmes méthodologiques

Science sociohistorique, l'Economie est nécessairement "quantitative" puisque l'activité économique se manifeste par la production et l'utilisation de "quantités de valeurs" (c'est-à-dire des volumes multipliés par des prix). Mais, alors que les sciences physiques ("exactes") ne prennent en compte que la grandeur des relations entre les entités (masses, forces, etc.) qu'elles ont mises à jour, les sciences sociohistoriques, elles, analysent des relations de pouvoir, causales, mais "floues", entre des groupes socio-économico-institutionnels qui concourent à la production et à la répartition du "gâteau national" (national parce que la nation est encore, aujourd'hui, la principale réalité existentielle de référence pour les individus, en termes d'efforts productifs et d'attentes de rétribution par rapport au produit global ainsi obtenu).

Il s'ensuit que :

<u>Thèse n°11</u> : la formalisation est indispensable en économie, mais les mathématiques (actuelles en tous cas…) sont totalement inadaptées :

- elles sont trop fortes en imposant a priori des relations toutes faites (optimisations, dérivations, fonctions …) qui ne correspondent en rien aux logiques des agents économiques ou aux évolutions des variables économiques dans le temps historique ; les mathématiques ne peuvent "modéliser" que le "mécanique", c'est-à-dire le non humain, le toujours semblable à la "dynamique" toujours régulière, identique, "exacte" : la physique mathématique, l'astronomie-cosmologie (au surplus totalement dépendantes des <u>observations</u>) ne constituent qu'une immense "mécanique rationnelle", bien huilée malgré ses "parties sombres", d'où les notions de causalité, et même d'évolution non programmée, sont totalement absentes, à l'inverse du "cosmos humain" ;
- elles sont trop faibles, en étant incapables de traiter (expliquer et prévoir) la dynamique temporelle structurelle des "systèmes humains" où règnent pouvoirs différenciés et changeants et causalités enchevêtrées et mouvantes ; la morphologie et la "physiologie" des ensembles humains historiques ne peuvent être, à l'évidence, que bien faiblement approchées par des techniques purement quantitatives plaquées sur des structures complexes et changeantes.

<u>Thèse n°12</u> : <u>l'économétrie</u> (structurelle et des séries temporelles) est, cependant, si elle est subordonnée à la théorie réaliste, structurelle et dynamique (systémique …), un outil d'analyses exploratoires et de prévisions conditionnelles de très grand intérêt, grâce à l'utilisation d'outils très raffinés de statistique mathématique (corrélations multiples, modèles

VAR, cointégration, modèles à correction d'erreur, clusters, etc.) ; mais seule la théorie pourra interpréter ces observations ou assurer les prévisions.

Note sur la croissance

Un des thèmes fondamentaux de notre analyse a été que le système capitaliste en général, avec sa forme occidentale actuelle (le SEM), n'a qu'une seule justification économique-sociale-politique (au sens de viabilité) : la croissance.

En effet, les énormes défauts du SK ne peuvent être acceptés :

- économiquement que si les inégalités de revenus sont sources d'investissements (via profits et dividendes), eux-mêmes seuls ingrédients de la croissance ;
- socialement et psychologiquement que si les classes inférieures (disons les 7 déciles inférieurs) sont assurées qu'elles-mêmes et leurs enfants auront un futur plus confortable et plus sûr que leur présent.

Or, deux idéologies se développent depuis quelque temps pour décrier la croissance.

1. La plus ancienne est la doctrine écologiste, probablement vraie à long terme, mais dont seul l'aspect "réchauffement climatique" exprime une certaine urgence : et, ici, ce qui doit être fait doit l'être absolument et rapidement pour que le reste du XXIe s. ne devienne pas un enfer pour des milliards de gens. Sauf que, sans doute, assez rapidement, une autre solution pourrait commencer à être envisagée dans les nations où la "conscience planétaire " serait la plus vive : la décroissance volontaire et organisée de la population, seule solution au problème de l'eau dans certaines régions.
   C'est là un sujet tabou, semble-t-il, c'est peut-être la dernière leçon de sagesse que le monde développé peut donner au reste du monde, il est dommage que seul le système chinois ait jusqu'ici choisi cette option ; dans les quelques pays développés où la population stagne (Allemagne) ou diminue (Japon, Russie), il s'agit d'un non-choix conscient et le phénomène est plutôt vécu de manière négative, ce qui est juste car il est plutôt le résultat des "politiques de croissance faible" en Europe et de systèmes socio-économiques à la dérive ailleurs.
   Sur les autres points (manque de ressources naturelles et énergétiques), recyclages, découvertes et innovations techniques sont susceptibles de pourvoir longtemps à une croissance même relativement forte (en tous

cas pendant les 10 ou 20 ans de "reprise de croissance" préconisés dans les développements précédents pour résorber chômage, inégalités et déséquilibres financiers). En revanche, étant donné les tensions politiques et psychologiques qui résultent inévitablement d'un monde voué à la croissance, une fois les déséquilibres mentionnés ci-dessus résolus, il serait bon en effet, d'organiser la fin de la croissance, disons dans les années 2030-2050, tout au moins dans les pays développés : cela ne pourra se faire qu'au travers de changements profonds dans les structures profondes du SK, économiques, sociales, politiques, psychologiques : ce nouveau "modèle de croissance faible" (aux alentours de 1% par an, les bénéfices en étant réservés aux personnes les plus démunies) ne pourra être mis en place sans l'aide d'une planification d'un type nouveau, mais fondé toujours sur une théorie réaliste, à des années-lumière des fables néoclassiques qui encombrent les manuels académiques.

2. L'autre idéologie "anti-croissance" est beaucoup plus récente (sauf qu'elle n'est que la résurgence d'errements théoriques des années 1930, p. ex. la théorie de la stagnation séculaire d'Alvin Hansen) : il s'agit d'exprimer l'idée que la croissance devient désormais impossible, faute d'innovations majeures et de progrès techniques en général (R. Gordon aux USA, D. Cohen en France). Ces thèses, qui ressurgissent périodiquement dans l'histoire du Système industriel, ignorent évidemment les capacités d'innovation contenues dans le paradigme scientifique et technique moderne (les seules sciences où il n'y a guère eu de progrès ayant des retombées techniques depuis un siècle sont sans doute les mathématiques), mais, surtout, ces thèses :

- ignorent la nature "économico-technique" du processus de l'accroissement des capacités de production (tel qu'on l'a décrit dans la section II B. du chap. III), c'est-à-dire le double enchaînement :

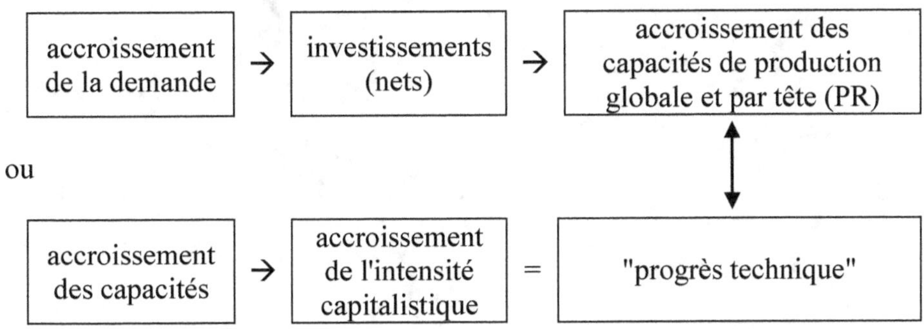

- surgissent toujours quand une politique macroéconomique inexistante et/ou perverse, fondée sur une théorie fausse parce que scientiste-idéologique, freine la croissance pendant une ou deux décennies. Alors, dans ces conditions, les "économistes des Manuels" entrent dans le déni de réalité en tentant de trouver ailleurs que dans leurs errements théoriques (et dans les institutions qui en sont issues) la source des crises des déséquilibres et du manque de croissance qu'ils constatent.

INDEX DES CONCEPTS

Ne sont répertoriés ici que les concepts qui n'apparaissent pas clairement dans le plan général de l'ouvrage

INDEX DES NOMS

Bibliographie utile

Si notre lecteur est arrivé jusqu'ici, il faut qu'il sache qu'il vient de lire un ouvrage d'économie qui est un peu un ovni :

1 l'auteur ne peut lui recommander pratiquement aucun Manuel académique récent puisqu'ils relèvent tous d'une théorie scientiste (la théorie "NC") dont les "enseignements" (toujours dispensés en 25 ou 30 chapitres) n'ont, au mieux, aucun rapport avec les mécanismes économiques effectifs du Système économique occidental ; les ouvrages à vue synthétique sont peu nombreux et un peu anciens (ou particuliers par rapport aux nouvelles "politiques de croissance faible" analysées ici) ;

2 les ouvrages critiques de la Théorie des Manuels sont en revanche assez nombreux, mais, justement, ils se cantonnent à la critique et ne proposent pas un modèle général alternatif ;

3 d'assez nombreux ouvrages empiriques portant sur des domaines partiels nous apportent heureusement des informations utiles sur le monde réel ;

4 des analyses générales existent par ailleurs, souvent sous la plume d'esprits éminents, souvent des économistes professionnels, mais sous le mode de l'"essai", c'est-à-dire d'analyses factuelles destinées au grand public et donc sans effort de théorisation générale ; on a eu souvent recours à ces ouvrages pour porter une appréciation (le plus souvent négative) sur les résultats des politiques macroéconomiques ultralibérales ;

5 les travaux des organismes publics ou privés d'analyse et de prévision économique, enfin, sont toujours très utiles puisqu'ils ne peuvent reposer, eux, que sur une théorie "praticable" ("postkeynésienne" pour faire court), bien qu'on puisse y observer parfois une certaine contamination scientiste.

Donnons donc quelques indications nominatives en suivant l'ordre des cinq catégories utilisées ci-dessus.

1 Ouvrages généraux

Barrère (Alain), Macroéconomie keynésienne, Dunod, 1990
Boyer (Robert), Economie des capitalismes, 2015
Defalvard (Hervé), La révolution de l'économie en 10 leçons, Editions de l'Atelier, 2015
Eichner (Alfred) Macro dynamics of Advanced Market Economies, 1987, M.E. Sharpe, New-York
Lavoie (Marc) Post Keynesian Economics, E. Elgar, 2014
Généreux (Jacques), Les vraies lois de l'économie, coll. Points, 2005 (peu théorique, pas de modèle d'ensemble, mais les "vraies lois" énoncées sont fondamentales)
Ha-Joon (Chang), Deux ou trois choses qu'on ne vous dit jamais sur le capitalisme, Seuil, 2012 (même esprit que l'ouvrage précédent)
Mockers (Jean-Pierre), Pas d'équilibre sans croissance, ISMEA, 1996

2 Ouvrages de critique théorique de l'"économie des Manuels" :

Keen (Steve), L'imposture économique, édition de l'Atelier, 2014 (longue critique très fouillée de la Théorie des Manuels, souvent un peu obscure, et propositions constructives très minces)
Gréau (Jean-Luc), La trahison des économistes, Gallimard, 2008
Guerrien (Bernard) Dictionnaire d'analyse économique, La Découverte, 1996 (critique dévastatrice, par un "matheux ", de la formalisation mathématique en économie)
Jorion (Paul), Misère de la pensée économique, Fayard, 2012
Stiglitz (Joseph E.), Un autre monde, contre le fanatisme du marché, Poche, 2006

3 et 4 Ouvrages empiriques et théoriques portant sur des sujets partiels :

Aglietta (Michel), Macroéconomie financière, La Découverte, voir la dernière édition
Fitoussi (Jean-Paul), La politique de l'impuissance, Arlea, 2005 (par un des meilleurs connaisseurs de la dynamique effective du Système économique moderne, alors directeur de l'OFCE)
Giovannoni (Olivier), Croissance, répartition et politique économique, le cas des USA, thèse de doctorat soutenue à l'Université de Nice-Sophia Antipolis, juin 2006
Giraud (Gaël), Illusion financière, éd. De l'Atelier, 2012
Gréau (J. Luc), La Grande Récession depuis 2005, folio, 2012
Krugman (Paul), Sortez-vous de cette crise maintenant, Champs, 2012
Stiglitz (Joseph), La Grande fracture, Les liens qui libèrent, 2015

5 Etudes institutionnelles

CEPII, l'Economie mondiale en… (annuel), La Découverte
Conseil d'analyse économique (un certain nombre de Rapports chaque année) :

- les Rapports ont le mérite de traiter à chaque fois de problèmes concrets d'actualité,
- mais ils se réfèrent implicitement à la Théorie néoclassique (équilibre, marché, "coût du travail") et ne s'appuient donc pas sur un modèle général réaliste

Office français des conjonctures économiques(OFCE) Analyses, rapports et prévisions utiles et crédibles car d'inspiration postkeynésienne (quelques concessions ou timidités, parfois, pour ne pas avoir l'air de s'écarter trop des analyses du mainstream)
OCDE : tous les chiffres sont bons à prendre ; les analyses sont en général d'inspiration néo-classiques mais il y a pression croissante de la réalité depuis quelque temps. Voir en particulier les Perspectives économiques, publiées à l'automne et au printemps

6 Revues

- "Alternatives économiques" (études d'actualité avec d'une approche réaliste)
- Revue de l'OFCE (même chose, en beaucoup plus technique et sophistiqué)

TABLE DES MATIÈRES

Marché et Organisations
L'Harmattan

Cahiers d'économie et de gestion thématiques dont le but est de promouvoir la recherche originale sur les relations de plus en plus étroites qui se tissent entre le marché et les organisations. Les acteurs économiques de taille, de puissance et de pouvoir différents dont les intérêts peuvent être convergents, complémentaires ou, le plus souvent, antagoniques, ont tendance à organiser les marchés. La raison du marché, pourtant, est la référence stratégique pour l'entreprise ainsi que pour les institutions publiques de décision économique.

Direction : Sophie Boutillier, Blandine Laperche, Céline Merlin-Brogniart, Jean-Louis Monino, Sophie Reboud, Dimitri Uzunidis (directeur de publication)

Numéros parus :

N°1 : Artisanat. La modernité réinventée, 2006

N°2 : La petite entreprise, elle a tout d'une grande. De l'accompagnement aux choix stratégiques, 2006

N°3 : Tourisme et Innovation. La force créative des loisirs, 2007

N°4 : Le travail. Formes récentes et nouvelles questions, 2007

N°5 : Les universités et l'innovation. L'enseignement et la recherche dans l'économie des connaissances, 2007

N°6 : Entrepreneuriat et accompagnement. Outils, actions et paradigmes nouveaux, 2008

N°7 : Développement durable des territoires. Economie sociale, environnement et innovations, 2008

N°8 : Développement durable et responsabilité sociale des acteurs, 2009

N°9 : Gouvernance : exercices de pouvoir, 2009

N°10 : Le travail collaboratif. Une innovation générique, 2009

N°11 : Economie sociale et solidaire. Nouvelles trajectoires d'innovations, 2010

N°12 : Relations à la marque et marques de la relation. Regards croisés sur le management relationnel de la marque, 2010

N°13 : Les contrats au service de la recherche ?, 2011

N°14 : Le potentiel économique de l'Afrique subsaharienne, 2011
N°15 : Management de la distribution, 2012
N°16 : Territoire Vert. Entreprises, Institutions, Innovations, 2012
N°17 : Eco-conception, conception et innovation. Les nouveaux défis de l'entreprise, 2013
N°18 : Intelligence économique : entreprises et territoires, 2013
N°19 : La finance globale. Un monde fini, 2013
N°20 : La crise du « développement », 2014
N°21 : La Chine innove. Politiques publiques et stratégies d'entreprise, 2014
N°22 : Go East! Nouvelles Economies de Marché, 2015
N°23 : L'économie du changement, 2015
N°24 : Le temps des artisans. Permanences et mutations, 2015
N°25 : Innovations de proximité et esprit d'entreprise, 2016

contact : Dimitri Uzunidis, uzunidis@univ-littoral.fr

Collection « L'esprit économique »

fondée par Sophie Boutillier et Dimitri Uzunidis en 1996
dirigée par Sophie Boutillier, Blandine Laperche, Dimitri Uzunidis

Dernières parutions

► ***Série Economie et Innovation***
F. LARRE, J.-M. PLASSARD, *L'enseignant : réalités économiques et enjeux professionnels*, 2012.
P. MADINIER, *Une économie de services sans servilité*, 2013.
N. ABBES, *L'entreprise responsable. De la responsabilité sociétale à la communication environnementale*, 2013.
Z. LIU, *Politiques d'innovation et pme en France. Une histoire de liens faibles*, 2013.
E. BESANÇON, N. CHOCHOY, T. GUYON, *L'innovation sociale. Principes et fondements d'un concept*, 2013.
F. PAUN, L. ALEXANDRE-LECLAIR, I. VAILEANU-PAUN, *Innover ou périr. Paroles d'experts*, 2014.
F. ABADA, *Individualiser son offre au moindre coût*, 2015.
S. MAHREZ, La division cognitive du travail dans le capitalisme postfordiste, 2016.
► ***Série Le Monde en Question***
M. SANTI, *Splendeurs et misères du libéralisme*, 2012.
P. BAGUS, *La tragédie de l'euro*, 2012.
C. BERTHOMIEU, J.-P. GUICHARD, E. PONOMARENKO (dir.), *La Russie, l'Europe et la méditerranée dans la crise*, 2013.
T. BRUGVIN, *Le commerce équitable et éthique. Opportunités et limites*, 2014.
W. AMEDZRO St-HILAIRE, *Le capital global et sa régulation*, 2014.
W. AMEDZRO St-HILAIRE, *Reconstruire l'Afrique. Nouvelle gouvernance et projet de développement*, 2014.
M. SANTI, *Misère et opulence. Chroniques d'austérité globalisée*, 2015
► ***Série Krisis***
J. HUERTA DE SOTO, *Socialisme, calcul économique et fonction, entrepreneuriale. Aphorismes libertariens*, 2013.
G. MINART, *Entrepreneur et esprit d'entreprise. L'avant-gardisme de Jean-Baptiste Say*, 2014.
T. A. BAKALA, *La monnaie endogène. Une critique de la théorie quantitative de la monnaie*, 2015.
A. MARQUEZ-VELASCO, *Politique et économie. 10 mesures phares pour un monde meilleur*, 2015.
► **Série *Clichés***
S. BOUTILLIER, D. UZUNIDIS (dir.), *La Russie européenne. Du passé composé au futur antérieur*, 2008.
R. VOLPI, *La négociation. Pain, paix, liberté*, 2009.
► ***Série Cours Principaux***
L. DANIEL, M. RUIMY, *Taux d'intérêt et marches financiers*, 2013.
G. FONOUNI-FARDE, *Comprendre l'économie internationale. L'économie pour tous !*, 2103.
B. NDIAYE, *Analyse économique de l'investissement en capital humain*, 2014.
P. BOUVIER-PATRON, *Economie et management de l'entreprise innovante. Réseaux, territoire et développement durable*, 2014.
J. KIAMBU, *Eléments d'analyse économique*
► ***Série L'économie formelle***
F. MACHROUH, *Crises bancaires : comprendre pour mieux prédire*, 2012.
J. ATLAN, *L'argent des pauvres, les milliards des banques. Alternatives financières et politiques*, 2012.
F. DUHAMEL, A. DUNOYER de SEGONZAC, *La cocotte-minute financière. Petit précis de décomposition socio-économique*, 2012.
P. BRACONNIER, G. CAIRE (dir.), *L'économie sociale et solidaire et le travail*, 2013.
M. SANTI, *L'Europe. Chroniques d'un fiasco économique et politique*, 2013.
J. BERNARD, *La croissance. 10 points cruciaux*, 2013.
P.-A. LAMBERT, *Le temps de la rigueur. Fiscalité, protection sociale, mondialisation*, 2014.

Économie et Entreprise aux éditions L'Harmattan

Dernières parutions

POLITIQUE ET ÉCONOMIE
10 mesures phares pour un monde meilleur
Marquez-Velasco Adrien
Dans ce livre est proposé un système économique d'une nouvelle ampleur qui s'intitule le «coordonnisme». Il s'agit d'un régime réunissant les qualités du capitalisme et du communisme. Il présente comme mesures la coordination des politiques monétaires, budgétaires et financières afin de réguler les consommations intérieures et extérieures, l'épargne, l'investissement, l'inflation et le chômage vers un taux optimal de croissance économique.
(Coll. L'Esprit Économique, série Krisis, 20.00 euros, 194 p.)
ISBN : 978-2-343-07529-7, ISBN EBOOK : 978-2-336-39887-7

AUX FRONTIÈRES DU MANAGEMENT
Manifeste pour un temps d'exigence
Massé Francis
Le management est l'une des clefs pour faire advenir une société meilleure, forte d'organisations efficaces. À cet égard, la notion de frontière fait sens. Le management s'inscrit dans une réalité, sinon il n'est rien. Le management traverse aussi des découpages disciplinaires multiples qu'il doit relier : il est frontière. Il constitue enfin un levier pour transgresser des limites artificielles et élargir le champ des possibles, où règnent l'imagination créatrice et l'innovation.
(Coll. Local et Global, 14.00 euros, 122 p.)
ISBN : 978-2-343-07517-4, ISBN EBOOK : 978-2-336-39760-3

LA LUTTE DES NORMES AU TRAVAIL
Faulkner Marcel - Préface de Jean-Pierre Durand
Aborder l'analyse du travail et de l'organisation sous l'angle de la normalisation permet d'atteindre deux objectifs. Comprendre que l'organisation est traversée par une lutte des normes dont les formes sont multiples et qui vont de la collaboration à la confrontation. Constater que cette lutte ne se limite pas au seul domaine des opérations courantes des organisations, mais qu'elle concerne aussi les choix stratégiques et les grands enjeux du travail et de l'emploi.
(Coll. Logiques sociales, 29.50 euros, 286 p.)
ISBN : 978-2-343-07381-1, ISBN EBOOK : 978-2-336-39859-4

GOUVERNANCE ET INTELLIGENCE ÉCONOMIQUE EN PME
Sous la direction de Daniel Corfmat, Marc Chambault et Georges Nurdin
L'intelligence économique est devenue un mode de gestion et de gouvernance de l'entreprise. Cet ouvrage réfléchit sur la démarche que le chef d'entreprise peut entreprendre pour éclairer ses décisions, garder sa marge de manœuvre de compétitivité et toutes ses possibilités de développement afin de sécuriser sa pérennité. Vous trouverez des recommandations pratiques qui tentent d'aider le dirigeant à aborder ce qui est devenu un enjeu majeur de la protection de son capital.
(Coll. Gouvernance et entreprise, 11.00 euros, 70 p.)
ISBN : 978-2-343-06861-9, ISBN EBOOK : 978-2-336-39734-4

LA POSTE, QUELLE AVENTURE !
L'informatisation du tri postal et autres chantiers hauts en couleur
Lenoir Olivier
Préface de Laurent Chaffard
Ce récit de quarante ans de carrière «aux PTT» parle du plaisir de créer, mais aussi des pesanteurs hiérarchiques et des souffrances du harcèlement moral. Il parle d'un avenir où les valeurs de coopération, d'entraide, de solidarité pourraient remplacer la course au profit, la concurrence illusoirement «libre» et le chacun pour soi. Le management et l'innovation, l'évolution de l'informatique et du service public sont des thèmes qui s'entrecroisent dans ce témoignage optimiste.
(17.50 euros, 164 p.)
ISBN : 978-2-343-07666-9, ISBN EBOOK : 978-2-336-39881-5

INTELLIGENCE DE L'INFORMATION
Entre état d'esprit et stratégie d'organisation
Mallowan Monica
En plus de contribuer à l'avancement des connaissances en matière de modèles traitant de management de l'information stratégique et des pratiques informationnelles, reliées à leur application en organisation, cet ouvrage aborde les champs de la littératie, de la culture et de l'intelligence de l'information. Une proposition est faite au sujet de leur mise en relation dialogique et systémique, dans un effort de construction d'une double mutation transdisciplinaire, celle du nouveau statut d'informateur et du concept de transculture de l'information.
(Coll. Intelligence économique, 36.00 euros, 354 p.)
ISBN : 978-2-343-06623-3, ISBN EBOOK : 978-2-336-39756-6

FISCALITÉ ENVIRONNEMENTALE
Entre impératifs fiscaux et objectifs environnementaux, une approche conceptuelle de la fiscalité environnementale
Caruana Nicolas
Préface de Thierry Lambert
La fiscalité environnementale intéresse relativement peu les juristes et représente en pratique une part très faible des recettes fiscales des États. Souvent limitée aux écotaxes, cette notion que cette thèse se propose de définir présente de multiples dimensions, tant fiscales qu'économiques, tant politiques qu'écologiques. Caractérisée par son efficience environnementale, elle n'a en réalité ni le champ d'application ni la portée que lui prête le discours politique.
(Coll. Finances publiques, 43.00 euros, 514 p.)
ISBN : 978-2-343-07550-1, ISBN EBOOK : 978-2-336-39716-0

LA MAGIE DES JUSTES PROPORTIONS
Restructuration financière d'un LBO avec apport de new money
Journo Albert
Comment opérer la restructuration financière du capital d'une entreprise de taille moyenne sous LBO (Leveraged Buy out) en période de turbulence opérationnelle ? Plusieurs scenarii sont imaginés selon l'évolution de la perception du pronostic de rétablissement. Un cas réel vient étalonner les raisonnements variés déterminant les nombreux paramètres suivant de justes proportions et des désirs, emportant d'emblée l'adhésion de tous. Cet ouvrage donne un éclairage original sur un comment faire.
(Coll. Ad valorem, 25.00 euros, 238 p.)
ISBN : 978-2-343-07914-1, ISBN EBOOK : 978-2-336-39861-7

L'ÉCONOMIE A-T-ELLE UN SENS ?
Essai
Vadjoux Philippe
Le profit est-il légitime s'il ne tient pas compte des coûts sociaux et environnementaux ? L'économie n'est pas d'origine divine ou naturelle, elle dépend de nous, elle évolue. La recherche d'une nouvelle économie plus démocratique, plus créative, plus diversifiée au service des êtres

humains et respectueuse de la planète n'est pas utopique. Elle existe au travers d'idées, de projets, d'expériences. Une mutation est possible.
(29.00 euros, 346 p.)
ISBN : 978-2-343-07479-5, ISBN EBOOK : 978-2-336-39587-6

L'ÉCOLOGIE AU SECOURS DE L'ÉCONOMIE
Inventer les outils d'une nouvelle prospérité
Coutouly Rodrigue
Comment expliquer notre difficulté à relancer l'économie ? Cet ouvrage explore une hypothèse originale : la reprise ne se fait pas car nous atteignons les limites de nos ressources naturelles. L'auteur travaille donc sur les différentes pistes possibles pour construire le développement durable d'une société et d'une économie qui retrouveraient leur cohérence. Les solutions devront s'appuyer sur des politiques publiques imaginatives, audacieuses autant que réalistes, particulièrement en matière de fiscalité et d'investissement.
(Coll. Sociologies et Environnement, 27.00 euros, 260 p.)
ISBN : 978-2-343-06652-3, ISBN EBOOK : 978-2-336-39638-5

L'ÉCONOMIE EN QUESTION
Regards et apports des spiritualités et des religions
Textes rassemblés par Jan-Luc Castel et Vincent Pilley
La vie économique est aujourd'hui bouleversée et altère même le lien social. Où puiser l'énergie de résister à ces dévastations ? Comment régénérer les liens humains dans la société ? Quelles ressources mobiliser pour «changer les règles du jeu» ? Juifs, bouddhistes, chrétiens, musulmans, athées, libres penseurs osent entrer en dialogue parce qu'ils croient en la possibilité d'un avenir commun.
(12.00 euros, 168 p.)
ISBN : 978-2-343-07824-3, ISBN EBOOK : 978-2-336-39689-7

LE CAPITALISME, CANCER DE L'HUMANITÉ
Une économie inhumaine et meurtrière, une société malade, la vie sur Terre en péril
Kornheiser Georges
En 2016, le patrimoine cumulé de 1 % de la population mondiale dépassera celui des 99 % restants, ce qui est sans précédent. Cette minorité possède tous les pouvoirs : économique, médiatique, politique, qu'ils soient étiquetés de droite ou de gauche, les partis de gouvernement sont tous convertis aux dogmes néolibéraux et pratiquent en fait la même politique une fois aux commandes. Le capitalisme est devenu fou. Un autre univers, plus juste et plus humain, est pourtant possible. Il n'est que temps de travailler à son avènement, avant que les dommages ne soient devenus irréversibles.
(Coll. Questions contemporaines, 39.00 euros, 436 p.)
ISBN : 978-2-343-07156-5, ISBN EBOOK : 978-2-336-39615-6

UNE ÉCONOMIE SOLIDAIRE PEUT-ELLE ÊTRE FÉMINISTE ?
Homo oeconomicus, mulier solidaria
Sous la direction de Christine Verschuur, Isabelle Guérin et Isabelle Hillenkamp
Comment expliquer le faible intérêt, dans la littérature sur l'économie sociale et solidaire, pour le genre et les théories féministes, alors que ces initiatives sont fortement genrées et que les femmes y sont surreprésentées ? À quelles conditions ces initiatives sont-elles une opportunité de réinvention de l'économie, réencastrée dans le social et le politique et au service de la justice sociale et de genre ? L'économie solidaire peut-elle constituer une source d'émancipation pour les femmes ou non ? (Articles en français, anglais, espagnol.)
(Coll. Genre et développement - Rencontres, 29.00 euros, 300 p.)
ISBN : 978-2-343-07602-7, ISBN EBOOK : 978-2-336-39514-2

CONVENTION COLLECTIVE NATIONALE DES ENTREPRISES DE SERVICES À LA PERSONNE ANNOTÉE
Dahan Alison, Granet Régis
La convention collective nationale des entreprises de services à la personne de septembre 2012, depuis son extension par arrêté du 3 avril 2014, a vocation à s'appliquer à toutes les entreprises

privées relevant du secteur des services à la personne. Cet ouvrage accompagnera les entreprises, les salariés et praticiens dans l'application de la règlementation en vigueur grâce aux explications simples intégrées tout au long de l'ouvrage.
(Coll. Défis, 28.50 euros, 288 p.)
ISBN : 978-2-343-07910-3, ISBN EBOOK : 978-2-336-39684-2

COMMERCE INTERNATIONAL, INVESTISSEMENTS DIRECTS ÉTRANGERS ET PARTICIPATION DES PAYS MÉDITERRANÉENS AUX CHAÎNES DE VALEUR MONDIALES
Sous la direction de Cécile Bastidon-Gilles, Azzedine Ghoufrane, Nassim Oulmane et Ahmed Silem ; préface de Saaïd Amzazi
Ce livre analyse les difficultés que rencontrent les pays sud-méditerranéens dans leur processus de participation aux chaînes de valeur mondiales. En prenant appui sur des stratégies de développement efficaces adoptées ailleurs, les auteurs expliquent comment remédier aux contraintes de l'offre pour favoriser l'attractivité à l'égard des investissements directs étrangers (IDE).
(23.50 euros, 220 p.)
ISBN : 978-2-343-07238-8, ISBN EBOOK : 978-2-336-39408-4

LES 8 VALEURS GAGNANTES
Des managers épanouis et performants
Andevert Christophe
L'ouvrage développe une approche managériale pragmatique. Les actes clés du management sont ainsi structurés à partir de processus efficaces et faciles à s'approprier. Des exemples sous format vidéo complètent les thèmes du livre. Après réflexion menée autour de la relation manager-collaborateur, l'auteur propose une approche par les ressemblances. Simple et efficiente, elle tend vers davantage de cohérence. Le manager œuvre alors dans le sens d'une performance qui se conjugue avec cohésion et bien-être.
(Coll. Vivre l'entreprise, série Management et Ressources Humaines, 19.00 euros, 180 p.)
ISBN : 978-2-343-07298-2, ISBN EBOOK : 978-2-336-39477-0

LE TEMPS DES ARTISANS
Permanences et mutations
Marché et Organisations 24
Sous la direction de Sophie Boutillier, Claude Fournier et Cédric Perrin
L'artisanat regroupe en France, comme dans tous les pays industrialisés et en développement, des entreprises dynamiques et innovantes aussi bien sur le plan technique que social. Mais si les artisans font notre quotidien, ils rencontrent de nombreuses difficultés économiques, politiques et sociales. L'ensemble de ces contributions traite de ces questions sous divers aspects, temporalités et aires géographiques. L'objectif de ce volume est de montrer par petites touches la diversité de l'artisanat aujourd'hui.
(25.50 euros, 238 p.) *ISBN : 978-2-343-07685-0, ISBN EBOOK : 978-2-336-39609-5*

ÉTHIQUE POUR ENTREPRENEURS
Pourquoi les entreprises et les pays ont tout à gagner avec la responsabilité sociale ?
Kliksberg Bernardo - Traduit par Odile Begué Girondo
Ce livre s'inscrit dans la lutte pour placer les grands thèmes éthiques au cœur des débats économiques en Amérique du Sud et promouvoir de nouvelles politiques publiques en faveur de l'insertion universelle et d'un changement dans le comportement des acteurs. L'auteur présente la Responsabilité Sociale de l'Entreprise (RSE), décrit les forces historiques qui l'ont fait progresser, explique en quoi elle est bénéfique aux entreprises. Il expose également ses possibilités d'action, la formation de ses futurs dirigeants et ses perspectives d'avenir.
(24.00 euros, 276 p.) *ISBN : 978-2-343-07851-9, ISBN EBOOK : 978-2-336-39605-7*

L'HARMATTAN ITALIA
Via Degli Artisti 15; 10124 Torino
harmattan.italia@gmail.com

L'HARMATTAN HONGRIE
Könyvesbolt ; Kossuth L. u. 14-16
1053 Budapest

L'HARMATTAN KINSHASA
185, avenue Nyangwe
Commune de Lingwala
Kinshasa, R.D. Congo
(00243) 998697603 ou (00243) 999229662

L'HARMATTAN CONGO
67, av. E. P. Lumumba
Bât. – Congo Pharmacie (Bib. Nat.)
BP2874 Brazzaville
harmattan.congo@yahoo.fr

L'HARMATTAN GUINÉE
Almamya Rue KA 028, en face
du restaurant Le Cèdre
OKB agency BP 3470 Conakry
(00224) 657 20 85 08 / 664 28 91 96
harmattanguinee@yahoo.fr

L'HARMATTAN MALI
Rue 73, Porte 536, Niamakoro,
Cité Unicef, Bamako
Tél. 00 (223) 20205724 / +(223) 76378082
poudiougopaul@yahoo.fr
pp.harmattan@gmail.com

L'HARMATTAN CAMEROUN
BP 11486
Face à la SNI, immeuble Don Bosco
Yaoundé
(00237) 99 76 61 66
harmattancam@yahoo.fr

L'HARMATTAN CÔTE D'IVOIRE
Résidence Karl / cité des arts
Abidjan-Cocody 03 BP 1588 Abidjan 03
(00225) 05 77 87 31
etien_nda@yahoo.fr

L'HARMATTAN BURKINA
Penou Achille Some
Ouagadougou
(+226) 70 26 88 27

L'HARMATTAN SÉNÉGAL
10 VDN en face Mermoz, après le pont de Fann
BP 45034 Dakar Fann
33 825 98 58 / 33 860 9858
senharmattan@gmail.com / senlibraire@gmail.com
www.harmattansenegal.com

L'HARMATTAN BÉNIN
ISOR-BENIN
01 BP 359 COTONOU-RP
Quartier Gbèdjromèdé,
Rue Agbélenco, Lot 1247 I
Tél : 00 229 21 32 53 79
christian_dablaka123@yahoo.fr

Achevé d'imprimer par Corlet Numérique - 14110 Condé-sur-Noireau
N° d'Imprimeur : 129346 - Dépôt légal : juin 2016 - *Imprimé en France*

www.ingramcontent.com/pod-product-compliance
Lightning Source LLC
LaVergne TN
LVHW011155061026
849535LV00003B/738
* 9 7 8 2 3 4 3 0 9 1 6 5 5 *